KB262873

베팅하는 한국사회
―강원랜드에 비낀 도박공화국의 그늘

베팅하는 한국사회
－강원랜드에 비낀 도박공화국의 그늘

초판 1쇄 발행 2008. 6. 5
초판 3쇄 발행 2011. 5. 15

지은이   김세건
펴낸이   김경희
펴낸곳   ㈜지식산업사
         본사 • 경기도 파주시 교하읍 문발리 520-12
             전화 (031)955-4226~7 팩스 (031)955-4228
         서울사무소 • 서울시 종로구 통의동 35-18
             전화 (02)734-1978 팩스 (02)720-7900
         한글문패   지식산업사
         영문문패   www.jisik.co.kr
         전자우편   jsp@jisik.co.kr
         등록번호   1-363
         등록날짜   1969. 5. 8.

책값은 뒤표지에 있습니다

ⓒ 김세건, 2008
ISBN 978- 89 - 423-3072-0 (03330)

이 책을 읽고 지은이에게 문의하고자 하는 이는
지식산업사 전자우편으로 연락 바랍니다.

베팅하는 한국사회
─강원랜드에 비낀 도박공화국의 그늘

김 세 건

지식산업사

사랑하는 고 김숙란(金淑蘭) 누님의 영전에 바칩니다.

머리말
내가 살고 있는 땅이 맞나요?

1

내가 처음 탄광촌 사북에 간 것은 2004년 1월 14일이었다. 대학원생 두 명과 함께 사북으로 가는 기차를 타고자 춘천을 떠나 원주로 갔다. 원주역에 이르니 사북행 기차는 10분 전에 떠나고 없었다. 한 시간 이상 다음 기차를 기다리느니 차라리 강원도 풍경도 구경할 겸 버스를 타기로 하였다. 버스에는 우리를 포함해 8명 정도의 손님이 타고 있었다. 출발한 지 1시간쯤 지나 꼬불꼬불한 2차선 산길이 나타났다. 어린 시절, 내 고향 완도에서 광주로 갈 때, 강진 성전에서 영암으로 넘어가던 고갯길이 생각이 났다.

우리는 '강원도' 하면 산골, 오지 등의 이미지를 떠올린다. 그런데 산이 많은 한반도에 산골과 오지가 없는 곳이 어디 있겠는가? 2001년 강원대학교에 임용된 뒤로 나는 '오지'라는 강원도의 이미지는 구별하기 좋아하는 사람들이 만들어낸 허상으로만 생각하였다. 아니 실상은 그 자체도 의식하지 못하며 살았는지도 모르겠다. 그런데 사북으로 가는 38번 국도는 정말 산 따라 물 따라 '흐르는 길'이었다. 버스는 심한 굽잇길을 따라 물처럼 흐르느라 무척 고생을 하였고, 그에게 몸을 맡긴 나도 힘들어지기 시작하였다. 버스는 국도변의 마을마다 멈추곤 하였다. 한 정거장에서 60대 후반으로 보이는 할아버지가 버스에 올랐다. 그분은 내 건너편 좌석에 앉아서 가다가 멀미가 심해졌는지 어느 순간 구토를 하기 시작하였다. 버스 안에 역한 냄새가 가득하였다. 나도 멀미기를 느껴 메스꺼웠다. 전라도의 섬에서 태어나 9살에 광주로 유학을 떠나면서부터 배와 차의 멀미에 단련된 몸인데, 속이 거북해지면서 온몸에 식은땀이 흘러내렸다. 눈을 감아도 모든 신경이 거북한 속에 집중되었다. 차는 더욱더 요동을 치고, 내 속은 폭발하기 직전에 이르렀다. 눈을 감고 다음 정류장에 빨리 다다르기만을 간절히 기도하였다. 드디어 정류장에 들어섰다. 아마 증산이었던 것 같다. 할아버지는 여기서 내리셨고, 나의 멀미도 어느 정도 진정이 되었다.

　나는 한국의 오지, 강원도를 실감하며 사북에 내렸다. 아직까지 강원랜드 메인카지노가 개장하고 얼마 되지 않아서인지, 사북은 석탄 내음이 아릿하게 느껴지는 탄광촌이었다. 사북역사(驛舍)의 바로 위에 자리한 동원탄좌의 수직갱 타워는 사북의 중심을 잡아주듯 우뚝 솟아 있었고, 집탄장 주변의 폐석산(廢石山)은 검은 빛을 발하며 사북의 하늘과 땅을 비추고 있었다. 이렇게 나와 사북의 인연은 시작되었다. 그 후로 여러 번 이곳을 드나들었고, 이제 사북은 나에게 낯설지 않았다. 물론 그 뒤로 38번 국도는 일부구간을 제외하고 4차선으로 넓히고 곧은길로 포장되었지만, 다시는 버스를 이용하지 않았고 멀미도 하지 않았다.

　그런데 어느 순간부터 나는 또 다른 멀미를 하기 시작하였다. 사실 사북은 한국의 오지가 아니었다. 예전에 이곳은 한국 근대화의 동력이었고, 지금은 21세기 최고의 유망 산업이라고 하는 카지노산업의 메카가 되었다. 한마디로 이 땅은 한국의 어제와 오늘, 그리고 내일이 응축된 곳이었다. 그런데 이곳을 알면 알수록 내 마음 한 구석은 텅 비기 시작하였다. 2004년부터 2005년까지 광부, 주민, 진폐증 환자, 카지노 노숙자 등 이곳과 함께 하는 사람들의 인생살이를 들으면 들을수록 내 마음은 점점 요동치기 시작하였다. 이곳은 절규하고 있었던 것이다.

나는 그 절규를 가감 없이 전하고 싶었다. 이렇게 해서 이 책은 시작되었다. '국민의' 정부가 어떻게 국민을 무책임하게 거리로 내몰 수 있단 말인가? 이래서는 안 된다는 믿음이 나의 연구를 채찍질하였고, 내가 만난 카지노 노숙자들의 삶과 이야기를 꼭 책으로 엮어내야겠다는 생각을 했다. 그러나 사북을 벗어나 일상으로 돌아오면 무엇이 그리도 바쁜 것인지 그들의 절규는 내 일상의 삶에 묻혀버렸다. 그렇게 시간이 흘렀다. 그러다 2006년 2학기부터 1년 동안 연구년이라는 시간이 주어졌고, 나는 자료함에 묻혀있던 카지노 노숙자의 이야기들을 다시 꺼내들었다.[1] 사북에서 만났던 카지노 노숙자들의 얼굴이 겹쳐 보이면서 미안함과 부끄러움이 밀려왔다. 그리하여 그들이 걸어온 삶과 이야기의 얼개를 엮어나갔다.

이 글의 약 3분의 2 정도를 썼을 무렵, 김완의 《카지노 앵벌이의 하루》라는 책이 출간되었다. 카지노 앵벌이였던 김완은 카지노 노숙자의 삶을 너무도 진솔하게 잘 그려내고 있어서, 이 책의 제2장 '카지노 노숙자의 삶과 생활'을 집필하는 데 커다란 도움이 되었다. 정확히 말하면, 거의 마무리 했던 2장을 다시 검토하는 데 적지 않은 길잡이가 되었고, 내가 잘 이해하지 못했거나 몰랐던 부분, 특히 카지노 안에서

---

1) 본 연구는 2006년도 강원대학교 학술연구조성비로 연구하였음.

나타나는 앵벌이의 구체적인 모습을 김완의 글을 통해 알 수 있었다. 특히 카지노 앵벌이가 자신의 삶이었던 김완의 글은 처음 이 책을 집필하게 된 목적, 곧 카지노 노숙자들의 삶과 그들의 이야기를 전하고 싶었던 나의 욕구를 어느 정도 충족시켜주고 있었다. 이 자리를 빌려 김완에게 감사의 마음을 전한다.

그렇다면 아직도 남아 있는 카지노 노숙자들의 이야기는 무엇일까? 어느 순간 카지노 노숙자가 아니라, 내가 말하고 싶어 하는 것이 있어 글을 쓰고 있다는 생각이 들었다. 어쩌면 내가 살고 있는 이 땅에서 국민을 처참하게 하는 일들이 너무도 쉽게 늘 일어나고 있다는 사실을 그대로 믿을 수 없는 나의 외침인지 모른다. 아니 이 땅에서 살아왔고 또 살고 있으며 앞으로도 살아갈 사람들의 외침인 것이다. 도박민국! 그것은 결코 우리가 살고 있고 살아가야 할 땅이 아니라고 말이다.

그런데 돌아서면 나도 카지노 노숙자와 별반 다름없이 날마다 베팅을 하며 살고 있었다. 이미 한국사회는 베팅하는 사회였고, 내 몸은 베팅하는 몸, 베팅기계가 되어 있었다. 이 땅에서 무엇을 하며 살아야하는지에 대한 의문을 떨쳐버릴 수 없었다. 나는 대학에서 '문화와 경제행위'라는 강좌를 맡으면서 학생들에게 가끔 "만약 로또가 당첨되어 10억—요즘 10억은 돈이 아니라고 한다!—이 있다면, 당신은 무엇을 하겠습니까?"라는 질문을 던진다. 예전에는 자신이 하고 싶은 일, 예컨대 영화·애니메이션 등에 대한 공부, 여행, 사업 등 자신의 삶과 직접 관련된 도전, 곧 자신의 내면적 욕망에 투자를 하겠다는 대답이 주로 많았다. 그런데 언제부터인가 먼저 부동산에 투자하여 종자돈을 만들어 놓겠다는 대답이 많아졌다. 이 대답을 들으면서 한편으로 학생들이 이재(理財)에 밝아 놀랐고, 다른 한편으로 가슴 한 켠에 씁쓸함이 물밀듯이 밀려왔다. 그런데 그 씁쓸함의 중간에 나도 함께 있었고,

그것의 원인 제공자 가운데 한 명이었다.

만약 나에게 10억이 있다면 나는 당장 무엇을 할까? 왜 10억이 필요하지? 그래 없는 것보다 낫겠지. 그런데 10억을 가지고 있다면 내가 하는 짓이 학생들과 굳이 다를 바가 없을 것 같다. 이미 나는 사회적 속물이 되었느니, 너희들만이라도 속물의 세상에 굴하지 않는 꿈 많은 젊은이가 되어달라는 낯 뜨거운 부탁과 바램을 마치 당위처럼 이야기하고 있었다. 그런데 우리는 그들의 꿈이 밝게 펼쳐질 세상을 위해 무엇을 했는가? 오히려 문제는 그들이 아니라 바로 우리이다. 우리는 그들에게 이 땅에서 펼칠 꿈과 희망을 물을 것이 아니라 '나 자신'에게 물어야 한다. 나는 이 사실을 애써 외면하려 했는지 모른다. 결국 이 글은 한반도에서 태어나 자라고 또 어른으로서 살아가고 있는 나 스스로에 대한 보고서이자 희망을 위한 한 가닥 절규이다.

2

이 연구는 강원대학교 사회과학연구소가 한국학술진흥재단의 지원을 받아 2년(2003년~2005년)에 걸쳐 진행한 강원도 광산 지역의 사회변동에 관한 학제간 연구의 하나로 시작되었다. 이 프로젝트 첫해에 나는 탄광개발 시기를 중심으로 탄광촌 사북의 환경문제를 다루면서 진폐증에 관심을 갖게 되었다.

진폐증은 한국 근대화의 여러 산물 가운데 하나였다. 정부는 광부들을 산업역군, 산업전사 등으로 부르며 그들을 막장으로 내몰았다. 그리고 그들의 희생을 바탕으로 한국은 눈부신 경제성장을 이룩하였다. 반면에 많은 광부들은 진폐증에 시달려야 했다. 그럼에도 광부와 진폐증 환자들은 철저하게 한국 정부와 사회로부터 소외되고 배제되었다.

나는 연구를 진행하면서 개발시대의 희생자인 진폐증 환자들의 현대판이 카지노 노숙자라는 생각을 지울 수 없었다. 그러므로 2년차의 연구는 자연스럽게 강원랜드의 카지노가 본격적으로 운영되면서 나타나는 사회 변화, 특히 카지노 노숙자의 문제에 주목하게 되었다. 이 책은 2년 남짓의 사북 지역 사회변동에 대한 연구의 결과물로, 특히 2년차에 행한 카지노 노숙자에 대한 연구의 연장선 위에 있다.

카지노 노숙자에 대한 본격적인 조사는 2005년 2월 17~19일에 걸쳐 카지노 노숙자들의 현황을 살펴보면서 시작되었다. 이때는 1차년도 연구를 하면서 친분을 쌓은, 공공 기관이나 사회단체 등에서 일하고 있는 사람들을 중심으로 인터뷰를 하였다. 강원랜드가 가져온 지역사회의 변화, 카지노 노숙자 현황과, 그들에 대한 지역사회의 인식과 대책 등을 주로 물었다. 아울러 이들의 소개로 카지노 노숙자 몇 사람을 만나 그들의 일상생활에 대한 기초조사를 하였다. 그 해 3월 4~5일 이틀 동안에는 강원대학교 문화인류학과 대학원생들과 함께 사북 지역의 사우나·찜질방에서 카지노 노숙자들을 만나 그들의 일상을 조사하였고, 같은 해 7월 17일부터 21일까지 나는 사북 지역에 자리한 한 찜질방에서 카지노 노숙자들과 함께 생활하였다. 이 기간에 그들의 하루 일과를 있는 그대로 관찰할 수 있었다. 더불어 일상생활, 개인사 그리고 도박 및 강원랜드와 정부에 대한 그들의 인식에 대하여 심층면접을 할 수 있었다. 처음 찜질방에 들어갔을 때 나는 인생 막장에 있는 이들과 어떻게 어울릴 수 있으며, 인터뷰나 할 수 있을런지 막막하였다.

하지만 이는 기우(杞憂)에 지나지 않았다. 찜질방의 사람들과 친해지는 데는 한나절이 걸리지 않았다. 오히려 나는 이들의 이야기를 듣느라고 잠을 잘 수가 없었다.

12

나는 찜질방에서 많은 사람들이 잠을 자고 있는 오전에는 틈틈이 시내로 나가 사북읍사무소, 도박중독예방센터, 강원랜드, 영동아파트, 사우나 등을 방문하여 자료를 수집하였다. 오후에는 찜질방으로 돌아와 그곳의 사람들과 함께 밥도 먹고 술도 마시며 어울렸다. 특히 새벽 무렵에 카지노에서 내려온 출입자 일부는 게임장에서의 흥분을 아직까지 가라앉히지 못한 듯 나를 붙들고 하염없이 신세타령을 하기도 하였다. 그들은 사람이 그리운 것이었다. 이후 8월 15일부터 18일까지 강원대학교 문화인류학과 학술동아리 '강원지역문화연구회' 회원 10여 명도 찜질방, 사우나 등을 방문하여 그곳 사람들의 개인사를 중심으로 조사하였다.

2007년 들어 책을 쓰면서 한국도박중독예방·치유센터(이하 도박중독예방센터) 서울사무소와 도박 중독자들의 자생적 친목모임인 한국단도박 친목모임(Korea Gamblers Anonymous, 이하 단도박모임 또는 GA) 등에서 조사를 하였다. 특히 2007년 2월 초순부터 3월 말까지 나는 J지역 단도박모임에 정기적으로 참여하였다. 이 모임에는 전날까지 도박장을 기웃거리며 자살을 꿈꾸기도 하다가 '한번 살아보기' 위해 처음 단도박모임에 나온 사람부터, 이 모임에 참여한 지 10여 년도 넘고 이제는 도박중독에서 벗어나 도박과 상관없이 일상생활을 영위하는 사람까지 다양한 층위의 사람들이 참여하고 있었다.

이들은 단도박모임의 원칙에 따라 정부나 사회단체의 어떤 기부도 거부한 채 서로의 이야기에 허심탄회하게 귀를 기울이고 서로 마음으로 보듬으며 한가족같이 자족적인 모임을 꾸려가고 있었다. 사북과 고한 지역에 거주하며 카지노 도박의 한복판에 서 있는 사람들을 주로 만나왔던 나는 단도박 사람들을 만나면서 도박, 그리고 도박중독의 심각성에 대하여 좀 더 총체적인 눈으로 바라볼 수 있는 기회를 갖게 되었다.

이들의 말 한마디 한마디에 귀 기울이며 70퍼센트 정도 쓴 초고를 재검토하였고, 이들에 대한 이야기로 한 절을 더 구성하게 되었다. 카지노 노숙자들은 사북뿐만 아니라 고한·태백 지역 등에서도 생활하고 있는데, 이 조사가 사북 지역에 살고 있는 사람들을 중심으로 이루어져서 사북을 주 연구대상지로 하여 서술하였다.

3

이 책을 출간하기 위해 너무도 많은 사람들에게 도움을 받았다. 우선 자신의 삶과 생각을 이야기해주신 이름을 밝힐 수 없는 모든 분들께 깊은 감사를 드린다. 이 분들의 도움이 없었다면 이 책은 탄생하지 못했을 것이다. 특히 자신의 분노, 환상, 절망 그리고 희망에 얽힌 삶의 애환을 허심탄회하게 말씀해주신 카지노 노숙자, 단도박모임의 협심자 분들께 특별히 고마움을 전한다. 여전히 사행사업장 주변을 맴도는 모든 분들의 '대박의 꿈'이 이루어지길 진심으로 기원한다. 아울러 강원도청, 강원랜드, 사북·고한의 사회단체 및 주민들께 감사를 드리며, 이 책이 그분들의 삶에 허물이 되지 않았으면 좋겠다. 다음으로 사북·고한 지역 현지 조사와 녹취록 작성 등 연구를 충실히 보조해 준 강원지역문화연구회 회원여러분께 감사드린다. 이 책의 많은 자료는 강원지역문화연구회원들의 노력의 산물이다. 강원지역문화연구회가 있기에 강원도에서의 연구생활이 외롭지 않다는 말을 전한다. 광산 지역 공동연구를 진행하며 문제의식을 키워주신 이태원·이인혜 선생님을 비롯한 강원대학교 사회과학연구소팀, 나아가 함께 강원도를 호흡하며 연구를 물심양면으로 지원해주시는 임봉길 선생님을 비롯한 문화인류학과와 사회과학대학의 모든 선생님들께 감사드린다. 항상 자신이 살고 있는 지역사회와 사람들에게 관심을 기울이는 인류학도의 길로 인도해주신 은사 한상복·전경수 선생님을 비롯한 서울대학교 인류학과 선생님들과 단국대 고혜선 선생님께 감사드린다.

연구년 동안 이 책을 집필하는 데 정승모 선생님을 비롯한 (사)지역문화연구소 가족들이 큰 힘이 되었다. 또한 손봉숙과 정청래 국회의원실에서 사행산업 전반에 대한 통계자료 등을 제공받았는데, 양미아 선생이 귀찮은 일을 마다하지 않고 도와주셨다. 강원대학교 문화인류학과 대학원에 재학 중인 현미선 양과 서울대 이응철 박사는 바쁜 가운데도 꼼꼼하게 여러 차례 교정을 보고 의견을 주었다.

여러 사정으로 묻힐 뻔했던 원고가 독자를 만날 수 있게 된 것은 지식산업사 덕분이다. 김경희 사장님은 인류학적 연구의 필요와 가치를 인정해주고 흔쾌히 출판을 허락해주었다. 나아가 서정혜 선생님은 나보다 더 꼼꼼히 원고를 읽고 교정해주며, 글이 맛깔스럽게 살아날 수 있도록 해주었다.

마지막으로 항상 한없는 믿음으로 학업의 길을 후원해주시는 양가(兩家) 가족에게 감사드린다. 청산도(靑山島)에 계신 부모님은 이 땅에서 바다와 함께 산다는 것이 얼마나 힘든 일인지를 잘 아시기에, 자식들의 손에는 짠물을 묻히지 않겠다는 일념으로 어린 자식들을 타관으로 유학을 보내며 인고의 세월을 감내하셨다. 지금도 두 분은 바다와 더불어 하루를 지내신다. 그렇지만 바다와 함께 보낸 땀방울의 세월은 결코 부모님의 삶을 여유롭게 하지 못하고 있다. 언젠가는 그 땀방울이 헛되지 않는 세상이 오리라 믿는다. 그리고 내 형제들에게 고맙고 미안하다. 특히 지금은 고인이 되신 누님은 어려서부터 나와 함께 광주에 유학하며 어머님 대신 든든한 방패막이 되어주었다. 영암 중고등학교에서 국어교사로 일하며, 사업부진으로 힘들었던 아버님과 외국에 유학 중이던 동생을 뒷바라지하는 데 젊은 시절을 보냈다. 결혼하고서도 직장, 가정일 등으로 여념이 없었다. 결국 자신의 몸에 따뜻한 눈길 한 번 주지 못하는 바쁜 생활 속에 몹쓸 병을 얻어 이 연구가 한참 진행되던 2005년 가을에 이 세상을 떠났다. 그 세상에서는 누님에게 평온이 가득하길 기원하며, 삼가 누님의 영전에 이 책을 바친다.

내 삶의 동반자이자 후원자인 아내 박순덕과 귀여운 딸 명은, 아들 민혁에게 더할 수 없는 고마움과 사랑을 전한다. 항상 바쁘다는 핑계로 많은 시간을 함께하지 못하는 내 모자람에 이 책이 조그만 위안의 징표가 되었으면 좋겠다.

2007년 12월

김 세 건

차 례

시작하며
왜 카지노 노숙자인가?

1

오늘의 한국 사회에서 탄광촌처럼 급격한 변화를 겪은 곳도 없을 것 같다. 심산유곡의 조용한 산촌이었던 정선, 영월과 태백 지역을 중심으로 한 강원도 산간 지역은 근대화가 본격화되면서 탄광촌으로 바뀌었다. 이 지역은 석탄자원의 국내 최대 보고(寶庫)로서 '한강의 기적'을 이룬 한국경제의 에너지원이자 버팀목으로 '탄광 공화국'이라고 불리었다. 조국근대화라는 시대 이념이 응축되어 있는 탄광촌은 경제개발의 열망이 멈추지 않는 한 영원할 것 같았다. 그러나 1980년대 후반부터 석탄산업은 '구국(救國)의 자원'이 아니라 경제 발전의 걸림돌로 전락하였다.

그래서 1989년부터 석탄산업합리화라는 이름 아래 탄광들은 급속히 용도 폐기되었다. 석탄만을 바라보며 유지되었던 탄광공화국은 힘을 상실했고 이 지역 사람들은 생존을 위해 몸부림을 쳐야 했다. 그리고 탄광 자리에는 폐광 지역의 발전 방안으로 등장한 국내 최초의 내국인 출입 카지노 '강원랜드'가 들어섰다. 몇 년 사이에 탄광공화국은 카지노에 의존해 살아가는 '카지노 공화국'이 되었다. 이 변화의 중심에는 강원도 정선군(旌善郡) 사북읍(舍北邑)에 설립된 (주)강원랜드(이하 강원랜드)가 자리를 잡고 있다.

사북 지역은 압축성장으로 일컬어지는 한국 사회의 어제와 오늘, 그리고 미래가 가장 잘 압축된 곳이라고 할 만큼 극적인 변화를 경험하고 있다. 이 지역의 광부와 주민들은 1980년 사북항쟁, 1995년 3·3투쟁 등에서 보여준 것처럼 몸으로 저항하며 한국 사회에 수많은 논란을 제기해 왔다. 1980년 사북에서 벌어진 동원탄좌의 노동자대투쟁은 1980년 5월 광주민주화항쟁의 도화선이 되었다. 나아가 석탄산업합리화사업으로 말미암아 일어났던 1995년 3·3투쟁은 근대화 과정에서 소외된 지역사회의 현실에 대한 사회적 반향을 일으키는 계기가 되었다. 이 과정에서 탄광촌은 한국의 개발모델이 잉태하고 있던 생존권·인권·노사·환경 문제 등이 한꺼번에 표출된 장소였고, 또한 폐광 지역 개발 방향뿐만 아니라 앞으로 한국 사회가 지향해야 할 발전 방향과 관련된 논쟁적 담론들이 겹쳐 드러나게 되었다.

사실 1990년대는 탄광 지역뿐만 아니라 한국사회 전체가 정치, 경제, 사회, 문화 등 모든 영역에서 급격하게 변동하던 때였다. 근대화 시기 한국인들의 생활 에너지원이었던 석탄이 점차 수입 에너지인 석유로 대체되었다는 점은, 거시적 측면과 더불어 개발 과정에서 간과되고 무시되었던 한국인들의 일상 영역에서도 거대한 변화가 일어났음을 짐작할 수 있게 한다. 새로운 에너지에 바탕을 둔 일상의 변화는 카지노, 이른바 카지노 자본주의(casino capitalism)[2]와 접목하여 기존

---

2) 영국의 경제학자 수잔 스트레인지가 제시한 카지노 자본주의는 투기자본이 자기 이익을 실현하기 위해 국경을 자유롭게 넘나들며 세계 경제를 교란시키고 있는 현실

과는 다른 사회문화를 창출해내고 있다.

카지노가 들어서면서 시커먼 하늘·땅·강 그리고 사람으로 상징되던 탄광촌의 색깔은 점점 제 색을 찾아가는 듯했다. 무엇보다 강원랜드 카지노는 개장 당시 경제 활성화 및 지역개발을 염원하는 폐광 지역 주민들의 기대를 한 몸에 받았다. 그 기대에 부응하듯 개장한 뒤로 강원랜드의 카지노는 예상을 넘어서는 매출액과 영업이익을 낳고 있으며, 일자리 만들기와 지역 경제 활성화 등 지역사회에도 긍정적 영향을 미치는 것처럼 평가되고 있다.

그러나 지역사회도 강원랜드와 지방자치단체만큼 풍요로워졌는지를 되짚어 보면, "죽 쒀서 남 줬다"는 말처럼 주민이 기대하는 만큼 경제적 활성화나 지역개발의 효과를 내지 못하고 있다는 불만도 만만치 않다. 무엇보다 카지노 영업이 본격화하면서 지역사회는 주민의 사행심 증가와 도박 중독자 증가, 주거와 교육 환경의 황폐화, 가정 파탄, 한탕주의, 범죄 증가 등의 심각한 사회문제로 몸살을 앓고 있다. 특히 도박 중독자의 증가는 지역사회를 넘어 한국사회 전체에 카지노 도박의 합법화에 따른 폐해와 관련하여 논란을 불러일으키고 있다.

도박중독과 그에 따른 사회문제에 대한 논쟁이 벌어지면 어김없이 거론되는 존재가 이른바 '카지노 노숙자'이다. 카지노 노숙자는 강원랜드 부설 도박중독예방센터가 사북역 앞에 입간판까지 세우며 충고한 "가정의 행복까지 베팅하진 마십시오"라는 말을 무시한 채, 건전한 게임이 아닌 도박에 빠져 자신의 재산과 삶을 송두리째 베팅해버리고 사북·고한 등 주변지역에 머무르고 있는 사람들이다. 한국사회는 카지노 노숙자 또는 도박 중독자를 논쟁거리로 삼으면서도 그들의 삶과

이 돈 놓고 돈 먹기 식의 거대한 도박판을 닮았다고 하여 붙인 개념이다.

이야기에 귀 기울이지 않았다. 사실 그들의 삶과 이야기에 귀 기울일 만한 여유도, 정확히 말하면 가치도 없다고 생각했다. 이 지역에서 카지노는 단순한 게임장 또는 도박장이 아니라 폐광 지역 경제를 살리는 대체산업으로 기능하였다. 따라서 카지노 및 그와 관련된 모든 논의는 카지노 노숙자보다 훨씬 중요하다고 여겨지는 폐광 지역 활성화라는 틀을 벗어나지 못했다.

2

폐광 지역에 내국인 출입 카지노 설립이 이야기되면서 찬반논쟁은 한국 사회를 뜨겁게 달구었다. 강원랜드와 관련한 논의와 연구도 꽤 이루어졌다. 연구의 한 축은 관광학 분야에서 이루어졌는데, 이들 연구는 일반적으로 어떻게 카지노 산업의 부정적 측면을 최소화하고 긍정적인 순기능을 극대화하여 지역 발전에 기여할 수 있도록 할 것인가에 초점이 맞춰져 있다. 곧 이들은 카지노를 폐광 지역의 경제를 활성화하고 개발하기 위한 고부가가치의 관광산업으로 바라본다. 따라서 강원랜드 카지노가 폐광 지역 개발에 미치는 고용창출, 지역 산업의 발전, 지방 재정수입의 증대 등의 경제적 효과와, 도박중독, 주거환경의 악화, 탈세, 조직범죄 유발 등의 문제점을 고찰하고 정책을 제안하고 수립하는 데 초점을 맞추고 있다(한범수·조광익 1997; 이충기 2003; 김시겸 2003; 원기준 2004). 여기에서 카지노가 가져 온 도박 중독, 카지노 노숙자 등의 문제는 카지노가 일으킨 부작용 가운데 하나일 뿐이다. 게다가 이런 문제는 현재 폐광 지역이 겪고 있는 지역간 불균형 및 지역 갈등 등에 견준다면 대책을 마련해야 할 대상으로도 고려되고 있지 않다.

이와 다르게 심리학·사회학·의학 분야를 중심으로 카지노 노숙자에 관심을 가지고 도박 중독자의 인구학적·심리사회적·가족관계 등의 특성을 조사하는 것뿐 아니라, 일반 이용자들과 비교분석하여 도박 중독 증세를 보이는 이용자들이 일반 이용자들과는 어떻게 다르고 왜 그렇게 변해가고 있는지, 어떤 변수가 그러한 변화에 영향을 주는지를 설명하고자 하는 노력도 많다(이영분 외 2002; 이충기 외 2002; 김교헌 2004, 2006; 이인혜 2005; 이태원 2005).

이러한 맥락의 연구는 도박 중독자의 인구학적, 심리사회적 특성에 대한 계량적 연구에 초점을 맞추고 있어 도박 중독자의 구체적 일상과 삶에 대한 고려는 미비한 편이다. 심지어 일부 연구는 도박 중독자에 대한 연구 결과에 바탕을 두고 성공적 카지노 운영을 위한 대책 마련 등을 제언하고 있기도 하다. 이는 기본적으로 "강원랜드 카지노가 가족 중심의 종합 휴양지로 발전해가기 위해서는 중독자들의 양산을 효과적으로 줄이려는 전략이 필요하다"(장호찬 외, 2005: 40)는 관점에서 도박 중독자를 바라보고 있다. 한마디로 도박 중독자에 대한 관심은 바로 강원랜드의 건전한 발전을 위해 그들을 배제하려는 것에서 비롯되고 있다고 해도 지나친 말은 아니다. 궁극적으로 도박과 도박 중독증 그 자체에 관심을 가지고 있었던 것이지, 도박 중독자와 그들의 삶에 대해서는 큰 관심을 기울이지 않고 있는 것이다. 어떻게 보면 도박 중독자들은 그렇게 될 수밖에 없는 변수와 특성을 갖고 태어난 사람일 뿐이다. 그들의 도박 중독증은 치료와 교정 권력의 대상이 될 뿐이었고 그들의 일상과 사고(思考)는 중독 또는 치료와 교정의 효능(?)을 나타내는 지표에 지나지 않았던 것이다. 그렇지만 한국 사회에서 도박과 도박 중독이 사회문제가 되고 해결책을 논하고 있는 지금 도박 중독자들의 삶과 사고에 대한 관심과 이해가 그 어느 때보다 절실하다.

3

이 책에서는 강원랜드 주변을 떠돌며 살고 있는 '카지노 노숙자'들의 삶, 도박 및 공공기금 마련을 위해 사행산업을 장려하고 조장하며 도박공화국을 만들어가는 정부와 한국사회에 대한 그들의 생각을 있는 그대로 전하고자 하였다. 어떻게 보면 이 책은 그들의 이야기를 맥락화하여 의미가 드러나도록 구성한 것이라고 할 수 있다.

석탄 시절에 광부들의 삶이 그랬듯이 카지노 시절에도 여전히 카지노 노숙자들의 삶은 관심의 대상이 아니다. 석탄은 조국의 근대화와 발전을 위해 하늘과 땅 등을 시커멓게 물들이며 자연뿐만 아니라 광부들과 주민들의 삶까지도 위협했다. 그러나 이 모든 것은 "우리도 한번 잘 살아보세"라는 절대 구호와 경제개발이라는 시대의 사명 앞에서 부차적인 것으로 여겨졌다. 아니 한국인들은 자식들에게만은 보릿고개가 없는 세상을 물려주고자 허리띠를 질끈 매고 싸우면서 건설하는 산업전사, 이른바 노동 기계가 되어야 했다.

한국은 그들의 희생을 바탕으로 눈부신 경제성장을 이룩하였다. 산업훈장을 받아야 할 사람들은 탄광 자본가들이 아니라 광부들이었다. 그러나 석탄 시절 산업전사는 존재하되 '광부 그 자신'은 존재하지 않았다. 노동할 수 있는 광부는 경제개발의 주인공이자 산업의 역군으로 떠받들어졌지만, 탄가루에 찌들어 쓰러진 그들은 더 이상 산업전사가 아니었다. 그들은 진폐증 환자로 그렇게 시대적 사명의 전열에서 배제되어야 했다. 정부는 국가 전체를 위한다는 명분으로 탄광촌과 광부들을 선택적 희생자로 만들었다.

카지노 출입자들 또한 카지노에 당당하게 입장해서 돈을 뿌릴 수 있을 때에는 폐광 지역 경제를 활성화하고 관광산업을 발전하는 데 주인공이지만, 밑천이 떨어지면 그들 또한 지역개발과 레저관광입국을 이끄는 강원랜드의 건전한 발전을 위해 없어져야 할 대상으로 전락하는 것이다. 그들에게 인권이 무슨 소용이 있고, 환경권이 무슨 의미가 있겠는가? 오직 무절제하게 도박 중독에 빠진 무능력한 사람들로 비난의 대상이 될 뿐, 그들을 통해 도박 중독 문제의 심각성을 이해하고 해결책을 구하려는 진지한 노력은 거의 없다. 정부는 국가 전체의 이익을 위해서 소수의 희생은 어쩔 수 없는 것으로 보고, 광부와 카지노 출입자를 선택적 희생자로 간주하였다. 그리고 선택적 희생자와 '다른'(?) 우리는 선택적 희생자가 되지 않은 것을 다행스럽게 생각하며 살아간다.

그러나 그들의 삶과 이야기에 귀를 기울여 보라. 그들은 나 그리고 우리와 무엇이 다른가? 물론 모든 삶과 가치를 동질화하고 차이를 차별화하여 서로를 배제하는 한국 사회에서 카지노 노숙자와 우리는 분명 다르다. 달라도 엄청나게 다르며, 그 차이는 너무도 자명하다. 그들은 하라는 일은 하지 않고 하지 말라는 도박에 빠져 인생을 베팅한 무능력하고 비이성적이고 비합리적인 사람들이다. 열심히 일하고 절약하며 생활하는 정상적인 우리를 감히 그들과 비교한다는 자체가 말도 안 되는 소리이다.

그러나 그들과 우리, 비정상과 정상의 사이에 놓인 경계는 이른바 정상인이라고 불리는 사람들이 자신은 도박 중독자가 아니라는 부정(否定)과 집단동일성 신화의 폭력으로 구성된 것에 지나지 않는다. 차이는 마치 정상인과 비정상인이라는 집단의 내적 동일성에 따라 명확하게 나뉘는 것처럼 서로의 차이를 억압한다. 물론 그 차이는 미래를 위해 열심히 일하고 금욕할 줄 아는 합리적이고 이성적이며 윤리적인 근대적 인간의 화신(化身)과 결합하면서 차별이 된다.

한국 사회는 그들에게 도박 중독자·인생패배자·무능력자·미친 놈·

부랑아·노숙자 등으로 낙인 찍었고, 그렇게 그들은 사회와 친구 심지어는 가족들로부터 외면을 당하였다. 그 차이를 내재화한 도박 중독자들도 도박에 빠져버린 자신의 자업자득(自業自得)이라고 말하며, 한 마디 항변도 할 수 없었다. 오직 그들의 삶이 부정되어야만 '정상인'으로 통합될 수 있는 것으로 우리와 그들의 차이는 존중될 수도 이해할 수도 없는 것이었다.

그러나 한 꺼풀만 벗겨보면 우리와 그들 사이에 놓인 차이와 경계는 아무 것도 아니다. 물론 이를 말하려고 "도박의 추구는 인간이 지닌 본성이며 우연과 불확실성이 인간사회, 특히 현대사회가 가진 내재적 특성인 한 우리 모두는 도박하는 인간, 호모 알레아토르(homo aleator)"라는 리스(2006)의 주장을 들먹일 필요는 없다. 우리는 도박하는 인간이라고 할지라도, 문제는 우연과 불확실성이라는 내재적 특성을 어떻게 받아들이고 실체화하느냐에 따라 그 사회와 구성원의 삶은 엄청나게 다를 수 있다.

한국 사회는 재정수입 확대, 지역개발과 경제 활성화, 일자리 창출 등을 위한다는 명목 아래 사행산업을 확대 장려해왔다. 1990년대를 넘어서면서 사행산업은 불황을 모르는 산업으로 자리를 잡으며 양적·질적으로 매우 빠르게 성장하였다. 특히 2000년 폐광지역 활성화 방안으로 개설된 강원랜드 카지노가 성공시대를 열어가면서 정부와 각 지방자치단체는 사행산업을 적극적으로 유치하려고 노력하고 있다. 한마디로 경마, 경정·경륜, 카지노 등 합법적 사행산업뿐만 아니라 성인오락실, PC방, 게임방, 사설카지노바, 사설도박장 등의 불법적 사행산업이 전국을 도박공화국으로 탈바꿈하고 있다.

'도박공화국' 정부가 사행산업의 선두에 서서 "인생역전", "이번에는 당신의 차례입니다"를 외치며 국민들에게 베팅하라고 권한다. 여기에 화답이라도 하듯 경마장·카지노장·경륜장·경정장·사설오락실·증권거래소·아파트분양사무소 등은 인생역전을 꿈꾸는 사람들로 인산인해를 이루며 올인(all-in)하고 있다. 이에 따라 도박으로 가산을 탕진하고 가정파탄을 맞이한 사람들도 늘어나고 있다.

그럼에도 정부는 도박의 피해를 외면한 채 대박을 누리며 유유자적하고 있다. 도박이 웃으면, 정부와 국민의 살림살이가 웃을 수 있다는 것처럼 말이다. 사행산업의 암흑은 폐광지역의 강원랜드에만 드리워져 있지 않고 한국사회 전반에 걸쳐 있다. 도박공화국에서 도박중독은 단순히 개인적 질병이 아니며 사회적 증상이다. 강원랜드 카지노 노숙자들은 '폐광지역개발특례법'의 산물이듯이, 이 땅의 도박 중독자들은 사행산업을 장려하는 도박공화국의 사회구조가 만들어낸 산물이다. 근대화 경제개발모델이 진폐증을 야기하였듯이, 사행산업에 바탕을 둔 지역개발모델이 도박중독증을 만들어내고 있는 것이다.

도박 중독자와 우리의 차이는 누가 먼저 올인했느냐의 문제일 뿐이다. 나아가 그 차이는 경계가 아니라 소통과 상생의 원동력이다. 우리에게 낯설고 다르다고 생각한 그들을 보면, 도박 중독자가 아니다라는 것에 익숙한 우리가 보인다. 도박 중독자들은 '타자(他者)+사회의 사람'이 아닌 '우리+사회의 우리 자신'의 또 다른 얼굴일 뿐이다. 결국 도박 중독자에 대한 관심은 '그들과 그들의 사회'에만 국한된 것이 아니다. 바로 찌든 몸(진폐증)과 베팅하는 몸(도박중독증) 사이에서 맴돌고 있는 '우리와 우리 사회'에 대한 문제제기인 것이다.

제1장

탄광촌에서 관광촌으로

1. 탄광공화국
조국을 구하라!

연탄재를 함부로 발로 차지마라
너는
누구에게 한번이라도 뜨거운 사람이었느냐
– 안도현, 〈너에게 묻는다〉 가운데서

'담는 형국'의 사북

사북읍은 강원도의 중남부에 자리잡고 있다. 강원도는 백두대간이 관통하는 지세의 영향으로 기후, 지질, 토양뿐만 아니라 지하자원과 동식물의 분포도 지역마다 달라 태백지역, 영서남부지역, 영서중부지역, 영서북부지역, 영동지역으로 나누는 것이 일반적이다. 이 연구의 대상인 사북 지역은 "우리나라의 지하자원의 곳간"(한인수 1989: 27)이라고 일컬어지는 태백지역에 속한다.

태백시를 중심으로 정선군과 영월군 일부를 포함하고 있는 태백지역은 해발 표고가 500m에서 1,000m에 걸쳐있는 높은 산악지대이다. 이 지역은 여름에는 모기가 없을 정도로 서늘하고 겨울에 눈이 많이 와 최근에는 여름 피서지, 겨울 스포츠장 등의 고원(高原) 관광 휴양지로 각광을 받고 있다. 사북은 동북으로 노목산(櫓木山, 1,150m)과 갈래산(葛來山, 1,188m), 서남으로 함백산(咸白山, 1,572m) 그리고 주변에 백운산(白雲山, 1,460m)을 비롯하여 하절령(花折嶺, 1,215m), 지장산

(地藏山, 931m) 등과 같은 높은 산으로 둘러싸인 해발 600m 이상의 좁은 산간 협곡에 있다. 주민들은 사북의 협곡형 지리환경을 이곳의 역사와 연관하여 다음과 같이 해석하기도 한다.

> 우리 아저씨가 그러는데 옛날에 어떤 스님이 예언을 했다고 하더라. 여기가 '소쿠리 형국'이라고 담는 형국이라네. 우리나라가 석탄산업 때문에 부자가 된거지. 카지노, 돈 구덩이잖아(정순희, 여, 50대 초반, 사북 주점 사장, 2004. 2 .3.).[3]

사북리는, 조선시대 때 동상면(東上面)에 속했던 사음대(舍音垈)와 북일(北日)이 광무 10년(1907년) 지방 행정구역 개편 때 합쳐지고, 동상면과 동중면(東中面)이 통합되어 새로 형성된 정선군 동면의 관내가 되었다. 일제시기 사북리는 동면의 작은 산골마을에 지나지 않았다. 그러나 해방 이후 탄광이 개발되면서 무엇인가를 듬뿍 담았다가 쏟아내는 '소쿠리 지형'의 신화가 시작되었다. 사북리는 더 이상 조그만 산촌이 아니었다. 1973년에 사북리는 탄광개발에 따른 급격한 인구 증가로 사북읍으로 승격되었다. 그리고 1985년에 사북읍과 고한읍으로 분읍(分邑)되어 현재에 이르고 있다. 현재 사북읍은 사북 1−12리와 직전리(稷田里)[4] 등 13개 행정리로 구성되어 있다. 요즘 사북 시내는 강

---

3) 인터뷰 정보는 이름, 성별, 나이, 전(현) 거주지·직업·인터뷰장소, 인터뷰 일시 순이다. 이름은 정보 제공자의 신분을 보호하고자 가명 처리를 하였다.

4) 직전리는 270년 전 화전민으로 이루어진 고산(高山) 마을로 금성 나씨와 제주 고씨, 밀양 박씨가 정착하였다. '직전'이라는 마을 이름도 처음 이들이 피[稷]를 주식으로 재배하였기 때문에 직(稷) 자를 썼으며, 전은 발전(鉢田)의 전(田) 자를 따서 약 100년 전부터 직전(稷田)이라고 불렀다(사북청년회의소 2001: 110).

원랜드가 자리를 잡으면서 내가 사북을 처음 방문했던 2004년에 보았던 모습을 거의 찾을 수 없을 정도로 급격하게 변화하고 있다.

사북읍은 예전에는 동원탄좌, 지금은 강원랜드가 자리 잡은 지장산을 둥그렇게 에워싸며 흐르는

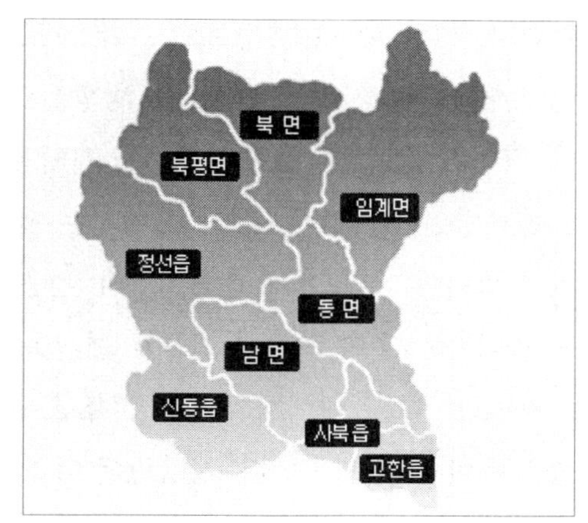

〈지도 Ⅰ-1〉 정선군 사북읍의 위치 ⓒ정선군 홈페이지

지장천을 따라 형성되어 있다. 사북읍은 사북 1리와 사북 중고등학교가 있는 범바위골에서 시작된다. 범바위골이라는 지명은 사북 중고등학교 뒤편에 있는 거대한 바위가 마치 범과 같이 생겨서 '범바위'라고 부른 데서 유래하였다. 이 범바위는 약 25년 전 지역개발을 위해 모텔과 위락시설 등을 세우면서 깨져 지금은 흔적도 찾아볼 수 없다. 단지 사람들의 기억과 지역에서 발간하는 문집 등의 표지에서 찾아 볼 수 있을 뿐이다.

범바위골에서 시내로 이어지는 길은 연세병원 앞 삼거리에서 고한읍으로 연결되는 38번 국도와 만난다. 삼거리에는 진폐환자들이 많이 입원해 있는 연세병원과 2000년 초반에 건설된 선명아파트와 스카이모텔과 사우나가 자리잡고 있다. 삼거리에서 길은 두 갈래로 나뉘어, 한쪽은 시가지(市街地)를 통과하고, 다른 한쪽은 시내와 철길 사이에 난 새 길로 사북역사(驛舍)를 지난다. 두 길은 다시 강원랜드의 입구, 이른바 '안경다리'에서 합류하여 38번 국도로 이어진다. 38번 국도는 사북읍 도사곡과 정선군 남면 등을 통과하여 영월·충북 제천으로 연

결된다. 38번 국도는 4차선으로 확장·포장하는 공사가 진행 중이다. 시내가 끝나는 지점에서 정선읍 방향으로 올라가다보면 직전리가 있다. 직전리에는 찜질방과 강원랜드 세탁공장 등이 있다.

연세병원 삼거리에서부터 이어지는 옛길을 따라 양 옆으로 시가지가 형성되어 있다. 시내 건물들은 1~2층의 단층건물이 많았으나, 최근 들어 3~5층의 최신식 건물로 재건축되고 있다. 시내로 접어들면 가정집과 사북읍내에서 유일한 주유소, 사북읍사무소, 사북성당, 파출소 등이 자리잡고 있다. 지장천의 다리를 건너가면 호텔 및 편의점, 식당, 다방, PC방 등의 상가가 눈에 많이 띈다. 중간지점에 이르면 왼쪽 편으로 사북역사로 연결되는 비탈길이 있으며, 옆에는 최근에 지어진 호텔이 높이 솟아 있다.

사북역사 앞에는 도박중독예방센터가 세운 "가족의 행복까지 베팅하지 마십시오"라고 써있는 입간판이 서 있다. 사북역사 위쪽, 즉 지장산 방향으로는 지금은 문을 닫은 동원탄광의 집탄장, 본사건물, 수직갱타워 등과 그 너머로 멀리 강원랜드 메인카지노가 보인다. 다시 시내 길을 따라가면 중앙시장, 농협 등이 눈에 들어온다. 시내 길과 지장천 사이에 많은 가정집들이 있다. 시내가 끝나는 삼거리 부분에는 철로 밑에 있는 쌍굴길, 즉 안경다리를 통해 강원랜드로 이어진다.

강원랜드 입구인 이 지역은 사북에서 땅값이 가장 비싼 만큼 모텔·사우나·전당포 등 최신식 건물들이 가장 많이 들어서 있다. 안경다리는 1980년 사북항쟁 때 탄광노동자와 경찰이 서로 대치한 '생존투쟁'의 경계선이었는데, 지금은 무미건조한 일상에서 인생역전을 노리는 '대박'의 세계로 이어지는 통로이기도 하다. 터널을 지나면 왼쪽으로는 문을 닫은 동원탄좌의 복지매장 그리고 탄광의 상징인 100m 높이의 수직갱 타워, 오른쪽으로는 동원탄광의 직원 및 광부들이 거주하던 동원아파트 건물이 보인다. 주변에는 슬레이트 지붕의 단독주택들이 있는데, 일부는 전당포 등으로 변해 있다. 복지매장 앞 광장은 1980년 사북항쟁과 1994년 3·3투쟁 등의 중심지였다. 지금도 이 광장은 주민들의 집회나 지역축제의 한마당 등으로 사용되어, 주민들의 정치·사회문화 활동의 핵심이라고 할 수 있다.

메인카지노를 향해 오르막길을 오르다보면 왼쪽 편에는 굳게 닫힌 동원탄좌 본사 건물이 있고, 그 너머로 동원탄좌 40여 년의 역사를 담은 폐석산이 높이 솟아 있다. 조금 더 올라가면 유럽풍 성(城) 모양을 한 메인카지노 건물이 우뚝 솟아있다. 그 밑으로는 최근에 황량한 폐허지를 복구하여 조성한 커다란 폭포와, 늘어나는 강원랜드 출입자의 차량을 위해 만든 널따란 주차장이 있다. 폭포를 끼고 좌측으로 굽은 길을 따라 오르면 왼쪽 편에 메인카지노와 부대시설들이 있다. 이 길은 여기에서 끝나지 않고 2006년에 개장한 하이원 스키장과 강원랜드 직원숙소, 골프장 등이 있는 고한으로 터널을 통해 곧바로 이어진다.

메인카지노에 오르면 사북읍이 내려다보인다. 무엇보다 새롭게 4차선으로 건설되고 있는 38번 국도가 눈에 들어온다. 시내를 관통하는 38번 국도가 시가지와 '소잡는 골'(사북읍의 한 마을) 사이에 고가(高架)형태로 건설되어 서울─사북─태백을 잇고 있다. 물론 이 도로의 중심에는 강원랜드가 있는데, 이 점은 서울의 단도박모임에서 만난 사람의 이야기에서도 잘 드러난다.

도로포장 일을 하고 있습니다. 중앙고속도로 영월에서 태백까지 도로포장을 하면서 영월에 차를 맡겨놓고 일하러 다녔습니다. 어떤 사람들은 택시를 타고서라도 (강원랜드에) 가더라고요. 일을 하면서 딱 드는 생각이 '이 도로는 강원랜드를 위한 것이다'예요. 서울 사람들이 빨리 강원랜드에 도박하러 와라, 그 목적밖에 없어요. 다른 목적은 하나도 없어요 (성내오, 50대 중반, 서울, 단도박모임, 2007. 2. 5.).

이렇게 사북의 모든 것은 강원랜드를 향해 흐르며 변화하고 있다. 이 변화는 갈래산에서 발원하여 고한과 사북의 중심부를 꿰뚫어 정선군 남면으로 흐르는 지장천에서도 보인다. 한때 탄광촌 사북의 상징이었던 지장천은 지난 수십 년 동안 이루어진 탄광개발과 폐광산에서 흘러나오는 폐수 때문에 여전히 갈색을 띠고 있기는 하지만 점차 '시커먼 빛'을 탈색하며 흘러간다.

탄광: 조국 근대화의 대동맥

태백지역은 광산이 개발되기 전인 1930년대 초만 하더라도 강원도에서 인구가 가장 희박하고 침엽수와 활엽수의 원시림만이 가득 찬 곳이었다. 그러나 1920년대 초에 일본 사람들이 태백산맥 동쪽 기슭인 삼척군 도계읍에서 채광(採鑛)을 시작하면서부터 태백지역은 탄광촌으로 변화하며, "한국에서 없어서는 안 될 에너지의 보물창고"(한인수 1989: 27)가 되었다.5) 그렇지만 태백 지역의 서쪽에 있는 사북 지역은 1950년대 중반까지 수백 명 남짓 사람들이 탄광 개발과는 상관없이

---

5) 태백 탄전지역은 태백시, 삼척시 도계(道溪)지구, 영월군(상동읍, 하동면), 정선군(사북읍, 동면, 남면, 신동면)에 걸쳐 있으며 태백시가 분리되기 전에는 삼척 탄전(三陟炭田)으로 불리었다(김대진 206: 229 참조). 이 지역의 석탄 매장량은 전국 매장량의 42.6%를 점유하여 전국 제 1위이며 탄질(炭質) 역시 전국에서 가장 양호하다(석탄산업합리화사업단 1990: 98).

〈표 1-1〉 사북읍 토지이용현황(2000년 말 기준)

임야	밭	대지 등 기타	총면적
40.94 km²	3.90km²	2.26km²	47.10km²
87%	8%	5%	100%

출처: 정선군 통계연보

옥수수 등의 밭농사와 약초채취 등에 의존하여 생활하고 있었다. 물론 사북 지역은 산간협곡에 있어 임야가 토지의 대부분이고 농경지는 아주 미약하고 토질도 척박하여 농사의 규모가 매우 작았다.

농경지는 모두 밭으로 전체 토지의 8%에 지나지 않고, 이 농경지도 탄광과는 크게 관계가 없는 직전리와 사북 1리에 자리잡고 있다. 이 땅에서는 주로 배추 등 고랭지 채소와 황기 등 약초재배가 이루어지고 있다. 한적하고 고립된 산촌이었던 이 지역이 외부 세계로부터 관심의 대상이 된 것은 풍부한 산림과 석탄자원 때문이었다. "그때는 이 도 사골이란 데 참나무가 이렇게 꽉 들어찬 아주 산중이었고 호랑이가 새 끼 쳐도 모를 정도였다"는 한 주민의 말처럼, 이 지역의 산림은 풍부할 뿐만 아니라 목재의 질도 최상급이었다. 한때 산판(山坂)이 성행하였고, 초기에는 많은 이주민들이 산림자원에 의지하여 생활을 하였다. 이 지역에 목재 수송을 위한 임산(林産) 도로가 만들어져 하루에도 수 십 톤의 목재가 원주나 서울 등지로 실려 나갔다고 한다(사북청년회의 소 2001: 148 참조). 이와 비슷한 시기에 석탄도 개발되기 시작하였는 데, 이는 1959년에 이곳으로 이주한 사람(최수영, 남, 80세, 2004. 2. 2.) 에 따르면, "그때(1959년)는 이렇게 겉에 탄이 있었어요. 사람들이 움 막집을 쳐놓고 탄을 개발하고 처음 탄을 캐서 신동 예미역으로 탄을 실어냈어요."라고 한다. 즉 초기에 탄광을 개발한 사람들은 '졸딱구뎅 이'라고 불리는 소규모 탄광업자들로서 비교적 채탄이 쉬운 노천 탄광을 중심으로 석탄을 채굴하여 석탄 생산량은 미미하였다. 그런데 이곳의 석탄산업은 한국의 경제개발과 더불어 급속한 발전을 하게 되었다.

한국에서 석탄이란 "연료 혹은 동력원의 단순한 에너지 자원이라기보다 '구국자원(救國資源)'이라 해도 과언이 아닐 만큼 절대적인 위상으로 존립하였다"(석탄합리화사업단 1990: 19). 즉 국내 유일한 에너지 자원인 석탄은 한국 경제성장의 원동력이었다. 한국 석탄산업의 발전은 근본적으로 한국 자본주의 동학(動學)과 분단의 성립이 중첩된 결과였다(박철한 2001: 9). 해방, 특히 한국전쟁으로 말미암아 촉발된 분단의 고착화는 주요 탄전이 집중되어 있던 북한에서 남한으로 유통되던 석탄유입을 막았다.

이에 남한 사회에서는 극심한 에너지부족 문제에 직면하였고, 미군정(美軍政)과 이승만 정권은 탄광 개발에 박차를 가하게 되었다. 해방과 함께 일본인의 광업권과 광업 재산 일체가 미군정과 대한민국 정부로 이관되었다. 정부는 상공부 광무국(鑛務局)의 직영으로 탄광을 개발하였는데 행정적으로 한계가 있었다. 따라서 정부는 탄광을 효과적으로 개발하기 위하여 1950년 '대한석탄공사법'을 제정하고, 그해 대한석탄공사를 설립하였다.

대한석탄공사의 주요 업무는 석탄의 채광·가공·분배·판매 등을 하는 것인데, 규모가 커서 민간 경영이 어려운 도계·장성·함백·화순 등 9개 탄광과 17개 연탄공장을 개발·운영하였다(사북청년회의소 2001: 24 참조). 이를 통해 정부가 석탄의 생산 및 분배를 통제할 수 있는 기초를 닦았고, 대한석탄공사는 가정에서 사용하던 신탄(薪炭, 땔나무와 숯)을 무연탄으로 대체하는 노력을 시작하였다. 이때부터 석탄은 한국에서 독특한 위상을 지니게 된다. 즉 무연탄은 국내 유일의 에너지원이기는 하지만 열량이 낮고 연소한 뒤에 상당량의 재가 남아서 산업용으로는 부적합하다. 석탄이 다른 나라에서는 주로 발전과 제철을 포함한 산업용과 수송용으로 사용되는 것과 달리 한국에서는 전체 생산량의 평균 85~90% 이상이 가정용 연료로 소비되었다(석탄합리화사업단 1990: 27; 김용환·김재동 1996: 212).

이처럼 석탄은 산업 에너지 자원을 넘어 국민생활의 안정과 밀접한 연관을 맺고 있어 정치경제적 고려의 대상이 될 수밖에 없었다. 이러한 석탄의 위상으로 말미암아 국가는 한편으로 저탄가(低炭價) 정책과 같은 가격 통제 및 법적 규제를 통하여 석탄산업을 통제해 왔으며, 다른 한편으로 다양한 지원책을 펼쳐 자생적 발전이 차단된 석탄산업을 보호·육성하였다. 정부는 1951년 '신광업법(新鑛業法)'6)을 제정하여 일본인들로부터 귀속된 광산을 중심으로 민간인에게 광업권을 인가하기 시작하였다. 특히 이 법에 바탕을 둔 적산(敵産) 등의 광업권을 민간인에게 매각하는 사업은 앞으로 전개될 한국의 석탄산업에 큰 영향을 미쳤다. 즉 삼척, 영월, 함백 탄전과 같은 대규모 광구에 대한 석탄 광업권 출원은 광활한 지역의 광업권이 소수의 민간인들에게 독점되는 결과를 낳아 고한의 삼척탄좌, 사북의 동원탄좌 등의 민영탄광개발 시대를 열었다.

무엇보다도 석탄산업이 획기적으로 발전하게 된 것은, 박정희 정권

---

6) 신광업법의 기본원리와 원칙은 광업권주의 원칙에 입각한 광업법제에서 상례적인 토지소유권에서 완전히 분리된 광업권 제도의 확립을 비롯하여 광업권설정에 있어 국가권능에 따른 특허주의와 기회균등에 따른 선원주의(先願主義), 광업등록제도, 광업실시에 대한 광업권자의 의무, 광업용 토지사용·수용에 대한 권리, 기타 공익과의 조정규정 등으로 구조선광업령(舊朝鮮鑛業令)(1915년)과 크게 달라진 것이 아니다(석탄합리화사업단 1990: 56).

이 수출주도형 경제개발을 위해, 극도로 악화된 에너지 상황을 호전시킬 수 있는 새로운 에너지원 개발의 필요성을 강력하게 제기하며, 대단위 탄좌를 중심으로 석탄산업을 육성하고자 법과 제도를 정비하면서부터이다. 정부는 1961년에 "연간 생산 30만 톤 이상의 대단위 탄좌를 설정할 것"을 발표하고, 이듬해 '석탄개발에관한임시조치법'을 제정하였다.

이 법에 따라 노천에서 채탄이 끝나면 곧바로 광구를 닫아버리는 소규모 민영탄광들을 대단위 탄좌로 통합하고, 석탄 생산업자에게 개발자금의 장기융자, 외국 차관에 대한 보증, 산업도로의 개설 및 일정 기간 동안 법인세, 소득세를 면제시키는 등 각종 특혜를 베풀어 탄좌의 종합개발을 적극적으로 추진하였다. 적극적인 국가정책에 힘입어 1965년에는 연간 석탄생산량이 최초로 1천만 톤을 웃돌았다.

이 과정에서 1962년 9월 24일(1962년 4월 24일 탄좌로 지정)에 설립된 동원탄좌(이하 동원)는 사북을 대표하는 탄광으로 탄생하였다. 그러나 사북 지역은 불편한 교통사정으로 말미암아 인근의 태백과 영월 등의 다른 지역에 견주어 탄광개발이 더디었다. 1950년대 후반에 영월선, 1963년에 태백선이 개통되어 영월과 태백지역의 석탄은 쉽게 서울로 운반되었다. 그러나 사북·고한 지역은 품질이 좋은 석탄을 생산하고도 교통이 불편하여 판매에 어려움이 많았다. 이 지역의 석탄은 도로로 예미까지 실어 와서 영월선을 통해 서울로 운반되거나, 트럭으로 묵호나 통리까지 실어 와서 그곳에서 부산까지 해상으로 운반된 다음, 다시 부산에서 청량리까지 철도로 운반되어야 했다(사북청년회의소 2001: 155). 1966년 예미에서 고한을 잇는 고한선의 개통은 운송망의 불편을 한 번에 해소하며, 이 지역의 석탄산업이 급속하게 발전할 수 있는 물적 토대를 제공하였다.

박정희 정부는 석탄증산에 매진하였지만 연탄공급량은 수요량을 따라갈 수 없었다. 마침내 1966년 10월경에 한파가 일찍 찾아왔는데, 서울에서도 연탄을 구할 수 없는 이른바 '연탄파동'을 겪게 되었다. 그해 11월 16일 정부는 대통령령으로 무연탄 대신에 벙커 C유로 대체하도록 하며, 연료정책을 주유종탄(主油從炭)으로 전환하였다. 이 조치로 목욕탕, 이발소, 미장원, 숙박업소, 다방 등은 연탄사용이 금지되었다.

이런 정책은 무연탄 소비의 절대량을 감소시킬 만큼 엄청난 파급효과를 가져와 1967년 초 200여 개의 탄광이 1969년에는 50여 개로 감소할 수밖에 없었고, 커다란 사회문제로 발전하였다. 이 해에 국내 유일의 에너지원을 적극적으로 보호·육성하기 위한 '석탄광업육성에관한임시조치법'이 제정되었다. 이 법의 근본 취지는 경쟁 에너지원인 수입 벙커 C유에 대한 석유류세의 일정액 이상을 년도마다 정부세출예산에 계상(計上)하게 하여 석탄산업 육성에 필요한 재원을 조성하고, 이를 석탄산업에 보조금으로 교부함으로써 석탄산업 발전에 일대 전기를 마련하는 것이었다. 이는 "생산원가 측면에서 불리한 탄광업체를 위해 적자를 보전해 주었을 뿐만 아니라 그렇지 않은 업체에 대해서도 각종 사업에 대한 투자를 유인함으로써 증산을 꾀하는 데 기여했다. 특히 석탄육성지원금은 석유파동 직후인 74년, 79년 그리고 80년에 급증했으며, 명실 공히 석탄산업을 지탱하는 대들보 역할을 수행했다"(김용환·김재동 1996: 217).

제4차 중동전쟁(1973년)과 두 차례(1973년, 1979년)의 석유위기를 겪으면서 석탄개발의 중요성은 더욱 두드러졌고, 정부의 주유종탄정책은 다시 석탄증산정책으로 되돌아갔다. 이 과정에서 태백, 정선, 영월, 삼척 지역에는 크고 작은 규모의 민영탄광들이 속속 들어서 1980

년대에는 수백 개에 이르렀다. 경제성이 없는 영세 탄광의 가행(稼行)이 가능해져 군소 영세탄광이 난립하였다. 정부는 "한 톨이라도 더 캐기"위해 광업허가를 쉽게 내주었다. 즉 광업권을 설정하고자 하는 사람은 광업권 설정출원서(設定出願書)를 산업자원부 장관에게 제출하여 허가를 받아야하는데, 1980년대까지만 해도 허가를 받는 것은 아무 일도 아니었다고 한다. 이 점은 강원도청 담당 공무원의 이야기에서 유추해 볼 수 있다.

정부가 정책으로 (탄광산업을) 육성할 때는 순탄하게 했죠. 과거에는 에너지가 경제에 미치는 영향이 컸습니다. 개발하는 과정에서 커다란 어려움은 없었죠(이호영, 남, 강원도청, 2004. 3. 10.).

특히 제5공화국은 석탄증산정책의 하나로 '조광법'을 제정하여 무분별하게 조광권을 허용함으로써 연간 10만 톤 미만을 생산하는 소규모 탄광 320개가 난립하는, 이름하여 석탄산업의 전성기를 구가하기에 이르렀다. 태백탄전지구는 국내 제일의 광산촌, 이른바 '탄광 공화국'으로 자리를 잡아갔다. 동원은 1970년대에 태영, 1980년대에는 삼왕 등을 분할 창립하여 모광(母鑛) 3개소, 조광(助鑛) 10여 개소에서 최대 석탄 생산량 약 300만 톤(1986년)에 이르는 전국 최대 민영탄광으로서의 전성기를 맞이하였다. 이 점은 사북읍 직전리 출신으로 1980년 동원에 입사하였던 한 주민의 말에서 잘 드러난다.

제가 입사했을 때 광산은 찾아오는 사람이 굉장히 많았어요. 그때만 해도 전체적인 임금을 보면 다른 대기업이나 여타 산업보다 임금이 높았단 말예요. 제가 입사 담당을 했었는데, 40명, 50명 모집을 하면 200명.

오는 사람들이 외지에서 버스로 데려오고 이랬으니까. 입사시험이 굉장히 까다로웠어요. 필기시험이 어려운 게 아니라 신체조건을 봐야 되니까. 작업환경이 그러니까 적당한 키에 다부진 체격. 위장 학력자 골라내고 심하게 문신이 많거나 보통 전과가 있다든가, 성격이 이상하다든가, 사람들과 잘 못 지낸다든가, 이런 게 판단되었던 것 같아요. 이런 사람들 골라내고 그리고 신체검사를 지금은 연세병원이 되었지만 그때만 해도 동원의료원이라고, 검사를 해서 허리에 이상, 관절에 이상 있으면 무조건 안 되고. 진짜 A급 청년들하고 일을 했고. 막장에서 몇 년 동안 일한다는 게 40명이 와도 몇 달 못하고 20명은 그만두고, 다시 또 뽑고. 그때는 석탄을 증산하는 그런 단계였으니까 매월 채용을 하고. 많이 오고 굉장했었죠(전동민, 남, 40대 중반, 동원탄좌 총무과장, 2005. 2. 18.).

1980년 사북항쟁 이후, 광부들의 월급도 오르고 작업 환경 및 삶의 질도 상당부분 나아졌다. 탄광을 인생막장이라고 하였지만 누구나 쉽게 광부가 될 수 있는 것은 아니었다. 다른 직종에서 일하는 노동자보다 상대적으로 임금 수준이 높은 동원탄좌와 같은 대규모 민영탄광에 들어가는 것은 대학에 들어가는 것보다 어려웠다고 한다(한건수 2006: 145~146 참조). 농촌의 어려운 가정 형편 때문에 상대적으로 돈 잘 버는 광부는 특히 인기가 많았고, 동원탄좌에 다닌다고 하면 그냥 딸자식을 시집보냈을 정도였다고 한다. 동원의 성장은 곧바로 사북의 변화로 이어졌다.

동원의 발전과 더불어 농업, 산판 등 다양한 자원이용방식이 공존하던 사북 지역은 점차 석탄을 중심으로 한 사회로 변화하였다. 사북 사람들의 삶은 석탄과 맺은 관계 속에서만 의미를 지니는 공간을 만들고 재생산하였으며, 또한 이 공간에서 탄광촌 사람들의 삶과 육체도 구성되었다. 지역의 전체 고용인구 대부분이 동원과 직·간접적으로 연관을 맺고 있었으며 지역의 주 소비층도 그들이었기 때문에 동원의 흥망성쇠는 사북의 발전사 그 자체였다. 이 점은 동원의 석탄 생산량과 사북읍의 인구변화 추이에서 잘 드러난다.

다음 표에서 볼 수 있듯이, 동원의 석탄생산량이 가장 많았던 1986년에 사북읍 인구도 가장 많았다. 즉 동원의 석탄생산량에 비례하여 사북의 인구도 증감하였다. 이 지역 출신으로 동원탄좌에서 일을 한 전주익은 동원과 사북의 불가분의 관계를 다음과 같이 표현한다. "반세기에 이르는 긴 세월 동안 사북과 함께 한 동원! 동원의 보금자리였던 사북! 사북 경제의 버팀목이자 핵이었던 동원이 사북 경제에 어떤

<표 Ⅰ-2> 동원의 석탄생산량과 사북읍 인구의 변화추이

년도	석탄생산량(톤)	인구(명)	년도	석탄생산량(톤)	인구(명)
1962	144,676	–	1991	1,842,595	16,233
1967	385,770	–	1993	1,650,620	13,005
1970	419,630	–	1995	903,484	9,970
1973*	718,124	32,302	1997	644,644	8,641
1978	1,650,762	46,932	1999	581,954	8,030
1980	1,587,553	51,677	2000	583,063	7,978
1983	2,073,732	55,076	2001	522,000	7,494
1985*	2,874,808	23,162	2002	443,700	7,791
1986	2,984,039	23,387	2003	444,000	7,126
1988	2,836,029	22,566	2004**	404,000	7,279
1989	2,480,420	20,128	2005	–	6,986
1990	2,323,577	17,218	2006	–	6,732

출처: 전주익(2003: 26), 광해방지사업단 홈페이지, 정선군 통계연보 각 년도
* 1973년 사북읍으로 승격, 1985년 사북읍과 고한읍으로 분리
** 2004. 10. 31. 동원탄좌 폐광

영향을 미쳤는지를 따지는 것 자체가 무의미한 일인지도 모른다. 정확한 자료에 의한 각종 수치를 나열하지 않아도 어느 누구도 동원과 사북의 관계는 한 몸이요 공동체며 한 우리 그 자체였음을 부인하지는 못할 것이다"(2003: 24). 동원의 전성기였던 1980년대 초반은 사북이 가장 번창하던 때로, 당시 분위기를 한 주민의 말에서 미루어 볼 수 있다.

> 이사 올 때(1984년) 당시 사북의 사회 분위기는 흥청망청했죠. 탄광 돈은 햇빛만 보면 다 사라진다고, 개도 천 원짜리는 안 물고 만 원짜리만 물고 다닌다는 그런 말이 있었어요. 돈이 많이 돌고 다른 직장보다는 월급을 많이 타니까. 쌀 대주고, 집 주고, 연탄도 공짜로 주고, 의식주를 회사에서 다 해주니까. 광업소에 입사하면 몸만 와도 살 수 있었어요. '80년대 후반까지는 그랬어요(전영재, 남, 사북3리 이장, 2004. 2. 3.).

사북의 직전리에서도 "사북(읍)에 가면 쌀밥을 먹을 수 있다"고 할 만큼 사북의 발전은 눈부신 것이었다. 1985년에는 사북읍은 사북과 고한으로 분리되었을 정도로 인구도 증가하였고, 한때는 사북읍과 고한읍을 다시 통합하여 시로 승격한다는 소리도 무성하였다. 이처럼 1980년대 초중반까지만 해도 탄광촌 사북의 미래는 영원할 것처럼 보였다.

그러나 1980년대 후반부터 대체연료인 석유가격의 하락, 석유·도시가스 등의 보급이 정책적으로 확산되면서 도시를 중심으로 석탄수요의 급격한 감소, 무연탄의 가격경쟁력 저하, 석탄층의 심부화(深部化) 등에 따른 채탄 생산성의 악화로 국내 탄광업계는 경영상의 어려움을 겪게 되었다. 무엇보다 석탄수급과 민생의 안정을 위한 정부의 증산 위주의 지원책에 의지하여 성장한 탄광업체는 어려움을 극복할 힘도 의지도 없었다. 즉 "시장 구조적 측면에서 정부가 민간 기업의 손익에 직접 개입함으로써 기업의 자율적인 경영의지는 쇠퇴하고, 정부에 대한 의존도만 심화되었다. 즉 탄광업체들은 건전한 기업으로의 성장을 저해 받고 말았다"(김용환·김재동 1996: 218). 특히 1980년대 초반의 무계획적인 생산증가에 따른 부실 탄광들의 난립과 저질 석탄의 양산 등은 석탄산업의 구조적 병폐로 이어졌다. 석탄산업은 경제발전의 원동력이 아니라 경제발전과 국가재정에 부담을 주고 발목을 잡는 골칫거리로 전락하였고, 경제성장을 위해서는 어떻게든 빨리 청산해야 할 대상이 되어 버렸다. 이는 1989년 석탄산업 합리화사업으로 귀결되었다.

석탄산업 합리화사업과 탄광촌의 해체

정부는 석탄산업의 생산성을 향상하고 석탄의 장기적인 안정공급기반을 조성하는 차원에서 1988년 5월부터 석탄산업 구조조정에 착수하여, 1989년 석탄산업 합리화사업 계획을 발표했다. '석탄산업의 생산성 향상과 석탄의 장기적인 안정공급기반 조성'이라는 석탄산업 합리화사업의 목적은 허울 좋은 명분일 뿐이었다. 그냥 폐광 자체가 목적이었다. 따라서 오직 강제 폐쇄와 퇴출만이 있었다. 그래서 정부가 말하는 합리화가 무엇을 뜻하는지는 강원 도청에 근무하는 사람의 말에서 잘 드러난다.

광산업체가 나갈 때는 원형으로 복구를 시켜야 하는 것이 의무사항인데. '88년 합리화 사업은 석탄에 대한 부담을 줄이기 위해 사업을 하는 것인데, 강제적으로 폐광을 시키면서 회사가 해야 할 부담을 국가가 떠 맡은 것인데 급박하게 하다보니까 잘못된 것이죠. 이것저것 계산해보니 까 석유를 쓰는 것이 싸니까 빨리 폐광시키려고 그런 것인데, 결국은 잘 못 생각한 것이죠. 빨리 폐광시켜야 한다고 생각했던 것은 보존하는 비 용보다 폐광하고 싼 석유를 들어오고 그 차익으로 복구하는 것이 싸게 먹힌다고 생각했을 거예요. 서서히 폐광하면 '80년 같은 노사분규도 일 어날 것이고. 그래서 오히려 폐광시키면서 광산업자들에게 복구비용을 받기보다는 서둘러 문 닫으려고 돈까지 주었어요. 그것이 결국 국가의 부담이 된 것이죠. 한 20년 되었는데 계속 돈을 퍼부어도 대책이 없는 것 이에요(홍민식, 남, 강원도청, 2004. 3. 10.).

정부의 석탄산업 합리화는 근대화의 원동력에서 골칫덩어리로 전 락한 석탄산업의 '청산(淸算)', 그 이상도 이하도 아니었다. 즉 석탄산 업 합리화사업은 '석탄산업 청산사업'의 고상한 표현일 뿐이었다. 합 리화사업이 본격적으로 실시된 1989년부터 전국적으로 347개의 탄광 (연간 생산량 2,340만 톤)에서 11개 탄광7)(연간 생산량 415만 톤)만 남기 고 모두 폐광이 되었다. 사북·고한에서는 모광이었던 삼왕광업소와 태영광업소를 비롯한 16개 탄광이 폐광되었고, 광산노동자 1,373명이 실직하였다. 사북의 화절령과 지장산, 고한의 만항, 두문동, 박심리 등 탄광촌은 폐광과 더불어 일순간에 폐허가 되었다. 영원할 것 같던 탄 광촌의 발전 신화는 흔들리기 시작하였다. 〈표 Ⅰ-2〉에서 보는 것처

---

7) 강원(태백시 : 장성·한보·태백, 삼척시 : 도계·경동, 영월군 : 영월, 정선군 : 삼탄·동 원), 충북(보은 : 마로), 전남(화순 : 화순), 경북(상주 : 태맥).

럼, 폐광이 본격화한 1990년 이후부터 사북의 석탄생산량과 인구가 급속하게 줄어들었다. 폐광은 곧바로 지역 경기의 후퇴로 연결되어 지역의 상가도 하나 둘씩 철수하기 시작하였다.

정부는 석탄산업 합리화사업으로 탄광지역의 경기가 침체되고 인구의 급속한 유출로 지역의 정주기반이 위협받게 되자 1991년 '석탄산업법'을 개정하여 탄광지역 종합대책을 추진하기 위한 제도적 장치를 구축하였다. 이 법에 근거하여 1991년 5월 태백, 영월, 정선, 삼척 등 4개 시·군이 탄광지역 진흥사업추진 대상지역으로 지정되고, 이 지역의 주민생활 안정과 경제 회복을 위한 종합대책으로 탄광지역 진흥사업(1992~1995년)이 시행되었다(정성호 2006: 323 참조). 그러나 탄광지역 진흥사업은 적은 예산을 가지고 많은 지역을 개발하려다 보니, 결국 기반시설 정비 등과 같은 지역의 현안 사항을 해결하기 위한 소규모 단위사업이 되어버렸다. 광부, 지역주민들의 직접적인 소득원을 창출할 수 있는 대체산업 유인과 발굴에 대한 투자가 부족하여 지역경제와 주민생활의 활성화에 눈에 띌 만한 성과를 얻지 못하였고, 사북을 비롯한 탄광지역의 위기는 점차 깊어졌다.

사실 석탄산업 합리화사업의 초기만 하더라도 국내 최대 민영탄광이었던 동원탄좌만은 국내 석탄산업계에서 차지하는 비중이 워낙 커서 폐광되지 않을 것이며, 동원에 바탕을 둔 사북의 지역경제도 어느 정도 유지할 수 있을 것이라고 기대하였다. 이 점은 1993년도에 동원에 입사하였던 전(前) 동원노조위원장 정원조(2004. 2. 2.)의 다음 말에서 충분히 미루어볼 수 있다.

연구자 : '93년도 3월이면 석탄산업 합리화사업으로 말미암아 탄광들이 폐광될 때로 동원은 장래성이 없는 직장이 아니었습니까?

위원장 : 그때 '93년도만 해도 합리화사업이 실시돼도 동원은 그런 대로 위축되거나 하지는 않았습니다. 소규모 광산들은 폐광을 했고요. 처음에 저는 산탄실로 들어왔다가 개발과로 옮겼지요. '93년도만 해도 석탄이 사양화되는 큰 위기는 못 느꼈죠. 그런 의식은 '95년도 쯤. 그 당시 광산이 지금처럼 이런 분위기는 없었죠. 그 당시 전체 가족이 2,000명 정도 됐죠.

시간이 흐를수록 인근 지역들은 폐광과 더불어 마을조차 흔적도 없이 사라졌고, 동원도 폐광을 향해 한 발자국씩 나아갔다. 특히 1995년 동원이 기존 갑·을·병방 근무 가운데 병방(야간작업조)을 없앨 것이라고 발표하자, 지역사회의 위기의식은 극에 달했다. 당시 광부들이 석탄 합리화사업을 어떤 의미로 받아들였는지는 2004년 폐광할 때까지 동원에서 14년 동안 일했던 한 광부의 말에서 잘 드러난다.

1995년에 여기서 데모를 했어. 그때 엄청 크게 했어요. (…) 돈 주시오. 앞으로 당신들이 문 닫을 거 아니냐? 우리는 먹고 살게 해줘야지. 그 당시에 전국에서 (탄광들이) 많이 닫았어. 그네들 그냥 내쫓았다고. 합리화, 그런 게 없었어요. 그냥 내쫓았다. 그게 표현이 맞을 거야. 괜히 잘 벌어먹는 사람들, 정부에서 뭔 발광으로 (그냥 내쫓았다.) 지금 탄(炭) 많다고. 이제 거 에너지 파동 나와. 틀림없어(이선호, 남, 56세, 2005. 8. 16.).

정부의 가장 큰 관심사는 석탄산업을 어떻게 빨리 정리할 것인가였다. 합리화산업 이후로 석탄산업, 광부 그리고 광산촌 나아가 국가의 에너지 수급 등이 어떻게 될 것인가는 안중에 없었다. 그 예로 정부의 무연탄 비축량은 2004년을 정점으로 빠르게 감소하고 있다. 이는 지속되는 경제난과 고유가의 영향으로 연탄이 다시 서민들의 연료로 각광을 받으면서 민수용을 중심으로 무연탄 소비량이 늘어났기 때문이다.

그런데 무엇보다 전문가들은 소비량의 증가보다는 생산량이 소비량을 따라가지 못하고 있는 공급과 수요의 불균형이 정부비축탄 감소의 근본적 원인이라고 지적하고 있다. 즉 '감산'만을 고수해 온 정부정책이 에너지 수급 문제를 어렵게 하고 있는 것이다(연합뉴스 2007. 3. 30. 참조). 이처럼 10년 후도 예측하지 못하는 근시안적 대책, 정확히 말하면 무대책(無對策)이 정부의 최고 대책이었다. 석탄산업에만 의존하는 단일 산업구조를 갖고 있던 사북·고한 등의 태백지역 탄광촌은 석탄산업 합리화사업의 충격을 이겨내지 못하고 급속하게 황폐해졌다.8)

1993년부터 주민들은 '지역살리기 공동추진위원회'(이하 공추위)를 구성해 지역살리기 운동을 전개했다. 특히 1994년 말에는 폐갱구(廢坑口)를 이용한 핵폐기물처리장 유치운동을 벌였다. 그렇지만 석탄산업을 대체할 만한 뚜렷한 대안이 좀처럼 마련되지 못하였다. 이런 상황에 1995년 동원탄좌가 병방을 폐지하는 방침을 발표하면서 생존권을 지키려는 동원탄좌 노동자와 특히 지역의 소상공인을 중심으로 한 주민들의 데모가 지속되었다.

공공기관 점거, 상가철시, 등교거부, 단식농성 등으로 드러난 광부와 주민들의 분노는 1980년 사북항쟁을 되살리고도 남았다. 이에 '제

---

8) 경북·충남·전남의 탄전지역은 상대적으로 석탄산업 규모가 작고 그 배후에 광범위한 농업생산 지역을 갖고 있어 석탄산업 합리화사업에 따른 폐광의 충격이 태백 탄전지역만큼 집중적이고 대규모로 나타나지 않았다(원기준 2005: 124 참조).

2의 사북사태'를 우려한 문민정부는 1995년 3월 3일 동원탄좌 노동조합과 주민의 협상을 통하여 이른바 '3·3 합의'에 이르렀다(심재한 2005: 50~51 참조). 합의문의 주요 내용은 사북·고한 지역을 포함한 태백, 영월, 삼척 도계 등 주요 폐광지역을 개발촉진지구로 지정하고 폐광지역 개발촉진특별법을 제정한다는 것이다. 무엇보다 탄광촌이 지속될 수 있도록 사북·고한 지역의 석탄생산량을 앞으로 5년 동안 170만 톤으로 유지하고 대체산업 유치에 정부가 적극적으로 나서겠다는 내용도 포함되었다.

이후 1995년 12월 19일에 '폐광지역개발지원에 관한 특별법'(이하 폐특법)이 제정·공포되었다. 그리고 폐특법에 따라 강원도 태백시, 정선군, 영월군, 삼척시는 폐광지역 진흥지구로 지정되었다.[9] 폐광지역 진흥지구 안에 창업, 확장 또는 이전하는 기업체에 대해서는 저금리의 융자금 지원 등 여러 혜택이 주어짐에 따라, 폐광촌의 면모를 벗어나 새로운 고원관광 휴양도시를 꿈꾸는 골프장·스키장 등 구체적인 개발 사업 구상들이 거론되기 시작하였다. 그러나 열악한 기반시설과 특히 IMF 국가 위기가 닥치면서 민간자본의 투자가 어렵게 되었고, 수많은 사업계획 자체가 무산되었다. 폐광촌에 희망이 보이지 않았다.

---

9) 이 밖에 전라남도 화순군, 경상도 문경시, 충청남도 보령시도 폐광지역 진흥지구로 지정되어 있다.

2. 강원랜드
폐광촌의 희망을 쏘아라!

해발 1,100m의 초원에 펼쳐진 골프장,
국내 최장 16면 슬로프의 스키장,
사계절내내 자연을 만끽하는 테마파크에 지상 24층의
초특급 카지노 호텔, 최신식 콘도미니엄까지~,
총 350만 평 국제적 규모의 가족형 종합휴양지 강원랜드
온 가족이 함께 즐기기에 이보다 더 좋은 곳은 없습니다.
– 강원랜드 홈페이지

폐광촌을 넘어 '특례(特例)의 땅'으로

폐특법이 제정된 뒤로 폐광지역 진흥지구로 지정된 4개 시·군 그리고 지역주민들과 긴밀한 협의를 거쳐 강원도는 1996년 80여 개에 달하는 탄광지역 진흥사업을 담은 〈탄광지역종합개발계획〉을 마련하였다. 물론 이 계획 당시에 카지노는 고려의 대상이 아니었을 뿐만 아니라 어느 누구도 생각하지 못하였다. 각 지자체들은 자연지리적 여건을 고려하여 골프장·스키장·관광레저단지 등을 중심으로 한 고원 관광 휴양지로 지역을 개발하는 데 중점을 두었다. 그러나 1년에 몇백억 정도에 지나지 않는 정부지원금으로는 봇물 터지듯 쏟아지는 각 지역의 희망사업들을 수용할 수도 없었다. 나아가 수용한다고 하여도 소규모 스키장과 골프장으로는 경쟁력을 가질 가능성이 희박하였다.

따라서 정부지원에 따른 사업수준은 대체산업을 개발하기보다는 도로 등 지역들의 시급한 요구사항들을 해결하는 데 급급하였다.

게다가 IMF 국가위기와 맞물리면서 동원을 대체하여 지역경제의 중심과 활력이 될 수 있는 민간주도 산업 가운데 어느 하나도 유치하는 것이 쉽지 않았다. 이런 소용돌이 속에 주민들은 "기왕 지역이 죽을 것"이라면 다른 지역에서 혐오시설이라고 거부하는 핵 폐기장, 교도소 등이라도 유치하겠다고 적극 나섰다. 그렇지만 이것도 지형, 지질 조건 등이 맞지 않아 마음대로 되지 않았다. 이런 와중에 우연히 카지노 산업이 대안으로 등장하였다. 이 점은 당시 폐광지역개발계획에 참여했던 한 공무원의 말에서도 잘 드러난다.

> 스키장·골프장을 충분히 수용하겠다 하여 골프장이 이십 몇 개, 스키장이 이십 몇 개 각 지역마다 요구가 분출하죠. 처음에는 400~500개 사업이 분출해요. 그런데 이것으로는 경쟁력이 없잖아요. 그러다가 제일 쉽게 접근할 수 있는 것이 뭘까 생각했던 것이 카지노인데, 내국인 카지노를 여기에 놓으면 경쟁력이 있지 않느냐? 제가 알기로는 명성그룹 김철호 씨와 강원도 주요 인사들이 만난 자리에서 우연한 기회에 카지노 이야기가 나온 것 같아요. 그래서 다 자기가 특별법 만들고 카지노 계획했다고 말하는 것입니다(박영호, 남, 강원도청, 2004. 3. 10.).

강원도 폐광지역에 스키장, 골프장을 건설한다고 할지라도 서울 등 대도시로부터 멀리 떨어져 있고 교통편도 불편한 지리적 특수성을 어떻게 극복할 것인가가 성공의 관건이었다. 폐광지역을 살리고자 하려면 뭔가 특별한 인구 유인 요소가 필요하다는 문제의식을 공유하였고, 이런 고민의 해결책 가운데 하나가 카지노였다. 물론 이 당시만 하더라도 주민들은 카지노가 무엇인지를 몰랐고 단순히 동원을 대신하고 나아가 지역을 살릴 수 있는 대체사업이라고 생각했다. 이 점은 당시 공추위에서 활동을 했던 한 주민의 이야기에서 잘 드러난다.

> 당시 몇몇 사람 빼놓고 카지노 실체에 대해서 아는 사람이 없었다. 당시 카지노는 관광산업이라기보다는 고용창출을 기대했던 하나의 기업 형태로 주민들은 생각했다. (이곳이 관광산업) 지역이 될 것이라고는 사람들이 생각하지 못했다. 둘레가 모두 새까만 석탄지댄데 누가 그렇게 생각했겠는가? 그저 동원이 나가고 나서 지역을 이끌어나갈 기업으로 생각했다. 사실 지금처럼 잘 될지도 몰랐다. 우선은 그냥 한번 해보자. 그 거라도 지역에서 해야지 살아남는다는 정도였다(박태섭, 남, 40대 초반, 2004. 7. 16.).

탄광촌의 해체가 가속화되고 있는 상황에서 '동원의 대체산업'으로 등장한 카지노는 1998년의 '탄광지역 개발촉진 지구개발계획'에 구체적인 사업으로 자리를 잡기 시작하였다. 내국인 출입 카지노사업이 원칙적으로 금지된 국내에서 카지노 설립은 결코 쉬운 일이 아니었다. 카지노가 일으킬지도 모르는 사회적 폐해가 익히 알려진 만큼, 문화체육부나 시민단체를 중심으로 한 카지노 설립에 대한 반대도 거셌다. 그러나 그들의 반대도 죽느냐 사느냐의 생존의 기로에 선 주민들의 요구를 무시할 수는 없었다. 당시의 상황은 주민의 다음 이야기에서도 잘 드러난다.

> 그 당시 환경단체와 시민단체가 반대했으나 우리가 찾아가, 황폐화된 폐광촌에 7평짜리 사택 촌을 보여드리고, 흙을 덮어서 카지노를 만들

겠다고 보여주고 설득시켰다. (…) 제일 중요한 것이 다른 지역은 더 잘 살려고 하는 것에 목적을 두고 있었지만, 우리는 탄광촌이 아니면 다른 것으로 먹고 살 것이 없었기 때문에 생존권 문제였다. 우리는 생존권 차원에서 남들이 싫어하는 핵 폐기장이나, 쓰레기(장), 교도소까지 요구했다. 이것 아니면 살 방법이 없었기 때문에 무조건 생존권 문제였다(송철만, 남, 전(前) 정선군의원, 2004. 2. 2.).

카지노는 아무도 생각하지 못한 우연의 산물이었다. 그렇지만 그 우연은 폐특법을 제정하면서부터 예상된 것이기도 하였다. 폐광촌에서 내국인 출입 카지노의 건설은 한국의 모든 사회와 사람들에게 동일하게 적용되는 보편적 근대법의 대상 범위에 있지 않고 '특별하게 예외를 인정하는' 폐특법에 바탕을 두었다. "석탄산업의 사양화로 인하여 낙후된 폐광지역의 경제를 진흥시켜 지역간의 균형 있는 발전과 주민의 생활향상을 도모함을 목적으로 한다"는 폐특법 제1조에서 보이는 것처럼, 폐특법은 지역 경제개발, 즉 폐광촌 주민들의 생존권이 우선시 되었다. 이에 폐특법은 어떻게 지역경제를 활성화 할 것인가에 초점이 모아졌고, 지역경제 활성화에 걸림돌이 되는 요건들을 완화하였다.

따라서 폐특법은 하나의 '특례법(特例法)'이 되었다. 특례의 주요 내용은 녹지보전지역 개발의 특례(제8조), 환경영향평가의 특례(제 9조), 산림법 적용의 특례(제10조) 그리고 관광진흥법 적용의 특례(제11조)이다. 이 특례에 따라 첫째, 폐광지역을 폐광지역 진흥지구로 지정하고, 이 지역에 개발을 위해 국유림·녹지 등의 토지를 대부·사용할 수 있는 권한을 부여하였다. 둘째, 폐광지역 개발을 위해 환경영향평가를 환경부장관에서 도지사에게 위임했다. 그리고 셋째로 내국인이 출입할 수 있는 카지노의 허가가 가능하게 되었다. 석탄산업이 조국 근대화의 열망이었던 경제개발의 에너지원으로서 초법적인 '특별대우'를 받았던 것처럼, 폐광지역 주민들의 생존권 확보에 바탕을 둔 모든 대체산업도 '특별대우'를 받을 수 있었다. 강원랜드 카지노사업은 폐특법 11조 관광진흥법 적용의 특례 사항이 낳은 산물로 법이 정한 각종 지원과 개발규제 완화 등이 특별하게 이루어지는 '특례의 땅'이었기에 가능한 것이었다.

폐특법에 규정된 내국인 출입 가능한 카지노는 본래 2002년 개장을 목표로 하였다. 사실 다른 대체산업이 성공을 거둔다면 굳이 꺼내 들고 싶은 카드는 아니었다. 그러나 다양한 대체산업을 유치하기 위한 계획들이 IMF 사태 앞에서 처참하게 무산되면서 카지노 산업은 유일한 희망이 되었다. 게다가 2002년까지 자그만치 7년 남짓을 기다린다는 것은 당장의 살길 마련조차 어려운 주민들에게는 신기루나 다름없는 것이었다(사북청년회의소 2001: 239). 이 상황에서 주민들의 생존권 쟁취를 위한 요구는 다시 불이 붙기 시작하였고, 우여곡절 끝에 1999년 고한의 박심지구에 스몰카지노가 설립되었다. 지역운동에 관여했던 모든 사람들이 자신이 카지노 설립의 일등공신이라고 말할 만큼 스몰카지노는 성공하였고, 이 성공은 2003년 메인카지노로 더욱더 증폭되었다. 이렇게 강원랜드는 사북, 나아가 폐광지역의 개발방향과 운명을 바꾸어 버렸다.

탄광공화국의 주축이었던 사북·고한 지역의 33개 광산업체는 2004년 10월 동원탄좌를 마지막으로 모두 폐광되었다. 사북은 '탄광촌(炭鑛村)'이 아니라 '폐광촌(廢鑛村)'이 되었고, 사북과 동원의 관계는 역사가 되어버렸다. 이 점은 사북읍 직전리 출신으로 동원탄좌가 폐광할 때 총무과장을 역임하였고, 현재 석탄박물관 건립추진위원회 사무국장을 맡고 있는 이의 이야기에서 잘 드러난다.

> (평생 몸 담으셨던 회사가 문 닫아서 어떠셨습니까?) 그게 뭐 섭섭하거나 그런 건 아닌데 좀 아쉽죠. 아쉽고. 대신에 다른 마음보다는 동원이 곧 사북이었고, 석탄이 곧 사북이었고 말입니다, 역사라면 반세기 정도 되는 역사인데 흔적이 다 지워져서는 안 되겠다, 이런 마음밖에 없어요. 뿌리나 역사는 남겨놔야 되겠다, 물론 누가 해도 하겠지만 많은 세월이 지나가면 어려울 거고. 광산에서 일하는 사람들이 살아있을 때 얘기도 들을 수 있는 거고. 폐광특별법으로 광산이 다 없어졌고, 강원랜드가 세워졌고, 근데 랜드가 사북 자체의 모습은 아니에요. 미래의 산업으로서는 이 지역 주민이 만족하든 안하든 할 수 없이 가야 되는 것이고 정해진 건데. 과거 사북은 뭐고 밑바탕은 뭐냐? 바로 석탄이고 광부였단 말입니다. 그런 바탕이 없어지면, 나중에는 뭐랄까 버팀목이라고 할까, 그런 게 없어지는 거죠. 흔적을 남겨야지요(전동민, 남, 46세, 2005. 2. 18.).

동원탄좌의 옹구지구에 우뚝 들어선 메인카지노처럼 탄광촌의 흔적은 하나둘씩 사라져가고 그 자리에 테마공원·골프장·스키장·산악레포츠단지 등이 들어서고 있다. 탄광촌은 강원랜드의 뿌리이고 모태지(母胎地)였다고 자신의 자리를 주장해보기도 한다. 그렇지만 이 주장의 메아리는 그리 우렁찬 것 같지 않다. 단지 탄광촌은 박물관의 역사가 될 뿐이고, 탄광과는 전혀 상관이 없는 다른 역사가 시작되고 있다.

그 중심에 강원랜드가 있다. 동원탄좌의 역사가 사북의 역사였던 것처럼, 오늘날 폐광지역 개발은 곧 강원랜드의 개발사업이라고 할 만큼 강원랜드를 중심으로 서로가 맞물려 돌아가고 있다. 이제 강원랜드를 통한 사북의 미래는 돌이킬 수 없는 도도한 물결이 되었다. 2003년 당시 사북 읍장이었던 김기중(2003: 10) 이 '사북자생단체연합회'에서 발행하는 《범바위문화》 2호 축사에서 밝히고 있듯이, 사북은 "과거에는 국가 기간산업으로 국가의 주 에너지원인 무연탄 생산을 위하여 탄가루를 날리던 시커먼 탄광촌이었지만 이제는 이런 이미지를 훌훌 벗어 던지고 내국인 출입이 유일한 카지노 도시, 전국에서 가장 부러워하는 고원관광 휴양도시로 새롭게 태어나고 있다."

'한국의 라스베이거스'를 꿈꾸다

카지노(casino)는 보통 해변, 온천, 휴양지, 관광지 등에 있는 일반 실내 도박장을 뜻한다. 역사적으로 카지노는 중세 유럽의 귀족사회에서 사교의 한 수단으로 태동하였다. 17~18세기에 걸쳐 유럽 각지에 소규모 카지노가 개설된 것이 근대 카지노의 시작이었다. 19세기에는 클럽스타일(회원제)의 카지노가 유럽 각국에서 나타났고, 유럽인들의 활동이 활발해지면서 카지노가 세계로 확산되기 시작했다(정두연 2006: 7). 특히 미국 정부가 1931년 세계경제 대공황 당시 많은 광부들이 일자리를 잃음으로써 침체된 지역경제의 활성화와 세수증대를 위한 정책으로 네바다(Nevada) 주 라스베이거스(Las Vegas)에 대규모 카지노 단지를 조성하면서, 오늘날과 같은 상업적 카지노산업이 본격적으로 발전하기 시작하였다. 상업적 도박행위와 새로운 과학기술의 발전에 힘입어 유럽, 동남아시아, 아메리카, 호주, 아프리카 등 도처에서 라스베이거스의 카지노를 모델로 한 카지노 산업이 급속도록 확산되어 약 130국에 약 4천 개의 카지노가 있다고 한다. 관광산업의 발전과 국제금융시장의 확산으로 카지노 도박은 세계경제에 통합되었고, 갈수록 많은 도박자들이 국경을 넘어 이동하게 됐다. 도박은 이제 주요한 소비 형태인 동시에 주류 여가활동이 됐다(리스 2006: 184 참조).

한국에서 카지노산업은 외국관광객을 유치하고 외화수입을 확대하는 등 관광산업의 일환으로, 관광호텔에 있는 한 외국인 전용 카지노를 중심으로 성장해 왔다. 즉 한국에서 카지노사업은 호텔에 부속된 단순한 영업형태로 유지되어 왔다. 1967년 올림포스 호텔 카지노 개관을 시작으로 2006년 6월 말 현재 전국에 16개 업체의 외국인 전용 카지노가 운영 중에 있다.

카지노 초기에는 내국인도 합법적으로 카지노에 출입할 수 있었다. 그러나 내국인 출입 허용에 따른 사회적 부작용이 하나 둘씩 나타나면서 1969년 6월에는 법을 개정하여 내국인 출입을 금지시키고, 이를 어길 경우 영업행위 금지 또는 허가 취소의 행정조치를 취할 수 있도록 하였다. 따라서 1970~1980년대에는 관광호텔을 중심으로 외국인 전용 카지노만이 개설되었다.

외국인 전용 카지노 산업은 지역간 과소과대불균형 현상과 비합리적인 독점구조 등을 낳은 정부의 규제 일변도의 무사안일한 정책에 따라 전반적으로 정체되어 있으며, 대부분 출입객이 VIP 중심으로 이루어지고 있어 원래 목적인 외래 관광객 유입의 증진에는 크게 도움을 주지 못한 것으로 나타나고 있다(강원랜드 2003: 17 참조). 외국인 전용 카지노의 가동률은 2002년 기준으로 평균 3.8%에 그치고 있다. 이 가운데 서울과 부산의 워커힐 카지노만이 각각 가동률이 16.9%와 10.5%이며 다른 지역은 평균 5~6%에 그치고 있다(손봉숙 2007: 55). 이에 견주어 국내 유일의 내국인 출입 카지노 강원랜드의 가동률이 거의 100% 수준에 이르며 새로운 카지노 시대를 열어가고 있다.

강원랜드는 석탄산업 합리화사업단(현 광해방지사업단)이 360억 원, 강원도 150억 원(강원도 개발공사 66억 원, 정선군 49억 원, 태백시 12억 5천만 원, 삼척시 12억 5천만 원, 영월군 10억 원)을 출자하여 1998년 4월에 설립되었다. 그리고 2000년 10월 스몰카지노가 한때 인구 2~3천 명의 광부들이 살았던 폐광지, 고한의 박심지구에 개장되었다. 주민들은 "산골짜기에 그게 될 것이냐"고 말하며 카지노의 성공에 대해서는 어느 정도 의문을 가지고 있었지만, 다른 대안이 없는 상황에서 강원랜드에 대한 기대감을 감출 수는 없었다. 주민들의 기대를 한 몸에 받으며 등장한 스몰카지노는 개장한 순간부터 '대박'의 꿈을 현실로 만들었다. 문을 연 당일부터 스몰카지노는 입장객으로 초만원을 이루었고, 기대 이상의 매출실적을 올렸다. 당시 스몰카지노의 분위기는 개장 때부터 지금까지 강원랜드에서 근무하고 있는 한 직원의 이야기에서 잘 드러난다.

여기(메인카지노)는 빈 테이블이 없잖아요. 지금 같은 경우가 성수기라서 더 심한 거거든요. 토요일, 일요일은 스몰처럼, 옛날에 스몰이 어땠냐면은 우리가 근무 끝나고 올라가잖아요, 사람들을 파헤치면서 갔었거든요. (지금은) 그때보다는 심하진 않지만, 퇴근할 때 손님들 막 파헤치면서 나가야 된대요. 토요일, 일요일만 되면 여기 주차장 있잖아요. 길 저 밑에까지 쫙 다 서 있잖아요. 그리고 또 서비스가 잘 안 이루어지는 게, 그렇게 안 해도 손님들이 막 오니까. 그래서 스몰에서 메인 올라올 때 지금 서 있는 손님들이 앉아 있게만 할 정도로 하자. 테이블 좀 늘리자 했는데, 손님이 거기에 더 온 거예요. 또 모자라 카지노 신축한대요. 옆에 지금 설계도면도 나왔어요(이유라, 여, 30대 초반, 강원랜드, 2005. 7. 19.).

강원랜드는 스몰카지노를 개장하면서 하루 평균 천 명을 적정 고객으로 예상하였다. 그런데 개장하고 보니 하루 평균 3천 명이 드나들어 게임테이블 30대와 머신게임 480대를 갖춘 영업장은 발 디딜 틈이 없었다. 강원랜드는 개장하고 약 두 달 동안에 약 21만 명이 방문하여 910억 원의 매출실적을 올렸고, 이로 말미암아 국세와 폐광지역 개발기금 등 각종 세금과 기부금 납부액이 약 1천억 원에 달한 것으로 나타났다(이충기 외 2002: 93). 한마디로 대박이었다. 스몰카지노의 성공은 단순한 카지노 산업 그 자체의 가능성보다도 폐광촌이 카지노를 통해 희망을 볼 수 있는 가능성을 제공하였다. 이 점은 사북지역의 대표적인 주민운동가 가운데 한 사람인 김창완(2003: 66)의 스몰카지노에 대한 평가에서 잘 드러난다. "스몰카지노라는 아이템은 대단히 성공적인 작품으로 평가받는다. 개발 계획을 대폭 앞당긴 것도 있지만 무엇보다도 지역주민들이 가시적인 변화를 눈으로 경험하면서 새로운 가능성을 발견할 수 있게 된 계기가 된 것이다. 또 투자재원 확보가 어려울 것이라는 애초의 우려를 말끔히 씻어내는 대박을 터뜨린 것이다."

그리고 2003년 4월 과거 동원탄좌의 대표적인 탄광촌이었던 사북읍 옹구지구의 3만 7천여 평의 터에 자리를 잡은 메인카지노가 개장되면서 폐광촌 부활의 가능성은 더욱더 현실화했다. 위의 사례에서 언급된 것처럼 스몰카지노는 4년 만에 자신보다 4배 정도 큰 메인카지노가 되었고, 메인카지노는 또다시 자신보다 훨씬 더 큰 '슈퍼'카지노를 필요로 하게 되었다. 이에 강원랜드는 새로운 카지노장을 더 세우는 계획을 추진 중이다. 이제 강원랜드는 '오지 않은 가능성의 미래'가 아니라 '바로 내 눈앞에 펼쳐진 현실'이다. 1998년 설립 당시 510억 원이었던 강원랜드의 자산총액은 2006년 6월 말 현재 1조 5,210억 원으로 30배 증가하였다. 이처럼 강원랜드는 해〔年〕가 다르게, 아니 하

<표 Ⅰ-3> 강원랜드의 연도별 영업실적 (단위 : 100만 원)

구분	2000	2001	2002	2003	2004	2005	2006
매출액	90,950	462,020	476,061	677,132	764,113	846,962	869,496
카지노	88,436	453,897	469,389	664,217	749,960	829,964	847,783
호텔	2,514	8,123	6,672	12,737	13,889	14,449	14,211
골프장	-	-	-	-	-	2,197	4,389
스키·콘도	-	-	-	-	-	-	2,783
테마파크	-	-	-	176	264	352	329
당기순이익	41,234	218,278	221,018	229,690	271,233	299,088	247,936
	45.3%	47.2%	46.4%	33.9%	35.5%	35.3%	28.5%

출처 : 서천범(2007: 51)

루가 다르게 급성장을 거듭하였다. 이 점은 다음 표에 나타난 강원랜드 영업실적 변화에서도 확인이 된다.

위 표에서 보이는 것처럼, 강원랜드가 짧은 기간에 자산을 수십 배 증가할 수 있었던 것은 카지노 산업의 성장에서 비롯되었다. 테마파크(2003년 개장), 스몰카지노를 개조한 골프장과 골프텔(2005년 개장), 백운산의 물한리 지역의 하이원(High 1) 스키장(2006년 개장) 등이 차례로 문을 열면서 강원랜드의 수입원이 점차 다양해지고 있다. 그렇지만 카지노 외 부문의 수입이 강원랜드 매출액에서 차지하는 비중은 크지 않다. 호텔, 골프텔, 테마파크, 스키장은 강원랜드 총 매출액의 97.5%(2006년)를 차지하고 있는 카지노의 부속시설의 구실을 하고 있을 뿐이다.

강원랜드는 카지노에서 시작해서 카지노로 끝난다고 해도 지나친 말이 아니다. 강원랜드의 매출액은 2001년과 2002년에 비슷한 수준을 보이다가 2003년 메인카지노가 개장하면서 급속하게 증가하고 있다. 특히 스몰카지노 시절, 당기순이익율은 2000년 45.3%, 2001년 47.2%, 2002년 46.4%로 높은 수익률로 보이고 있다. 메인카지노가 개

장되면서 당기순이익율은 하락하고 있지만, 여전히 '황금어장'임에
틀림없다.10)

카지노가 성공하면서 강원랜드 개발의 중심에 자리한 사북·고한 지
역은 탄광촌 이미지를 벗어나 유일하게 내국인 출입이 가능한 카지노
도시, '한국의 라스베이거스'로서 전성기를 맞이하고 있다. 이제 탄광
촌은 폐광촌이 되는 것을 두려워하지 않으며, 새로운 번영의 희망과 미
래를 이야기한다. 이 점은 한 주민의 다음 이야기에서 잘 드러난다.

제 친구가 하는 얘기가 사북이란 동네가 참 이상한 게. 저희가 사북의
역사를 생각하면, 한창 번창할 때 '80년대는 엄청났어요. 돈에 대해서 임
금체불이나 이런 거는 있었지만은 물건이 밀린 적은 없었거든요. 어쨌
든 간에 일은 좀 힘들었다 하지만 '80년대 한창 광산 좋았잖아요. 한 10년
간 좋았잖아요. 또 '90년대 들어가니까 고랭지 채소해가지고, 저기 직전
리 쪽에 배추 하는 친구들 또 한 10년 잘 해먹었잖아요. 뭐 술은 걔네가
다 사는 거야. 저쪽(사북읍) 와가지고 많이 뿌렸었고. 또 2000년대 들어

---

10) 삼성전자 정기 주주 총회에서 윤종용 부회장은 삼성전자가 작년(2005년) 세계 일류
    수준의 실적을 이뤘다는 근거로 당기순이익률을 비교했다. 작년 삼성전자의 당기
    순이익률은 13.3%로 인텔의 22%보다는 낮았지만 노키아의 11%, IBM 9%, HP 3%보
    다 월등히 높았다고 강조했다(연합인포맥스 2006. 2. 28). 공정거래위원회가 4월 12
    일 발표한 '2007년 상호출자제한기업 지정'에 따르면, "매출액 대비 당기순이익 비
    율도 전반적으로 낮아져 경영성과가 악화된 것으로 드러났는데, 총수 있는 민간기
    업 집단의 당기순이익률은 작년 6.71%에서 올해 5.82%로 0.89%포인트 떨어졌고 총
    수 없는 민간기업 집단도 9.27%로 0.67%포인트 낮아졌다. 특히 공기업 집단은 작년
    당기순이익률이 8.37%에서 5.21%로 3.16%포인트나 낮아져 공기업의 부채는 늘고
    순이익은 감소한 것으로 나타났다(연합뉴스 2007. 4. 12). 일반적으로 부동산, 서비
    스 업종의 당기순이익률이 제조업체보다는 높다고 하지만, 여전히 강원랜드의 당
    기순이익률은 세계 일류수준을 넘어서고 있다고 하겠다.

와서 이 (강원)랜드가 들어와 가지고 땅 값이 천정부지로 올라가서 평당한 천만 원 잡지 않습니까, 시내에 지금. 그러니까 읍치고는 그렇게 30년주기다, 10년 주기다 이렇게 화려한 도시는 없다 이거예요. 그렇지 않습니까? 어디를 비교해 봐도 경제적으로 봤을 때는. 그리고 또 해장국 집이있는 데가 사실 우리나라에 얼마나 많겠습니까? 이 식당은 24시간 풀가동으로 돌아가고 있으니까. 다들 해장국 집이라니까요. (카지노가) 6시폐장이잖아요. 그럼 내려가서 해장국 한 그릇씩 먹고, 해장국 집이 있을정도면 그만큼 그 동네가 잘 돌아간다는 소리에요(최재갑, 남, 47세, 2005. 6. 29.).

 탄광작업은 갑방, 을방, 병방으로 나뉘어 서로 교대하며 24시간 동안 쉬지 않고 이루어졌다. 갑방은 오전 8시부터 오후 4시까지, 을방은오후 4시부터 밤 12시까지, 병방은 밤 12시부터 오전 8시까지였다. 각작업이 끝나면 폐에 쌓인 석탄가루를 씻어내고 노동의 고단함을 삼겹살 안주에 한 잔의 술로 달래려던 광부들로 사북읍은 가득 찼다. 이렇게 탄광시절에도 막장뿐만 아니라 사북 시내 또한 잠을 이루지 못했다.
 강원랜드가 들어서면서 사택·선술집·여인숙 등이 있던 자리에는카지노 출입자를 위한 전당포·술집·호텔·모텔·찜질방 등이 하루가다르게 우후죽순처럼 생겨나며 새로운 공간구조를 만들어내고 있다.사북의 거리에 즐비하게 늘어선 고급 모텔과 전당포는 사북의 또 다른풍경이다. 그곳은 광부 대신 대박의 욕망으로 이글거리는 사람들로불야성을 이룬다. 탄광회사가 인증하는 '인감증'11) 대신 카지노 화폐

---

11) 회사가 발급하는 직번표로, 노동자의 사진과 함께 월급 수령자의 사진이 함께 부착되고 수령 확인을 위해 인감이 찍혀 있다. 수령자는 인감증을 가지고 회사가 인정

칩(chip)이 화폐처럼 자연스럽게 유통된다. 폐광에 대한 두려움도 사라진 지 너무 오래다. 이렇게 사북이 강원랜드가 되고, 강원랜드가 사북 나아가 폐광촌의 미래를 훤히 비춘다.

강원랜드의 성패는 세계적인 리조트형 카지노도시를 꿈꾸는 사북의 오늘이자 내일인 것이다. 강원랜드는 사북·고한뿐만 아니라 태백·상동·영월·삼척을 포함한 폐광지역 개발방향을 바꾸어 버렸다. 강원랜드가 없는 폐광지역을 생각할 수 없을 정도로 강원랜드는 폐광지역 사회에 직접적인 영향을 미치고 있다. 즉 '폐특법=강원랜드=폐광지역'인 것이다. 우선 강원랜드의 경제적 파급효과는 크게 일자리 창출, 지역경제의 활성화, 지방세수의 확대, 지역주민의 정착의식 확대 등을 들 수 있다. 특히 강원랜드는 폐광지역에서 일자리를 창출하는 데 큰 구실을 하였다. 이 점은 동원탄좌 광부의 이야기에서 잘 드러난다.

> (강원랜드에서 일하는 사람) 많지. 복지아파트에도 있고 많은데. 이런 게 있어. 우선적은 우선적이야. 일단 탄광에서 일했던 사람에 한해서 여기 카지노, 골프장, 내년에 오픈하는 스키장, 이렇게 우선은 우선인데. 말은 우선인데 할 데가 없어. "나와 여기 일해", 해 줘도 뭐 들어가 보니까, 안 맞아서 할 수가 있는가? 우리네들하고는 맞지 않는다. 다만 우리 밑의 세대는 할 수가 있는데, 이네들도 적성이 안 맞으면 못하는 거 아니여? 우선은 우선이여. (…) 그래도 자네들 보다는 같은 점수라면 여기 사람을 채용해주지. 그런 게 있어. 그리고 돈 차이가 많아. 그리고 우리 같은 사람들 들어가 봐야. 뭐하겠어? 경비, 청소. 청소라고 해가지고 뭐 맨

한 가게에서 필요한 물건을 외상으로 구입할 수 있었다. 가게가 그 외상액을 회사에 청구하면, 회사는 외상액을 가게에 지불하고, 외상액을 제외한 금액을 노동자에게 월급으로 지급하였다.

날 비로 쓸고 빡빡하는 그런 힘든 거 외는 없더라고. 다만 이제 여기서 고용창출은 많이 될 거야. 내가 신문에서 보니까. 내년에 원래 있던 자리(스몰카지노)에 골프장이 개장이 되잖아. 내년에 인제 또 스키장이 개장이 되면은 한 천 명 정도 쓴다 그러더라고. 근데 그거는 전부 다 합쳐가지고 하는 소리라고 대학교 나온 사람은 대학교 나온 사람이 들어가는 부서가 있고. 관리직하고 다해서 천 명 정도, 여기 있는 사람들은 굶어죽지는 않을 거 같애. 뭐래도 할 수는 있거든(이선호, 남, 2005. 8. 16.).

동원탄좌 등 탄광에서 일한 광부와 지역주민들을 위한 일자리는 청소·세탁 등으로 제한되어 있고, 이것도 그렇게 많지 않다는 점을 부정할 수 없다. 그렇지만 "여기 있는 사람들은 굶어죽지는 않을 거 같애. 뭐래도 할 수는 있거든"이라는 말처럼 강원랜드가 성장하면서 폐광지역 광부·주민, 특히 그들의 자녀들은 많은 일자리를 제공받아온 것이 사실이고, 또한 그럴 것이라고 기대를 하고 있다. 스몰카지노가 개장될 때 고용된 직원 가운데 폐광지역 출신은 162명(24.8%)이고 강원도 나머지 출신은 225명(34.4%)이었다. 그 뒤로 이용객들이 증가함에 따라 2000년 말 전체 직원이 862명으로 늘었고, 이 가운데 폐광지역 출신은 199명(23.1%)이고 강원도 나머지 출신은 295명(34.2%)이었다. 2003년 메인카지노가 개장되면서 강원랜드는 폐광지역주민 우대조치로 주민들을 최대한 채용하고자 하였다. 이에 메인카지노가 개장될 때 교육생 920명 가운데 폐광지역 출신 503명(54.7%)을 선발하였다(손봉숙 2005: 35).

2006년 말 현재 전체 고용인 4,288명 가운데 지역주민 3,002명을 고용함으로써 70% 정도의 지역주민 고용률을 실현하고 있다(《강원도민일보》 2007. 6. 27.). 또한 일자리는 강원랜드 본사에만 그치는 것이 아니다. 강원랜드와 관련된 용역사업, 건설공사 등에 지역업체들이 참여하면서 많은 일자리와 소득이 창출되었다. 예로 폐광지역 4개 시·군의 주민들이 공동으로 출자한 '강원남부시민주식회사'는 강원랜드의 청소·경비·세탁 등의 용역을 수행하고 있는데, 약 1천 명의 지역주민이 일을 하고 있다. 강원남부시민주식회사 밖에도 석광, 한우리, 백상 등 많은 지역업체들이 강원랜드의 보안·경비, 세탁, 시설관리, 청소 등의 용역사업뿐만 아니라 부대건설공사 등에 참여하고 있다.

강원랜드 관련 시설공사와 지역의 모텔·호텔 등 건설공사가 끊이지 않고 이루어지고 있다. 강원랜드와 관련된 각종 부대 건설공사로 연인원 9만 5천 명에 이르는 고용기회를 창출했으며, 지금까지 강원랜드에서 지출한 건설부문 투자액은 총 8,216억 원에 이르고 있다(정성호 2006: 333). 또한 강원랜드 카지노와 호텔에서 사용되는 기구와 가전제품 등 각종 자재를 지역업체에서 납품하였으며, 식자재는 지역업체와 지역생산품을 우선 구매토록 함으로써 개장 후 지금까지 전체 구매액 가운데 폐광지역에서 이루어진 구매가 484억 원으로 81.5%를 차지하고 있다(정성호 2006: 332).

이는 곧바로 지역경제의 활성화로 연결되었다. 강원랜드가 개장된 뒤로 고한, 사북, 태백시의 음식업소와 숙박업소가 20~50%의 매출신장을 기록하고 있는 것으로 나타났다. 우선 2004년부터 2006년 말까지 강원랜드 콤프(comp)12)의 지역사용액도 지역 내 1,200여 개 가맹점에서 98억 원에 이르렀다(《강원도민일보》 2007. 6. 27.). 택시 등 운

---

12) 콤프는 카지노에서 게임을 하면 적립해주는 포인트이다. 이 포인트는 게임장을 제외한 강원랜드 안에 있는 호텔, 식당뿐만 아니라 강원랜드 인근지역의 상가에서도 사용할 수 있다.

수업체의 매출액도 2배 이상 증가하였으며, 서울 등 장거리 손님의 증가로 택시업체는 호황을 누리고 있다. 또한 카지노 이용객 가운데 75% 정도가 자가용을 이용함에 따라 주유소의 매출액도 급격히 증가하고 있다. 특히 카지노에 인접한 고한·사북지역의 주유소는 2000년 3개소에서 2004년 6개소로 늘었고, 카지노 개장 전보다 35% 이상의 매출액을 올리고 있으며, 외곽지역 주유소의 경우도 이전보다 매출액이 증가한 것으로 나타났다(정성호 2006: 333). 이와 더불어 정선군과 태백시 등의 지방세 수입도 강원랜드 개장 뒤부터 해마다 30~40% 증가율을 보이고 있다. 이처럼 강원랜드는 폐광지역 경기에 활력을 불어 넣고 있다. 이제 사북·고한을 비롯한 폐광촌은 강원랜드 없이는 살 수 없는 곳이 되어, 폐광지역 모두가 강원랜드만 바라보게 되었다. 이 점은 강원랜드의 한 직원의 이야기에서도 잘 드러난다.

> 1단계 (강원랜드)개발 계획은 350만 평 규모의 메인카지노와 스키장, 골프장까지다. 2단계 개발계획은 현재 미(未)수립 단계이다. 로드 맵을 작성하고 있는 과정이다. 상반기 내에 대략적으로 계획안이 나올 예정이다. 폐광지역개발과 관련하여 95%의 민자(民資) 의존으로 4개 도시에 대규모 프로젝트가 많았다. 지금 바라볼 때 현실성이 없는 것이 많았다. 민자가 매력을 느끼지 못했고 탄광 내 개발계획이 유명무실화되었다. 강원랜드만 실적을 남기는 성과를 보였다. 2000년 4월 13일 강원도탄광지역 균형발전협의회를 강원도 주도로 만들었다. 그 합의 내용은 강원랜드 부대시설의 분산유치계획과 정선을 제외하여 각 150억 정도의 자금으로 태백은 종합레포츠로, 상동지역은 연수원을, 영월은 관광아카데미를, 삼척은 청소년 수련원을 새울 것을 마련했다. (동원탄좌부지) 매입 뒤 강원랜드가 지역의 중심이 될 것이다(김진만, 남, 2004. 3. 5.).

모든 지역의 발전 청사진은 강원랜드를 중심으로 이루어진다고 해도 지나친 말은 아니다. 이런 형국은 강원랜드의 성과물을 향유하기 위한 지역들 사이에 갈등을 일으키고 있을 정도이다. 지역갈등 양상은 위 사례에서 언급된 강원랜드 부속시설의 분산유치에서도 잘 드러난다. 2001년 강원랜드가 직원숙소를 고한읍에 건립하기로 하면서, 카지노의 대박을 직접적으로 누리지 못한 태백시 등 다른 지역들이 데모하며 격렬히 반발하였다. 이 갈등은 강원랜드 부대시설 1개씩을 태백시, 영월군 상동읍, 삼척시 도계읍에 분산하여 유치하기로 함으로써 가까스로 봉합되었다. 이후에도 직원숙소 추가건립, 스키장 건설 등 강원랜드 사업과 관련하여 지역들 사이의 갈등은 끊임없이 재현되었다. 사실 이곳에서 지역 갈등은 어제 오늘의 이야기가 아니었다.

강원랜드가 설립될 때부터 지역들 사이의 대립과 갈등은 항상 고민거리였다. 강원랜드 메인카지노와 부대시설 등의 입지도 지역들 사이의 갈등관계를 고려하여 선정되었다. 즉 현재의 강원랜드 공간구성 자체가 탄광개발시기부터 존재했던 지역들 사이 갈등구조의 산물이다. 이 점은 초창기 강원랜드 개발계획에 참여했던 한 공무원의 이야기에서도 잘 확인이 된다.

고한하고 사북은 영원히 붙을 수 없는 이유가 있었어요. 그 지역 이퀄 (equal) 회사에요. 사북은 동원이고 고한은 삼탄, 태백은 석공, 도계는 경동으로. 지역으로 나뉘어 있어서 붙으려고 해도 지역 정서적으로 붙을 수가 없어요. 하물며 촉진지구로 만들며, 지도를 가지고 세분해보면, 카지노는 가장 열악한 지역 한 곳으로 정하기로 했어요. 지표적으로 계산해보면 가장 열악한 지역이 고한이었어요. 만항지가 고한이거든요. (스몰)카지노를 고한에 두었다가 사북에 메인을 놓고 문을 양쪽으로 놓고

> 스키장을 사북에 놓으니까 골프장은 고한에 놓고, 입지 때문이 아니라
> 지역갈등 때문이에요(박영호, 남, 강원도청, 2004. 3. 10.).

백두대간으로 분리된 태백시와 정선군뿐만 아니라 같은 지역으로 여겨지는 사북과 고한 사이에도 경제, 사회문화, 역사적 배경에 따라 갈등과 배타성이 오랫동안 축적되어 왔다. 이 관계는 폐광지역이 강원랜드 카지노를 중심으로 재편되면서 더욱 심화되고 있다. 강원랜드를 통한 폐광지역 전체의 활성화를 기대했지만, 표면적으로 강원랜드의 수혜는 사북·고한에 집중되는 것처럼 보인다. 따라서 폐광지역 진흥지구로 지정된 4개 시·군 가운데 정선군을 제외한 태백시·영월군·삼척시 등의 불만은 대단하다. 물론 사북·고한과 같은 정선군에 속해 있으면서도 폐광지역 개발로부터 철저하게 소외된 신동읍 또한 불만의 목소리가 높다. 그럼에도 강원랜드의 사업과 직간접적으로 연계되어 있는 태백시와 정선군의 대립은 매우 첨예하고 폐광지역 갈등의 중심에 서 있다. 특히 백두대간으로 분리된 두 지역의 정서적, 사회문화적 차이는 지역갈등을 부추기고 가중시키는 구실을 하기도 한다.

두 지역의 갈등은 강원랜드 2006년 2단계 종합계획을 둘러싸고 재현되기도 하였고, 지금도 지속되고 있다. 기존의 강원랜드 카지노가 사북·고한 지역에 위치하고 있으므로 제 2단계 사업은 당연히 태백시에 유치되어야 한다는 것이다. 물론 영월과 삼척시의 처지도 태백시와 다를 바가 없다. 정선군은 강원랜드가 폐광지역 발전을 위한 성장동력으로 기능하기 위해서는 문어발식 사업 분산보다는 집중개발이 필요하며 사업범위를 폐광지역 전체로 조기 확장하는 것은 바람직하지 않다는 입장이다. 이와 달리 태백시는 '집중개발'보다는 '균형개발' 논리를 고수하며 강원랜드가 특정 지역의 전유물이 되어서는 안

된다는 생각이다(《강원도민일보》 2005. 3. 20. 참조).

지역들 사이의 갈등의 심화는 기본적으로 1995년 폐특법을 제정한 뒤 진행된 폐광지역 진흥지구의 개발이 각 지역의 경제 활성화와 주민의 삶의 질 향상으로 이어지지 못한 데에서 일차적인 원인을 찾을 수 있다. 어떻게 보면 대체산업의 창출과 투자가 원활하게 이루어지지 않아 뚜렷한 대안이 보이지 않는 상태에서 강원랜드만이 가시적인 성과를 내고 있기 때문에 폐광지역 진흥지구의 모든 시·군들이 강원랜드만을 바라보고 있는 형국이 된 것이다. 폐광지역 개발과 경제회생을 선두 지휘하고 있는 강원랜드가 지역들 사이의 대립과 갈등의 진원지가 되고 있는 것이다. 바로 이 모든 것은 강원랜드가 폐광촌의 희망이 되어, 폐광지역 전체가 이른바 '한국의 라스베이거스'가 되기를 꿈꾸기 때문일 것이다.

잠 못 이루는 사북

강원랜드가 성공을 거두자 사북은 폐광촌의 암울한 미래를 거두고 새로운 희망의 땅으로 변화하는 것처럼 보인다. 그러나 메인카지노의 불빛이 더욱더 빛을 발하고, 이와 함께 24시간 동안 밤을 잊은 사북의 불야성(不夜城)이 점점 확산되는 것에 비례하여 거리의 불빛에 몸을 맡기고 잠 못 이루는 사람들은 많아지고, 사북의 뒤척거림도 심해지고 있다. 한국의 라스베이거스로 성장하는 것이 사북사회에 긍정적인 효과만을 가져온 것만은 아니다. "지금 카지노 들어와 가지고 변한 게 뭐 있습니까? 모텔, 빌딩 들어 온 거밖에 더 있겠습니까?"(택시기사 2005. 2. 17)라는 말처럼 강원랜드가 가져온 부정적 효과도 만만치가 않다. 주민들의 불만도 높아지고 있는데, 그 불만은 기본적으로 강원랜드가 고용창출을 하는 데 기대한 성과를 내지 못하고 있다는 점에서 비롯되고 있다. 이 점은 또 다른 동원 광부의 이야기에서 잘 드러난다.

> 지금 강원랜드인지 뭔지 하청업체가 남부(시민주식회사)고 뭐고 여러 군데 있는데. 우리가 쟁취해서 강원랜드를 만든 건데. 우리 인원을 수용하지 못하고 있다고. 안 해줘. 외지 사람들 뽑고, 광부들은 나이 오십 넘어서 안 쓴단 말이야. 봉급도 적고. 원래 여기 일했던 사람 한 700명 정도 되는데, 그 수의 10프로도 안 들어가 있다니까. 그게 문제여. 원래는 강원랜드가 대체산업으로 들어온 거 아니야. 정책상 잘못된 거라니까. 정부의 공기업 아니야, 강원랜드가. 그러면 10프로라도 인원을 채워줘야 해. 우리가 머리 깎고 농성해서 만들어 놓은 거 아냐. 근데 지역 주민은 땅이라도 팔아서 이득을 봤지만 우리는 아무 소용도 없어. 사북시장 죽은 거 봐. 고한도 가보면 탄은 3년 전에 죽었어. 거기 고한시장 썰렁한 것 봐. 지역이 죽어버리게 돼 있어. 우리한테 아무 것도 없다니까. 정부만 좋지(양호승, 남, 2005. 8. 17.).

앞 절에서 살펴본 것처럼, 강원랜드가 지역사회의 활성화에 미친 영향을 무시할 수는 없다. 강원랜드로 말미암아 광부와 주민 그리고 그 자녀들에게 고용기회가 많이 주어졌고, 또한 고용창출이 지속적으로 이루어질 것이라는 점에 대해서는 의문의 여지가 없다. 그러나 카지노를 통한 지역살리기가 지역에 일자리를 만들어 자족적인 지역기능을 확보하는 것이라기보다는 단기간 안에 최소의 비용으로 유동인구의 증대를 통해 지역경제를 활성화고자 하는 외부의존적인 개발전략이다(박형신 2005: 110 참조). 따라서 폐광촌의 실질적 주체였던 광부와 주민들이 차지할 수 있는 강원랜드의 일자리와 경제활동 영역은 한정될 수밖에 없다. 또한 탄광업과는 사업의 성격이 전혀 다른 강원랜드가 광부와 주민들에게 일자리와 생계활동을 보장할 수 있는 완전한 '대체산업'이 되어달라고 요구하는 것 자체가 한낱 욕심일 수 있다.

그럼에도 강원랜드의 성공이 광부와 일반주민들의 삶과 생활환경의 질을 향상시키기보다는 악화시키고 있다는 데 문제가 있다. 일자리는 고사하고 폐광으로 받은 보상금으로 무슨 일을 하려고 해도 지역의 부동산 값이 천정부지로 올라 조그만 가게도 얻을 수 없게 되었다. 소상인(小商人)이 처한 상황도 광부와 별반 다름이 없었다. 무엇보다 강원랜드가 가져온 경제 활성화 효과로부터 어느 정도 소외된 소상인들의 심정은 다방을 운영하고 있는 사람의 이야기에서 잘 드러난다.

> 처음에는 강원랜드 카지노가 들어서면 하루 2천~3천여 명의 관광객이 올 것이라고 예상했다. 실제로 카지노에 그만한 사람들이 넘게 다녀갔지만, 이것이 진짜 관광객이면 얼마나 좋은가? 그러나 이게 다 관광객이 아닌 도박꾼들이 아닌가? 강원랜드 안에 김밥에 짜장 심지어 쫄면까지 파는데 여기 뭐 먹고 사냐?(민호식, 남, 63세, 고향다방, 2004. 2. 3.)

강원랜드 초기에는 카지노 출입자들이 소비할 수 있는 분식 등 먹거리까지도 강원랜드 내부에 갖추어져 있으면서 '관광객'이 늘어남에 따라 상업도 활성화 될 것이라고 기대하고 있던 지역주민, 특히 소상인의 상심과 불만이 매우 거셌다. 그러자 강원랜드는 2004년부터 강원랜드 내부에서만 이용할 수 있던 콤프의 사용범위를 지역의 상가로 확대하였지만, 여전히 주민들이 피부로 느끼는 강원랜드의 지역경제 활성화 효과는 미비하다고 한다.

　현재 사북 주민들이 처하고 있는 가장 심각한 문제는, 사북에 뿌리 내리고 살기 위해 투쟁해서 얻어낸 카지노 사업이, 오히려 주민들을 양극화하고, 결국은 마을주민들이 고향을 떠날 수밖에 없는 상황을 만들고 있다는 점이다. 강원랜드의 성장 효과는 광부·상인·일반주민들에게 차별적으로 영향을 미쳐 서로를 갈라놓았다. 특히 강원랜드 주변의 지가가 급등하면서 부동산 소유 여부에 따라 주민들의 희비(喜悲)가 엇갈렸다. 이 점은 사북에서 다방을 운영하고 있는 한 여성의 말을 통해 어느 정도 미루어 볼 수 있다.

　　땅값도 오르고, 그래서 여기 떠나신 분들도 많아요. 갑자기 막 땅값이 오르면서 여기 주민들이 살 만해졌다고 해도. 거의 다 서울 사람들이 들어와서 사니까. 카지노 생기면서 빚 정리하시면서 열심히 사시는 분도 많은 반면에, 동원탄좌 닫으면서 떠나는 분들도 많고, 지역주민들은 여기서 할 게 없어요, 여기서 먹고 살 생계가 힘드니까. 동원탄좌 문 닫으면서 퇴직금 받으셨잖아요. 나이 드셔서 퇴직해가지고 할 게 없잖아요. 그래서 조그만 가게라도 할래니, 여기선 맘대로 (가게도) 못 내고. 상가세 비싸죠. 여기 중앙 가시잖아요. 여기 그쪽 가게들이 보통 돈 100(만 원)이에요. (월세가요?) 월세가 우리는 70(만 원)인가? 15평에 그 정도에요. (장사도 안 된다면서 왜 이렇게 비싸죠?) 땅값이 비싸니까. 왜냐면은 자꾸 외지사람들이 들어와서 전당사 같은 거 하잖아요. 뭐 이건 지역주민 터 잡고 사시는 분들은, 돈 있는 분들은 돈 벌고, 서민들은 죽는 거예요. 여기서 땅값 비싸죠, 집세 비싸죠. 너무 살 수가 없으니까 외지로 나가는 거예요. 방 한 칸짜리 원룸 같은 것도 보통 한 달에 40~50(만 원)이에요. 제 개인적인 생각에는 강원랜드 들어와 가지고 주민들이 잘 산다고 볼 수 없어요. 어떤 도움을 준 게 없어요, 전혀. 건물 세운 거 그런 거밖에 더 있어요. 서민들이 살아야 되는데(여, 40대 초반, 사북휴게소, 2005. 6. 29.).

탄광시절 광부, 상인, 일반주민들은 생계 및 생활방식에서 일정 정도 차이가 있었다. 이 차이가 카지노가 들어서면서 이들의 경제적 운명을 바꾸어버렸다. 탄광 경기(景氣)가 지역 경기의 척도였던 시절 광부들은 지역경제의 주체였다. 이 당시 광부들에게는 경제적 부담이 적은 사택에 거주할 수 있다는 것은 하나의 혜택이었다. 이들이 사택을 벗어나 지역의 주택 또는 상가 등의 다른 부동산을 소유하는 것은 매우 드문 일이었다. 특히 폐광만이 주어진 길이었던 석탄산업 합리화사업 시절에 폐광촌에 '투자'하는 것처럼 미련한 일은 없었다. 당시 정부가 주는 보상금을 받고 이곳을 떠날 수 있는 광부들은 부러움의 대상이었다. 어느 누가 강원랜드가 가져온 오늘 같은 변화를 쉽게 상상할 수 있었겠는가? 오히려 돈이 있으면 폐광 뒤에 이주해서 살 만한 원주, 안산, 서울, 수도권 등지에 투자하는 것이 '옳은' 일이었다. 그러나 모든 것은 예상을 벗어났다.

카지노가 들어오면서 지역의 땅값은 하늘 높은 줄 모르고 올랐다. 사북 중심가의 "평당 만 원, 2만 원 (하던) 땅이 1,000만 원"(유종도, 사북읍사무소, 2005. 7. 19.)에 거래된다고 한다. 그리고 이 땅은 모텔, 호텔, 식당과 전당포의 차지가 되었다. 이와 더불어 건물임대료도 덩달아 올라갔다. 특히 전국적으로 사라지다가 카지노 때문에 폐광지역에서 되살아난 전당포는 카지노 개장 초기에는 80개나 성업을 했고, 주변 상가의 임대료를 수십 배나 폭등시켰다(정성호 2006: 335 참조). 이런 상황에서 지역에 특별한 경제적 기반이 없는 광부들과 소규모 상업에 종사 해 온 영세 상인들이 사북에서 살 수 있는 가능성은 점점 희박해졌다. 이와 달리 땅을 가지고 있는 주민이나, 특히 시가지에 건물을 가지고 상업에 종사했던 사람들은 '부동산 대박'을 맞았다. 이들 상인들과 주민들은 석탄산업 합리화시절에 '별로 가치도 없는' 땅 때문에 이러지도 저러지도 못하고 자신들의 주요 고객이었던 광부들이 보상금을 받아서 다른 곳으로 떠나는 것을 부러운 눈으로 바라만 보고 있어야 했다. 그래서 이들은 황폐해진 탄광촌에서 살기 위해 앞장서서 주민운동을 벌였고, 강원랜드를 유치하기도 하였다. 그리고 일순간에 '땅값' 때문에 인생살이가 바뀌었다. 사북의 땅값 변화는 다음의 폐광지역의 지가변동률을 통해 추정해볼 수 있다.

사북·고한 지역이 속한 정선군은 태백시 등의 다른 지역보다 훨씬 높은 지가상승률을 보이고 있다. 1999년도 정선군 지가상승률은 다른 지역에 견주어 2~3배 정도 높은 편에 지나지 않는다. 그런데 스몰카지노가 개장한 2000년도 정선군 지가상승률은 무려 2.22%나 치솟아 다른 지역에 견주어 적게는 5배에서 많게는 약 70배 정도 높다. 그 차이는 시간이 지날수록 커지고 있다. 한마디로 정선, 정확히 말하면 사북·고한 지역에 불어 닥친 부동산 투기 바람이 폐광지역뿐만 아니라 강원도 전체의 땅값을 견인하고 있다고 말할 수 있다. 이러한 지가상승률의 지역간 극심한 차이는 지역갈등을 자극하는 요소로 작용하기도 한다. 즉 일상에서 느낄 수 있는 부동산 가격이 지역경제 활성화 지표로 해석되면서, 상대적으로 지역개발에서 소외된 느낌을 증폭시키

<표 Ⅰ-4> 폐광도시 상업지역 연도별 지가변동률 비교 (단위: %)

구분	1999	2000	2001	2002	2003	2004	2005	2006
태백	0.47	0.44	1.09	0.72	0.04	0.13	0.03	0.02
정선	0.85	2.22	1.60	2.10	0.85	0.63	1.80	1.25
영월	0.27	0.18	−0.33	0.12	0.00	0.01	0.06	0.00
삼척	0.28	0.03	−0.02	0.08	0.18	0.09	0.13	−0.07
강원도	0.14	−0.04	−0.16	0.21	0.20	0.17	0.05	−0.04

출처 : 건설교통부 온나라부동산정보(www.onnara.go.kr)

는 요인으로 작용했다고 한다(원기준 2004: 42 참조).

또한 땅값의 급격한 상승과 더불어 개발이익의 불균등한 분배도 지역 내 주민들의 양극화와 분열을 심화시켰다. 지역개발의 과정에서 폐광지역 주민운동을 이끌었던 이른바, '지역엘리트'는 강원랜드와 중앙(지방)정부와의 밀접한 관계망으로 개발정보와 이익을 선점하고 독점한 반면에, 생존권투쟁의 든든한 지원대였던 일반주민들은 소외되었다(이선향 2005: 150~151 참조). 이런 변화 속에서 광부, 소상인 그리고 지역주민들은 강원랜드 카지노에 들어서며 '인생막장'인 이 땅 사북에서 살아남으려고 대박에 희망을 걸어본다. 그러나 제 2의 고향을 향한 마지막 몸부림은 처절하게 박살이 난다. 이 점은 동원의 광부로 일하며 동원복지아파트에서 거주하고 있는 사람의 이야기에서 잘 드러난다.

옛날에는 한 달에 한 번 아니고 매일 갔어, 초창기 때는. 근데 지역사람들이 망해가지고 몇 사람 떠났다는 소문이 나고 이러니까 투서가 계속 들어갔어. "괜히 카지노를 여기다 사북에다 세우자 그래가지고 지역 주민들만 다 망하고 간다, 카지노를 없애 부려라", 이런 항의가 막 들어가니까, 그 다음부터 지역 사람들은 이제 한 달에 한 번밖에 못 들어간다 그렇게 해 논거지. 처음에 돈을 한 수천만 원 잃었는데 한 달에 한 번씩 들어와라, 그러니까 한 달에 한 번씩 하는 게 성미에 차나. 언제 한 달에 한 번을 기다려. 그러니까 주소를 옮긴 거지. 그리고 나니 백 번 깨지는 거지, 그냥 깨져. 카지노는 가면 돈 잃으러 가는 거야. 내 그랬잖아, 1프로도 딸 확률은 없다고. 1프로도 없어. 무조건 잃어. 생각을 해봐, 저 카지노에서 무슨 중앙시장처럼 막 물건 잔뜩 갖다놓고 팔아 그 이익금으로 사람들이 먹고 사는 것도 아니고 순전히 현찰이란 말야. 한 달에 400억이 거기에 들어온다고 생각을 해봐. 400억을 우리나라 국민들이 다 갖다 준다고 생각해봐. 누가 그 돈을 따가겠어? 딴다는 게 말이 안 되지. 딸 수가 없어. 하지를 말아야 돼. (…) 많이 잃었지. 몇 사람은 이사 갔어. 돈 다 잃어먹고 갔지. 어디 가서 열심히 살겠지 뭐(박철원, 남, 45세, 2005. 8. 15.).

강원랜드 카지노가 생기면서 호기심에, 아니 대박을 꿈꾸며 한두 번 드나들던 주민들 가운데 일부는 도박에 빠져 막장에서 탄가루를 마시며 모았던 가산을 탕진하였다. 이인혜(2006: 298)에 따르면, 고한·사북 지역주민들 가운데 문제성도박군과 병적도박군으로 분류될 수 있는 비율(18.6%)이 태백시 또는 정선읍·남면 등의 '기타 정선군 지역' 등에 사는 비교지역 주민보다 두 배 높았고, 국내에서 발표된 도박중독 평생유병률(이시형 등 4.1%, 김교헌 등 1.4~2.6%)보다도 4배 이상 높게 나타났다. 지역주민의 도박중독이 문제화하면서 강원랜드는 이를 방지하기 위해 2002년 10월부터 주민의 출입을 월 1회로 제한하였다. 그러나 이미 가산을 탕진하고 도박에 빠진 주민에게 이런 조치는 아무런 의미가 없었다. 이들은 자신의 주소지를 타지(他地)로 옮겨가면서까지 편법으로 강원랜드에 출입하였다. 심한 경우에는 어쩔 수 없이 자신의 터전인 사북을 떠나야했다.

아이러니하게도 수십 년 동안 함께 한 터전에서 어떻게 해서든지 살아보겠다고 투쟁하여 쟁취한 강원랜드가 오히려 주민들을 타지로 내 몰고 있는 것이다. 또한 이곳에 남아 있는 사람들도 생활환경의 악화로 말미암아 일상적인 삶을 살아가는 데 어려움을 겪고 있다. 이런 모습의 한 단면을 사북에서 수십 년 동안 가게를 운영해 온 한 주민의 이야기를 통해 읽을 수 있다.

저기에 하루에 20억씩 들어온다는데. 황금어장이라니까, 황금어장. 하루에 20억이면 전국에서 누가 잃어도 20억을 잃는다는 거야. 하여튼 억수로 와. 차가 줄을 서고, 그 사람들을 엮어놓으니까 전국에서 와. 젤 첨에 와가지고 예를 들어 백만 원 가지고 와서 천만 원 땄다 이러면, 야! 그런 데 없다, 진짜 황금어장이다, 이래가지고 서울서 여기까지 와가지고 4천, 5천(만 원) 잃고 빼도 박도 못하고, 자꾸자꾸 느는 거야. (…) 아주 초창기에 여기 인간들 많이 (카지노에) 가 가지고, 그리고 이 지역엔 바닥에 돈이 없다니까. 돈 빌릴 데도 없는 기라. 예년에는 돈 뭐 몇 십만 원, 몇 백만 원씩 빌릴 데가 쉬웠는데, 그 사람들 싹 다 가 털어 먹은 거야. 이 거 때문에 정선군만 좋아진 거지. 올해 재정이 모르긴 몰라도 정선군이 젤 좋을 거야. 제주도 빼놓고. 하루에 천 명 있으면 3분의 1은 계속 사는 사람들이야. 쉽게 얘기해서 거지들. 돈을 몇 억씩 잃어 노니까. 이러니까, 저러지도 못하고 집에 가지도 못하고 계속 상주해 있는 거지. (…) 여자고 남자고 얼굴 누렇게 뜬 사람들, 계속 있는 사람들이야. 새벽에 딸내미가 서울에 간다고 (사북)역전에 딱 나오니. 역전에서 컵라면 먹는 사람이 엄청나게 많아. 돈 잃고 집에는 못 들어가고 여자들이 여기 식당에서 좀 일 하다가 돈 타면은 거가서 또 하고. 완전 가정 파괴. 지역에 득 된 게 한 개 도 없다고. 차라리 그 전에 그게 뭐야, 핵폐기물(처리장) 유치했으면 차 라리 낫지(김동식, 남, 50세, 사북수석, 2005. 8. 16.).

주민들이 사북을 떠나는 것은 그렇다 치고, 지역사회가 주민을 비 롯한 지역 외부 출입자들의 도박중독과 한탕주의, 거주와 교육환경의 악화, 범죄율 증가 등으로 점차 사람들이 살 수 없는 땅으로 변해가고 있다. 카지노 황금거위가 황금을 낳으면 낳을수록 주민과 카지노 출 입자들의 삶은 빈한해지고 있다. 무엇보다 이제 어렵게 일할 필요도 없이 '기계'만 잘 굴리면 황금을 횡재할 수 있다는 일념에 폐광지역의 주민뿐만 아니라 전국 방방곡곡에서 수많은 사람들이 가진 재산을 들고 황금어장 강원랜드로 들어간다.

그러나 카지노에 발을 들여놓은 순간, 자신이 황금을 얻는 것이 아니라, 자신은 황금 알을 낳는 황금거위 강원랜드를 위한 '황금먹이'가 된다. 물론 베팅할 수 있는 돈이 한 푼이라도 자신의 호주머니에 남아 있을 때에만 때깔이라도 고운 황금먹이이고, 빈털터리로 카지노에서 나오는 순간 지장산 계곡의 황량한 바람만이 자신을 맞이한다. 돌아갈 곳도 없다. 모든 것을 잃어버리고 '고향'으로 돌아가지도 못하고 이른바 '거지'가 되어 카지노 주변을 맴돈다. 이런 카지노촌의 주민구성의 변화는 사북읍사무소 직원의 말에서 잘 알 수 있다.

> '88년도 이후에 아마도 여기서 인구증가가 거의 안됐을 거예요. 또 특이한 거는 내가 보기에는 이 스몰(카지노)이 오픈되고 지역경제 활성화된 부분이 여기다 말이에요. 사북 같은 경우에는 메인카지노가 올라가면서 경기도 다시 살아나고 이렇게 했는데도 인구는 줄어들어요. 결과적으로 인구는 줄고 있는데 유동인구가 인구수만큼 있는 거예요. 지금 보면은 7천(명)인가 갓 넘어요. 그러니까 주는 거지요. 실질적으로 합리화 되면서 또 인구가 빠지는 거죠, (2004) 11월말 일자 (동원탄광이) 폐광됐으니까. 유동인구는 7천 명이 다 돼 버려요. 예를 들어 카지노 올라가 있는 사람이 일일 한 5천 300명 되거든요. 숫자상으로 보면은. 거기 하루 들어오는 거, 또 종업원들 있지, 하고 뭐 따지고 보면은 유동인구가 한 7천 명은 되는 거 같애요(이철선, 남, 2005. 7. 19.).

〈표 Ⅰ-2〉에서 보이는 것처럼 여전히 탄광촌을 만들었던 사람들,

특히 광부는 사북을 떠나고 있다. 그 빈자리는 외지에서 강원랜드를 보며 들어 온 새로운 사람들로 채워지기 시작하였다. 이들 대부분은 이곳에 정착하기 위해 오기보다는 카지노에서 대박을 위한 '게임'을 하고 다시 자신의 위치로 돌아가기 위해서 왔다. 그러나 그 가운데 일부는 뜻밖에도 카지노를 떠나지 못하고 카지노 주변을 맴돌기도 한다.

결국 강원랜드가 카지노 출입자의 대박을 위한 황금어장이 아니라, 카지노 출입자들이 강원랜드를 위한 황금어장인 것이다. 강원랜드와 (지방) 정부가 카지노의 열매를 주로 맛보고 있으며, 주민들은 카지노가 일으킨 사회문제 속에서 신음을 하고 있다. 탄광의 막장과 사택 그리고 시커먼 하늘과 땅의 일상생활 속에서 더불어 살며 형성되었던 탄광공동체의 끈끈한 사회관계도 베팅기계 앞에서 무력해진 지 오래다. 사북은 강원랜드에서 돈을 많이 잃은 이웃이 생기면서 서로를 경계하며, 이웃 사이에도 적은 돈도 빌리기 어려울 정도로 신뢰할 수 없는 곳으로 변해가고 있다. 이제 사북·고한 지역을 거니는 모든 사람들은 대박의 꿈을 찾아 온 사람으로 인식되기도 한다. 사북은 탄광촌 사북이 아니라 카지노촌 사북으로 거듭나고 있으며, 탄광촌 사람들이 살 수 없는 '특례의 땅'으로 변해가고 있다.

이런 상황에서 과연 강원랜드가 지역경제의 활성화를 통해 폐광지역 주민들의 생존권을 보장하고자 했던 원래의 취지에 부합하고 있는지에 대한 의문들이 꼬리를 물기 시작하였다. 나아가 탄광촌의 독특한 사회문화적 관계를 해체하고 무엇보다 다른 사람들의 희생을 담보로 한 카지노산업에 바탕을 두고 지역개발을 하는 것에 대한 우려와 비판의 목소리도 커지고 있다. 이 점은 지역에 자리잡고 있는 교회의 목사와 지역운동가의 이야기에서 잘 드러난다.

우리는 예전부터 지역에 제조업이나 직접적인 고용효과를 얻을 수 있는 대체산업을 원했다. 현재의 카지노는 젊은 사람이나 취직을 할 수 있지 퇴직한 광산근로자나 지역의 노년층은 노동의 기회로부터 소외당한다. 그러나 우리는 울며 겨자 먹기로 카지노를 택한 것이다. 현재의 지역은 부의 불균형이다. 안타깝다. 이러한 모습은 더욱 심해질 것이다. (…) 카지노 도박 문제에 대해 얘기하면 선택의 여지가 없다, 카지노가 문 닫아야 한다. 열 받는 게 그런 거예요. 카지노란 게임 자체가 안 망가져도 될 사람까지 망가지니까. 원래 탄광이 도박이 세요. 몇 십만 원짜리 포커를 치고 사택에서도 하고 막 그래왔으니까 그런가보다 하는데 이 카지노는 그런 것 보다 중독성이 훨씬 높잖아요. 가산을 탕진하게 만들어 놓으니까. 그래서 카지노가 이런 식으로 유지하는 게 바람직한 거냐, 이런 고민들을 쭉 하고 있는 거예요(김진일, 남, 43세, 공추위 사무국장, 2004. 8. 10과 2005. 2. 18.).

아시다시피 7천억이 넘잖아요, 강원랜드의 일반매출액이. 이게 다 도박산업, 향락산업에서 벌어들이는 수입이니까는 1억씩 잃는 사람들이 7천 명이 넘는다는 얘기 아닙니까? 그러니 가산을 탕진하는 사람이 얼마나 많겠어요? 전당포를 하고 있는 교인이 있는데 그 교인이 하는 일이 잘 되기를 바라고 기도하면은 이 목사가 어떻게 합니까? 교인 망해서 굶어 죽으라고 할 수도 없는 거고. 그 사람이 돈 많이 번다는 것은 그만큼 이미 가진 것을 다 탕진하고, 그 다음에 인제 더 이상 어디서 차용을 할 수 없으니까는 전당포를 찾는다는 것 아닙니까? 더 이상 다른 데서 해 볼 도리가 없으니. 그러니 사람들이 망해야지 이 전당포가 되는 거고, 사람들이 돈을 많이 잃고 가야지 카지노가 돈을 버는 건데. 그리고 그 돈을 벌어서 사회복지기금이나 지자체에 문광부 세금을 내고 있는 처지인데, 카지노가 수익을 7천억, 8천억 많이 남긴다고 해서 좋은 것이 아니다. 다른 정상적인 가정들의 파괴를 통해서 그 사람들이 죽어나감으로 해서 이 지역이 수익을 가져오고, 그걸 가지고 이 지역이 발전하겠다는 생각을 갖는다면 그 또한 무책임하고 위험한 생각이 아니냔 말이야. 이런 고민들을 하지 않을 수 없거든요(박종인, 남, 40대 중반, 연세병원교회, 2005. 2. 18.).

이제 사북이 탄광촌의 시절로 돌아가기에는 너무도 멀리 와 있다. 지역의 중심이었던 탄광들은 문을 닫은 지 오래고, 폐광석 더미 위에 만들어진 푸른 잔디들은 '레저 관광객'을 향해 손짓한다. 주민들의 삶도 카지노만을 바라보고 있다. 그러나 이대로 가기에는 잃어버린 것이 너무 많아, "우리부터 먼저 망하는 게"(송정미, 여, 50세, 사북, 2004. 2. 3.) 아닌가 하는 우려도 깊어지고 있다. 그렇다고 뚜렷한 대안도 없다. 이래저래 카지노를 통한 지역개발에 대한 지역의 고민은 깊어만 간다. 이 고민을 아는지 모르는지 강원랜드의 현란한 불빛은 산 — 일부는 카지노에 가는 것을 산에 간다고 한다 — 과 마을을 환히 비추고 있다. 이 불빛 따라 사북도 그리고 사람도 정처 없이 흐른다.

제2장

카지노 노숙자의 삶

1. 카지노 노숙자 되기

우리는 모두 도박자이다.
우연과 불확실성이 인간존재의 본질로 존재하는 한
우리는 언제나 도박자일 수밖에 없다.
―거다 리스, 2006: 20

누가 뭐하러 오지?

2000년 11월 강원랜드 스몰카지노가 개장되면서, 주민들이 떠나는 것에 익숙해져 있던 사북·고한 지역에, 사람들이 갑자기 몰려오기 시작하였다. 말할 것도 없이 카지노에 가기 위해서였다. 카지노 출입 인구의 증가는 카지노 연별 출입자 변화에서도 명확하게 드러난다.

강원랜드 카지노는 한국에서 유일하게 내국인이 출입할 수 있는 카지노로서, 외국인은 전체 입장객의 1~1.5%에 지나지 아니하고, 대부분은 내국인이다. 그리고 게임장별로는 일반게임장의 입장객이 약 98%에 이르고 있다. 2001년을 기준으로 할 때, 연간 총 입장객 수는 89만 9,590명이며, 월 평균 7만 4,966명 그리고 하루 평균 출입자수는 2,465명이었다. 출입자수는 2002년에 들어서도 크게 변하지 않았다. 그러나 2003년 4월 메인카지노가 개장되면서 카지노 출입자수는 154만 7,847명으로 개장 초기인 2001년보다 약 2배 정도 늘어났다.

<표 II-1> 카지노 연별 출입자 변화 (단위: 명)

년도	출입자					월평균	일평균
	총계	국적별		게임장별			
		내국인	외국인	일반실	VIP실		
2000	209,349	208,856	493	204,418	4,931		
2001	899,590	896,475	3,115	-	-	74,966	2,465
2002	918,698	914,836	3,862	899,795	18,903	76,558	2,517
2003	1,547,847	1,533,495	14,352	1,509,767	38,080	128,987	4,241
2004	1,784,730	1,751,206	33,524	1,743,186	41,544	148,728	4,876
2005	1,881,559	1,852,582	28,977	1,837,592	43,967	156,797	5,155
2006	1,793,746	1,766,716	27,030	1,744,523	49,223	149,479	4,914

출처: 서천범(2007: 52), 강원랜드(2003: 15)

출입자수는 메인카지노가 개장되면서 강원랜드가 자체 예상했던 131만 4,000명을 훌쩍 넘어섰고, 해를 거듭할수록 더욱 증가하였다. 2006년 들어 '바다이야기'와 같은 불법 사행성 게임장 범람 등의 영향으로 계속 늘어나던 출입자수는 다소 줄어들었다. 2000년 10월 카지노 영업을 시작한 이후로 2006년까지 총 904만여 명이 카지노를 방문하였다. 단순비교를 한다면 한국 국민의 다섯 명 가운데 한 명이 카지노를 방문한 셈이다. 지금도 메인카지노는 스몰카지노처럼 수용적정인원을 넘어 인산인해(人山人海)를 이루고 있다.

마법을 부린 것처럼 '희한'하게 카지노 규모가 커지는 것에 비례하여 카지노 출입자수도 증가하였다. 주말과 특히 여름휴가철이 되면 강원랜드에 게임하러 오는 사람뿐만 아니라 구경하러 오는 관광객 등이 늘어나면서, 메인카지노는 사람들로 가득 찬다. 이럴 때에는 사람들이 게임테이블, 머신 등에 세네 겹으로 줄을 서서 게임을 하기 때문에 게임판도 보이지 않고 베팅을 하는 것도 여의치가 않다. 한마디로 메인카지노가 들어서면 쉽게 자리 잡고 여유롭게 게임을 할 수 있을 것이라는 기대가 무색하게 메인카지노 게임장은 스몰카지노 때와 마찬가지로 '시장바닥' 또는 '돗떼기시장'이 된다.

도대체 어떤 사람들이 강원랜드 카지노를 찾아오는 것일까? 카지노 출입자들은 오전과 오후, 평일과 주말, 월별, 연도별 등에 따라 차이가 있을 정도로 카지노 출입자의 인구학적 특성도 다양하고 이질적이다. 다만 여기에서는, 강원랜드 카지노에 출입하는 사람들의 인구학적 특성을 인코그룹이 조사한 〈병적도박 실태조사 및 치료프로그램〉(2003), 이태원(2005a)의 연구논문 그리고 한국문화관광정책연구원(2006a)의 〈사행산업 이용실태조사 분석연구〉(이하 〈이용실태조사〉)에, 바탕을 두고 살펴보고자 한다.[13]

카지노 이용자들의 성별 분포를 보면, 전체 조상대상자 가운데 대략 2/3가 남성이고 1/3 정도가 여성이다. 강원랜드 카지노 방문객의 경우 다른 사행산업에 견주어 여성이용객(경마 17.8%, 경륜 19.4%, 경정 20.9%)이 많은 편(강원랜드 2003: 59)이고, 점차 증가하는 추세

---

13) 〈병적도박 실태조사 및 치료프로그램〉은 국민체육공단과 한국마사회의 공동연구 의뢰로 인코그룹이 스몰카지노 시기인 2002년 10월에 18세 이상 성인 남녀 1,000명을 대상으로 합법도박과 불법도박을 포함한 전체 도박을 조사범위로 하였는데, 카지노 출입자는 173명을 대상으로 하였다. 이 보고서는 경마, 경륜·경정, 카지노 이용자들을 대상으로 하고 있어 각 사행사업을 서로 비교분석하는 데 매우 유용하다. 〈병적도박 실태조사 및 치료프로그램〉은 강원랜드가 한국문화관광정책연구원에 의뢰하여 나온 결과물인 〈도박중독문제 등 사회적 부작용 최소화 방안연구〉(강원랜드 2003: 37-66)에 요약·수록되어 있는데, 이 글에서는 이 자료를 이용하였다. 이태원은 2004년 1월 31일(토)부터 2월 2일(월)까지 강원랜드 1층 카지노 출입구에서 카지노 게임을 하기 위해 입장권을 구입하는 고객 831명을 대상으로 설문조사를 하였다. 〈이용실태조사〉는 한국문화관광정책연구원이 문화관광부의 용역을 받아 2005년 11월 18일부터 12월 11일까지 강원랜드 카지노 이용객 200명을 대상으로 하였다. 세 연구를 통해 카지노출입자의 인구학적 특성뿐만 아니라 변화 등을 살펴볼 수 있을 것이다.

이다.

연령분포는 30·40·50대가 주류를 형성하고 있다. 20대는 감소추세로 22.5%에서 14.7% 그리고 5.5%로 낮아졌다. 50대 이상 연령층은 조금은 감소하였다가 다시 30.5%로 급증하였다. 이와 달리 30·40대는 57.8%에서 70.6%로 빠른 증가를 보이다가 56.5%로 감소하였다.

출입자 교육수준의 경우, 초기에 전문대 이상의 졸업자가 가장 많았다. 특히 고졸 및 전문대졸 이상이 90%를 차지하고 있어 카지노 출입자의 학력수준은 대체적으로 다른 사행산업에 견주어 높은 편이다(강원랜드 2003: 59). 그런데 시간이 흐를수록 점차 고졸 및 중졸 이하의 비율이 늘어나고 있다.

직업분포를 보면 각 연구보고서마다 직업구분이 조금은 달라서 직접적인 비교는 어렵다. 대체로 카지노 출입자들은 상대적으로 시간 사용이 자유롭고 직업적 위세가 높은 전문 관리직과 중간계층에 속한다고 볼 수 있는 판매자영업과 사무직에 종사한다. 그러나 학력수준이 점차 낮아지고 있는 것과 비례하여 직업적 위세가 낮은 농수산, 노무, 기능직, 기타 직업과 직업이 없는 사람들이 점차 증가하는 추세를 보이는데, 이 직업군에 속하는 사람들은 30.7%에서 44.1%로 증가하였다가 2005년에는 무려 76.5%에 이르고 있다. 특히 주부가 10.4%에서 23.5%로 급증하고 있다.

출입자의 수입정도는 2003년의 경우, 상·중·하층이 고루 분포되어 있는 편이었다. 특히 400만 원 이상의 고소득자가 26.5%로 다른 사행산업(경마 8.3%, 경륜 15.3%, 경정 6.9%)에 견주어 매우 높다. 2005년의 경우에는 400만 원 이상의 고소득자는 줄어들고 중하층이 늘어나는 추세이다. 그러나 2006년 경우에는 고소득자 비율이 다시 증가하여 2003년과 비슷한 양상을 보여주고 있다.

<표 II-2> 카지노 출입자 인구학적 특징

구분		인코그룹(n=173)		이태원(n=831)		문화관광연(n=200)	
		빈도	비율	빈도	비율	빈도	비율
성별	남성	128	74.0	563	67.7	129	64.5
	여성	45	26.0	268	32.3	71	35.5
연령	20대	39	22.5	122	14.7	11	5.5
	30대	51	29.5	306	36.8	56	28.0
	40대	49	28.3	281	33.8	57	28.5
	50대	24	13.9	101	12.2	61	30.5
	60대 이상	9	5.2	21	2.5	15	7.5
	무응답	1	0.6				
학력	중졸이하	9	5.2	43	5.2	28	14.0
	고졸	67	38.7	403	48.5	94	47.0
	전문대이상	97	56.1	381	45.9	78	39.0
	무응답			3	0.4		
직업	전문/자유	50	28.9	197	23.7 (전문·관리)	33	16.5 (화이트칼라)
	경영/관리	6	3.5				
	사무/기술	10	5.8	95	11.4(사무)		
	판매서비스	10	5.8	168	20.2 (판매자영)	14	7.0
	자영업	42	24.3				
	농/임/축/수산	1	0.6	10	12.4 (농수산노무기능)	57	28.5 (블루칼라)
	일반작업/일용직	2	1.2				
	생산/운수	6	3.5				
	주부	18	10.4			47	23.5
	학생	14	8.1			1	0.5
	무직/퇴직	5	2.9	11	13.5(무직)	48	24.0 (무직·기타)
	기타	7	4.0	68	18.2(기타)		
	무응답	2	1.2	7	0.8		
수입	0~99만원	35	20.2	25	29.9(~150)	70	35.0
	100~199	24	13.9				
	200~299	38	22.0	23	27.9(150~250)	48	24.0
	300~399	30	17.3	21	25.7(250~400)	31	15.5
	400~	46	26.5	13	15.7(400~)	51	25.5
	무응답			5	0.6		
결혼	미혼			22	27.0	42	21.0
	기혼			54	64.7	133	66.5
	이혼			36	4.3	25	12.5 (기타)
	별거 및 동거			26	3.1		
	무응답			7	0.8		

결혼관계의 분포를 보면, 기혼자가 64.7%와 66.5%로 조사대상자의 2/3정도가 되었으며, 그 다음이 미혼자로 27%와 21.0%였다. 그리고 응답자의 7.4%와 12.5%는 이혼, 별거, 그리고 동거상태에 있는 것으로 분석되었다.

이들 연구를 종합해보면, 카지노를 이용하는 사람들의 특성은 카지노 개장 초기에는 기혼의 30·40대 남자로서 대학을 졸업하여 전문관리직 또는 자영업에 종사하고 있으며 평균 수입은 월 200만 원 내지 400만 원을 버는 편이었다.[14] 그렇지만 카지노가 성행하면서 50대 연령층, 여성, 고졸출신, 블루칼라의 비율이 조금씩 높아지는 경향을 보이고 있다.

위의 인구학적 특성에 바탕을 두고 누가 무엇을 하러 오는지를 구체적으로 살펴보자. 강원랜드 카지노가 개설되면서 카지노는 금지구역이 아니라 누구나 자유롭게 출입할 수 있는 곳이 되었다. 한국에서 하나밖에 없는 도박의 치외법권(治外法權)이 적용되는 땅이 되면서, 한국인이라면 누구나 미국에 가서 한 번쯤 라스베이거스를 구경하는 것처럼 사람들은 강원랜드를 방문하였다. 강원랜드는 라스베이거스와 달리 도박을 하는 '카지노'를 빼면 딱히 다시 찾아갈 만한 매력이 없다. 그곳에 사람이 끊이지 않는 것은 관광 차원에서 놀러가는 사람보다는 도박을 습관적으로 하는 사람들이 많기 때문이다. 강원랜드가 개장되자, 강원랜드를 가장 반긴 것은 당연히 전부터 도박을 해왔던

---

14) 이영분·김유순은 2002년 7~8월에 걸쳐 카지노 이용자(n=382)를 대상으로 연구하였다. 그들 연구에 따르면, 카지노 이용자의 평균적 특성은 30대 남자로서, 대학교 졸업자이고 종교는 없으며 기혼이고 직업은 자영업을 하고 있었다. 가정의 소득원은 이용자 본인만이고, 월평균 가정의 수입은 200~400만 원이며, 부채는 응답자의 절반이 있고 있는 경우는 본인이 해결하고 있었다(이영분·김유순 2002: 80).

사람들이었다.

이들 가운데 한 부류는 경마와 경륜 등 합법적 사행사업장에서 도박을 했던 사람들이다. 장호찬 외(2005: 39~40 참조)의 연구에 따르면, 경마나 경륜에서 이미 중독경향을 보이는 사람들이 게임의 다변화를 위해 정선 스몰카지노를 찾는 경향이 높다고 한다.

다른 부류는 국내 외국인 전용 카지노 또는 사설도박장에서 불법도박에 빠져들었던 사람들이었다. 그들이 카지노를 찾게 되는 이유는 다음의 이야기에서 잘 드러난다.

> (사설)도박을 하다보면은 초장에 돈을 다 따버렸다. 이 씨발 미안해서라도 못 일어나는 거야. 또 게임을 하다보면은 본전 찾을라고 허덕인단 말이야. 또 세 번째는 판 깨질까 봐 걱정이 난다. 또 네 번째는 도박은 신고 들어가면 구속이야, 고도리 쳐도 구속이야 불안하다 이거야. 여는 카지노는 들어오면은 그런 게 없다. 돈 따먹었다고 뭐라고 하나, 창구에 돈 바꾸러 가면 수표 줄까 현금 줄까, 욕 안하고 공손하게 주고받고, 속임수도 없고. 30년을 해 봤지만 어렸을 때 짤짤이부터 도박 기질이 있었어(박장수, 남, 50대 중반, 대구, 아리랑찜질방, 2005. 7. 19.).

한국 사회에서 화투, 포커 등의 사설도박이 심심찮게 사회문제가 될 정도로 음성적으로 성행하고 있었고, 물론 지금도 성행하고 있다. 한국에서 도박을 하면 반도덕적 행위로 지탄을 받았을 뿐만 아니라 법적 처벌까지 받아야 했다. 그러나 강원랜드 카지노가 개설되면서 심각한 사회범죄로 단죄해 왔던 도박에 정부는 면죄부를 주었다.

물론 이곳 출입자들 가운데 일부는 도박이 합법적으로 장려되고 있는 마카오, 필리핀, 홍콩, 미국 등지의 카지노를 드나들며 원정도박을 해 왔다. 한국인들은 해외출장이나 여행 등에서 관광처럼 외국 카지노를 접해 왔던 것이다. 이 점은 도박중독예방센터 상담원의 이야기를 통해 알 수 있다.

> 강원랜드가 5년 정도 됐는데, 그 이전에 카지노를 경험하신 분들이 많아요. 국내에선 카지노가 없는데, 외국에 공식적인 카지노, 마카오나 동남아권이나 심지어는 라스베이거스까지 경험하신 분들이 많고, 확인되지는 않았지만 내국인인데 서울 외국인 카지노에서 그런 경험을 하신 분들이 많더라구요(오철민, 강원랜드, 2005. 2. 18.).

강원랜드 카지노를 방문하는 사람들에 대한 설문조사와 테이블게임 이용자의 게임능력 등으로 보아 상당수(60~75%)가 해외에서 카지노 경험이 있는 것으로 분석되고 있다(김시겸 2003: 89). 이는 그동안 라스베이거스, 필리핀, 마카오 등 해외 카지노에서 엄청난 외화가 낭비되고 있었음을 짐작하게 한다. 따라서 강원랜드 카지노 설립 목적 가운데 하나가 해외 원정도박을 가는 내국인을 흡수하여 어렵게 벌어들인 외화를 유출하는 행위를 방지하고자 하는 것이었다.

이렇게 폐광지역 활성화라는 사명을 띠고 태어난 카지노는 어느덧 '애국적(愛國的)' 임무까지 부여받게 되었다. 강원랜드 카지노는 세계 여느 카지노와는 달리 폐광지역 경제회생과 외화유출 방지라는 역사적 소명을 가진 공간이 되었다. 비록 카지노가 한국의 오지, 강원도 산골에 있지만, 마음 놓고 도박을 할 수 있다는 것만으로도 모든 불이익을 보상하고 남았는데, 거기에다 역사적 사명까지 부여받았으니 먼 길 가는 수고를 마다할 필요는 없었다. 이처럼 경마·경정·경정 등 합법적 사행사업과 사설도박장뿐만 아니라 미국, 마카오, 필리핀, 홍콩 등지의 카지노에 출입하던 사람들도 '합법적 범죄'가 가능한 '특례의 땅' 강원랜드로 모여들었고, 강원랜드의 고속성장을 이끄는 원동력이 되었다.

오늘의 강원랜드가 존재할 수 있도록 한 사람들은 사설도박장에 출입 경험이 있던 사람뿐만 아니라 카지노의 '카'자도 모르고 단순호기심에 '관광명소 강원랜드'를 구경 온 불특정 다수도 있다. 이태원(2005a: 187)에 따르면, 강원랜드를 출입하는 사람들 대부분은 처음에는 돈을 따기 위해서(12.8%)라기보다는 단순호기심(53.1%)이나 오락(29.1%)을 목적으로 왔다. 물론 단순호기심에 온 사람이 도박의 경험이 전혀 없다고는 할 수 없다. 그렇지만 한국에 합법화한 카지노 공간이 없으면 카지노에 드나들지 않을 사람들도 많이 있음을 부정할 수는 없다. 다시 말해 강원랜드 카지노를 합법화해 카지노에 대한 접근이 쉬워져 새로운 고객이 생겨났고, 이 사람들이 '성공한 기업' 강원랜드의 오늘을 있게 하는 토대가 되었다. 이는 선명찜질방에서 만난 사람의 다음 이야기에서 잘 드러난다.

(34살 즈음) 분당, 수지 이런 데다 전원주택사업을 했어. 그러다가 IMF 때 한 50억 부도 맞고 여기(사북)다 호텔 하나 지으러 내려온 거야. 우리야 뭐 부동산 쪽에 있으니까, 자본은 있었지. 몇 번 답사하고 (집으로) 올라가고 그랬지. 근데 그 때 눈이 얼마나 왔는지 차를 못 찾겠어. 그래서 갇힌 거야. 그때 한 5천만 원 (카지노에) 빠트렸어. 그거 찾으려다 코가 껴서 주식이고 집이고 뭐 그렇게 됐지. 골프도 매일 치고 외제차 타고 다니고, 우리 아이들도 부러운 것 없이 자라다가 결국은 이혼하고, 부채관계도 많고 그러니까 차압 들어오고. 나도 앞만 보고 살았지, 외국 다니다가 (게임을) 하긴 했어도 빠지지는 않았지. 이상하게 여기 코가 끼어 갖고,

집도 5억 되는 거 날렸지, 아파트, 땅 다 날렸지 뭐. 부도가 나고 차압 들어오고 하니까 합의이혼이라고 그러지. 연락은 하지. 애들이랑은 자주 못 만나지, 뭐가 없으니까 기가 죽어 갖고. 이제 뭉쳐야지. 한 5년 됐거든 여기 내려온 지. 막내 이번에 학교 들어갔다는 소식 듣고 깜짝 놀랐어. 맨날 앙앙대던 놈이 대학을 간다니. 1년에 한두 번 보지 뭐. 예전에는 우리 아빠가 최고지 했는데, 지금은 노름쟁이가 되서. 기가 막힌 얘기야. (남, 48세, 수원, 선명찜질방, 2005. 3. 5.).

위 사람은 25살에 결혼하여 양재동에서 꽃 도매업을 크게 하다가 노사분규 등으로 골치가 아파 부동산업으로 전환하였다. 자신의 표현처럼 이 사람은 앞만 보고 달려온, 이른바 '한국 사회에서 성공한 사람'이라고 할 수 있을 것이다. 강원랜드에 출입하기 전까지 카지노는 이 사람의 삶에서 어떤 의미도 가지고 있지 않았다. 그러다 강원랜드 주변에 투자하러 왔다가 폭설로 말미암아 귀갓길이 막히면서 심심풀이로 들린 카지노가 인생을 바꿔버렸다. 바로 이 순간에도 많은 사람들이 단순한 호기심에 이끌려 카지노와 인연을 맺고 있다. 그런데 단순한 호기심은 도박으로 바뀌고, 돈이 아니라 인생을 베팅하게 된다. 이 점은 카지노 출입자가 전해주는 다음 에피소드에서 잘 드러난다.

20대 초반의 (아가씨들이) 같이 있었거든. 그렇게 시끄럽게 하더라고. 아줌마들이 "야들아 좀 조용해라" 이래 된기라. 기집애들이 "아줌마, 우리대로 레저를 즐기고 있는데 애기 좀 해가면서 그래하면 안되냐?"고 하니까는. (아줌마가) "레저? 레저하고 자빠졌네" 한 거지. 첨부터 죽을라고 온 사람이 있어요? 처음엔 다 누구나 레저로 왔지. 상처가 깊어지니까 장난이 아닌 거지. (…) 우리 다이사이(Tai-Sai)에 30대 초반 청주에서 오는 여자가 있는데. 슬롯머신 옆에 내가 앉아있는데 일부러 옆에서 힘없이 앉아있더니만, "아저씨, 나 큰일 났어요. 나 여기요 남자 친구 따라 왔다가요. 처음에 멋모르고 백만 원 잃었는데요. 지금 청주에 양품점 물건 할 거까지 다 말아먹고 큰일 났어요."하더라고. "너, 지금 하는 거 보니 그렇게 되게 생겼구나" 하고 말았지(이영수, 50대 중반, 서울, 사업, 2005. 7. 20.).

이태원(2005: 187)에 따르면, 카지노에 출입하는 사람들은 처음에 친구(45.1%), 가족(37.2%)과 함께 또는 단체관광(3.2%)을 목적으로 여러 사람들과 어울려서 온 경우가 많았고, 혼자서 오는 경우는 14.1%에 지나지 않았다. 그러나 도박에 빠지게 되면서 혼자서 오는 경우(22.3%)가 많아졌다고 한다. 위 사례의 아가씨들처럼 처음에는 친구 등과 함께 카지노에 와서 베팅의 결과에 상관없이 웃어가며 놀이 자체에 몰입한다. 그러나 점차 잃어가는 돈의 액수가 커질수록 웃음도 사라지고 더 이상 '레저'가 아니라 돈이 걸린 도박이 된다. 이제 내가 죽느냐 아니면 네가 죽느냐, 둘 가운데 하나만 살아서 웃을 수 있는 사생결단(死生決斷)의 도박만이 존재할 뿐이다.

과연 단순한 호기심에 온 사람들의 첫 베팅은 강원랜드가 그렇게 소리 높여 외치는 '레저'이고, '건전한 게임'이었을까? 사실 놀이의 이면에는 대박의 환상이 또아리를 틀고 있다. 카지노에 단순히 즐기려고 왔다라는 말을 곧이곧대로 믿는 사람은 아무도 없을 것이다. 그럼에도 도대체 카지노 안에는 무엇이 있기에 레저는 레저로, 게임은 게임으로 끝나지 않고 한두 번의 베팅이 한 사람의 인생을 바꾸어버리는 것일까?

게임하기: 레저에서 도박으로(블랙홀)

모든 도박장은 저마다 독특한 분위기를 가지고 하나의 독립된 세계를 형성하고 있는데, 카지노는 외부 세계로부터 격리된 장소로서, 내부에 카지노 자체만의 독특한 질서를 가진 도박장을 이루고 있다. 그리고 카지노 내부의 환경도 각 카지노마다 다르다.[15] 그 차이에도 불구하고 어디에 존재하든지 카지노는 단순한 게임장이 아니라 그 어떤 사업보다 수익성이 좋은, 이른바 황금알을 낳은 사업임에 틀림없다. 즉 가장 순수한 도박 장소인 카지노는 그 어떤 사업보다 괜찮은 '사업'으로 출입자들이 운만 좋으면 일확천금을 쉽게 벌 수 있을 만큼 호락호락 한 곳이 아니다.[16] 카지노는 돈을 벌기 위해 게임시스템은 말할

---

15) 미국 카지노와 영국 카지노는 서로 다른 사회적 배경을 가지고 있고, 따라서 많은 차이점을 보인다. 계급차별을 적극적으로 강화하는 영국 카지노에서 도박자는 카지노에 들어가기 전에 귀족이어야 하지만, 계급차별을 없애려하는 미국의 라스베이거스 카지노에서 도박자는 단순히 카지노에 있다는 것으로 작위를 받는다. 또한 자유로운 분위기의 라스베이거스 카지노에서 고객은 테이블에서 원하는 만큼 술을 마실 수 있지만, 영국에서 마음대로 마실 수 있는 것은 카페인이다. 영국 카지노에서는 대출과 빛이 엄격하게 금지되지만, 미국 카지노는 고객이 돈을 걱정하지 않도록 수많은 현금지급기, 전화대출 서비스, 환전소를 설치해 거대한 은행처럼 보인다(리스 2006: 227~232 참조). 라스베이거스 카지노는 미국적 이상의 구현이다. 그곳은 도박의 욕구 속에 사회적 차별이 용해되는 '거대한 용광로'로서 작동하기 때문이다. 라스베이거스의 자유방임정책은 지위에 상관없이 모든 사람의 달러가 환영받는 편안하고 무절제한 환경을 만들어낸다. 이 아메리칸 드림은 짐멜(Simmel)의 악몽이고, 여기에서는 돈이 진정으로 '무서운 평등주의자'이다(리스 2006: 232). 강원랜드는 상당부분 라스베이거스를 닮았다고 할 수 있다.
16) 카지노가 얼마나 괜찮은 사업인지는 라스베이거스 스트립의 화려한 호텔 카지노들을 보면 쉽사리 짐작할 수 있다. 마약 장사를 잘한들 그토록 엄청난 건물을 사막 위에 줄줄이 세울 수 있겠는가? 결코 불가능한 일이다. 몇 해 전 뉴욕 타임즈의 기자가 미라지 리조트 그룹의 스티브 윈 회장에게 어떻게 하면 카지노에서 돈을 딸 수

필요도 없고 게임공간까지 철저하게 자신들에게 유리한 방향으로 조직화해 놓은 도박기계이다. 한마디로 카지노는 출입자의 레저를 위한 첫 베팅을 아주 자연스럽게 올인 베팅으로 이어질 수 있도록 체계화한 공간이다. 강원랜드라고 예외는 아니다.

강원랜드 카지노는 일반영업장과 VIP실로 나뉘어 있다. VIP에 입장하려면 심사를 받아야 하는데, 물론 심사기준은 얼마나 돈을 가지고 있느냐이다. 이곳에서는 '돈이 곧 신분'이다. 강원랜드에서 VIP실에 입장할 수 있다는 것만으로 그 사람은 '귀빈(VIP)'이 된다. 또한 VIP의 신분을 보장하고자 출입이 엄격하게 제한되어 있다. 미주알고주알 비판을 일삼는 학자에게 VIP실의 출입금지는 당연한 것이다. 그러므로 이 장은 이른바 '마바리판'17)이라고 불리는 일반영업장을 중심으로 살펴보는데, 일반영업장 내부구조는 다음과 같다.

메인카지노 3층 일반영업장 입구에서 카지노 내부를 촬영 또는 녹음할 수 있는 장비를 맡기고 나서 신분증을 제시하고 5,000원짜리 입장권을 산다. 입장권은 다음날 폐장할 때까지 유효하다.

출입구로 가면 간단한 몸수색을 받고 게임장으로 들어선다. 게임장은 타원형으로 되어 있다. 게임장의 곳곳에는 식당, 환전소, 휴게실, 음료수 서비스실 등이 자리해 있지만, 공간의 대부분은 게임기기와 게임테이블이 차지하고 있다. 카지노 게임장은 일상생활 공간과는 다른 세계이다. 이곳에서는 현실세계에서 사용되는 화폐를 대신하여 칩

있는지를 질문하였다. 이에 스티브 윈 회장은 명쾌하게 다음과 같이 답한 바 있다. "카지노를 하나 차리십시오."(야마구찌 2001: 61).

17) 사전적으로 마바리는 짐을 실은 말 또는 그 짐을 말하는데, 카지노 출입자들은 일반영업장에 드나드는 자신을 낮추어 미천한 사람이란 뜻으로 마바리꾼이라고 부르고, 일반영업장을 마바리판이라고 한다.

이 사용된다. 이곳에서 거래되는 칩은 다섯 가지로 100만 원 권(이른바 골드라고 부른다), 10만 원 권(노랭이), 1만 원 권(연탄), 5천 원 권(핑크), 1천 원 권(그린)이다. 칩은 '게임세계의 말'과 같은 것으로, 게임자들로 하여금 화폐에 대한 감각을 상실하게 하는 최고의 발명품 가운데 하나이다.

또한 카지노는 모든 출입자의 일거수일투족을 감시카메라로 기록하고 철저하게 감시하는 닫힌 공간이다. 카지노 통제실은 딜러의 실수나 손님들의 부정행위를 감시하기도 하지만, 무엇보다 '잘 나가는' 손님들의 게임 흐름을 분석하여 카지노에게 유리하게 바꿔놓는 구실을 한다. 즉 손님들 가운데 돈을 많이 따고 있는 손님의 게임운영방식 등을 분석하여 갑자기 딜러를 교체한다든지 등의 합법적인 테두리 안에서 온갖 방법을 동원해서 게임의 흐름을 바꾸고 손님의 분위기를 가라앉게 한다(야마구찌 2001: 64 참조). 물론 누구나 자신의 행동이 감시당하고 있다는 것을 알고 있으면서도 도박기기와 대면하고 있는 어느 순간 망각한다. 단지 도박자의 시선은 바로 눈앞에 펼쳐지는 행위에만 국한된다.

이것은 기본적으로 일상생활로부터 시간적 또는 공간적으로 분리(separateness)되는 도박의 특성에서 비롯된다. 도박은 일상적인 세계에서 나와 놀이의 세계로 들어가는 출입구를 육체적·정신적으로 통과하는 행위로 볼 수 있다(리스 2006: 252). 게임장은 빨강색 카페트의 현란함 속에 쉴 새 없이 돌아가는 기계소리와 사람소리만이 가득한 별천지로, 게임자는 시간이 지나면 지날수록 철저하게 외부와 단절되며 자신도 모르게 이 세계에 빠져든다. 이 점은 한 카지노 출입자의 다음 이야기를 통해 충분히 유추해볼 수 있다.

여기(카지노) 공기 중에 약품을 태워 정신을 이상하게 만드는 것 같아. 실내에 산소가 많이 부족해. 산소가 없으면 머리가 아프거든. 일부러 그러는 것 같아. 아니면 음료수에 뭘 탄다니까. (…) (필리핀에 다녀오신 분들이 많으신가 봐요?) 한 번씩은 갔다 오지. 왜냐하면 비용이 똑같거든 여기서 하나 거기서 하나. 필리핀이고 마닐라고 다 거기서 날고 긴다는 사람이 여기 와서 그림이 어떠니 떠들며 쪽도 못쓰고 가요. (그건 왜 그렇죠?) 마법을 쓰는 거야. 그러니까 음료수에 약을 타던지 공기를 희박하게 만든다던지 그런 게 있다니까. 조사를 해봐야 돼(이호철, 남, 50대 중반, 서울, 아리랑찜질방, 2005. 7. 19.).

앞의 사람은 한국의 유수 언론사에 종사하다가 은퇴하고 자기 사업을 하면서 스몰카지노 때부터 지금까지 카지노에 출입하며 많은 재산을 날렸다. 내가 인터뷰를 할 당시에도 빚 독촉을 피해 사북의 한 찜질방에 와 있었다. 내가 찜질방에서 조사하는 며칠 동안 위 사람과 가깝게 지냈는데, 나에게 날마다 "내일 급한 돈만 해결되면 서울 간다"고 말을 했다. 그렇지만 한 달 뒤에 '강원지역문화연구회'의 학생들이 방문하였을 때도 여전히 그는 찜질방에 머무르고 있었다고 한다.

위 이야기는 자신의 재산과 삶을 야금야금 삼키기만 하는 '마법의 성', 강원랜드에 대한 비판적인 심정을 드러내면서 나왔던 이야기이다. 물론 위 이야기의 내용을 사실 그 자체로 받아들이기는 힘들다. 그럼에도 위 이야기는 카지노 내부 환경의 특성을 잘 드러내고 있다고 하겠다. 즉 사람들은 카지노에 들어서는 순간부터 이상한 기운에 휩쓸리게 되며 현실 감각을 잃어버리게 된다.

일반적으로 카지노는 시계, 의자, 그리고 빛이 없는 비현실의 세계이다. 물론 강원랜드는 도박중독 문제가 심각해지면서 2004년 3월에 카지노장 안에 시계를 설치하여 현실 세계의 시계가 존재한다. 그렇지만 카지노에 실체적 시계가 있느냐 없느냐는 크게 중요한 것 같지 않다. 왜냐하면 애초부터 카지노에는 시계가 없었기 때문이다. 즉 시계의 존재유무와 상관없이 카지노에서는 시간의 명료한 표현이 완전히 붕괴되어 시간이 존재하지 않는다. 시간의 경험은 도박자의 마음에서 영원히 현재로서 다양한 속도로 되풀이 될 뿐이다(리스 2006: 283).

결국 모든 카지노는 분리된 장소로, 강도 높은 게임이 집중적으로 일어나고 시간이 존재하지 않고 외부와 완전히 차단된, 정교한 비현실의 세계이다. 카지노 안에는 시계가 없고 햇빛은 불투명 유리로 차단된 채, 영원한 박명(薄明) 속에 모든 시간의 척도는 사라지고, 카지노의 시간은 일상 세계의 시간과 유리된다. 인공적인 조명이 시간의 흐름과 감각을 마비시키고 도박자는 공간적으로, 시간적으로 방향감각을 상실한다(리스, 2006: 238 참조). 그리고 일확천금에 대한 막연한 기대와 승부욕으로 마음이 들뜬 카지노 출입자는 베팅기계가 되어 카지노가 교묘하게 만들어 놓은 카지노 세상으로 가라앉는다.

물론 황금알을 낳은 카지노는 쉼 없이 연구와 실험을 거듭하여 자신들에게 유리한 게임방법과 룰로 구성된 게임으로 완성이 된다. 일반적으로 게임 구성은 각 카지노에 따라 매우 다르지만, 오늘날 카지노 게임은 보통 테이블게임과 머신게임으로 나뉜다. 강원랜드 메인카지노의 게임기 구성은 다음 표와 같다.

강원랜드 카지노의 게임은 다른 카지노처럼 테이블 게임과 머신 게임으로 구분이 되는데, 테이블 132대와 머신 960대(스몰카지노는 테이블 30대, 머신 480대였다)가 있다. 머신 게임은 동전이나 지폐를 투입하고 핸들 또는 버튼을 사용하여 기계의 릴을 회전시켜 그 결과에 따

<표 II-3> 강원랜드 카지노 게임기 설치 현황(테이블 132대, 머신 960대)

구분	종류	대수		합계
		일반영업장	VIP	
테이블게임	블랙잭(Blackjack)	46	4	50
	바카라(Baccarat)	46	16	62
	룰렛(Roulette)	10	–	10
	빅힐(Big Whee)l	2	–	2
	다이사이(Tai-Sai)	4	–	4
	캐리비안 스터드 포커	4	–	4
	소계	112	20	132
머신게임	종류	100원권	500원권	합계
	슬롯머신Slot Machine	220	461	681
	비디오게임	260	19	279
	소계	480	480	960

출처: 강원랜드 홈페이지(2006년 9월 25일 현재)

라 배당표의 시상액을 받는 게임이다. 머신게임은 또 베팅 액수에 따라 최소베팅액이 100원인 기계와 500원인 경우로 분류되는데, 100원짜리 머신은 카지노에 관광을 온 사람들이 호기심에 하거나 그냥 시간을 죽이기 위해 심심풀이로 하는 게임이다. 따라서 100원짜리 머신 앞에서 얼씬거리는 사람은 카지노 초보생으로 간주되는 경향이 있다. 머신게임은 초보자 또는 관광객이 가장 손쉽게 하는 게임인데, 비디오게임보다는 우리가 보통 슬롯머신[18]이라고 말하는 게임이 가장 인기가 높다. 슬롯머신은 정확하게 표현하면 프로그레시브 잭팟(progressive Jackpot)인데, 24대의 슬롯머신을 연결하여 누적된 적립금으로 당첨자에게 고액의 배당금을 지급한다. 따라서 슬롯머신은 누적

---

18) 슬롯머신은 빠찡코로 불리기도 하는데, 이는 슬롯머신 수입업자들이 빠찡코로 잘못 불렀기 때문이라고 한다. 빠찡코는 일본에서 시작된 게임으로 1980년대 말 한국에 수입되어 일명 "구슬치기"라고도 하였다(정두연 2006: 70).

액이 올라가면 갈수록 게임자의 관심이 쏠리게 되며, 슬롯머신의 24 개 게임기 가운데 '좋은 기계'(?)를 선점하기 위해 자리다툼을 벌이기도 한다.

　내가 현지조사를 하던 2005년 7월에 슬롯머신 누적액이 2억 원을 넘어섰다. 24대의 슬롯머신 기계에는 빈자리를 찾아볼 수 없었고, 이번만은 잭팟의 주인공이 되길 바라는 게임자의 간절하고 급한 마음처럼, 기계는 한 순간의 쉴 틈도 없이 돌아가기만 하였다. 게임자들은 버튼을 누르는 것도 귀찮아 버튼 사이에 이쑤시개, 명함, 전화카드, 카지노 회원권 등을 끼워 넣어 자동으로 기계가 돌아가도록 하고 있었다. 또한 자리를 계속 유지하고자 화장실에 갈 때에도 서로 아는 사람들끼리 팀을 이뤄 자리를 지키며 슬롯머신 옆을 떠나지 않는다. 이런 모습은 외국의 카지노에서는 찾아보기 힘든, 강원랜드 카지노만의 풍습이라고 한다. 이 당시의 모습과 슬롯머신의 중독성은 한 카지노 출입자가 인터넷 다음카페(Daum Cafe) '백억카지노'의 '강원랜드방'에 〈강원랜드 카지노의 두 얼굴〉이라는 제목으로 올린 글에서도 잘 묘사되고 있다.

　　강원랜드의 모든 게임을 저금통같이 생각하고 어느덧 2년 정도를 주일마다 월 3회 정도 출입을 하니 6,000(만 원)정도를 올인하더군여. 처음에는 누구나 슬롯머신에 재미를 느끼게 하고서 어느 정도 잃은 후에는 바카라나 블랙잭에 승부를 걸려는 수순을 보이더군여. (…) 슬롯머신인 메가다이에 관한 이야기가 재미를 더할 것 같아서 몇 자 적어 봅니다. 게임기계 중 그래도 마녀, 크리스탈 등 여러 종류의 기계를 한데 묶어서 잭팟이 터지도록 하고 있더군여. 5,000만 원부터 시작해서 계속 금액이 누적 되더라고여. 지금은 2억5천 정도 올라가 있더군여. 총 24대의 기계가

한 대당 하루에 700(만 원)정도가 들어가더군여. 그리구 보통 누적금액
이 1,000만 원이 누적되어 올라가고 나머지는 그냥 카지노귀신이 먹어
버리더군여. (…) 딸 확률은 24명 중 2명 정도, 따다가 그나마도 다시 올인
하더군여. 그래도 잭팟을 잡으려고 집단 최면에 걸려서 하루 종일 아는
사람과 교대 해가며 돌리는 우숩도록 게임에 중독되어 가더군여. 아주
집단 중독에 빠지도록 프로그램이 되었더군여. (…) 절대로 오래 돌려서
잡아간 사람이 없을 정도로 메가는 도도함의 극치를 보여주고, 게이머
의 모든 돈을 끝도 없이 잡아먹고 있더군여. 에이…. 시상금은 보통 잭팟
의 그림을 ….공…공…이라 칭하더군여. 예를 들어….공공…7 하면 금액이
400만 원 정도 수령하더군여. 마녀는 12배당이니 수령액이 1,000만 원
하더군여. 이것이 강원랜드 시상금의 현실이고 승한 사람은 거의 없고,
그날의 운으로 돌리기엔 너무도 처절하게 올인되니 집단으로 최면에 걸
려서 패해 나가더군여. 그래서 우스갯소리로 …공공의 …적….이라고 웃
으며 돌리더군여. 때로는 화내고 때로는 웃으며 기계가 보여주는 아슬
아슬한 걸림에 울고 웃는 작태란. 해보지 않은 분은 메가에 앉지 마시길.
만약에 앉았다면 50~100만 원 이상 먹으면 안하는 게, (…) 강원랜드 카
지노의 24시는 너무도 돈과의 기계와의 싸움에서 살아남기 위한 행동인
듯, 집단 최면에 걸려서 모두들 넋 나간 사람처럼 밤새워 유린당하고 있
는 듯, 하루가 어떻게 가는지 모르게 시간의 망상에 빠지게 하네
여… ^_^… (누치, 2005. 7. 18. 필자가 오자 및 띄어쓰기 등 교정)

머신게임은 가장 단순한 게임으로 초보자들이 즐겨 찾는다고 한다.
그렇지만 이 단순함의 유혹은 일시성에 그치는 것이 아니라 끊임없이
되풀이 된다. 그리고 하루에 몇 백만 원을 기계에 투입하는 도박 중독
의 시작점이 된다고 한다. 500원 권 머신을 풀 베팅으로 하루 내내 돌

리면 약 500만 원 내지 700만 원 정도가 들어간다고 한다. 슬롯머신은 카지노 입장에서는 황금알을 낳는 거위라고 할 수 있을 정도로 카지노 수입에 지대한 공헌을 하고 있다(정두연 2006: 240). 뒤에서 살펴보겠지만, '카지노 귀신' 강원랜드 총 매출액의 1/3이 슬롯머신에서 나온다고 한다.

특히 슬롯머신의 버튼도 누르는 것이 귀찮아 버튼에 카드 등을 꽂아 슬롯머신을 자동으로 돌리는 그 순간부터, 이 사람은 게임이 아니라 도박을 하는 도박 중독자가 되었는지 모른다. 이인혜(2005)에 따르면, 슬롯머신, 비디오포커와 같은 머신게임은 다른 테이블 게임에 견주어 도박심각성이 가장 낮게 나타나는 편이지만, 유독 머신게임 가운데 슬롯머신의 중독성은 테이블게임과 별 차이가 없을 정도로 높다고 하였다. 슬롯머신은 도박자의 기술이나 전략이 게임의 승패와는 무관한 순수한 우연의 게임으로, 계속하면 어느 누구라도 결국 돈을 잃게 되어 있는데도 많은 사람들이 쉽게 하는 가장 대중적인 도박이다(이인혜 2005: 206 참조). 슬롯머신의 기계가 돌아가는 것에 비례하여 사람들은 점차 도박에 중독되고 자연스럽게 비현실의 세계로 빠져든다. 그리고 위의 사례에서 보이는 것처럼 사람들은 가장 쉬운 머신게임을 시작점으로 하여 점차 중독성이 심한 테이블 게임으로 옮겨간다.

〈표 Ⅱ-3〉에서 보이듯이, 테이블게임[19]으로는 블랙잭, 바카라, 룰

---

19) 바카라는 플레이어(player) 카드와 뱅커(banker) 카드를 정해진 규칙에 따라 받은 뒤 합을 비교하여 9에 가까운 측이 이기는 게임이다. 블랙잭은 가장 많이 알려진 카드게임의 대명사로 플레이어와 딜러가 카드의 합이 21 또는 21에 가까운 숫자를 얻어 승부를 겨루는 게임으로 일명 '21(Twenty-one)'이라 불리기도 한다. 룰렛은 볼을 시계 방향 또는 시계 반대 방향으로 돌려, 볼의 반대 방향으로 돌아가는 회전판 번호에 볼이 낙착되면 그 번호 또는 지역에 베팅한 플레이어가 이기는 게임이다. 다이사이는 플레이어가 베팅한 숫자 혹은 숫자의 조합과 셰이커(shaker, 주사위 용기)에 따라

렛, 빅휠, 다이사이, 캐리비안 스터드 포커 등이 있다. 이 가운데 바카라와 블랙잭은 일반영업장에 설치된 테이블게임 가운데 84%를 차지할 정도로 테이블게임의 대명사라고 할 수 있다. VIP실에 설치된 게임은 바카라와 블랙잭뿐이다. 머신게임은 개인이 게임기와 일대일로 대면하여 독자적으로 할 수 있는 개별게임이다. 이와 달리 일부 테이블게임은 게임의 속성상 다른 게임자들과 상호관계를 맺으면서 게임을 해야 하기 때문에, 게임장에서 게임자들 사이의 다양한 관계망을 형성해내며 게임장의 분위기를 좌우하기도 한다. 즉 테이블게임, 특히 블랙잭 같은 카드게임에서는 딜러 및 다른 도박자와 경쟁 또는 구경꾼 등 사람들 사이 상호작용이 매우 중요하게 작용하며, 이것이 그 도박장의 게임 환경을 결정하는 주요 요소가 되기도 한다.

먼저 테이블 게임은 여러 명이 모여서 하기 때문에 함께 게임을 하는 사람들이 어떤 관계를 형성하느냐가 게임장의 분위기를 좌우한다. 블랙잭 같은 테이블게임에는 이른바 '된장'이라는 사람이 있어 게임의 흐름과 분위기를 좌지우지한다. 사실 내 돈을 갖고 도박을 하는데 다른 사람이 나에게 이래라 저래라 눈치하고, 내가 다른 사람들의 눈치를 살펴야 하는 것이 우습다. 그렇지만 특히 딜러와 7명의 게임자가 함께 하는 블랙잭은 자신이 이 카드를 받느냐 안 받느냐가 다음 사람의 카드와 종국적으로 그 게임의 승패에 큰 영향을 미치기 때문에 한 테이블에 앉아있는 사람들의 팀워크가 매우 중요하다.

팀워크가 형성되지 못하면 블랙잭은 싸움판이 되기도 한다. 팀워크

결정된 세 개의 주사위 합이 일치하면, 정해진 배당률에 따라 배당금이 지급되는 게임이다. 빅휠은 딜러에 의해 회전된 휠이 멈추어 섰을 때 휠 위에 부착된 가죽띠가 어떤 모양에 멈추게 될 것인가를 알아맞히는 게임이다.

의 중심에 '된장'이 있다. '된장'은 돈을 빌려주는 꽁지 또는 전주(錢主)의 노릇을 하기도 하지만, 일단 이곳에서 잔뼈가 굵은 사람이라고 할 수 있다. 특히 된장은 마지막 7번째 자리, 이른바 '말구'에 앉는 경향이 있는데, 이것은 강원랜드만의 블랙잭룰 때문에 그렇다고 한다. 강원랜드 블랙잭 테이블은 강원랜드 룰 블랙잭 테이블, 각개 테이블(각자 개인플레이), 베이직 테이블로 나뉜다. 강원랜드 블랙잭, 이른바 16 초이스 테이블의 경우, 게임자의 카드 두 장의 합이 16일 경우 딜러의 카드에 따라 한 장을 더 받거나(hit) 보내는(stay)야 한다. 딜러의 오픈 카드가 7 이상이고 게임자의 카드가 12~15일 경우 무조건 카드를 받아야 한다. 대신 강원랜드 블랙잭의 경우 말구는 위의 룰에 구애받지 않고 히트와 스테이를 마음대로 할 수 있는 권한이 주어진다(김완 2007a: 245 참조). 따라서 말구가 카드를 받느냐 안 받느냐에 따라 딜러의 카드가 버스트(bust, 패배)가 될 수도 안 될 수 있다. 결국 이 사람의 선택에 따라 게임의 승부가 좌우되기 때문에 능력이 있는(?) 된장이 말구로 자리를 잡고 있는 테이블에 앉으려고 한다.

이처럼 테이블 게임은 여러 사람이 동시에 게임에 참여하기 때문에 어떤 사람들과 게임을 함께 하느냐가 각 도박자의 심리상태에 영향을 많이 미친다. 그럼에도 항상 테이블게임을 함께 하는 게임자들 사이에 특별한 관계 또는 팀이 형성되어 있는 것만은 아니다. 테이블 게임이라고 할지라도 게임은 결국 "눈에 보이지 않는 적(카지노)"(리스 2006: 238)과 벌이는 개별적 싸움이기 때문에 테이블게임에 직접 참여하는 카지노 게임자들은 각자가 익명성을 띠고 스쳐지나가는 개인으로 존재할 뿐이다. 결과적으로 테이블게임도 머신게임처럼 눈에 보이지 않는 적과 벌이는 고독한 싸움이고 머신게임에 견주어 특별히 승률이 높은 편도 아니다. 그런데도 사람들은 다른 게임자, 딜러 등 사람들과 부딪치는 등 게임 외의 변수들이 많은 테이블 게임을 선호한다. 이인혜(2005: 210~211)에 따르면, 설문지에 참여한 774명의 강원랜드 카지노출입자가 가장 선호하는 카지노 게임은 블랙잭(29.8%), 바카라(25.2%), 슬롯머신(25.1%), 룰렛(8.7%), 다이사이(5.7%), 비디오포커(3.8%), 빅휠(1.8%) 순이었다. 그 이유는 무엇일까?

앞에서 말한 것처럼, 카지노 출입자들은 처음에는 슬롯머신 등 머신 게임으로 도박을 시작하다가 점점 도박에 빠지면 테이블 게임으로 넘어간다고 한다. 물론 처음부터 빅휠, 다이사이, 룰렛 등의 게임을 하기도 하지만, 마지막으로 귀결되는 게임은 바카라와 블랙잭이다. 따라서 카지노의 대부분은 바카라와 블랙잭을 중심으로 테이블게임을 구성한다. 사람들이 블랙잭과 바카라를 선호하는 이유가 무엇인지는 다음의 사례들에서 잘 나타난다.

여기 카지노 온 게 아니라 야채 팔러 왔다가 그게 2년 전이고. 야채 사러 한두 달 동안 투숙을 하다가. 여기 고랭지니깐 사북, 고한, 증산, 태백 이쪽에 많이 (야채가) 나와. (…) 나는 카지노 첨 왔어. 할 줄도 모르고 그랬는데 같이 온 친구가 도박을 참 좋아했어. 그 친구와 같이 한 3일간 호기심에 와서 게임은 안하고 구경만 했는데, 커피만 마시고 가고. 자꾸 와서 보니깐, 블랙잭이었는데 할 줄도 몰랐어, 그랬는데 해볼 만하다는 생각이 드는 거야. 그래서 한 3일 후에 돈을 바꿔서 넣어봤지, 잘되더라고, 첨에 30만 원 바꿔서 했는데. 5만 원했는데 먹더라고, 200만 원 벌었어. (…) 그건(블랙잭) 아무나 할 수 있는 거야. 사회(사설도박장 등)에서 하는 게임은 잘하고 못하고 가 있는데, 여기서는 아무나 할 수 있는 거야. 이건 '훌라'하고 차원이 틀려 아무나 할 수 있어. 훌라는 상대방 파악도 하고 머리도 있어야 하고 포커도 마찬가지야 머리싸움, 상대방 마음도 알아야 하고 그래. 그런데 이건 아무나 할 수 있어. 그건 자네들이 올라가도 할 수 있어(남, 50대 후반, 서울, 선명찜질방, 2005. 8. 16).

바카라, 해봤죠? 돈 놓고 돈 먹기 게임. 확률도 없고, 예측도 안 되는 그런 게임. 일정단계를 넘어서면. 뭐 맨 처음에는 빅휠도 하고 다이사이도 하고, 룰렛도 하고 하는데. 아주 단순한 게임이 사람들을 매료시켜요. 바카라하고 블랙잭. 근데 블랙잭보다 바카라가 많아요. 최종단계에 가면 바카라 같아요. 왜냐하면 누구나 할 수 있는 게임이니깐. 머리 안 쓰고 돈 갖다 놓고 이기면 먹는 거고 지면 못 먹는 거고 그런 거니깐. 그게 뭐 규칙은 있지만은 다음 장에 뭐가 나올지는 점쟁이도 모르는 거고 슈퍼컴퓨터도 모르는 거고. 원숭이를 앉혀놓고 하는 거나 사람을 앉혀놓고 하는 거나 확률상으로 똑같은 거니깐. 애보고 찍으라고 하는 거나, 어른보고 하는 거랑 뭐가 다르겠어요?(남, 40대 초반, 아리랑찜질방 사장, 2005. 7. 18.).

카지노 도박자들이 블랙잭과 바카라 게임을 선호하는 이유는 '누구나 할 수 있는 단순한 게임'이기 때문이라고 한다. 특히 바카라는 돼지·멍텅구리라는 뜻으로 통하며, 베팅을 하는 것 빼고는 게임자가 할 일은 별로 없을 정도로 단순하다(정두연 2006: 206 참조). 바카라와 블랙잭처럼 단순한 게임이 사람들을 매료시킨다고 할 수 있다. 단순한 매력만큼이나 중독성도 매우 강하다고 한다. 그런데 이 단순함이 바카라와 블랙잭이 사람을 끄는 매력의 모든 것은 아니다. 게임의 단순성을 본다면 그냥 버튼만 누르는 머신게임의 대부분이 테이블게임보다는 단순하다.

일반적으로 블랙잭·바카라 같이 기술과 우연이 반반인 게임[20]이 가장 선호되며, 또한 도박중독성이 가장 심각하다고 한다. 특히 블랙잭은 숫자를 보기 위해 카드를 받아 열어 볼 때, 이른바 "카드를 쪼는 맛"에 그 어떤 것에서도 느낄 수 없는 스릴감이 있다고 한다. 이처럼 기술과 운이 혼합되어 있고, 도박자의 육체가 직접 게임에 간여하는 게임들은 도박자들로 하여금 자신이 승패의 결과를 통제할 수 있다는 환상을 더욱 강하게 만들어, 게임자로 하여금 그 게임에 탐닉하도록 한다고 한다(이인혜 2005: 221 참조). 그러나 게임에 탐닉하면서 점점 사람들은 격정의 베팅기계가 되어가고, 이에 비례하여 강원랜드 카지노의 매출액은 높아만 간다.

이는 게임 자체가 카지노에게 유리하도록 되어 있는 한 당연한 결과이다. 특히 강원랜드 카지노는 다른 카지노에 견주어 고객에게 불리한 승률을 설정해 게임을 지배하고 있다고 한다. 이 점은 고랭지 채소장사를 왔다가 눌러 앉은 위 사람의 이야기에서 추정해 볼 수 있다.

전문가한테 물어보니깐 우리가 이길 수 있는 확률이 다른 카지노하고 비교를 해도 더 낮아, 30%도 안 된대. 국내·외국에서도 많이 해 본 사람

---

20) 도박 게임은 기술의 게임과 우연의 게임으로 나뉠 수 있다. "기술과 운이 중간 정도로 포함되어 있는 게임이 심각한 도박자들에게 가장 매력적이며, 도박을 규칙적으로 하는 사람에게서 다른 유형의 게임보다 더 큰 도박문제를 일으킨다고 한다(Walker 1992b, 이인혜 2003: 205 재인용). 카지노에서 주로 하는 카드게임과 경마나 경정 같은 트랙게임이 바로 기술과 운이 중간 정도로 혼합된 게임들인데, 이런 게임들은 도박자의 기술이—비록 충분하지 않더라도— 승패의 결과에 어느 정도 영향을 줄 수 있다. 문제 도박에서 이런 게임은 베팅의 액수, 잃은 돈을 만회하려는 행동 그리고 처음에 의도했던 것보다 더 많은 돈을 베팅하게 하고, 잃은 액수를 증가시킨다. 우연, 기술, 레저라는 게임의 세 요소 중 기술의 게임이 문제도박과 가장 상관이 높다고 알려져 있다"(Volberg & Banks 1994, 이인혜 2003; 205 재인용).

이야. 그리고 외국 카지노에서 딜러했던 아줌마가 여기 왔었는데 여기
서 도저히 게임을 못하겠데. 왜 그러냐하니깐, 게임 룰은 비슷한데, 이런
식으로는 지는 게임이라 못하겠다고 그러더라고. (…) 근데 30%도 안 된
데. 카지노 직원도 그래, 카지노 게임이 4·6제만 되어도 우리가 먹을 수
있는 확률이 그것만 돼도 할 만한데. 바카라 같은 경우도 프로테이지가
나와. 바카라가 (…) 맞출 확률은 50대 50이지만 돈으로 먹을 확률은 그게
아니야. 딜러랑 둘이만 해도, 가보싸움, 답은 두 개 중 하나 나와, 하나는
플레이어가 있고 뱅커가 있어. 근데 뱅커가 이겼을 경우 5%를 커미션
(commission)으로 띠어, 플레이어를 먹었을 때는 안 띠고. 비겼을 때도 카
지노가 유리하고 그것도 카지노 측에서 먹는 거야. 바카라는 제일 확률
이 나은데 프로테이지가 뽑아보면 나오겠지만 40%되는지는 모르겠어.
30만 원 먹었을 때 만 오천 원 띠거든, 다이 하나에서 5% 커미션 나가는
돈이 엄청난 돈이야. 한 사람당만 해도 얼마냐? 전체적인 건 모르겠고,
다이(테이블) 하나(에) 7명 데리고 딜러가 하는데, 뒤에서 뛰는 사람이 있
어, 14명이야. 그럼 한 다이에 14명인데, 커미션이 한 다이에서 하루 20시
간 풀 베팅 6~7천만 원 될 거야, 내가 계산하니깐 그렇더라고. 그 돈을 누
가 다 따먹어?(남, 50대 후반, 서울, 선명찜질방, 2005. 8. 17.)

일반적으로 라스베이거스 등 카지노의 승률을 보면, 블랙잭 게임의
경우 카지노가 60%, 플레이어가 40%, 바카라의 게임의 경우 카지노
가 55%, 플레이어가 45%로 카지노에 유리하게 되어 있다. 즉 게임의
구조, 원리 자체가 언제나 카지노에 유리하게 되어 있다(야마구찌
2001: 67). 미국 라스베이거스 카지노를 모델로 한 강원랜드는 보통 라
스베이거스 카지노의 규정을 많이 차용하였다. 그렇지만 각각의 카지
노는 그 나름대로의 룰을 가지고 있다. 이른바 '강원랜드의 카지노 룰'

이 존재한다. 사실 강원랜드 카지노 룰이 다른 카지노에 견주어 일방적으로 고객에게 불리하다고는 할 수 없다. 무엇보다 강원랜드에 출입하는 게임자의 평균 승률이 다른 카지노에 견주어 낮은지는 증명할 수 없다.

그럼에도 강원랜드가 다른 카지노에 견주어 승률이 낮고 게임가들에게 불리하다고 생각하는 것은 일부 게임의 세부적인 룰에 대한 평가를 통해 일반화하고 믿음이 된다. 물론 각 게임은 고객과 카지노에 유리하고 불리한 점이 있다. 예로 바카라는 카지노 게임 가운데 플레이어에게 확률이 가장 높은 게임이라고 한다. 수학적으로 플레이어가 나올 확률보다는 뱅커의 확률이 조금 높기 때문에 뱅커에 베팅을 하여 이겼을 경우에는 5%의 커미션을 카지노가 가지게 된다. 블랙잭의 경우 카드의 총합이 21을 넘으면 자동으로 지게 되는데, 게임자가 딜러보다 카드를 먼저 받으므로 게임자가 버스트 되었을 때 딜러는 무조건 이기게 된다. 이는 딜러에게 유리한 룰이라고 할 수 있다. 그런데 딜러는 자신의 카드의 합이 16이하일 경우에는 무조건 '히트'를 해야 하므로 버스트가 될 가능성이 높아지기 때문에 이는 딜러에게 불리한 룰이라고 할 수 있다. 이렇듯 각 룰은 일장일단이 있다.

그럼에도 문제는 각 게임의 세부 룰이다. 특히 국내 유일한 내국인 출입 카지노라는 독점성에 바탕을 둔 강원랜드만을 위한 불평등한 룰은 블랙잭에서 두드러진다고 한다. 대표적인 것이 서랜드(surrender)와 스플릿팅(splitting)이다. 서랜드는 게임자가 최초 2매의 패를 검토하고 승산이 전혀 없다고 판단될 때에는 '서랜더', 즉 말 그대로 '항복'하고 카드를 펼쳐서 딜러에게 보이고 칩 위에 놓는다. 그러면 딜러는 베팅 금액의 1/2만 회수하고 나머지는 게임자에게 돌려준다. 게임자에게 유리한 룰이지만, 강원랜드의 경우는 서랜더 룰이 없다. 스플릿팅 룰은 처음에 나누어 받은 2매의 카드가 동일한 점수의 패인 경우, 이 것을 1매식으로 나누어 베팅한다. 즉 한 번에 베팅을 두 번 할 수 있게 되는 것으로, 특히 A(에이스)일 경우 게임자에게 돈을 두 배로 딸 수 있는 좋은 기회이다. 스플릿을 한 뒤, 다음의 패도 동일한 점수 패일 경우에는 재스플릿을 허용한다. 그런데 강원랜드는 A일 경우에도 단 한 번만 스플릿을 허용한다. 이처럼 강원랜드에서 게임자에게 유리한 룰이 상대적 없기 때문에, 강원랜드 룰은 독점에 바타을 둔 '악마의 룰'이라고 말한다.

이와 함께 출입자에게 불리한 룰 가운데 하나가 정해진 최소·최고 베팅액 한도이다. 많은 사람들은 베팅한도액에 대하여 아무 생각 없이 지나쳐버리지만, 여기에는 카지노가 유리할 수밖에 없는 비밀이 숨겨져 있다고 한다. 예로 "라스베이거스 카지노의 경우, 평일에는 5달러였던 블랙잭 게임의 최소베팅액이 금요일 오후부터 일요일까지는 10달러로 올라간다. 카지노 통계에 따르면, 손님들이 게임에 투자하는 금액은 평균 300달러라고 한다. 그렇다면 300달러의 자금을 가지고 10달러짜리 게임을 약 30번 베팅할 수 있다. 하지만 게임 중간에 따고 잃은 것들을 고려하면 실제로는 약 50번 베팅할 수 있다. 그러나 통계학적 분석에 따르면 게임의 하락세를 상승세로 반전시키기 위해서는 약 60~70번까지 베팅이 필요하다고 한다. 그런데 하락세에 접어든 게임가는 50번쯤 베팅할 자금밖에 없으므로 결국 상승세에 올라갈 때까지 버티지 못하고 만다. 또한 돈을 잃게 되면 베팅 금액이 커져서 실질적으로는 30번 정도밖에 베팅하지 못하는 경우가 허다하다.

또한 최고베팅액은 일반적으로 자본금이 풍부한 게임가를 대비하기 위한 것이라고 한다. 만약 자본금이 많은 게임가가 계속 두 배씩 좇아서 베팅하게 되면 언젠가는 카지노가 잃게 되는데, 이를 미리 방지하기 위해 만들어놓은 것이 최고베팅액 한도이다"(야마구찌 2001: 65~66 참조). 그런데 강원랜드 카지노의 경우, 최소베팅액과 최고베팅액간의 차이가 너무 적어서 게임가들이 돈을 따는 것을 더욱더 어렵게 한다고 한다. 이 점은 다음카페 '백억카지노'의 '강랜카지노방'에 게시된 글에서 잘 드러난다.

> 강랜(강원랜드)은 미니멈 만 원 맥시멈 삼십만 원으로 딱 삼십 배의 차이를 두고 있다. 특히 바카라인 경우 천만 원 잃으면 복구 불가능 외국 카지노의 경우 보통 10$ 미니멈 1000$ 혹은 50$ 미니멈에 5000$ 약 100배의 차이를 두고 있다. 강랜에 가실 때는 이백만 원 이상 잃으면 하지 마시길… 그 이상 가져가시지도 말고 이런 경우는 잔바리 게이머들도 승부가 나질 않아요. 그러다 뚜껑 열리고 투 핸드, 쓰리 핸드 병정 뽀찌 주면서 석가고 그야말로 눈치 보면서 하우스가 만들어낸 악마의 규칙입니다. 표면적으로는 고액 게이머의 양산을 막기 위한 거라 하지만…(goodmorning, 2006. 3. 8.).

출입자가 지나친 베팅으로 말미암아 돈을 크게 잃거나 도박중독에 빠지는 것을 방지하고자 강원랜드가 마련한 최대베팅액의 축소가 오히려 파산을 부채질하는 결과를 가져오고 있다는 것이다. 강원랜드 카지노에서는 최대베팅액이 최소베팅액의 30배밖에 되지 않기 때문에, 만약 200만 원을 잃으면 한두 번에 만회하기 힘들다는 것이다. 우연의 게임에서는 전부(全部) 아니면 전무(全無)라는 식으로 한 번의 큰 베팅이 적은 판돈으로 딸 수 없는 큰돈을 딸 가능성을 가지고 있다. 그러나 최대베팅액이 30만 원으로 제한되어 있는 강원랜드 일반영업장에서는 이런 기회가 원천적으로 봉쇄되어 역전의 '한 방'이 없다. 결국 최소베팅액과 최대베팅액 사이의 30배수 차이는 '악마'의 배수가 되어 게임자는 잃어버린 돈을 한 번에 만회하기 위해 무리하게 다른 사람들의 손을 빌려 두세 곳에 베팅하게 된다. 이 규정 때문에 카지노 앵벌이들이 손을 빌려주며 살 수 있는 토대가 되지만, 손을 빌려 게임을 하면 할수록 출입자는 더욱더 파탄에 이른다. 즉 체계화한 도박기계를 상대로 승부욕 등으로 마음이 들뜬 격정의 베팅기계가 패하지 않는다면 이상할 것이다.

이처럼 게임 방식과 룰부터 사소한 게임 환경까지 철저하게 카지노에게 유리하도록 체계화된 게임장에서 때로는 레저로 때로는 일확천금의 운을 실험하기 위해 출입한 사람들은 도박이라는 블랙홀로 빠져든다.

카지노 노숙자가 되다

강원랜드는 일반영업장과 VIP로 나뉘어 있는데, 수입의 2/3는 일반영업장, 이른바 '마바리판'에서 얻어진다고 한다. 즉 1회당 100원에서 30만 원을 베팅할 수 있는 일반영업장을 출입하는 사람들의 주머니 돈이 강원랜드의 주요한 수입원이 되고 있다. 강원랜드 수입구조는 다음 말에서도 확인이 된다.

> (VIP실에서 강원랜드 수입의) 1/3 나오고 1층에서 1/3 나오고 슬롯머신에서 1/3나오고. 실질적으로 제가 말씀드리는 건 자료에 근거해서 말씀드리는 거에요. 1/3, 1/3, 1/3 요렇게. 슬롯머신, (…) 그게 천 대인데, 한 대에서 예를 들어 10만 원씩이면, 1억이잖아요. 근데 한 대에 10만 원만 들

어가요. 진짜 많이 들어가죠. (하루에) 평균 한 7억 정도 나올 껄요. 그리고 많이 나올 때는 엄청나게 나와요. 예를 들어서 휴가철 같은 경우에 거기에 사람들이 바글바글 붙으면은 돈이, 강원랜드 (하루) 매출이 거의 80(억인데)(남, 40대 초반, 아리랑찜질방 사장, 2005. 7. 18.).

내가 며칠 동안 머물렀던 찜질방 사장으로부터 처음 강원랜드의 수입구조의 1/3, 1/3, 1/3의 비율에 대하여 들었을 때, '설마'라는 생각을 했다. 그 뒤 현지조사에서 돌아와 자료정리를 하면서 강원랜드 수익구조를 찾아보았을 때, 거의 정확하게 1/3 비율이 지켜지고 있었다. 어떻게 보면 황금분할이라고 할 수 있다. 그런데 1/3 비율의 속내를 들여다보면 일반영업장을 드나드는 개미고객들의 수는 VIP 영업장을 출입하는 사람들의 수에 견주어 50배 정도가 많다. "지난 2005년을 기준으로 할 때 매일 약 5,154명의 입장객이 강원랜드를 찾아 1인당 44만 원씩 탕진하여 하루 평균 약 22억 7,400만 원을 도박으로 잃었다. 한편 1회당 베팅 한도액이 최소 5,000원에서 1,000만 원까지 가능한 VIP 영업장의 경우는 매일 114명의 고객이 찾아 1인당 647만 원씩 꾸준히 도박에 탕진하여 하루 평균 7억 3800만 원을 잃고 나간 것으로 조사됐다. 한편 외국인 전용 카지노의 경우, VIP 고객의 매출이 전체 매출의 70~97%에 육박하는 것과는 달리, 강원랜드는 일반고객의 매출이 약 64%를 차지하는 것으로 드러났다"(손봉숙 2007: 53).

VIP실은 하루 1인당 베팅액이 일반영업장에 비해 15배 정도 높아, 그만큼 위험부담금이 크기 때문에 아무나 들어갈 수 없다. 따라서 기본적으로 밑천이 넉넉해야 하는 것은 말할 필요도 없고, 나아가 도박에 대한 어느 정도 노하우와 배짱이 있어야 한다. VIP실에 들어갈 수 있는 사람도 도박의 위험성, 카지노 게임에 대한 무지 등으로 말미암아 일반영업장에 출입하는 것을 선호하는 편이다. 그렇지만 베팅액이 적은 일반영업장이라고 해서 재산을 탕진하는 것을 막아주지는 않는다. 오히려 "도박자가 작은 판돈으로 더 오래 게임을 하면 할수록 도박장이 도박자의 자금을 더 오랫동안 갉아먹으며 자신의 몫을 챙겨 도박자는 결국 돈을 잃게 된다"(리스 2006: 306). 재산을 탕진하고 난 지금에 이르러서, 베팅상한액 1,000만 원으로 이른바 '한 방(放)'이 가능한 VIP실에서 게임을 하지 않은 것을 후회하기도 한다. 그렇지만 다 지나간 이야기다. 이 점은 서울로 돌아가지 못하고 사북에서 월세방을 얻어 생활하고 있는 한 부부의 이야기에서도 잘 드러난다.

> 처음에는 기계했었지. 슬롯머신 게임 뭐 하루에 천만 원도 나오고 거기다 한 5억 정도 집어넣은 것 같애. (부인: 뭐 그런 것 까지 얘기해야 돼. 그런 건 안 해도 되지?) 아이 관계없어. (⋯) 지금 같으면 큰 도박을 안 하려고 밑에서 했는데, 차라리 이렇게 잃을 거면 한 방에 6천만 원씩 때리고 그랬으면 소원도 없겠어. 근대 몇 천씩 들고 가서 잃고 또 몇 천 들고 가서 잃고 그걸 한 3~4년 해봐요(박현옥, 53세, 서울, 사북거주, 2005. 2. 18.).

넉넉한 판돈이 없는 지금 자신이 출입할 수 있는 곳은 오직 일반영업장뿐이다. 일반영업장은 한탕주의, 도박중독 등 카지노로 말미암아 사회적 부작용이 문제가 될 때마다 여론의 중심에 서 있었다. 사실 도박중독과 한탕주의 등의 문제만 놓고 본다면 일반영업장에 출입하는 사람들의 하루 베팅액보다 15배 정도 많은 액수, 약 650만 원을 하루에 베팅하는 VIP실 출입자의 한탕주의와 도박중독성이 심각하면 심각했지, 결코 덜하지는 않을 것이다.

그럼에도 도박이 사회문제가 될 때마다 이른바 '돈 많은 사람'이 드나드는 VIP실에 견주어 일반영업장은 사회적 부작용을 최소화하려는 정책들의 실험지가 되었다. VIP실을 출입한 '돈 많은 사람'이 '돈 좀' 잃어버린 것은 크게 문제가 될 것이 없다고 생각한다. 따라서 강원랜드 카지노가 일으킨 사회적 문제는 일반영업장과 밀접한 연관이 되었다. 예로 한탕주의와 도박중독증을 예방한다는 차원에서 일반영업장에서 한 번에 베팅할 수 있는 액수는 최소 100원에서 최고 30만 원으로 제한하였다. 따라서 강원랜드는 이제 '도박이 아닌 게임'을 할 수 있다고 말할 수 있게 되었다.

그러나 가랑비에 옷 젖는다고 '작은' 베팅이 자신도 모르는 사이에 평생 동안 모은 재산을 탕진하게 하였다. 도박은 돈 놓고 돈 먹는 싸움으로 밑천이 든든하면 한 끗은 먹고 들어간다고 하지 않는가. 그런데 그리 밑천이 넉넉하지 못한 일반영업장 출입자들은 쉽게 밑천을 드러내어, 이른바 올인이 되기도 한다. 이들 가운데 일부는 도박에 빠져 직장을 잃어버린 경우도 많았다.21) 이렇게 대박의 꿈을 안고 강원랜드로 몰려든 일반 서민들의 '가랑비'가 모여 강원랜드 '성장의 폭포수'가 되고 있으며, 나아가 폐광촌을 살리고 있다.

물론 카지노 노숙자 가운데 일부는 카지노를 자신의 일터처럼 생각하며, 카지노에서 버는 수입으로 가정을 이끌어가는 사람들도 있다고 한다. 한마디로 카지노 노숙자들이 꿈꾸는 프로갬블러 가운데 하나인 것이다. 저자는 연구하는 동안 '불행히도' 이런 사람을 만날 수가 없었

---

21) 이태원(2005: 185)에 따르면, 과거에는 직업이 있었으나 현재 없다고 응답한 사람들 (n=107)중 약 1/3 정도(n=34명)는 실직의 동기로 카지노 도박을 들고 있었다. 나아가 이영분·김유순(2002: 40)에 따르면, 별거나 이혼을 한 16명 가운데(전체의 2.1%) 6명은 도박이 별거와 이혼의 원인이 되었다고 한다.

다.22) 이들의 존재는 고한 식당에서 만난 한 카지노 노숙자의 이야기를 듣고서 추정할 수밖에 없었다.

　　게임하는 사람들 중에는 돈을 번 사람들은 몇몇 있는데, 꼭 도박사라고 얘기하기는 좀 뭐 한데, 어느 정도 자기 자제를 하면서 게임을 하는 사람들이 조금 돈을 벌고 있다. 그게 뭐 몇 천억씩 버는 것도 아니고 남들보다는 조금 더 많이 버는 거지. 일반 직장 생활하는 사람들보다 좀 많이 벌거야. 왜냐하면 어떤 사람들은 한 달에 천만 원 이상씩 벌거든. 그게 한 달로 따지면 많은 거 같지만 하루하루 따지면 사실은 30만 원, 40만 원, 50만 원이야. 티끌모아 태산이지. 근데 그거를 할 수 있다는 거 자체가 대단한거지. 왜냐면 30만 원, 40만 원 게임하면서 만족할 수 있는 사람은 아무도 없거든. 만약에 30만 원 두 번 먹으면 60만 원 아니냐? 양이 안 차잖아. 물론 60만 원 크다라는 건 알지. 막상 게임하러 올라가면 그 60만 원이라는 건 사실 아무것도 아니거든. 칩으로 따져봐야 요만큼 밖에 안 되거든. 백만 원짜리는 칩 하난데. 그러니깐 힘이 없어. 그걸 절제할 수 있다는 거는 그만큼 카지노에서 이길 수 있는 확률이 높다는 거지. (…) 어떤 사람은 10만 원, 어떤 사람은 5만 원에 만족하는 사람도 있어. 왜? 5만 원 어디가면 땅 파면 나와? 어떤 아줌마들은 5만원, 10만 원 벌고. 왜 밖에 나가서 쌔빠지게 일 해봐야 얼마야? 3~4만 원이지. 올라가서 5만 원 벌고 내려오는 사람이 있단 말이야. 있어!! 근데 나는 몰라. 근데 그 집단은

22) 《카지노 앵벌이의 하루》의 저자 김완도 카지노에서 이긴 사람으로는 오직 한 사람을 보았다고 한다. "카지노에서 이기고 있는 사람들 가운데 시드머니 3백 50만 원으로 1년 동안 1억 6천만 원 벌어서 카지노를 떠난 사람이 있다. 그 사람은 하루에 시드머니 대비 10~20퍼센트만 먹고 잠그기를 생활화해서 이겨 나간, 내가 아는 유일한 사람이다"(김완 2007b: 43).

많지 않아. 그래봐야 여기 전체적인 숫자에 비하면 5%도 채 안되는 숫자일 수 있어. 1%, 막연하게 생각하면 한 1%정도 있다고, 백 명에 한두 사람. (…) 근데 대부분 사람들은 다 잃어(남, 고한식당, 2005. 8. 16.).

도박에서 돈을 따는 것은 아주 간단하다. 돈을 따고 있을 때 일어서는 것이다. 그러나 이 단순한 진리를 실천하는 것은 말처럼 쉬운 것이 아니다. 철저한 자기관리와 자기절제가 필요하다. 위 사례자의 말처럼 약 1%가 카지노에서 버는 수입으로 자신뿐만 아니라 가족의 생계를 유지해간다고 한다. 하지만 과연 그들이 카지노에서 돈을 벌어 지속적으로 생활을 유지할 수 있을지는 의문이었다. 무엇보다 나는 프로갬블러가 되는 것이 결코 쉬운 일이 아닐 것이라고 확신한다.

이 점은 김진규 사장의 사례에서 잘 드러난다. 2005년 7월 18일에 나는 한 찜질방에서 김 사장을 만났다. 김 사장은 이른바 '대출업'을 한다고 하였다. 즉 차를 담보로 이곳 전당포 또는 꽁지꾼이 보통 대출이자로 받는 하루 10%보다 싸게 돈을 빌려준다고 하였다. 그는 좋은 차가 있다고 하여 오늘 사북에 왔으며, 이곳에 오면 항상 찜질방에 머무른다고 하였다. 김 사장은 카지노에서 돈을 잃어본 적이 없으며 게임처럼 즐기며 돈도 번다고 내게 큰소리를 쳤다. 그의 말이다.

여기서는 자신과의 싸움이라고 그러잖아, 냉정하지 않으면 살아남을 수 없어. (게임장에) 들어가면서 게임을 안 하는 사람 있어요, 두세 사람 정도. 그런 사람들 어떻게 하냐면 게 뒤쪽에서 구경만 하다 자기가 필(feel)이 올 때 몇 번, 두세 번 찍어서 나가면 10만 원에서 20만 원 나온다고. 그리고 그런 식으로 해서 돈 관리하는 사람, 나 같은 종자야. 나 여기 와서 하루에 15만 원, 20만 원 벌면 욕심 안 부려. 그렇지 못하면 살아남지 못해요. 돈 만원가지고 천금을 얻을라고? 노름의 철학이 뭐냐하면은 내가 100만 원가지고 게임을 한다 그래, 20만 원 따면 대단히 성공한 거요. 그럼 바로 아웃을 해야 해. 여기 사람은 돈 30(만원) 주면, 내가 꽁지를 줘봐, 하루 3만 원씩 이자야. 그러면 그 30(만원)으로 금방 돈 딸 거 같지? 아니야. 오늘 같은 경우 나보고 인간마귀라고 친구 놈들이. 나(를) 보니깐 100% 따니깐. 통장에 150(만원)을 찾아서, 한방에 150 바꿔 가지고, 30씩 내려 때려버린 거야. 그래 가지고 돈 삼십 몇만 원 땄드라고. 거기서 아웃이야. (…) 그냥 뒤도 안돌아보고 내려왔지. 이게 장사가 없어(김진규, 40대 중반, 서울, 2005. 7. 18.).

김 사장은 게임테이블의 자리에 앉지 않고 뒤에 서서 게임을 하는 이른바 '뒷전'으로, 베팅 확신이 있을 때 베팅을 하여 일정 액수를 따게 되면 게임을 그만한다고 한다. 다음날 아침 일찍 나는 김 사장과 함께 카지노 일반영업장에 갔다. 김 사장은 어제 밤에 내게 말했던 것처럼, 아는 사람이 있는 바카라 게임테이블의 뒤편에 서서 '필'이 오기만을 기다리고 있었다. 10여 분 가량 같이 있었는데, 김 사장은 베팅을 할 생각을 하지 않았다.

나는 자리를 떠나 카지노 안 여기저기를 돌아다녔다. 그리고 점심 무렵이 되어 김 사장에게 돌아갔다. 김 사장은 게임이 잘 된다며 10만 원짜리 칩, 일명 '노랭이'를 흔들어 보이며, 한마디로 끗발이 좋으니 혼자 점심을 먹고 오라고 한다. 점심을 먹고 1시간 정도가 지나 다시 게임장으로 돌아와 보니, 김 사장은 여전히 그 자리이다. 그런데 분위기는 점심 전과 완전히 딴 판이다. 은근히 나가자고 권해보지만 소용이 없다.

해질 무렵 김 사장이 찜질방으로 돌아왔다. 얼굴 표정이 말이 아니

다. 귀신이 홀렸다며 카드대출까지 받아서 600만 원을 잃어버렸다고
한다. 그리고 대출 빚을 갚기 위해 집에 있던 외제차 '링컨'을 친구에
게 팔았다고 한다. 과연 김 사장이 이렇게 돈을 잃어버린 날이 오늘 처
음일까? 그의 말을 믿더라도 지속적으로 자기 평정심을 유지하면서
돈을 딴다는 것은 도박을 그만두는 것보다 어려울 것이다. 이 점은
2005년 도박중독 예방홍보를 위한 현상공모에서 우수작을 수상한 한
여성의 이야기(한국도박중독예방·치유센터 2005: 38~39)에서도 잘 드
러난다.

2003년 1월부터 5월까지 5개월간 무려 7,000만 원 이상을 카지노에서
날렸다. 집에서 혼자 곰곰이 생각하다가 결론을 내렸다. (…) 이제는 카지
노에서 돈을 따려는 망상을 버리고 예전처럼 살아가자. 집안 청소도 하
고 딸에게 맛있는 요리도 해주고 머리도 예쁘게 빗겨주며 모처럼 정신
나간 여자에서 어진 어머니로 돌아왔다. (…) 그런데 운명의 여신이랄까.
아니면 그 원수 같은 친구가 다시 찾아오면서 나의 이런 각오가 어긋나
기 시작했다. (…) 다시 카지노에 출입하며 완전히 다른 사람으로 변해갔
다. (…) 카지노 고참인 내가 실력이 있어서인지 웬만하면 하루에 수십만
원 이상 또는 많을 때는 수백만 원의 돈을 따서 고한신용협동조합에 매
일매일 입금시키는 일수적금에 들었다. (…) 이때부터 알뜰하게 악착같
이 게임해서 번 돈은 하루에 30만 원, 100만 원씩 입금시키고 생활비를
줄이며 또순이처럼 살았다. (…) 매일 불어나는 통장을 보며 즐거운 나날
을 보내기도 했다. 그러나 일수적금에 가입한 지 불과 20일 만에 게임자
금 500만 원을 다 날리자 혈압이 왕창 올랐고 고한 신협에 찾아가 일수적
금을 해약했다. 600만 원을 찾아 게임을 했지만 역시 하루 만에 다 날리
고 말았다. 알뜰하게 모았는데 그렇게 모은 돈을 날리는 데는 불과 하루

가 걸리지 않았다. 전세금으로 준비해 가지고 다니던 3,500만 원도 날려 버렸다.

모든 합법적인 도박에서 도박자에게는 승산이 없고 도박장에 승산이 있다는 것은 잘 알려진 사실이다(이인혜 2005: 202). 그렇다면 이 도박장을 상대로 돈을 따기 위해서는 잃을 때 조금 잃고 딸 때 많이 따는 '영리한 사람' 그리고 돈을 땄을 때 자리를 박차고 나올 수 있는 사람이 되어야 한다. 무엇보다 잃을 때 자제력을 잃고 바삐 서두르지 말아야 한다. 한마디로 베팅하고 싶은 감정, 꼴리는 손 등 오감육부가 철저하게 절제된 신체, 이른바 '도신(賭神)'이 되어야 한다. 그러나 도신이 되기 위해 거쳐야 할 길은 험난하기만 하다. 물론 한두 번의 올인은 필수코스이다. 즉 카지노 출입하는 사람들 대부분은 올인으로 끝이 난다. 이 점은 올인을 하고 찜질방에서 거주하며 일을 하여 번 돈으로 고리대금업을 하는 사람의 이야기에서 잘 드러난다.

내가 플레이를 얼마 했는데, 뭐 우짜고 저짜고 돈 자랑 했는 게 일주일 지나 봐요. 교과서에 나왔어요. 그리고 사람들이 말하는 내용을 정리해 보면요. 첨엔 뭔 줄 압니까? 첨에 얼마를 이겨서 얼마를 올렸는데, 무슨 무슨 사연 때문에 열 받아서 결국은 올인됐다. 이게 다 공통적인 말이라. 전부 다. 백의 백 명에게 한번 물어보이소. 그게 뭐 결국은 올인이지 뭐 (정수동, 남, 50대 초반, 수원, 아리랑찜질방, 2005. 7. 19).

"도박을 끊으면 그게 딴 것이다"라는 말처럼 도박을 그만두지 않는 한, 이 베팅의 끝은 정해져 있다. 폐광촌에 내국인이 자유롭게 출입할 수 있는 카지노가 생겼다는 소문을 듣고 관광하는 가벼운 마음으로 강

원랜드 카지노에 들린다. 그리고 단순호기심 반(半), 대박환상 반(半)
으로 즐겁게 웃으며 베팅을 한다. 물론 '혹시나' 하는 '대박'과 '한탕'
의 마음이야 어쩔 수야 없지 않겠는가? 그런데 단순호기심 대신 대박
을 향한 은밀한 한 번의 베팅이 되풀이 되고 자신도 모르는 사이에 도
박에 빠져든다. 그리고 두둑하던 호주머니도 이미 홀쭉해져 있다. 이
젠 잃어버린 본전에 대한 미련과 허탈함 그리고 두려움이 자신을 짓누
르고 더욱더 한 방을 목 놓아 외치며 베팅을 해본다. 그러나 그 베팅은
야속하게도 자신의 전 재산과 가족의 행복마저 앗아갈 뿐 대답이 없
다. 결국 카지노는 자신의 삶을 마감해야 하는 인생막장이 되기도 한
다. 이 사례는 《강원일보》 다음의 기사23)에서 잘 확인된다.

성탄절인 25일 새벽 1시 20분께 정선군 사북읍 강원랜드 호텔 4층 카
페테리아에서 카지노 고객 김모(여·54·경북 영주) 씨가 게임으로 재산
을 탕진한 것을 비관해 3층 로비 대리석 바닥으로 투신자살했다. 경찰조
사 결과 미용사인 김 씨는 카지노게임으로 재산을 탕진한 것을 비관해
왔으며 올해에만 24일까지 강원랜드 카지노장에 194회를 출입한 것으
로 알려졌다. 이에 앞서 지난 15일에는 강원랜드 카지노 VIP객장에 출입
하던 중소기업 대표 김모(51·서울) 씨가 게임장에서 20여억 원의 재산을
탕진한 것을 비관, 카지노 호텔방에서 유서를 남긴 채 목을 매 숨졌다. 지
난 2003년 3월부터 카지노장을 출입했으며 지난해 12월에는 VIP회원에
가입한 뒤 1년간 116회에 걸쳐 21억 원을 베팅한 것으로 알려졌다. 김 씨
는 채권자들에게 남긴 유서에서 "개미처럼 열심히 일해 자수성가했는
데 한 순간에 도박에 빠져 가정을 파탄시키고 평생 모은 재산 다 날렸다.

---

23) http://www.kwnews.co.kr/sub/search/default.asp?p=강원랜드

부모 형제 주변 사람에게 피해를 주어 제 목숨으로 대신하려 한다."며 "채무를 변제할 능력이 없어 이 방법(자살)을 택했습니다. 정말 죄송합니다"라고 했다. 이처럼 지난 2000년 10월 강원랜드가 개장한 이래 도박중독으로 인한 자살사건은 2001년 7월 박모 씨가 스몰카지노 인근 야산에서 목을 매 숨진 것을 시작으로 매년 발생, 현재까지 17건에 달하고 있다(같은 기자의 2005. 12. 16.과 12. 25.일자의 두 기사를 재편집).

'자살주식회사'라고 할만큼 강원랜드에서는 자살이 스몰카지노 개장된 날부터 지금까지 매년 4~5건 정도 일어나고 있다고 한다. 강원랜드가 2005년 국회에 제출한 국정감사자료에 따르면 지난 2000년 10월 카지노가 개장한 이후 자살 사건은 2001년 2건, 2002년 4건, 2003년 4건, 2004년 5건 등으로 나타났다. 물론 이들은 강원랜드 주변에서 자살한 경우이다. 강원랜드를 벗어나 자신의 집 또는 다른 장소에서 자살한 경우를 합하면 그 수는 훨씬 더 많을 것이다. 그러나 출입자가 자살을 했다고 게임기는 멈추지 않으며, 출입자도 게임을 그만두지 않는다. '영주이모'가 자살한 날의 분위기를 김완(2007a: 213~4)은 다음과 같이 기록하고 있다.

알바 자리라도 찾아보려고 열심히 두리번거리는데, 석호 놈이 헐레벌떡 다가오더니 하얗게 질린 얼굴로 이렇게 말한다. "야, 영주이모 죽었어!" (…) 앵벌이들 사이에서 영주이모라고 불리는 여자는 카지노 입구 왼쪽 커피숍(피아노) 쪽에 있는 난간에서 아래층 대리석 바닥으로 뛰어내려 스스로 목숨을 끊었다. (…) 우리가 가보았을 때는 이미 사체 수습이 끝났고, 몇몇이 주위를 정리하고 있었다. 마음이 무거웠다. (…) 오며가며 서로 인사를 나눈 사이라 그녀의 죽음이 남의 일 같지 않았다. (…) 마음도 무겁고 해서 다시 카지노로 기어들어왔다. 휴일 저녁이라 그런지 사람은 무지하게 많았다. 몇 천 명은 되는 것 같다. 몇 걸음 밖의 상황은 모두 모른 채 열심히 돈질하고 있다.

도박으로 말미암아 재산을 탕진한 사람들의 일부는 영주이모처럼 목숨을 버리기도 하지만, 대부분은 김완처럼 이곳에 눌러앉아 카지노 앵벌이를 하며 강원랜드와 더불어 살아간다. 이 점은 사북의 한 사우나에서 만난 사람의 이야기에서 잘 보인다.

저도 작년에 죽을라고 그랬는데, 작년에 돈이 없어서 못 죽었어요, (죽는데도 돈이?) 차 기름도 없지, 뭐 내려오는데 돈 천팔백 원 있었는데 농약 살라니깐 농약이 삼천 원이었어요. 그 옆에 슈퍼가 있는데 빵 하나, 우유 하나 먹고 그 옆에 주유소 있는데 가서 아저씨 돈이 없으니깐, 기름, 여기서 포항까지 오천 원이면 갈 수 있으니깐. 근데 만땅을 넣어줬어요, (포항에) 가서 돼지 저금통 터니깐 70만 원 나왔어요. 그래서 기름 값 갖다 주고, 거기서 안 와야 되는데 그 돈 몇 푼 있다고 또 간 거야. (잭팟이 터져 2억 이렇게 당첨 되신다면, 고향으로 내려가실 거예요?) 지금 생각은 간다고 하죠. 석 달은 가 있겠죠, 석 달 넘으면 2억이 들어왔는데 집에서 뭐하겠어요. 조만한 슈퍼(마켓)한다고 해도, "아저씨 담배 비싸네요", "에이 씨팔" 하고 올라오겠지, 하루 몇 푼 번다고. 여기서 거지 생활해도 하루 15만 원 그냥 버는데, (…) 10분만 재수 좋으면 100만 원 벌어요. 돈 벌면 고향 가야겠다. 그래도 또 산(山 : 강원랜드 카지노)에 가요. 한 시간 안에 천만 원 왔다가. 천만 원이 어디 애 이름이에요. 바깥에서 천만 원이면 반년 연봉이죠. 보통 산에 가면 콤프에 뷔페에 내가 먹고 싶은 거 먹을 수 있고(남, 30대 초반, 포항, 선명찜질방, 2005. 8. 16.).

위 사람은 2004년 7월쯤에 카지노에 와서 슬롯머신에 "두 달 사이에 4억, 가게 두 개, 아파트 두 채를 갖다 박았다"고 한다. 그 뒤 이곳에서 찜질방 등을 전전하며 생활을 하고 있다. 인생역전의 대박을 위한 한 번의 베팅은 자신의 모든 재산과 인생을 베팅하는 것으로 이어졌고 정말 생각하지 못한, 아니 생각하기도 싫었던 '인생역전'이 일어났다. 어떤 사람은 삶을 마감하고, 어떤 사람은 일상생활을 영위해왔던 일터와 가족 및 사회로부터 격리되어 이곳에서 새로운 인생을 살아간다.

위 사람의 말처럼, 모든 것을 잃고 빈털터리가 된 뒤에도 이곳을 떠나는 것은 쉽지 않다. 아닌 말로 자신이 평생 동안 쌓아 온 재산과 가정, 친구, 명성 등 모든 것이 이곳 강원랜드 카지노에 있지 않은가? 따라서 이 모든 것을 투자하는 동안 맺어진 관계에 바탕을 두고 새로운 삶을 살아간다. 자신이 돈이 있을 때 도와주었던 사람에게 손 벌리고, 카지노 초심자에게 도움을 주거나 보조해주고 몇 푼 벌며 그렇게 생활을 한다. 그리고 몇 푼이 되면, 또 '인생역전'을 꿈꾸며 베팅을 한다. 사실 빈털터리가 된 이 순간보다 '한 방'이 절실히 다가온 적은 없을 것이다. 대박을 꿈꾸며 강원랜드에 왔던 처음의 삶과는 다른 생활양식으로 살아가며 카지노의 또 다른 문화를 형성하고 있다.

2. 카지노 노숙자로 살아가기

첨부터 앵벌이는 없었다!
앵벌이는 누구나 될 수 있다!
–김 완, 2007a: 6

우리는 카지노 노숙자

강원랜드 카지노는 일주일에 이틀 정도만 게임장이 개설되는 경마, 경정, 경륜 등의 다른 사행산업과 달리 거의 연중무휴로 운영된다. 따라서 게임자들 가운데 일부는 게임 뒤에 자신의 원래 활동지로 돌아가지 않고 게임장 주변에 머무르기도 한다. 2000년 스몰카지노를 개장할 때부터 지금까지 이른바 '카지노 노숙자'들이 많이 양산되었고, 이들은 사북·고한 등을 비롯한 폐광지역의 새로운 주민(?)으로 자리 잡았다. 이 점은 강원랜드 직원의 이야기에서 충분히 유추해 볼 수 있다.

저는 스몰, 거의 처음 시작할 때부터 있었거든요. 그때 돈 되게 많았던, 옛날에는 여기 리미트(limit)가 아래층(일반영업장)인데도 처음에 100만 원이었어요. 그러니까 엄청 쎈거잖아요. 그런데도 사람들이 다 풀 베팅(full betting)이었어요. 그렇게 하던 사람들이 1,000원짜리 테이블 가서 아직도 게임하고 있어요. 지금 천 원짜리에서 막 소리 지르고 테이블 쾅쾅

치고. 왜 그렇게 자존심이 세냐면, 옛날에 여기서 잃은 게 집 한 채 날리고 빌딩 한 채 날리고 다 그런 사람들이거든요. 그래서 여기 있는 대리님이나 옛날부터 있던 딜러들이나 함부로 못해요. 대우를 해주는 거죠. 어쨌든 우리 월급 준 손님들이니까 사장이 월급준 거도 아니고 이 사람들이 돈을 잃어서 우리가 지금까지 월급 받고 있는 거니까. 왕년에 진짜 잘 살았던 사람 같아요. 그런데 이제 다 묻힌 거죠. 그런 손님들 진짜 많아요. 여기(태백, 고한) 말고 사북에 스카이, 선명아파트 있잖아요. 거기 손님들 되게 많이 살아요. (…) 스몰 때 되게 부자였던 손님들이 지금은 돈은 없지만 꽁지(돈)로 도박을 많이 했거든요. 예전에 있던 부자 손님들이 다 잃어 가지고 꽁지로 다 전락했어요. 중간 역할 있잖아요. 현장에 나와서 돈 이렇게 해주고 거기서 얼마 받고 그걸로 또 게임하고(이유라, 여, 30대 초반, 2005. 7. 19.).

강원랜드의 매출액이 증가한 만큼, 사람들은 그만큼 돈을 잃었고 또한 카지노 노숙자 수도 늘었다. 사실 카지노의 부정적 폐해를 들먹이면 빠지지 않고 등장하는 것이 바로 이들 '카지노 노숙자'이다. 그런데 카지노 노숙자는 도대체 누구를 말하는 것일까? 사북읍 사무소에 근무하는 직원의 이야기에 따르면, 다음과 같다.

노숙자라는 자체는 일정한 준거가 없죠. 지하철역 등에서 자는 사람을 보통 노숙자라 그러는거고. 지금 강원랜드 같은 경우에 노숙자라 그러는 게, 언론에서 공개적으로 이야기하는 거는, 강원랜드에서 게임을 하다가, 돈을 잃고 나서 집에 가기도 그렇고 그러니까 강원랜드 내의 숙박업체에서 잘 수가 없으니까 로비에서 잔다던가 생활하는. 그런 사람들이 상당수 있는 걸로 알고 있어요(유종도, 남, 사북, 2005. 7. 19.).

어떤 사람을 카지노 노숙자로 볼 것인가에 대한 기준은 명확하지 않다. 단지 언론 등에서 통용되는 '카지노 노숙자'는 카지노에서 돈을 잃고 숙박비가 없어 강원랜드, 사북역사 같은 데에서 노숙하는 사람이라고 할 수 있다. 이 정의는 '길이나 공원 등지에서 한뎃잠을 자는 사람'이라는 노숙자(露宿者)의 사전적 정의에 충실한 것이라고 할 수 있다. 이는 신문, 방송 등 언론매체에 의해 만들어진 이미지라는 측면이 강해 보인다. 이 점은 사우나에서 만난 한 카지노 노숙자의 말에서도 잘 드러난다.

> 여기 와서 보면 빵빵한 사람들 많아요. 감각이 마비되는 거예요. 무(無)감각. 돈이 돈이 아니야, 칩이라는 게 희한해. 지난번 VJ 특공대 못 봤어요? 거기 나왔던 사람이 산(山, 강원랜드)에 있는데, 그 양반이 우리가 일본놈, 일본놈 하는데, 일본에서 기계 설비 한 사람인데. 그 사람이 여기 들어오기 전까지 연봉 1억 2천 넘었던 사람인데. 그 사람 입장료 없어서 밑에서 VJ 특공대 얼굴 내고, 50만 원 받아서 출연하고 3시간 후 다 잃었어요. 근데 과장이 많아요, 길바닥에서 자고, 그렇게 연출한 거예요, 그건 거짓이에요, 그 겨울에 길바닥에서 누가 자요?(남, 30대 초반, 포항, 선명찜질방, 2005. 8. 16.).

1997년 외환위기 이후 기업의 구조조정과 사업체 부도 등으로 길거리로 내몰려 서울지하철 역사 등지에서 잠을 자는 노숙자들이 부쩍 늘었다. 이처럼 노숙자문제가 사회 이슈로 떠오르면서, 사람들은 노숙자 하면 서울 지하철 역사에서 잠을 자는 사람들을 떠올리게 되었다.[24) 언론이 강원랜드 카지노의 특수성을 고려하지 않고 카지노가 야기한 부정적 측면을 극대화하기 위해, 서울지하철 노숙자 등의 이미지를 강원랜드 카지노 노숙자에게 그대로 대입시키면서, 이와 비슷한 이미지가 재생산되고 있는 것이라고 할 수 있다. 따라서 사북읍사무소의 직원처럼 일반주민들도 이 정의에 바탕을 두고 카지노 노숙자를 정의내리는 경향이 있다. 엄밀한 의미에서는 모든 것을 탕진하고 카지노에서 맨날 살며 구걸에 의존하여 근근이 끼니를 때우고 강원랜드 로비, 기차 역사, 길거리 등에서 자는 사람을 '진짜 카지노 노숙자'라고 할 수 있다. 그러나 사북에는 '진짜' 길거리에서 잠을 자는 카지노 노숙자만이 있지 않고, 따뜻한 방에서 잠을 청하는 카지노 노숙자도 얼마든지 있다. 이 점은 카지노에 출입하면서 서울에 있던 모든 재산을 탕진하고, 사북에 월세방을 얻어 부인과 거주하면서 택시운전을 하며 생활을 하고 있는 사람의 이야기에서 잘 드러난다.

> 뭐 노숙자가 길거리에서 자는 사람이 노숙자가 아니야. 여기는 노숙자가 다 식당에서 밥 먹고 모텔에서 자고 호텔에서 자고 이런 데(월세 방) 얻어서 자고. 단지 그 사람들이 돈 없으니까 남의 꺼 이렇게 같이 쓰고, 그런 사람들이 노숙자야. 서울 노숙자랑은 개념자체가 틀리지. 보편적으로 밥 얻어먹고 불우이웃돕기 하는 데서 사랑의 도시락이라 얻어먹고 잠잘 때 없으니까 뜨뜻한 데 양지 바른 데 찾아서 가는 그런 노숙자가 아니다(박현옥, 53세, 서울, 사북 거주, 2005. 3. 4.).

길거리에 노숙하는 '진짜 카지노 노숙자'는 넓은 의미의 카지노 노

---

24) 노숙자는 길거리에서 잠자고 있거나 쉼터 등에 입소한 사람만을 지칭하는 것이 아니다. 실직이나 가족 해체 등의 이유로 '주거를 상실한' 준(準) 노숙상태에 있는 많은 집단까지 포괄한다(노대명 2006: 231).

숙자의 일부분이다. 사북·고한에는 다양한 층위의 노숙자들이 살고 있다.

> 돈을 조달 못 하는 사람은 자살을 하거나, 안 그러면 가정이 완전 파탄 됐기 때문에 갈 데가 없으면 여기에 눌러 앉게 되는 거죠. 눌러 앉게 되는 데 그게 여기에서는 일명 '카지노 거지'라고 그래요. 근데 카지노 거지 중에서도 여러 가지 유형이 있어요. 아주 고급 거지가 있는 반면에 하루에 만 원, 2만 원도 못 얻어가지고 지금도 카지노 소파에 앉아 가지고 누워 자는 사람도 있어요. 심지어 카지노 화장실에서도 누워 자는 사람도 있어요. 그리고 사북역에서도 자는 사람이 있고. 뭔가 꿈을 못 깨는 사람들은 진짜 솔직히 굶는 사람도 있어요. 밥 묵을 데가 어디 있어? 실제 우리 아리랑찜질방에 있는 사람들 거의 90% 이상이 자기 게임하는 사람 아니에요. 거지들이에요. 진짜 완전 거지들이라고(정수동, 50대 초반, 수원, 아리랑찜질방, 2005. 7. 18.).

위 사람은 대학에서 기계공학을 전공하였고, 카지노에 오기 전까지 수원 신갈에서 8년 동안 컨베이어 벨트를 만드는 공장을 경영하였다. 그러나 컴퓨터 작업 등 기술이 고도화하여 자신의 공장에서 만든 생산품의 경쟁력이 떨어지면서 공장 경영이 어려워 사업을 그만두었다. 다른 일을 찾다가 1년 4개월 전 어느 날 아내와 크게 싸운 뒤 호주머니에 있던 70만 원을 달랑 들고 이곳으로 왔다. 강원랜드 카지노에는 사업을 하면서 한두 번 출입해 본 적이 있었다.

그 뒤로 지금까지 집으로 돌아가지 못하고 이곳에 눌러 앉았다. 자신은 도박에서 완전히 벗어났다고 말하며, 찜질방에 머무르며 집수리 등의 일도 하고, 번 돈으로 소액 돈놀이(이른바 꽁지놀이)도 하면서 생활하고 있었다. 이 사람은 찜질방의 터줏대감 가운데 한 사람으로 찜질방 주인이 자리를 비우면 주인을 대신하여 카운터를 보기도 하였다. 그는 이제까지 카지노에서 보고 경험한 것은 "진짜 이론 책을 하나 쓸" 정도라고 말하였다. 그의 결론은 카지노에 "발 담그면 이삼 년 뒤에 무조건 패가망신한다"는 것이다. 이들 가운데 일부는 자살하여 이곳을 떠나거나, 자신의 집으로 돌아가기도 한다. 그 가운데 많은 사람들은 이곳에서 일명 '카지노 거지'가 되는데, 바로 '카지노 거지'를 넓은 의미의 '카지노 노숙자'라고 할 수 있다. 일반적으로 지하철역사·길거리 등의 잠자리를 공유하는 서울 등지의 노숙자들과 달리, 카지노 노숙자들은 돈이 모이고 흐르는 '카지노'라는 생활과 돈벌이의 공간을 공유하고 있다.

물론 하루에 만 원도 못 벌어 한 끼니도 못 때우고, 강원랜드의 로비·화장실·기차 역사에서 잠을 자는 이른바 '진짜 카지노 노숙자'가 있는가 하면, 하루에 '뽀찌' 또는 '개평'25) 등으로 몇 십만 원씩 버는 '고급 거지'도 있다는 것이다. 따라서 여관·모텔·월세방·찜질방 등에 살고 있는 사람들 대부분은 자신을 '카지노 노숙자'라고 부르는 것에 대해 대체로 동의하지 않으며, 사북역이나 강원랜드 안에 있는 화장실 등에서 노숙하는 사람, 이른바 '진짜 카지노 노숙자'와 자신들을 구별하기도 한다. 그러나 카지노 노숙자와 진짜 카지노 노숙자 등 이런 구별은 아주 주관적이고 상대적이며 큰 차이는 없어 보인다.

'진짜 카지노 노숙자'라는 정의는 카지노의 부정적 영향을 잘 드러내기 보다는 카지노 노숙자의 문제를 일부 극소수의 문제로 한정하여 카지노 노숙자의 현실을 오히려 은폐하고 잘못 이해하는 결과를 낳고

---

25) 노름이나 내기 따위에서 남이 가지게 된 몫에서 조금 얻어 가지는 공것.

있는 것으로 보인다. 따라서 넓은 의미에서 이 모두를 카지노 노숙자라고 볼 수 있다. 결과적으로 카지노 노숙자는 강원랜드 카지노에 와서 대부분은 재산을 탕진하고 '본전이라도 찾기 위해' 또는 '갈 곳이 없어' 아니 '갈 곳은 있어도 갈 수가 없어' 고향으로 돌아가지 못하고 지역의 호텔이나 모텔, 특히 여관·사우나·찜질방·월세방 같은 곳을 전전하며 강원랜드 카지노와 더불어 생활하는 사람들이라고 할 수 있다. 물론 여기에는 카지노에서 돈을 벌었다고 말하는 사람이나, 위의 사례들처럼 카지노에서 재산을 잃고 택시운전사 또는 꽁지놀이로 생활하고 있는 사람도 포함된다. 그들의 존재는 어느 누구에게도 환영받지 못하지만 이제 특례의 땅, 사북의 한 구성원임은 부정할 수 없다.

생활공간: 호텔에서 찜질방까지

일반적으로 사북·고한 지역에 살고 있는 카지노 노숙자는 적게는 100명에서 많게는 5,000명에 이르는 것으로 추정하였다. 사실 카지노 노숙자가 누구인지에 대한 정의도 명확하지 않는 상태에서 카지노 노숙자의 수에 대한 통계를 기대하는 것 자체가 우스운 일일 수 있다. 사북읍사무소, 강원랜드, 도박중독예방센터 등에서 카지노 노숙자의 기본적인 실태조사가 이루어지지 않았다. 그리하여 사람에 따라서 카지노 노숙자에 대한 추정 수치가 너무도 차이를 보였다. 이는 공식적이고 체계적인 조사를 하지 않는 한 어쩔 수 없을 것이다. 사북에 있는 찜질방 가운데 가장 작은 규모인 아리랑찜질방의 고정고객이 약 80명 정도이고, 2005년 당시 사북·고한 지역에 약 10개의 찜질방과 사우나가 있었다는 점을 고려한다면, 카지노 노숙자 수는 꽤 많을 것으로 생각된다. 고한 출신으로 스몰카지노 때부터 카지노에서 날마다 살다시피 했다는 한 사람의 이야기에서 카지노 노숙자 수를 미루어보면 다음과 같다.

> 평일에는 많아봐야 3천 명, 오늘(토요일)은 발 디딜 틈도 없을 거다. 뒤에 서서 구경도 못해. 뭐 보여야 보지. 그나마 좀 키 큰 놈들은 어깨 너머로 보면 되는데, 니들은(학생들) 키가 작아서 안 된다. 휴일 날 같은 때는 보통 토요일 세 시나 네 시쯤 되면 발 딛을 틈이 없을 정도야. 4,700명에서 5,000명 가까이 들어오거든. 들어오면 그 중에 돈 없는 새끼가 반이라고 보면 돼(남, 39세, 고한, 2005. 3. 5.).

위 증언자의 표현처럼 단순하게 돈이 없는 사람을 카지노 노숙자라고 본다면, 그 수는 약 2,500명 정도로 추정된다. 사람에 따라 추정되는 카지노 노숙자의 수는 요일에 따른 도박중독의 차이(표 Ⅱ-4참조)에 대한 이태원(2005a:187)의 통계수치에 근거하여 추정한 수치와 거의 같다. 카지노 노숙자는 '문제있음'과 특히 '병리도박' 범주의 사람과 밀접한 상관관계를 가지고 있다. 출입자 가운데 '병리도박'이 평일에는 63.1%, 휴일에는 38.7%로 평균 47.8%이다. 이태원이 설문조사를 한 2004년 일일평균 출입자(표 Ⅱ-1 참조)는 4,876명으로, 그 가운데 약 2,331명이 병리도박 상태에 있다. 또한 '문제있음' 범주까지 포함하면 평균 출입자의 76.3%에 이르러, 약 3,720명이 카지노 도박에 대한 중독(가능성) 상태에 있는 것으로 보인다. 물론 도박중독 상태에 있는 출입자 모두가 사북·고한 지역에서 카지노 노숙자 생활을 한다고 할 수 없지만, 결과적으로 이 지역에는 최소한 2,000명을 웃도는 카지노 노숙자가 있다고 추정해도 무리는 없을 것이다. 이들은 어디에서 생활하고 있을까?

카지노 출입자들은 일시적으로 카지노에서 게임을 하기 위해 오기 때문에 거주공간이 매우 불안정하고 변화가 많다. 어떤 사람은 새벽 기차를 타고 와서 카지노에서 게임을 하고 다음날 새벽기차를 타고 다시 자신의 일터로 돌아간다. 어떤 이는 호텔, 여관 등에 며칠 동안 머문다. 그러나 어쩔 수 없이 이곳에 눌러앉은 사람들에게 주거공간은 필수적이다. 카지노 노숙자들이 생활하는 공간은 매우 다양하다. 강원랜드에 처음 출입한 사람들이 자신의 집과 일터로 돌아가지 못하고 점차 사북지역에 눌러 앉아 이른바 '카지노 노숙자'가 되는 과정을 다음과 같이 단순화해 볼 수 있다.

당초에 단계를 거치잖아요. 강원랜드 호텔, 호텔에 있다가 돈이 떨어져서 콤프가 쌓이는 게 좀 줄어들잖아요. 그럼 모텔로 내려와요. 모텔은 하루에 4만 원에서 5만 원, 싼 곳은 3만 원. 근데 싼 곳에 가는 것도 한계가 있어요. 왜냐하면 이미 차를 버린 상태이기 때문에 (전당포에) 잡혀서. 좀 멀리 떨어진 곳은 3만 원짜리 방도 있어요. 근데 그곳은 별로 인기가 없어요. 왜냐면 차를 몰고 가야하는데 차가 없어져 버렸기 때문에. 그러고 우리 같은 경우는 모텔에 있다가 인제 찜질방으로 와요. 강원랜드 주위에 현재 여성전용 찜질방이 있고, 저쪽에 스카이 찜찔방이. (…) 찜질방에 가고 싶은 사람은 가던가, 나머지는 이런 생활이 적응이 안 되는 사람들 있잖아요. 여러 사람들과 생활하는 사람들과 공동생활이 적응이 안 되는 사람들은 인제 방을 얻어서 나가죠. 방을 얻어서 나가는데 스카이, 오피스텔, 영동 원룸, 진양 팬션. 또 고한에 가면 민박집 형태가 있어요. 그렇게 개인의 패턴에 따라서 분리가 되는 거죠(남, 40대 초반, 아리랑찜질방 사장, 2005. 7. 18.).

　물론 위의 사례가 모든 사람에게 적용되는 것은 아니고, 경제적 여건과 개인의 성격에 따라 숙소의 변화는 매우 다양하다. 그렇지만 위의 사례는 카지노 출입자들이 카지노 노숙자가 되어가는 과정과 그들의 거주공간의 변화를 잘 보여준다고 할 수 있다. 위의 사례에 따라서 카지노 출입자의 숙소의 변화를 도식화하면, '호텔 → 모텔·여관·여인숙 → 찜질방 / 원룸·월세방'이다.

　처음 이른바 '게임'을 하기 위해 강원랜드에 왔을 때, 조금 여유 있는 사람은 강원랜드 호텔에 머무른다고 한다. 이때 현금으로 숙박료를 내기도 하지만, 카지노에서 베팅하면서 쌓인 콤프 포인트로 결제를 한다. 콤프 포인트는 카지노 게임장을 제외한 강원랜드의 호텔·식당 등 편의시설 및 지역의 숙박업소·식당·유흥업소·약국 등 콤프 가맹점에서 현금처럼 사용된다. VIP실에 드나드는 손님은 말할 필요도 없고, 일반영업장에서도 일정 정도 자본을 가지고 게임을 한 사람들은 콤프 포인트만 가지고도 강원랜드 안에 있는 호텔과 식당에서 숙식을 해결할 수 있다고 한다.

　따라서 강원랜드에 처음 왔을 때, 출입자들은 콤프 포인트를 가지고 호기롭게 강원랜드 호텔에서 머무르며 도박 게임을 즐긴다. 그러다가 자본금도 떨어지고 콤프 포인트도 없어지고, 한 푼의 도박자금이라도 아쉬워지면 지역에 있는 호텔, 모텔, 여관 등으로 숙소를 옮긴다. 물론 이때에도 콤프 포인트를 사용할 수 있다. 그러나 지역의 콤프 가맹점이 콤프 포인트로 손님을 받을 수 있는 한도는 월 50만 원으로 제한되어있기 때문에 월초(月初)가 아니면 콤프 포인트로 숙소를 구하는 것은 쉽지 않다. 도박 자금이 압박을 받기 시작하면서부터 카지노 출입자들은 도박밑천을 마련하고자 자신들이 가지고 있는 시계, 귀금속, 차 등을 저당 잡히며 가능한 모든 자원들을 동원하기 시작한다.

여기 전당포가 상당히 많습니다. 속된 말로 카지노 지역에 오면은 들리는 말에 의하면 좋은 차도 싸게 살 수 있다. 대포차도 많이 굴러다닌다. 사실 그게 대포차란 말 자체가 신분이 없어지는 거잖아요. 그런 차들이 전당포에 맡겼다가 가져가지 않으면 남한테 넘어 갈텐데, 그때는 벌써 쉽게 전매가 되겠죠(유종도, 남, 사북읍사무소, 2005. 7. 19.).

사북·고한에서 가장 필수적인 공간인 전당포는 도박자금에 목이 마른 사람들에게 그들의 재산을 담보로 도박자금을 대주며 도박과 가산 탕진을 부추기고 있다. 특히 주인의 손을 떠난 차는 전당포 주변에 즐비하게 주차되어 카지노촌의 새로운 풍경과 대포차 중개라는 신종 사업을 만들어내기도 한다. 이렇게 자신들이 가지고 있는 것을 하나씩 저당 잡히고, 자금압박이 심해지면서 모든 자원은 '한 방'을 위한 도박밑천으로 집중된다. 즉, 한 번의 베팅을 위해 100원이라도 아껴야 하고 도박 외에 들어가는 모든 돈은 낭비라고 생각된다. 물론 숙소비 용도 말할 필요도 없다. 하룻밤, 아니 카지노 게임장이 폐장을 하는 몇 시간 동안의 휴식(?)을 위해 숙박료에 3~4만 원을 쓰는 것도 큰 낭비임에 틀림없다. 따라서 카지노 노숙자들은 여관 등 좀 더 숙박비가 싼 숙소를 찾아다니며 돈을 아끼려고 노력한다. 여관 등을 전전하다가 마지막으로 이르는 곳은 정해져 있다. 바로 찜질방, 사우나 또는 월세방이다. 특히 찜질방, 사우나 등은 베팅을 위해 한 푼이라도 아쉬운 사람들에게는 가장 적은 비용으로 쉽게 접근할 수 있는 마지막 종착지이다. 이 점은 한 찜질방에서 만난 카지노 노숙자의 이야기에서 잘 드러난다.

동원(회관사우나)은 진짜 못 가요. 거기 진짜 양아치들만. 한번 갔다가

기겁을 하고 나왔어. 거기서 나 지갑 털릴 뻔 했어. 또 하나 있어 고한에 사천오백 원짜리. 새벽 6시에 가면 푹 꺼진 이층인데 내가 거기서 하룻밤 자봤어요. 거긴 완전히, 여기서 보면 마지막 종착지라고 보면 돼.(이호철, 50대 중반, 서울, 아리랑찜질방, 2005. 7. 19.)

2005년 조사 당시 사북읍에는 동원회관사우나, 선명찜질방, 아리랑 찜질방 등이 있었다. 나는 위 사람을 직전리 입구에 있는 아리랑찜질 방에서 만났는데, 이 찜질방은 사북읍내에 위치한 다른 사우나와 찜 질방에 견주어 공기도 좋고 내부 휴식 공간도 넓어 생활환경이 좋은 편이었다. 따라서 위의 면담자는 자신이 머물고 있는 찜질방에 견주 어 빌딩의 지하에 있는 다른 찜질방의 환경을 낮게 평가하고, 같은 맥 락에서 그곳을 찾는 사람을 '진짜 양아치'로 규정하고 있다. 내가 위의 비교대상인 두 곳에서 숙박을 해보았지만, 숙박하는 사람들 사이의 어떤 차이를 찾아낼 수는 없었다. 다만 모든 사우나와 찜질방은 강원 랜드 카지노에 당당히 목에 힘을 주고 들어섰던 사람들이 힘이 빠져 마지막에 도착하는 종착지 가운데 하나일 뿐이었다. 이 지역의 사우 나와 찜질방은 찜질과 사우나를 하기 위한 장소라기보다는 간이숙소 의 성격이 강하다. 손님들은 찜질에는 별로 관심이 없고 휴식, 특히 수 면에 관심이 많다. 따라서 찜질방이나 사우나의 공간구조도 목욕탕, 한증탕 등보다는 침실공간을 중심으로 이루어졌다. 동원회관사우나 같은 경우에는 많은 사람들이 잠을 잘 수 있도록 이층 침대가 마련되 어 있다.

찜질방, 사우나, 특히 월세방 등을 드나드는 사람들 가운데 십중팔 구는 언제 본래 생활근거지로 돌아갈지를 기약할 수 없다. 물론 찜질 방·사우나 등에는 게임하러 왔다가 하루·이틀 머무르는 사람들도 있다. 예로 카지노에 처음 와서 먼저 카지노를 경험한 사람들로부터 게임에 대한 정보를 얻고자 하는 사람들도 사우나와 찜질방을 많이 찾는다고 한다. 그렇지만 찜질방과 사우나는 도박으로 말미암아 가진 것을 탕진하고 이른바 '갈 때까지 간' 사람들의 마지막 안식처이다.

여관, 월세방에 견주어 열린 공간들로 구성된 사우나, 찜질방을 찾는 사람들은 상대적으로 외로움을 타거나 다른 사람들과 함께 있기를 좋아하는 경향이 있다고 한다. 즉 사우나와 찜질방은 동병상련의 사람들이 모이는 '사랑방'인 셈이다. 그러나 이른바 카지노 패배자들이 주로 모인 사우나와 찜질방은 서로가 마음을 여는 열린 공간만은 결코 아니다. 오히려 서로가 서로를 인생낙오자로 낙인을 찍고 무시하는 닫힌 공간이기도 하다. 이 점은 다음 장에서 자세하게 다룰 것이다.

다른 한편 카지노 노숙자 가운데 일부는 찜질방보다는 원룸 또는 월세방을 얻어서 생활한다. 이는 사람들이 모여 있는 사우나 등을 싫어하는 개인의 성격에 따른 것이기도 하지만 오랫동안 이곳에 머무르면서 카지노에 다니고자 하는 목적에서 비롯된 측면이 강하다. 월세방에 살면서 카지노에 드나드는 사람들의 모습은 지역주민운동을 하고 있는 사람의 다음 이야기에서 내다볼 수 있다.

영동아파트 3동 4동 사는 사람들은 거의 90%가 카지노 다니는 사람들이에요. 카지노 다니려고 방 잡아놓은 사람들이에요. 1·2동은 원래 사는 사람들이고 3·4동은 관리사무소에서 세를 주는데 거의 90%가 카지노 다니는 사람이에요. 거기 몰려 살아요. 찜질방에서 사는 사람들은 그나마 왔다갔다 (하는 사람들이고), 계속 다니는 사람들은 아니에요. 근데 달방에 사는 사람들은 완전히 여기서 승부를 보려는 사람들이죠(김진일, 남, 43세, 공추위 사무국장, 2005. 2. 19.).

 자의이든 타의든 자신의 생활근거지로 돌아가지 못하는 카지노 노숙자들이 증가하면서 주택 임대, 특히 월세방 임대도 많아졌다. 초기에는 모텔, 여관, 영동아파트, 진양맨션 및 일반 주택의 셋방 등이 월세방으로 많이 나갔다. 이와 더불어 카지노 출입자와 노숙자를 겨냥하여 스카이 오피스텔을 비롯한 새로운 원룸, 오피스텔 등의 신축도 활발해졌다. 하루에 몇 천 원만 있으면 이용할 수 있는 사우나와 찜질방과는 달리 월세방은 주택 종류와 질에 따라 이용하는 사람들의 사회경제적 상황도 어느 정도 차이가 있다. 최근에 신축되어 한 달 임대료가 50만 원 정도 하는 스카이 오피스텔은 월세방 가운데 최고급에 속하며, 이곳을 임대할 수 있는 사람은 그래도 여유가 있는 편이다.

 월세방이라고 다 월세방이 아닌 것이다. 영동아파트도 마찬가지이다. 반면에 일반주택의 부속채 등을 임대하여 생활하는 사람들의 경우는 찜질방과 사우나에서 생활하는 사람과 별반 차이가 없다. 보통 월세는 20~25만 원이라고 한다. 특히 사북의 동원탄좌가 폐광이 되면서 빈집이 늘어나 월 10만 원 정도(2005년 7월 당시)면 웬만한 월세방을 얻을 수 있다고 한다. 어떤 월세방은 잠을 잘 수 있는 조그만 방만 달랑 있고 부엌과 화장실은 공동으로 이용하기도 한다. 한마디로 탄광사택과 비슷한 '카지노 사택'인 것이다. 편의시설 측면에서 보면, 월세방은 사우나 또는 찜질방보다 불편하다. 그럼에도 월세방을 얻어 생활하는 또 다른 이유 가운데 하나는 가까운 동료나 가족과 함께 생활하기 위해서이다. 동성(同性)의 카지노 출입자끼리 방을 얻어 함께 생활하기도 하지만, 배우자(?)와 함께 생활을 많이 한다. '진짜' 부부가 카지노에 빠져 가족 전체 또는 일부만 이 지역으로 이주한 경우도 있지만, 카지노에서 만나 함께 동거를 하는 이른바 '카지노 부부'가 많다고 한다. '카지노 부부'의 존재와 형성 과정은 한 카지노 노숙자의 이야기에서 미루어 볼 수 있다.

> 한번 개장(카지노)에 턱 올라가니깐. 여자가 게임 잘해요. 근데 옆에
> 가 인사하고 같이 이야기 하면서 이 여자 괜찮네. 처음에 나를 생각할 때
> 는 내가 몇 푼이라도 뜯을려고 이래 생각했던 모양이라. 나중에 밥 한번
> 살게 성의니깐, 내가 받겠다. 그걸로 정이 들어서 인간관계가 형성이 돼
> 갔고, 내가 밥 사고 같이 술 먹고 우에 우에 하다보니깐. (…) 그래서 근데
> 그 여자가 노름에 장사(壯士) 없다시피, 말로는 천만 원 갖고 왔는데. 처
> 음에는 호텔 생활하다가 여관 생활하다가 여인숙 생활까지 간 거야. 여
> 인숙비를 못 내는 거야. 그때 당시에 노름에 맛이 갔다 싶더라고 아니나
> 다를까? 칩으로 30만 원을 빌려줬거든, 헌데 진짜 오갈 데가 없어 그래서
> 내가 방 하나 얻었다. 생활비로 내가 우선 100만 원을 줬다. 여자가 나한
> 테 말을 못하더라구. (…) 그래 가지고 이 여자와 같이 살림 살았지요. 내
> 가 갔다 오면 밥해놓고 기다리더라고. 겜장에 딱 두 번 따라와서, 그래 살
> 다 보니깐 정이 들었어. (…) 같이 살라고 그랬어요. 그때 당시에는 그 정
> 도의 돈도 있었고요. (…) 결국 내려 보냈죠. 내 욕심으로는 보고 싶어요.
> 마누라보다 더 낫더라고 맞아죽을 그거지만(정수동, 남, 50대 초반, 수
> 원, 아리랑찜질방, 2005. 7. 19.).

카지노는 남녀를 구분하지 않는다. 위 사례의 여성도 호텔에서 시
작해서 월세방까지 이르는 카지노 노숙자가 되는 모범코스(?)를 밟고
있다. 모든 것을 탕진하고 돌아갈 곳을 잃어버린 상황에서 자신을 도
와주는 남자를 만나 '부부의 연'(?)을 맺고 카지노와 더불어 살아간다.
위 사람은 왜 그녀와 헤어졌는지에 대해서는 말해주지는 않았지만,
만남이 아주 자연스러운 우연이었던 것처럼 헤어짐도 그랬을 것이다.

카지노 주변에는 위 사람과 같은 경우가 흔하다고 한다. 앞에서 살펴본 것처럼 카지노 개장 뒤부터 여성 카지노 출입자들은 지속적으로 늘었고, 그만큼 여성 카지노 노숙자와 '카지노 부부'도 많아졌다. 따라서 사북에서는 한 방에서 함께 생활하는 한 쌍의 남녀를 '진짜 부부'로 보기보다는 카지노가 맺어 준 '카지노 부부'라고 본다. 진짜 부부인지는 그들만이 알 뿐이다.

강원랜드 카지노가 경제의 중심이 되면서 사북의 공간구조, 특히 주거공간이 카지노 출입자들을 중심으로 바뀌고 있다. 여기에서 특이한 점은 카지노 출입자는 자신의 경제적 여건 등에 따라 주거공간을 선택(?)하는데, 이 주거공간은 그 사람의 현재 상황을 그대로 반영하고 있다는 것이다. 나아가 마법의 성 강원랜드를 중심으로 펼쳐지고 있는 사북의 주거공간은 그 사람들의 신분을 드러내주는 하나의 척도가 되어 다양한 층위로 나뉘고 있다. 특히 카지노 노숙자들은 호텔에서 찜질방을 순회하며 사북의 하늘을 이고 살고 있다.

카지노 앵벌이로 살아가기

카지노 노숙자들은 어떻게 살아갈까? 이제 돌아갈 직장도, 심지어는 가정도 없다. 또한 아무도 신뢰해주지 않는 신용불량자가 된 지 오래다. 이제 가족이나 친구로부터 어떤 도움도 기대할 수 없다. 맘대로 제 손으로 끊지 못하는 목숨을 어찌할 수도 없다. 눈앞이 캄캄할 뿐이다. 이런 절박한 상황은 다음 이야기에서 잘 드러난다.

객장 바로 위층이 프론트 아닙니까? 프론트 그 안에 들어가면 화장실이 있어요. 그 화장실에서 3일 누워 자봤다. 그 추운 겨울에 씨발 돈이 없어 가지고. 우예겠어요. 변기 위에 이러고 딱 붙어가지고 요래가 자겠다고 그러다가 에이 씨발 좆같은 거. (…) 아침에 오천(원)을 갖다가 그걸 쓰면 안 되잖아요. 다시 객장에 들어가야 되니까. 그리고 밥 사먹을 돈이 또 어딨노? 거 올라가지고 주스로 배 채우는 거지 뭐. 주스로 배 채우면은 뭐 설사만 살살살 이래가하지. 고기서 맨날 그래 살다 쫄쫄 굶다 밥 한 그릇 사먹으면 기름진 음식 먹어가지고 설사 잘잘하고, 양말은 씨발 못 빨아 신어가지고 온 디 구린내가 등창을 하지. 아~유(남, 아로마 찔질방, 2005.7.19.).

위 이야기는 찌는 듯한 더위가 한풀 꺾인 오후에 찜질방의 평상(平床)에서 여러 명이 앉아서 잡담을 하는 도중에 나온 경험담이다. 이 경험은 단지 위 사람에게만 국한된 것은 아닐 것이다. 이른바 올인이 된 뒤 카지노 노숙자라면 어느 누구라도 한 번쯤은 겪었을 만한 일이다. 올인이 되면 갈 곳이 없다. 오직 어떻게든 카지노장에 있어야 한 푼이라도 벌 수 있다. 따라서 카지노가 폐장하는 새벽 6시에 카지노장을 나와 근처를 배회하거나 찜질방, 목욕탕 등에서 시간을 보내고 오전 10시에 다시 입장을 한다. 그리고 카지노 게임장의 음료수 서비스대에 준비된 갖가지 주스 등으로 허기진 배를 채운다. 사는 것이 사는 것이 아니다. 이렇게 극한 상황을 경험하면서 카지노 노숙자들은 이곳에서 살아갈 수 있는 방법을 배워간다. 이제 게임을 하여 번 돈으로 살아가는 카지노 갬블러가 아니라 게임을 하는 사람들로부터 돈을 얻어서 또는 벌어서 생활하는 이른바 '카지노 앵벌이'가 되는 것이다.

카지노 노숙자가 어떻게 벌어서 살아갈 것인가 하는 생계양식은 매우 다양한 행동양식으로 표출되며, 이 행동양식들이 카지노 노숙자들

의 세계를 구성하는 가장 중요한 특성이다.26) 이 행동양식의 대표적
인 것이 카지노 앵벌이이다. 물론 카지노 앵벌이가 아닌 다른 방식으
로 삶을 개척하는 사람도 있다. 즉 카지노 노숙자 가운데 일부는 식당
종업원, 택시기사 등에 종사하며 새로운 삶을 꾀하는 사람도 있다. 이
점은 시내 중심가에 있는 한 여관의 뒤뜰에 급조된 조그만 월세방에서
부인과 함께 살며 택시운전사로 일하고 있는 한 사람의 경우에서 잘
보인다.

우리 집사람이 여기를 다녔나봐. 근데 나를 꼬셔가지고 데리고 와가
지고. 지금 뭐 다 거지됐어. 나한테 원망도 못하지. 같이 도박했어요. 여
기 생기기 전에 스몰에 다녔기 때문에. 처음엔 기계만 돌렸었어요. 스몰
에 있을 땐 아침 9시부터 입장이었어. 9시부터 들어가서 하는 거지. 아침
6시 끝날 때 까지. 그러니까 잠도 못자고 어떨 땐 3일, 4일씩 잠도 못자고
도박하고 그랬어요. 몸이 안 따라주지. (이런 생활) 한 3~4년 했나? (어느
정도 잃으셨습니까?) 남이 생각하기 힘든 금액이에요. 서울에선 그래도
내 건물 갖고 있고 내 사업체 갖고 있고 내 집 다 갖고 있고, 그거 대충 다
잡으면 되잖아요. (사북을 떠나 다른 곳에서 일하시는 게?) 벌이가 오히
려 여기가 나아요. 그리고 여기를 떠나고 싶지 않구. 머물러 있는 게 낫
지. 내가 어디로 가요. 다시 서울 가자니 갈 수도 없고, 그렇다고 내가 전
혀 낯선 곳에 가서 뭐해? 차라리 여기 있는 게 낫잖어. (그럼 돈을 벌면 다
시 게임장으로?) 아니, 난 아예 퇴거를 이쪽으로 해놨어요. 안 올라가려
고. 돈이 있어야지. 이거 (택시)기사 해가지고 몇 푼이나 번다고 노름을

---

26) 서울역 주변의 노숙자를 연구한 안준희(2000)는 노숙자들의 '얻어 먹는 것' 즉 생계
양식과 관련된 여러 행동방식들이 이들의 세계를 구성하는 가장 중요한 특성이라
고 하였다.

하나? 난 이제 못 올라가지 지역주민이니까. 일단 먹고 살라고 하는 거지. 누가 쌀 한 톨이라도 줍니까? 누구한테 손 벌릴 수도 없는 거고. (…) 보다시피 골방에 짐승보다 못해. 요즘 짐승은 절 받잖아. (…) (사모님도 일하시고요?) (식당에서) 일을 해요. 저녁에 일하니까 낮에 (카지노에) 올라갔다 내려와요. (카지노에 가시는 것 말리시지 않나요?) 어차피 젖어 있는 몸인데 아웅다웅 싸울 수도 없고 저 알아서 하는 거지 뭐. 재산이라도 있다면은 못 올라가게 한다든가 그럴텐데. 이미 이거보다 더 망가질 순 없는 거 아니에요? 그런데 뭐?(박현옥, 53세, 서울, 사북거주, 2005. 2. 18.)

위 사람은 2002년 겨울 성탄절에 동해에서 해돋이 구경하고 돌아오는 길에 스몰카지노에 들린 것이 질긴 '악연'이 되었다. 한 4년 동안 다른 카지노 노숙자들처럼 평생 동안 모은 모든 재산뿐만 아니라 친구·친인척들로부터 빌린 돈까지 탕진하였다. 이제는 돌아갈 일터도 사회도 없어졌고 자살도 꿈꾸어 보았다. 그래도 질긴 목숨이라 살기 위해 자신의 모든 것을 앗아간 이곳에 몸만 뉘일 수 있는 달방(월세 25만 원)을 얻어, 자신의 표현에 따르면, '짐승보다 못한 생활'을 하고 있다. 방의 벽 한쪽에는 '도박하지 말라'라는 쪽지가 붙어 있었다. 카지노에 출입하지 않기 위한 고육지책으로 주소지도 이곳으로 옮겼다. 사북주민이면 한 달에 한 번으로 출입제한을 받기 때문이다. 한마디로 이 사람은 공식적으로 사북 주민이 되어 택시운전사로 일하며 재기를 꿈꾸고 있다. 그러나 부인은 식당에서 일을 하면서도 시간이 나는 대로 카지노에 드나들었다. 남편은 부인과 이혼을 하지 않고 함께 살고 있다는 것만이라도 다행이라고 생각하며, 이미 망가질 대로 망가진 부인이 카지노에 드나드는 것에 전혀 왈가왈부를 하지 않는다고 하였다. 다만 자신이 번 돈은 부인에게 절대 주지 않는다고 하였다. 위 사람처럼 카지노와 직접 관계가 없는 일을 하면서 새로운 삶을 찾는 사람을 만나는 것은 쉽지 않았다. 오히려 위 사람의 부인처럼, 이미 도박에 '젖어 있는 몸'은 일을 하면서도 지속적으로 없는 시간을 쪼개고 만들어서 카지노를 출입하며 다시 대박을 꿈꾸었다. 이는 카지노에 출입한 지 3년 동안 재산을 날리고 위 사례의 사람과 같은 곳에서 월세방을 얻어 남편과 함께 사는 아주머니의 이야기에서 잘 드러난다.

> 여기 온 지는 한 3년. 그래서 자꾸 딴 일을 해볼라고. 아무리 내가 갚을 것도 많고, 받을 것도 많지만 받을 사람은 계속 손 벌리고 있지, 줄 사람은 갚아줄 생각도 안하지. 이거는 뭐를 해 볼라고 해도 너무 힘들어가지고. 여기 있는 사람들은 다 힘들죠. 강원랜드 이거 지금도 10만 원 가지고 올라가서 그냥 설마하니 이거 게임해가지고 내가 진 빚 해결해볼까 그러고 가면 그 돈 다 잃고 나오고 그런 식이더라고요. (일 안하시는 날에는 뭐하세요?) 카지노 올라가요. (어렵게 버셔서 거기 가세요?) 돈 없으니까 안 갖고 가요. 한 달에 두 번 쉬는데 너무 바빴어. 두 번 다 못 쉬었어요 (여, 약 60세, 서울, 사북 거주, 2005. 1. 17.).

나는 사북을 조사하면서 알게 된 여관 주인의 소개로 위 사람을 만났다. 이 아주머니는 여관의 뒤편에 있는 월세방에서 생활을 하고 있었다. 원래 그녀는 외국에서 보석 등을 가져와 파는 보석 보따리장사를 하였다. 외국에서 카지노에 드나든 경험이 있어 강원랜드 카지노에도 가끔 드나들었다. 그런데 2004년 세관에 적발되면서 보따리 장사를 계속하기 힘들어 이곳에 자주 오다가 머무르게 되었다. 내가 이 아주머니를 처음 만났을 때, 식당에서 일하는 그녀는 쉬는 날이라고 카지노에 가고자 강원랜드 셔틀버스를 타러 집을 나서는 중이었다. 나는 사례자에게 택시비를 드리겠다면서 인근 다방으로 가서 30여 분 동안 이야기를 하였다. 그리고 한 달 뒤 이 아주머니를 다시 찾아갔을 때는 만날 수가 없었다. 이웃 방에 살고 있는 다른 사람에 따르면, 조금씩 모은 돈을 카지노에 가서 다 날려버렸는지 전날 남편(?, 제보자는 진짜 남편인지 누가 아느냐고 말하였다)과 대판 싸운 후 집을 나갔다고 하였다.

카지노가 호황을 누리면서 지역의 식당·유흥업소·여관·편의점 등을 중심으로 한 지역경기도 활성화하고 있다. 이들 업소들은 24시간 영업을 하고 있는데, 보통 직원들이 2~3교대로 돌아가며 일을 한다. 이들 업소에 필요한 노동력 대부분은 카지노 노숙자들로부터 충당이 된다. 여성들은 주로 식당과 유흥업소 등에서 주방(보조), 도우미 등의 일을 하고, 남성들은 주로 찜질방, 식당 등에서 운전기사, 청소부 등의 일을 한다. 카지노 노숙자들은 일을 할지라도 이것은 생존을 위해 어쩔 수 없이 하는 부차적인 활동인 것이지, 주(主) 경제활동은 아니라고 생각한다. 위의 아주머니처럼 이들은 베팅을 할 수 있는 돈만 생기면 다시 대박의 꿈을 안고 카지노로 올라간다. 결국 카지노 노숙자들의 삶은 카지노로 귀결되는데, 그 이유는 다음 이야기에서 잘 드러난다.

하도 이런 데서 붙어 살다보니깐 올라가면 어느 정도 돈이 생기고. 여기 한 바퀴 돌면 20~30만 원 생기고 그러니깐 솔직히 말하면 밖에서 살라구 발버둥치고 그런 모습하고 여기하곤 약간 좀 모습이 틀리다니깐. 그런 건 좀 틀려. (앵벌이하시는 분들은 꽤 많나요?) 그런 사람들이 많지. 정확한 숫자는 모르지만 내가 알기로는 한 1,000명되지 않을까? 그냥 쳇 바퀴 돌듯이 사는 거야. 여기서 어떤 아무리 거지라도 몇 10(만 원)도 만지고 몇 1,000(만 원)도 만지고 그래. 그게 어떻게 보면 카지노의 매력이고 그 매력 때문에 사람들이 못 떠나는 거야. 밖에서는 뭐 로또복권 안 맞으면 그런 경우 거의 없거든. 그런데 그게 이 카지노에서는 한 달에 몇 번씩이나 반복이 될 수 가 있거든(남, 고한식당, 2005. 8. 16.).

자신을 이런 상황으로 이끈 카지노, 바로 그 카지노 안에 이곳에서 살아갈 수 있는 모든 것이 담겨져 있다. 카지노처럼 돈이 돈 같지 않게 굴러다니는 곳을 한국의 어디에서 찾을 수 있겠는가? 강원랜드 카지노는 분명 돈이 모여 있는 '황금어장'이다. 게다가 평생 동안 모은 재산을 투자하며 결투(?)를 한 카지노만큼 자신이 잘 알고 있는 곳이 이 세상 어디에 있겠는가? 또한 그 동안 그렇게 열망했던 대박의 한 가닥 희망도 여기에 있다. 아무 것도 남겨진 것이 없는 이 상황에서 굳이 이곳을 떠나야할 이유가 없는 것이다.

강원랜드 게임장을 한 바퀴 돌면 20~30만 원을 벌 수도 있다고 한다. 그러나 돈이 하루에도 20억 이상이 흐르는 곳이지만, 그 돈에 접근할 수 있는 기회는 모든 카지노 노숙자에게 공평하게 주어지는 것은 아니다. 이 점은 다음의 이야기를 통해 충분히 추정할 수 있다.

솔직한 얘기로 안됐다는 생각밖에 안 들더라. 여기에 있는 사람들 솔직히 다 불쌍한 사람들이야. 불쌍해. 돈 다 해먹고 진짜 알거지 돼가지고, 여기 담뱃값 없는 새끼들이 허다해. 돈이 없어서 밥 못 먹는 것들도 태반이야. 거 내가 어떻게 데리고 와서 사주고 그런단 말이야. 그것도 한두 끼지. 한두 명도 아니고. 그렇다고 왕창 몰고 와서 사줄 수도 없는 노릇이고. 다 나가고 혼자 있을 때 "야 너 밥 못 먹었지? 일루와" 식당으로 데리고 가 내가 어쩌다 밥 한 끼씩 사주고 그러면 다 따라온다. 그렇다고 누구는 가라고 할 수는 없는 노릇 아니냐? 그럼 밥값으로 한 5~6만 원 날라가는 거지. 그런 사람들이 태반이야(남, 39세, 고한, 2005. 3. 5.).

사북의 한 찜질방 안의 식당에서 만난 위 면담자는 고한 출신으로 강원랜드 카지노가 개장하면서 부모가 가지고 있던 땅값이 많이 올라 돈방석에 앉았다고 하였다. 독자(獨子)인 그는 그 돈으로 룸살롱 두 개를 차려 돈을 꽤 벌었다. 어느 날 심심풀이로 100만 원을 가지고 스몰 카지노에 가서 게임을 했는데, 그 날 470만 원을 땄다고 하였다. 그러면서 '다들 이렇게 버는데 나만 몰랐구나'하는 생각이 들었다고 하였다. 이렇게 카지노와의 인연이 시작되었고, 지금까지 5년 동안 12억 원(?)을 잃었다고 하였다. 카지노에 빠지면서 가족과 싸움도 많이 하고 결국 부인과 이혼하였다. 집에 들어가면 맨날 잔소리를 들어 집에서 자는 것 자체가 괴롭다며 여관 등지를 전전하고 있었다. 이 사람이 말한 것처럼 굶는 것을 밥 먹듯이 하거나 물로 배를 채우고, 잠자리가 없어서 메인카지노 로비와 화장실·사북역사 등지에서 노숙을 하는 '카지노 거지'는 말할 필요도 없고, 카지노 노숙자 대부분은 카지노의 부산물에 기대어 힘든 삶을 살고 있다.

카지노 노숙자 대부분은 어떤 식으로든 카지노와 연관을 맺으면서 생계를 해결하고 있다. 이제부터 다른 생계방식, 이른바 카지노 앵벌이로 살아가는데, 그 방식은 매우 다양하다. 우선 안면관계를 이용하여 단순하게 소액의 돈을 구걸하며 사는 사람들이 있다. 그러나 이렇게 손을 벌려 받은 돈으로 사는 것도 하루 이틀이지 계속될 수는 없다. 카지노 노숙자들도 이런 사람들을 경멸하여 이른바 '양아치' 또는 '거지'라고 부른다. 물론 이렇게 생활하는 사람을 서로 경멸하지만, 그렇다고 어느 누구도 이런 구걸행위를 하지 않는다고 할 수 없다. 즉 구걸

행위는 카지노 노숙자가 하는 가장 단순한 생계방식이다. 오히려 가장 보편적인 생계방식은 카지노 생활을 하면서 쌓은 자신의 경험과 노하우를 다른 사람, 특히 카지노 출입 초보자 및 '전주(錢主)'에게 제공하고 '뽀찌'라고 하는 커미션을 받아 살아가는 것이다. 이러한 전반적인 모습은 다음의 사례에서 잘 드러난다.

우리 같은 '실향민'들 다 이렇게 살아요. 게임하는 사람들 거들어 주고 거기에 대한 보수를 또 받고. (어떻게 거드는 가요?) 그냥 손님들 오면 편하게 게임할 수 있는 분위기를 만들어 주는 거죠. 한 마디로 '뒷전'이야 뒷전, 노름판에 가면 뒷전이라는 게 있어. 한 마디로 비서야 개인비서. 하하~. 남은 돈 쓰면서 게임하는데, 몇 푼 달라고 사람을 고이 받드는 거야. 용기도 주고 힘도 주고, 게임 또 지면 위로해줄 사람도 필요하잖아. 나 같은 경우는 회원제를 운영해서. 우리 회원들은 서울이든 전국에서 올 때 미리 전화로 연락하고 와요. 자리서부터 게임 크게 하는 사람들이 일일이 자리 맡으려고 올라갈 수 없잖아. 시간 맞춰 들어갈 수도 없고, 게임할 때 자리다툼 같은 것도 있잖아. 그런 거 미리 가서 맡아둬. 시간에 맞춰서 준비를 한다고. (회원들은 어디서 모집합니까?) 카지노에서 모집을 하지. 한마디로 단골이야. 이 사람들이 게임할 때 미리미리 (연락해요). (함께 팀을 구성하는 분은 몇 명 정도인가요?) 그 전에 4~5명을 두고 있었는데, 지금은 경기가 안 좋아서 2~3명이서 하는데. 이것도 요즘에 사람들이 재미가 없어서 안 한대, 돈을 잃어서가 아니라 재미가 없다는 이야기야. 이게 뭐냐 하면 돈을 잃고도 사람이 병신이 된다는 거겠지. 강원랜드에서 돈 잃고 병신 된다니까! 외국으로 많이 나가. (얼마나 받습니까?) 그거는 대중이 없어요. 자기가 노는 것 크게 하는 것만큼 기본 봉사료로 측정을 받는 거야. 100만 원을 잡는 사람도 있고, 10만 원 주는 사람도 있고.

보통 20~30(만 원)선에서 하는데, 돈 잃다 보면 돈이 어디 있어. 그럼 10만 원을 못 받을 때도 있어. 밖에서도 마찬가지야. 차까지 다 잡혀먹었는데, 기차 타고 올라가라고 할 수 없잖아. 우리 입장에서는 고객인데, 그럼 우리 돈 들여 갖고 위로 올려보네. 우리가 일일이 태워주고 서울 가시라고 대우를 해준다고. 그럼 그런 사람들은 다 사회에서 나온 사람들인데 알아서 우리에게 보답을 하지. 회원관리를 잘해야 돼. 안 그러면 못해 (남, 40대 후반, 아리랑찜질방, 2005. 7. 20.).

날씨가 무더워 찜질방 바깥에서 누워 쉬고 있는데, 며칠 동안 이곳에 있으면서 낯이 익은 사람이 말끔하게 정장을 차려 입고 양말을 신고자 밖으로 나왔다. 그 순간을 이용하여 잠시 대화가 시작되었다. 위 사람은 스몰카지노를 시작할 때 토목공사 일을 하러 왔다가, "아차 하는 순간, 빠져" 결국은 '실향민'이 되어 지금까지 찜질방에서 살면서 앵벌이로 생활을 하였다. 오늘 손님이 와서 일하러 강원랜드에 올라간다는 것이다. 이들을 이른바 전주(錢主)의 '뒷전'[27) 또는 병정이라고 하는데, 개인비서라고 할 수 있다. 이들을 조그만 달리보면 라스베이거스 등 카지노에서 "고객유치의 첨병"(야마구찌 2001: 93) 노릇을 하는 카지노 호스트, 즉 영업사원이라고 할 수 있다. 즉 이들은 다른 카지노 출입자들과 단골관계 형성하여 이들이 강원랜드 카지노에서 편안하게 게임을 할 수 있도록 도와주는 구실을 한다.

이들은 혼자 일을 하는 경우도 있지만, 때로는 전주를 대신하여 대리 베팅을 하는데, 여러 명이 필요할 때가 있기 때문에 몇 명이 서로

---

27) 뒷전은 원래는 게임테이블의 자리를 잡지 못하고 뒤에 서서 베팅하는 사람을 말한다.

팀 또는 관계망을 구성하고 활동을 한다. 이들이 하는 일은 게임 자리를 잡아주고, 음료수 등 잔심부름을 해주고, 게임하는 동안 분위기 맞춰주고, 베팅할 때 손을 빌려주고 때로는 베팅할 때 조언을 해주는 등 매우 다양하다. 병정 노릇은 강원랜드에만 그치지 않고 외국 출장까지 가기도 한다고 하였다. 병정은 봉사료, 이른바 뽀찌를 받는데 뽀찌 액수는 정해져 있지 않고 전주의 게임결과에 따라 달라진다고 하였다. 이 점에서 카지노 앵벌이는 라스베이거스의 카지노 호스트와 큰 차이가 있다. 카지노 호스트의 수입은 기본적으로 자신이 유치한 손님이 카지노에서 얼마나 많은 돈을 잃느냐에 따라 결정된다면, 강원랜드 카지노 뒷전의 수입은 손님이 돈을 얼마나 따느냐에 따라 판가름이 난다. 나아가 강원랜드에서는 손님을 유치하고 도와주는 것이 불법행위이기에 카지노 고객감소, 강원랜드의 규제 등으로 카지노 앵벌이의 생활도 점점 힘들어지고 있다고 하였다.

위 사례에서 보듯이, 앵벌이 활동은 매우 다양한 방식으로 이루어지는데, 이 가운데 가장 단순하고 기본적인 형태가 '자리팔기'이다. 이 경우는 다음의 한 카지노 노숙자의 이야기에서 잘 설명되고 있다.

여기 있는 사람들이 게임만 하는 게 아니라 아르바이트도 해. 일 도와주고, 그런 것도 많이 해서 유지를 해, 돈도 벌고. 자리도 팔아. 자리싸움도 있고, 사람이 많다보니깐, 가서 게임해야 하는데 앉을 자리가 없어, 그럼 자리를 사는 거야, (자리 값은?) 옛날에는 처음 왔을 때는 30만 원 주고도 사봤고, (기계요?) 기계도 여러 가지야, 50(만 원)도 있고, 80(만 원)도 있고 그런데, 좋은 자리 있잖아. 그런 데는 80만 원까지도 사 봤어. 블랙잭 같은 경우는 30만 원 옛날에는 그랬는데, 요즘 10만 원, 20만 원. 주말은 돼야 또 팔고, 평일은 별로 없고 그랬어. 돈 없어도 올라가면 돈 벌 수 있는 아르바이트가 많아(남, 48세, 수원, 선명찜질방, 2005. 3. 5.).

이처럼 슬롯머신을 비롯하여 블랙잭, 바카라 등 모든 게임장의 자리는 거래의 대상이며, 이른바 '좋은 자리'는 높은 자릿세를 받고 거래가 된다. 사실 카지노 안의 모든 자리가 다 똑같은 것은 아니다. 뭐라고 설명할 수는 없지만 그 자리에서 게임을 하면 돈을 따고, 대박을 낼 것 같은 행운의 자리가 있는 것이다. 즉 게임자는 공간을 동질적인 집합으로 인식하지 않고 특수하고 독립적인 가치를 가지고 있는 것으로 인식한다. 이 행운의 자리를 차지하고자 돈을 주고 그 자리를 사는 것도 서슴지 않는다. 그런데 강원랜드에서는 이 행운의 자리가 문제가 아니라 게임을 편안하게 할 수 있는 절대적 공간이 부족하다. 앉아서 다리라도 펴면서 게임을 하려면 자리를 살 수밖에 없는 경우가 많다. 어떻게 보면 절대호황을 누리고 있는 강원랜드 카지노만의 문화라고 할 수 있을 것이다. 즉 유일한 내국인 출입 카지노로서 자리는 적은데 출입자는 많은데서 빚어진 현상이다. 특히 잭팟의 당첨 액수가 커지면 자릿세도 높아진다. 연구자가 찜질방에 머무르며 조사를 하던 2005년 7월 중순에 잭팟 최대 당첨 금액이 2억 7천만 원에 이르렀고, 보통 20만 원 하던 자릿세도 50만 원까지 올라갔다.

따라서 찜질방에 거주하던 카지노 노숙자들은 새벽 5시 이후에 오는 ARS 입장 순서 안내에 관심을 집중하였다. ARS 예약은 오전 10시부터 다음날 새벽 5시까지 접수를 받는다. 5시 10~30분 사이에 당첨 사실을 휴대폰으로 알려주는데, 1,000번째 입장 차례까지 추첨을 한다. 이때 휴대폰 벨소리는 '돈이 들어오는 소리'인 것이다. 당첨된 사람들은 개장시간 10시 이전인 9시 50분에 입장권을 구입할 수 있어서 10시 개장과 동시에 입장하여 좋은 자리를 차지할 수 있는 것이다. 당첨되지 못한 사람들은 10시부터 입장권을 구입할 수 있기 때문에 좋은 자리에 앉기 위해서는 돈을 주고 자리를 살 수밖에 없다. 잭팟 기계가 24대이므로 최소 20번째로만 입장하면 적어도 30만 원은 벌 수 있다고 하였다. ARS 추천을 하기 전에는 카지노 매장 입구에서 강원랜드 직원이 직접 추천하였는데, 자리싸움이 많았다고 한다.

강원랜드 출입시간도 개인의 선호에 따라 각기 다양하다. 강원랜드 카지노사업장의 영업시간은 아침 10시에서 다음날 새벽 6시까지이다. 다만 토요일의 개장은 일요일 아침에 폐장을 하지 않고 월요일 6시까지 이어진다. 각 개인들이 출입하는 시간은 개인들의 선호에 따라 다르다. 즉 게임자들에게 시간도 공간처럼 "동질적인 집합이 아니고 개별적인 간격으로 이루어져 있으며 그 간격 하나하나가 독특한 가치를 지니고 있다"(리스 2006: 346). 어떤 사람은 아침 일찍, 어떤 사람은 저녁에 게임을 하는 것을 선호한다. 그렇지만 일반적으로 강원랜드 카지노에서 가장 활기를 띠는 시간은 아침개장 때이다. 특히 잭팟의 누적 금액이 높기라도 하면 일찍 입장하여 자리를 잡으려는 사람들로 카지노 입구는 장사진을 이룬다. 또한 자리를 팔면서 자리를 산 사람, 이른바 전주와 관계를 맺어 게임 보조를 하면서 부가적으로 돈을 벌 수도 있다. 따라서 개장시간은 카지노 노숙자들에게 하루의 벌이를 결정할 수 있는 중요한 순간이다.

그날의 수입은 '자리'에서 결정되기 때문에 살아남기 위해서는 몸이 부지런해야 한다. 새벽 일찍 입장번호를 확인하고 9시50분까지 카지노에 도착해서 입장권을 구입해서 자리를 잡을 때까지 몸이 쉬어서는 안 된다. 그러나 자리를 잡았다고 해서 모두 거래되는 것은 아니다. 다음은 그 자리를 사고자 하는 사람을 빨리 구해야 한다. 강원랜드에 출입객이 감소하면서 자리팔기도 힘들어 평일에는 좋은 자리를 잡아

<표II-4> 출입자들의 요일에 따른 도박중독성의 차이   (단위: 명, %)

구분	휴일		평일		계	
문제없음	154	29.5	43	13.9	197	23.7
문제도박	166	31.8	71	23.0	237	28.5
병적도박	202	38.7	195	63.1	397	47.8

출처: 이태원(2005a: 187)

도 팔기가 쉽지 않다고 한다. 또한 한 달에 20일로 출입이 제한되면서 출입도 마음대로 되지 않는다. 카지노 앵벌이들은 평일보다는 카지노 손님이 많은 주말을 선호한다. 이 점은 이태원(2005a: 187)의 조사를 통해 잘 드러난다.

표에 따르면, 일반적으로 도박중독 문제가 있는 사람들은 주말보다는 평일에 카지노에 가는 것을 선호하는 편이다. 문제도박과 병적도박의 두 범주[28]를 합할 경우, 평일에 출입하는 사람들의 86%가 카지노 도박에 대한 중독(가능성) 상태에 있음을 보여준다. 한편으로 도박자들은 주말에는 관광객 등 많은 사람들이 와서 자리도 잡을 수 없을 만큼 혼잡하여 게임에 집중할 수 없기 때문에, 그래도 여유롭게 자기 게임을 할 수 있는 평일에 출입하는 것을 선호한다. 다른 한편으로 자

---

28) 병적도박(pathological gambling)은 미국정신의학회(APA)의 도박문제에 대한 공식진단 명칭이다. '주기적으로 도박에 대해 자기통제력을 상실하는 것', '도박과 도박으로 딸 돈에 대한 집착', '도박에 대한 비합리적인 생각', '도박에 대한 비합리적인 생각', '부정적인 결과에도 불구하고 계속되는 도박행동' 등을 중요한 기준으로 삼고 있다. 문제도박(problem gambling)은 도박자 자신이나 가족, 친지 및 지역사회에 해로운 결과를 초래하고 있지만 아직 병적도박의 기준에 도달하지 않는 경우를 지칭하는 것으로 사용한다(김교헌 2006: 7). 이 구분은 도박 중독자에 대한 설문조사 등에서 적용되는데, 이 책에서는 다른 연구를 인용하여 도박 중독자에 대한 구별이 필요할 때는 이 용어를 사용하지만, 일반적으로 도박 때문에 문제가 발생하는 모든 경우는 '도박중독(자)'을 사용한다.

기게임을 할 만한 밑천이 넉넉하지 않는 사람들은 주말을 선호하기도 하는데, 그 이유는 "주말에 많은 사람들이 와서 그만큼 먹잇감이 많기 때문"이라고 한다. 즉 도박중독 문제가 없는, 보통 카지노 출입횟수가 적은 사람들은 평일보다는 휴일에 집중되어 있다.

자리를 선점하고 파는 것이 일상화되어, 카지노 안에서는 자리를 둘러싼 말썽도 많고 출입자들의 원성도 높다. 그러자 강원랜드는 이 문제를 해결하기 위해 출입제한 등의 조치를 취하기도 한다. 이 점은 다음카페(daum cafe) '닥터카지노' 운영자가 〈강원랜드 카지노 뼁바리 820명 출입제한〉이라는 이름으로 YTN 기사를 인용한 글에서도 잘 보인다.

> 강원랜드 카지노장에서 테이블 게임 좌석을 선점해 자리세를 받거나 팁을 요구하던 장기 체류자들에게 무더기로 출입 제한 조치가 내려졌습니다. 강원랜드는 영업장 환경 개선과 도박중독 등 부작용을 최소화하기 위해 한 달에 21일 이상 카지노장에 체류한 820명의 출입을 제한했습니다(drcasino, 2004. 11. 8.).

820명은 2004년도 강원랜드 카지노를 방문한 하루평균 출입자 수 4,876명(표 Ⅱ-1 참조) 가운데 1/5을 차지하며, 전체 카지노 노숙자 수를 약 2,000명으로 보았을 때 그 수의 약 1/2에 이른다. 이러한 엄청난 퇴출에도 불구하고, 카지노 노숙자들은 여전히 게임장을 가득 메우고 있고, 그들의 가장 주요한 생계수단인 자리팔기는 변함없이 관행처럼 행해지고 있다.

자리팔기와 더불어 카지노 앵벌이의 주요 생계수단이 되는 것은 '손 빌려주기', 즉 대리베팅이다. 예로 강원랜드에서 바카라 등 테이블

게임과 머신게임의 경우, 한 사람은 오직 한 곳에만 베팅, 즉 원(one) 베팅만을 할 수 있도록 규정되어 있다. 따라서 두 곳 이상에 베팅을 하고 싶은 사람은 다른 사람의 손을 빌려서 베팅을 하게 된다.

또, 앞에서 말했듯이 강원랜드는 도박의 폐해를 줄인다는 명목 아래 카지노의 최소베팅액과 최대베팅액 간의 차이를 30배로 줄이고, 최대베팅액은 30만 원으로 제한하였다. 이런 상황에서 도박자들은 돈을 잃거나 또는 게임이 잘 풀리면 크게 베팅을 하여 한 방에 본전을 만회하거나 돈을 따고 싶지만, 이른바 '한 방'을 위한 베팅을 할 수 없다. 무엇보다 베팅 횟수도 원(one) 베팅으로 제한되어 있다. 따라서 그 '한 방'을 위해서는 '필'이 왔다고 느낄 때 다른 사람의 손을 빌릴 수밖에 없다. 결국 강원랜드 카지노의 내부 규정, 즉 최대베팅액의 제한과 특히 원 베팅 규정이 다른 사람의 손을 빌리게 하는 큰 요인이 된다.

이런 경우는 카지노 앵벌이들이 자신의 노하우를 바탕으로 당당하게 벌이를 할 수 있는 최고의 방법이다. 이때 돈을 따는 경우, 뽀찌 수준도 좋을 뿐만 아니라 지속적으로 단골관계를 형성할 수 있는 기회가 된다. 그렇지만 이 일은 마음처럼 쉽지가 않다. 일단 자신을 필요로 하는 사람을 만난다는 것이 어렵고, 물론 운이 좋게 전주를 만났다고 할지라도, 이 만남을 돈벌이로 연결시키는 것은 전주를 만나는 것보다 더 어렵다. 이는 다음의 이야기에서 유추해 볼 수 있다.

그저께 강원랜드를 다녀왔습니다. 평소 카지노에 관심이 많은 터라 라스베이거스를 첨으로 다녀온 후 강랜에서 1박을 했습니다. 블랙잭으로 50(만 원)을 잃은 후 그냥 재미만 볼려는 맘으로 슬롯머신을 하고 있었습니다. 나름대로 잘 되고 있는데 갑자기 누군가 다가와서 머신은 절대로 돈을 딸 수 있는 게 아니라며 돈을 따고 싶거든 바카라를 해보라고 권유하더군요. 귀가 얇은 성격 때문인지. 믿어보기로 했죠. 그 사람은 카지노 15년 경력이라면서 말을 하더군요. 그래서 어차피 누군가의 도움이 필요하기도 했고 이번 기회에 바카라를 배워보고 싶어서 20(만 원)을 찾아서 그 사람과 같이 시작했습니다. 확률과 베팅의 컨트롤이 중요하다며 약 20(만 원)을 따면서, 음, 참 고맙다고 생각했죠. 근데 갑자기 잃기 시작하는 겁니다. 그래서 왜 이렇게 안되냐고 하니까? 이번 게임은 도저히 예측할 수 없는 확률이라며 변명을 대더니 갑자기 화장실에 다녀온다 해놓고 그냥 사라지는 겁니다. 휴.. 대체 황당해서 속은 건지... 도대체 왜 접근했는지... 아니면 강랜 측과 연결된 사람인지...(멋째이, 2006. 8. 2, 다음카페 '백억카지노')

위 경우는 카지노 앵벌이가 강원랜드 카지노에 처음 방문한 사람에게 접근하여 앵벌이를 할 수 있는 기회를 갖게 되는 과정을 잘 보여준다. 이렇게 자신이 뒷전 구실을 하며 전주와 함께 게임을 시작하는 것으로 앵벌이의 1단계는 완성이 된다. 그러나 이것이 실제 수입으로 연결될 수 있느냐는 게임의 승패에 달려있는데, 그 결과는 예측불허이다. 아닌 말로 자신이 몇 년 동안 모든 것을 걸고 카지노에 덤벼들었지만, 돌아온 것은 앵벌이를 하고 있는 오늘의 자신이 아닌가? 어떻게 보면 위 사례의 경우처럼, 게임에서 돈을 따기보다는 잃는 것이 자연스럽다. 따라서 운이 좋아 돈을 따게 되면 뽀찌도 넉넉하게 받을 수 있고 좋은 소리도 들을 수 있지만, 돈을 잃게 되는 경우에는 아무 것도 받을 수 없고, 심하게는 인간쓰레기 대접을 받게 된다. 이 점은 위 글에 대한 답글에서 미루어 볼 수 있다.

그런 인간은 아예 상대하지 마세요. 정말 버러지 같은 쓰레기들입니

다. 저도 첨에 많이 당했는데 이제는 옆에 오면 무서운 얼굴로 그냥가라
이런 식으로 확 잘라 말하죠. 그게 정확한 방법입니다. 외국에도 앵벌이
가 많겠지만 정말 강랜에는 앵벌이라는 쓰레기들이 엄청나게 많아요.
정말 똥파리들이 많아서 겜이 안 될 때도 있죠. 과감하게 말하세요, 저리
꺼져라고.!!!(대천하무적!!, 2006. 8. 3.)

앞에서 살펴본 것처럼 지속적으로 고객과 관계를 맺으며 앵벌이 노
릇을 하는 경우도 있지만, 이 경우가 카지노 노숙자들 모두에게 해당
된다고는 할 수 없다. 이런 고객을 가지고 있는 사람들은 이른바 '귀족
또는 고급 카지노 노숙자'인 것이다. 또한 전주를 만들었다 하더라도,
그 전주와 지속적 관계를 유지하는 것도 한계가 있기 마련이다. 그 전
주가 정말 '엄청난' 부자가 아닌 한 영원히 전주로 남아있으리라고 어
느 누구도 보장할 수 없다. 오히려 어느 순간에 그 전주도 자신과 같은
카지노 노숙자가 될 수도 있다. 따라서 대부분의 카지노 노숙자들은
앞의 사례처럼 우연히 전주를 만나 앵벌이를 하며 생활한다. 사실 돈
이 왔다갔다 하는 카지노에서 아무런 연고 없이 다가오는 사람이 호의
적일 수는 없다. 어떻게 보면 이렇게 다가오는 사람을 외면하거나, 때
로는 강원랜드 카지노에 조금이라도 다녀본 사람이라면 상종할 가치
도 없는 '인간쓰레기'로 여기고 피하는 것이 당연할 것이다. 이처럼 카
지노 노숙자가 앵벌이를 통해 살아가는 것은 도박게임에서 승리하는
것만큼 어려운 것이다.

카지노 노숙자들이 행하는 돈벌이 방법에는 앵벌이 외에도 전당포,
사채업자 등의 중간대리인, 콤프깡 등이 있다. 강원랜드 카지노 안에
서만 볼 수 있는 독특한 돈벌이 가운데 하나가 콤프깡이다. 콤프는 원
래 게임장을 제외한 강원랜드 내부시설에서만 사용할 수 있었지만,

2004년부터는 지역경제 활성화를 위해 콤프 가맹점으로 등록된 지역의 모든 시설에서 사용할 수 있게 되었다. 이렇게 콤프 포인트을 사용할 수 있는 범위가 지역의 상가로까지 확대되면서 콤프 포인트를 현금화할 수 있는 방법이 생겼다. 콤프 포인트가 있는 사람은 먼저 현금으로 지역 안의 가맹점에서 계산을 한 뒤, 콤프 영수증을 발급받아 카지노 내부에 있는 콤프 영수증 교환창구로 가서 영수증을 제시하고 현금을 받는다. 콤프 영수증만 있으면, 언제든지 콤프 포인트를 현금으로 교환하여 게임 밑천으로 사용할 수 있는 것이다. 따라서 콤프 영수증을 모아가지고 다니면서 콤프 포인트를 구입하는, 이른바 콤프깡업자가 있다. 1포인트는 1원의 가치를 지니는데, 이들은 보통 0.5원에 현금으로 교환을 해준다. 이 점은 다음의 사례(김완, 2007a: 204~205)에서 잘 보인다.

> 콤프 포인트의 절반 정도를 현금으로 바꿔주는데, 38만 원이면 19만 원은 준다고 한다. 자기가 연결시켜줄 테니 지한테 중개료 조를 3만 원만 달라고. (…) 알았다고 하자, 바로 로비 근처에 앉아 있는 아주머니한테 다가가서는 어쩌고저쩌고 한참을 씨부렁댄다. 그리고 이내 손에 종이 한 움큼을 받아들고 와서는 흡연실로 나를 끌고 간다. 흡연실에서 그가 내민 것은 영수증이다. 합이 36만 원 정도 되는! 보니 무슨 치킨집, 식당, 여관, 과일가게, 약국 등 오만가지 영수증이 다 있다. 모두 카지노 인근 사북 읍내의 가게들이다. 카지노에서 적립해주는 콤프 포인트는 카지노 호텔 내부뿐만 아니라 지역경제 활성화의 일환으로 근교의 영업장에서도 대부분 사용할 수 있다. (…) 앵벌이가 나더러 그 영수증을 가지고 캐셔 창구 끝에 위치한 콤프 영수증 교환창구로 가서 현금으로 받아오라고 한다. 시키는 대로 창구로 다가가 영수증 왕창 주고 콤프 카드를 주니

까. 진짜루 영수증 액수만큼 현금을 돌려주는 게 아닌가! 지역경제를 살린다는 취지로 만들어진 이 제도는 참 좋은 제도다. 단! 엉뚱하게 악용해 먹어서 그렇지! 현금 36만 원을 받자 바로 그 자리에서 반액인 18만 원을 나한테 준 뒤 자기 중개료 조로 3만 원을 뗏는다. 결국 15만 원을 준 셈이다. 그러고는 나머지 반액인 18만 원은 콤프깡업자인 아주머니한테 건네준다. 물론 앵벌이는 그 아주머니한테도 얼마를 뜯어먹을 것이다. 콤프깡업자도 그 돈을 혼자서 먹는 것이 아니라 영수증을 발급해 준 업소에 얼마씩 수수료를 건네줄 테고, 그런 식으로 콤프깡업자까지 들어와 진을 치고 있는 곳이 바로 카지노다!

김완이 지적하고 있듯이, 지역경제를 활성화하고자 만들어진 제도가 '악용'(?)되어 카지노 앵벌이들의 좋은 벌이수단이 되기도 한다. 즉 콤프가 지역의 상가뿐만 아니라 콤프깡업자, 카지노의 앵벌이, 돈 없는 게임자 등 수없이 많은 사람들의 삶을 유지하는 수단이 된다.

콤프깡과 더불어 카지노에서 빠질 수 없는 것이 사채업이다. 게임자들은 자금이 바닥나면 가족, 친구 등에게 손을 벌려 도박자금을 마련하는 데 혈안이 된다. 그 가운데 게임자들이 가장 쉽게 할 수 있는 것이 차 등을 전당포에 맡기고 돈을 대출받거나 아니면 높은 이자의 사채, 이른바 꽁지돈을 빌리게 된다. 많은 사람들이 꽁지돈으로 도박을 하게 되는데, 이 점은 다음 사람들의 이야기에서 잘 드러난다.

여기 온 지는 한 5년 되었어요. 처음에 노름하러 왔다가 왕창 깨 먹고 주저앉았죠. 마카오도 있었고, 라스베이거스도 있었고. 일주일에 한 번씩 집에 가죠. 집에 가봐야 뭐. 그냥 내키는 대로 가요. 안 갈 때도 있고. 여기 있고 싶어서 있는 게 아니에요. 귀찮아서 있는 거예요. 돈 생기면 여

기를 차라리 다시는 안 오지. 예전에는 숨어서 잘 지냈어요. 꽁지랑 담보
랑 다 했지요. 쫄딱 망했어요. 그거 묻지 마세요. 보통 다 말아먹었어요.
(…) 잘은 모르지만 카지노에는 처음에는 게임을 하러 와요. 게임을 하고
그 다음에는 세 가지로 나뉘어진답니다. 하나는 컴백홈. 이게 홈이 집(감
옥)이 될 수 있는 거고, 두 번째는 사채업자, 꽁지꾼이라고 하죠. 돈을 많
이 가지고 하는 게 아니라 하루에 50만 원, 100만 원씩 밖에 안 꿔줘요. 그
리고 세 번째가 교수님이 연구하시는 노숙자들처럼 앵벌이들 그런 사람
들(남, 35세, 인천, 아리랑찜질방, 2005. 7. 20.).

위 사람은 5년 전 친구들과 어울려 카지노에 놀러왔다가 오늘날까
지 주저앉게 되었다고 한다. 이 사람에 따르면 사채업자, 꽁지꾼은 카
지노 앵벌이와 더불어 카지노의 주요 구성원이다. 보통 자리팔기와
손 빌려주기가 매장 안에서 자기 돈을 가지고 게임을 하는 전주와 뒷
전 사이에서 게임을 매개로 이루어지는 것이라면, 꽁지놀이는 기본적
으로 매장 밖에서 전당업자·사채업자 등과 돈을 잃어버리고 당장 자
금이 필요한 사람들 사이에서 이루어진다. 일부는 게임하러 와서 게
임밑천으로 소규모 사채업자가 되기도 한다. 그렇지만 대부분의 카지
노 노숙자들은 사채업자와 전당업자 등의 대리인이 되는 것이다. 꽁
지돈은 하루 이자가 10%로, 빌려줄 때 원금에서 먼저 10%를 선이자
로 제외한다. 즉 100만 원을 빌려주면 선이자 10%인 10만 원을 제외
하고, 90만 원을 빌려준다. 보통 이자가 10%로 10일이 지나면 부채는
원금의 두 배로 늘어난다.

돈을 갚지 못하고 시간이 지나면 부채가 쌓여 도저히 감당할 수 없
는 상태까지 이른다. 이런 상황에서 카지노 노숙자 일부는 자신의 채
무에 결국 발목이 잡혀, 이를 갚기 위해 전당포 또는 사채업자의 대리

인이 되어 꽁지 노릇을 하는 것이다. 카지노 앵벌이들은 꽁지놀이 하는 사람들을 자신의 피를 빨아먹는 사람들로 비하하기도 한다. 꽁지 거래는 '신용거래'인데, 신용의 담보물은 다름 아닌 채무자의 도박중독성이다. 대체적으로 대출서류가 없는 꽁지돈은 언제든지 갚지 않고 도망을 갈 수 있다고 한다. 이런 위험성 때문에 빌려주는 액수는 100만 원 안팎으로 적다. 그렇지만 한국에서 내국인이 출입할 수 있는 카지노는 오직 강원랜드 하나뿐이기 때문에 지금 당장 갚지 않고 다른 곳으로 도망을 갔다하더라도 언젠가는 이곳으로 돌아온다고 한다. 따라서 그 사람이 도박으로부터 벗어나지 못하는 한 꽁지돈을 떼일 염려는 없다.

카지노 노숙자들은 최악의 경우에는 절도 등 범죄를 저지르면서 생활하기도 한다. 단순하게 남의 돈이나 칩을 훔치기도 하지만, 게임 중에 다른 사람의 칩을 마치 자신의 칩인 것처럼 베팅을 하기도 한다. 이 점은 찜질방에서 생활하는 카지노 노숙자의 다음 이야기에서 알 수가 있다.

> 고급 앵벌이는 이미 자기 집에 가서 한 잔 빨고 마누라 품고 자고 있어요. 지금(새벽 3시)까지 있는 애들은 찜질방비 1만 원이 없어서 그거 구하려고 지금까지 있는 거예요. 그런데 악순환이에요. 지금까지 있는 게 이머들이 쉽게 팁을 놀라 하냐. 절대로 안 줍니다. 그러면 손님들 돈 가스리(도둑질)하는 수밖에 없고. 만약에 바카라 뱅커에 30(만 원)이 있어요. 쥐고 있다가 플레이어에 놔버리는 것입니다. 플레이 나오면 30 그것 내거라. 뱅커 나오면 내 호주머니에서 줘야 합니다. 그것도 도둑질의 한 방법이에요. 참 불쌍한 사람들입니다. (…) 아까 여자 울고 있는 것 봤죠? 하나는 내일 모레 죽는 수밖에 없고요. 하나는 여기서 앵벌이 하는 수밖에

없어요. 한 달을 못 넘깁니다. 벌써 자신의 감정을 주체 못해서 이 정도 될 정도면. (…) 젊은 애들이 자기 관리 못해서 이 정도 될 정도면 결국은 꽁지돈 띠 먹고 가는 방법 하나, 손님 돈 가스리 해가지고 가는 방법 하나. 손님 돈 띠 먹으면 절도로 수배되지. 꽁지돈 띠 먹으면 여기 출입 못합니다. 여기 있다가 맞아 뒤지지. 이러나 저러나 마찬가지예요(정수동, 남, 50대 초반, 수원, 아리랑찜질방, 2005. 7. 19.).

위 사례에서 보이는 절도방식은 게임과정에서 종종 일어난다고 한다. 바카라의 경우, 다른 사람이 뱅커에 베팅한 칩을 마치 자신 것인 양 순간적으로 플레이어로 옮겨 베팅하는 것이다. 만약 플레이어가 나오면 이것은 내 돈이 된다. 그러나 뱅커가 나오면 그 사람에게 2배로 배상을 해야 한다. 자신에게 돈이 있다면 이렇게 금지된 짓을 하겠는가? 많은 경우에는 돈이 없기 때문에 절도범이 될 수밖에 없다. 한편으로 위 사례에서 보듯이 강원랜드 카지노에 출입하는 여성도 점차 많아지고 있다. 강원랜드 카지노 출입자 가운데 여성의 비율이 점차 높아지는 만큼, 여성 앵벌이 이른바 '쪽박걸'도 늘어나고 있다고 한다. 이들 가운데 일부는 성매매도 한다고 한다. 이 점은 다음 이야기에서 추정해 볼 수 있다.

여기 민박이 요즘 2만 원, 3만 원, 만 원 이런 식으로 해 싸고, 또 부부도 와서 있기도 하고, 또 일회용 부부식으로 와서. (일회용 부부요?) 그런 식으로 좀, 카지노에서 만나가지고요. 택시 대표가 제 친군데, 택시 타고 가서 어떤 여자는 안 내린데요. 어디 가자 그래가지고. 쉽게 3만 원(에) 줄게, 십만 원 주면 그러면 한 번 준다는 식으로. 성매매도 많이 하는 것 같더라고요. 카지노 드나드는 아줌마들이. (아줌마들이 그렇게 많습니까?)

네 많습니다. 들어가 보면 하여튼 여자가 더 많아요(최재갑, 남, 47세, 사북, 2005. 6. 29.).

《카지노앵벌이의 하루》의 저자인 김완은 《브레이크뉴스》와의 인터뷰에서 카지노 여성출입자의 생활모습에 대하여 언급을 하고 있다. 그가 "직접 겪은 바로는 여자들도 앵벌이가 많다. 남녀 6대 4 정도의 비율이라고 한다. 어린 여자들도 있는데, 대부분 업소 아가씨 출신이 많다. 손님 따라서 멋모르고 강원랜드에 왔다가 나중에 맛 들려서 손님은 안중에 없고 혼자 찾아오는 것이다. 남자들은 '앵벌이'라고 하지만 여자는 '쪽박걸'이라고 부른다. 그녀들은 남자와의 하룻밤으로 팁을 챙기고, 다른 앵벌이들과 같은 생활을 하면서 대박에 대한 환상을 버리지 못하고 '쪽박걸'로 강원랜드에 상주하고 있다"(브레이크뉴스 2007. 3. 23.).

카지노 노숙자들은 다양한 방식으로 조그만 돈이라도 마련하고, 이 돈으로 생활을 할 뿐만 아니라, 일부는 다시 대박이라는 환상의 나래를 펴며 게임에 빠져든다. 이렇게 자신들만의 사회와 문화를 형성하며 카지노촌의 일원으로 자리를 잡아간다. 이 점은 한 카지노 노숙자의 다음 이야기에서 잘 보인다.

그 사람들도 카지노 생활을 많이 해왔기 때문에 게임하는 사람들 같이 해주고, 자기가 또 대리 게임도 해주고 그러면서 뽀찌를 받으면 또 게임을 한단 말이야. 자기 게임을. (…) 그러니깐 여기 있다 보면 그런 것들이 많단 말이야 그래서 생활하는 거야. 그걸 밖의 사람들은 몰라. 단지 밖에서 볼 때 저 사람들 노름질 하고 거지같이 보이지만 그 사람들 나름대로 자기 삶이 다 있어. 막 어떨 땐 막 몇 백씩 만지고 막 그래. 저기 가서 옷

도 사 입고 그러는데. 옛날처럼 또 그런 거지가 거의 없어. 다 여기 밑에
서 다 여관 생활도 하고, 물론 여관비 낼 돈 몇 번 밀려도, 한꺼번에 다 갚
아 주거든. 딸 때 한꺼번에 다 갚고.(남, 고한식당, 2005. 8. 16.)

카지노 노숙자들은 카지노 앵벌이, 꽁지놀이 등의 다양한 활동을
통해 카지노와 끊임없이 관계를 맺으며 살아가고 있다. 즉 이들은 나
름대로 삶이 있고 자신들만의 사회와 문화를 형성하며 사북의 주민,
강원랜드 직원 등과 더불어 똑같은 사북의 한 하늘을 이고 살고 있다.
그렇지만 위 사람의 말처럼, '바깥세상'에서 볼 때 이들은 노름쟁이 또
는 다른 사람에 빌붙어 사는 거지 등으로 매우 불안정해 보이고 또한
쉽게 무시되고 있다. 마치 이들이 이고 살고 있는 사북의 하늘은 다른
하늘인 것처럼 말이다. 그렇지만 카지노 노숙자들은 카지노촌 사북의
한 구성원이고, 나아가서는 한국 사회 안의 또 다른(?) 우리의 모습일
뿐이다.

제3장

베팅하는 사회:
베팅공화국 그리고 베팅하는 국민

1. 강원랜드
탄광촌의 희망인가 아니면 도박 중독자 양성소인가?

'악질기업' 강원랜드: 게임장과 도박장 사이에서

카지노 노숙자들은 강원랜드를 어떻게 바라볼까? 많은 카지노 노숙자들은 한국의 전 지역에서 도박이 성행하기 때문에 강원랜드가 개장하지 않았더라도 전국 어디나 도박하는 사람들로 넘쳐날 것으로 생각한다. 이 점에서 합법적 도박장, 강원랜드의 개장은 하나의 필연적인 과정이고, 오히려 강원랜드가 '전국이 도박장화'하는 것을 막고 있다고 말한다. 이는 한 카지노 노숙자의 다음 이야기에서 잘 드러난다.

내가 한마디만 할게. 나쁜 말이야, 좋은 말은 아니지만은. 우리가 좆 꼴리면은 마누라 곁에 가야 돼. 참을 수도 있어, 그지? 참을 수도 있잖아. 카지노 다이에 앉아 가지고, 칩이 있고, 돈이 있고 그걸 한판 쉴라고 하니 손 꼴리는 건 못 참는 거야. 그러니 어차피 도박장은 있어야 되는 거야. 없으면은 우리나라 각 지역마다 도박장이 다 생긴다는 거야. 생기긴 잘 생겼지만은 이 카지노라는 데가 외국하고 같이 믹스해서 첫째로 서비스를 외국 카지노를 따라갈 수 있게 만들어줘야 한다는 거야(박장수, 50대

중반, 대구, 아리랑찜질방, 2005. 7. 19.).

카지노 노숙자들은 강원랜드가 태어나기 전에도 이미 한국 사회에는 화투, 포커, 성인오락실, 사설도박장 등에서 불법 도박을 하는 도박 인구가 많아서 언젠가 합법의 도박장이 생기는 것은 필연이었다고 말한다. 그러나 문제는 강원랜드 카지노가 태어날 수밖에 없는 것이라면, 잘 태어날 것이지 그렇지 못했다는 것이다. 즉 강원랜드 카지노는 다른 나라의 카지노에 견주어 후발주자이면서도 서비스 등의 질은 상대적으로 낮다는 것이다.

앞에서 말했듯이, 게임방법과 룰 그리고 게임환경까지 카지노 자신에게 유리하도록 철저하게 시스템화한 도박기계인 카지노는 최후의 승자일 수밖에 없다. 지금 자신이 서 있는 카지노가 자신의 참혹한 현실을 강제하였다고 생각한다면, 더욱더 그 카지노에 대한 시선이 고울 수는 없을 것이다. 특히 외국에서 카지노에 출입해본 경험이 있는 사람들의 눈에 강원랜드의 일거수일투족은 비교와 비판의 대상이 된다. 물론 이 비판은 근거 없는 단순한 억지가 아니라 강원랜드 카지노의 현실 그 자체를 잘 드러내기도 한다. 강원랜드에 대한 카지노 출입자들의 생각은 다음 이야기에서 종합적으로 잘 드러난다.

〈강원랜드에 관한 나의 생각〉 첫째, 한 번 방문 시 300만 원 이상 딴다는 생각은 확률이 10% 미만이니 생각하지 말자. 둘째, 세계에서 가장 열악한 환경 및 시스템을 갖춘 아마 카지노이다. 셋째, 특히 바카라 맥시멈 벳 30만 원이라는 것은 한마디로 넌센스이다. 넷째, 이미 몇 천만 원, 몇 억, 몇 십억을 강랜에서 잃었다면 절대로 강랜에서 그 돈을 찾겠다는 생각은 버려라, 외국으로 눈을 돌리고 그곳에서 진검승부를 하라, 강랜에

서 잃은 돈 복구는 불가능이다. 다섯 번째, 출입정지니 한 달 20회 제한이
니 뭐니 한마디로 배째라는 심뽀의 악질기업이라고 개인적으로 생각한
다, 불친절한 직원들, 교육 덜 된 딜러들, 우리 돈을 빨아먹고 배짱 튕기
는…참내, 한숨만 나올 뿐~!(제프, 2005. 1. 29, 다음카페 '백억카지노')

한마디로 강원랜드는 가장 열악한 게임환경과 불공평한 게임률로
출입자들의 돈만 빨아 먹고 배짱 튕기는 악질기업이라는 것이다. 기
본적으로 항상 패배자일 수밖에 없는 게임자에게는 승률, 베팅제한
등은 어느 카지노에서나 불만거리가 될 수밖에 없다. 특히 강원랜드
출입자들은 상대적으로 낮은 고객환급률, 베팅액 제한, 이른바 강원
랜드만 갖고 있는 게임 룰 등은 고객에게 불리한 규정으로 평가하여
불만이 높다. 이런 기술적인 문제와 더불어 카지노 노숙자들이 강원
랜드에 대하여 가지는 큰 불만 가운데 하나는 많은 출입객으로 말미암
은 게임테이블 자리의 부족 등 열악한 게임환경과 질 낮은 서비스이
다. 사람들이 외국 카지노에 자주 출입하게 되면서 강원랜드의 서비
스에 대한 불만이 높아지는 편인데, 이 점은 다음의 대화에서 잘 드러
난다.

A: 필리핀 같은 데 가도 이천오백 불 따도 삼천오백 불 따는 거야. 천
불 챙겼으니까. 거기는 매너가 좋은 게 열 판을 때리든 이십 판을 때리든
딜러가 항상 웃으면서 해. 근데 여기는 씨발, 분명히 프리야.
B: 커피숍에 가면은 4천 원씩 내도 깍듯하게 손님 대우를 받는데, 여기
는 하루에 몇 백씩 잃어도 손님 대접 한 번 못 받아보고, 이런 식으로 된
다니 이건.(아리랑찜질방에서, 2005. 8. 17.)

강원랜드는 국내에서 유일하게 내국인이 출입할 수 있는 카지노라는 특별한 지위를 이용하여 외국의 카지노와는 말할 나위도 없고 국내의 외국인 전용 카지노, 심지어는 강원랜드 안의 VIP실과 비교가 되지 않는 서비스를 제공하며 출입자를 홀대하고 있다는 것이다. 강원랜드에서 VIP와 비(非)VIP 사이의 차별은 카지노장 입장권 구입에서부터 시작된다. 카지노 출입자들에 따르면, 입장권을 구입하는 카지노는 강원랜드 밖에 없다고 한다. 강원랜드는 폐광지역 경제활성화라는 역사적 사명을 띠고 이 땅에 태어났으면서도, 입장권 5,000원은 특별소비세 3,500원, 교육세 1,050원과 부가가치세 450원으로 되어 있어서 전액이 국가의 수입이다.

그런데 VIP실의 경우에는 입장료가 없다. 아니 있다. 단지 강원랜드가 대납(代納)을 할 뿐이다. 곧 죽어도 '뭉치' 돈을 가지고 와서 강원랜드에 기여하겠다는 VIP인데, 쩨쩨하게 5,000원짜리 입장권을 사라는 것이 말이 되는가? 이렇게 강원랜드의 서비스는 입장할 때부터 '돈 없는' 비(非)VIP와 VIP에게 차별적으로 작동을 한다. 하여튼 조국과 민족을 위한 고귀한 목적에 누가 토를 달겠는가? 티끌모아 태산이다. 이 고귀한 사명 때문인지 강원랜드 카지노 입장권은 카지노 내부에서 유통되는 칩으로 살 수가 없다. 카지노에서는 말할 필요도 없고 사북·고한 등 카지노 인근 지역의 여관, 모텔, 식당, PC방, 사우나 등 모든 상점에서 카지노 칩은 화폐처럼 유통되는데, 정작 카지노에 입장하는 데에서는 아무런 가치가 없다.

굳이 입장권을 구입하면서까지 사람들이 제 발로 몰려드는데 서비스가 필요하겠는가? 이렇게 출입자는 '양아치'가 되고, 부족한 편의시설, 직원들의 불친절 등이 어울린 강원랜드 카지노 일반영업장은 '양아치의 소굴'이 된다. 사실 강원랜드의 낮은 서비스의 질에 대해서는 강원랜드에 근무하는 직원들도 상당부분 인정한다.

호텔 같은 경우는 no라는 얘기를 하면 안 되잖아요? 없어도 만들어서라도 가지고 와야 되잖아요. 근데 카지노 같은 경우는 손님들한테 제재를 되게 많이 해요. "소리 지르지 마라", "테이블 치지 마라", "욕하지 마라", "뭐하지 마라." 간부들이 서서 하는 일이 그 일이에요. 우리가 대부분 손님들에게 생각하는 게 아마(추어) 카지노 사람들에게 얘기를 하는 것 같아요. 그 사람들이 나빠서 그런 게 아니고 제재를 하지 못하면 통제가 안되는 게 테이블이에요. 왜냐면 진짜 무서운 사람들 많거든요. 여기서는 테이블에서 일하는 자체가 기(氣) 싸움이거든요. 그래서 우리가 하는 거는 서비스가 아니고 단순히 게임진행일 뿐이다. 저도 동감을 하는 거는 손님들한테 쉴 공간 뭐 그런 건 되게 부족하고 그런 서비스가 전혀 안 돼 있어요. 저도 필리핀 가봤다 그랬잖아요. 필리핀 가면요 게임 조금만 하잖아요. 그럼 샌드위치고 맥주고 뭐고 그런 게 다 공짜에요. 우리가 갖다 먹는 게 아니고 중간에 있는 간부가. 여기서는 사람도 되게 많고 그러니까 뭐 하지 말라고 막 소리 지르고, "뭐 안 돼요", "왜 이러세요?", "하지 마세요." 하여튼 그런 얘기밖에 안 하거든요. 근데 거기 있는 간부들은 되게 분위기가 틀린 게, 서비스 진짜 끝내준다. 게임을 잘할 수 있도록 유도를 해요. 그런데 여기는 손님자체가 너무 많기 때문에 그런 걸 할래야 할 수가 없어요(이유라, 여, 30대 초반, 강원랜드, 2005. 7. 19.).

'돈 놓고 돈 먹는' 때로는 '죽기 아니면 까무러치기'의 극한 대립이 이루어지는 도박판에서 높은 질의 서비스를 기대하는 것이 무리일까? 그러나 사람들이 너무 많이 몰려들어 사업이 잘 되기 때문에 서비스가 좋아질 수 없는 상황, 참 아이러니한 현실이다. 테이블게임은 머신게임과는 다르게 딜러 등 카지노를 대신하는 대리인들과 게임을 한다. 따라서 테이블 게임은 게임자와 카지노가 서로 맞부딪치기 때문에 여러 가지 갈등이 생기기도 한다.

카지노의 대리인들은 보통 딜러, 플로어퍼슨(floor person), 핏보스(pit boss/ manager) 들로 게임장의 한 피트(pit)[29]를 담당한다. 핏보스는 한 피트의 책임자로 보통 과장 등으로 불리운다. 플로어퍼슨은 보통 대리·주임 등으로 불리는데, 자신들이 담당한 게임테이블을 운용·관리·감독한다. 플로어퍼슨은 딜러의 직속상관으로 딜러의 행동뿐만 아니라 게임자들의 게임양태 감시, 콤프 포인트 부여 등을 관리한다. 특히 테이블에서는 게임자 사이에 싸움이 빈번하게 일어나는데, 플로어퍼슨은 이를 잘 해결하여 게임장 분위기를 통제하는 구실을 해야 한다. 딜러는 테이블에서 이루어지는 각종 게임을 수행하는 사람으로, 게임자가 싸워서 이겨야 할 "눈에 보이지 않는 적"(카지노)의 선발대임과 동시에 게임자를 모시는 서비스의 주체이기도 하다. 즉 딜러는 "친절한 미소의 냉혹한 승부사"(스포츠조선 2003. 3. 21.)라고 할 수 있다. 무엇보다 딜러와 플로어퍼슨은 게임자들과 직접 맞부딪치는데, 이들이 게임자들을 어떻게 대하는가에 따라 게임장의 분위기가 달라진다. 즉 이들과의 관계가 카지노의 서비스 수준을 결정한다고 해도 지나친 말은 아니다.

강원랜드 카지노 현장에서 일하고 있는 직원들이 인정하고 있듯이, 강원랜드도 고객서비스 수준이 낙제급이라는 것을 잘 알고 있다. 예로 해마다 카지노 매출액이 급증한 것에 견주어 정작 카지노 고객만족

---

29) 테이블로 둘러싸여 있는 게임 운영의 최소 구역 단위로 메인카지노에는 보통 8개의 테이블이 1 피트를 구성하고, 약 10개의 피트가 있다.

도는 50% 수준에 지나지 않아 서비스 개선 방안이 시급한 것으로 조사됐다. 강원랜드가 제출한 국정감사 자료에 따르면, 강원랜드 카지노 고객의 종합만족지수는 50.2%에 지나지 않았으며 서비스 품질지수도 50.1%에 지나지 않은 것으로 나타났다. 강원랜드가 2006년 1월 20일부터 1월 25일까지 카지노 고객 350명, 메인호텔 고객 120명, 골프텔 고객 30명을 대상으로 실시한 '고객만족도 조사'결과, 종합만족도지수가 메인호텔 64.8점, 골프텔 62.9점, 카지노 50.2점으로 카지노 이용고객의 만족도가 가장 낮았다"(《브레이크뉴스》 2006. 10. 21.). 강원랜드 수익의 대부분은 카지노에서 나옴에도 카지노의 서비스는 가장 낮다. 카지노장 내부의 편의시설은 말할 필요도 없고 기본 서비스도 제대로 제공하지 못하고 있다.

카지노 노숙자들은 국내 출입 카지노 사업을 독점에 따른 강원랜드의 낮은 고객환급률, 질 낮은 서비스, 열악한 게임환경 등을 들어 강원랜드 외에 다른 곳에도 내국인 출입 카지노를 설립해야 한다고 말한다. 그러나 '또 다른 강원랜드' 설립을 요구하는 카지노 출입자들의 바람은 카지노 설립과 폐지가 자신 또는 자유시장의 의지에 놓여있지 않는 한, 말 많은 패배자들의 변명일 뿐이다. 여전히 그들에게 남겨진 유일한 선택은 강원랜드일 뿐이다. 언제나 그랬던 것처럼, 사람들은 '이번만은' 하는 대박의 꿈을 안고 강원랜드로 향해보지만, 이번에도 승리자는 강원랜드이다. 이처럼 강원랜드는 불공정하고 낮은 확률 게임으로 언제나 자신의 돈을 빼앗아 먹는 괴물, 마귀, 흡혈귀, 악질기업이자, 하나의 마법의 성이다. 마법의 성을 벗어나는 현실적인 방법은 서비스도 좋고 게임률도 상대적으로 '공정한'(?) 외국의 카지노로 원정을 가는 것이다. 외국 카지노로 원정을 떠나는 추세는 다음의 이야기에서 잘 보인다.

필리핀 가면 한 달에 백만 원이면 한 달 있는 동안 세상 편해. 기집애 와서 이틀에 한 번 스포츠 마사지 해주고 (…) 희한해 (필리핀) 카지노 가서 바카라하면 보이는데, 여기(강원랜드) 오면 답이 안 나와. 그러니까 전부 애들이 게임 전부 한 애들은 필리핀, 괌으로 전부 날라가자나. 필리핀 같은 경우는 공항에도 카지노가 있거든. 들어오는 순간부터 VIP야. 이런 양아치 소굴은 없다니까. 내국인이라고 완전히 개밥에 도토리식 대우하는 거지. 그러니까 진짜 돈 있고 하는 놈들은, 우리나라 자꾸 적자 나는 건 뭔데, 지금 VIP는 다 해외로 나가는 거야. 하다못해 우리 같은 사람도 필리핀 가는데. 그러니까 목포에서 대불공단, 영암 그쪽으로 하나 더 생겨버려야 한다니까. 생겨버려야 서비스 개선되고. (필리핀 자주 가세요?) 갈 수밖에 없어, 편한데(김진규, 남, 40대 중반, 서울, 2005. 7. 18.).

출입일수, 베팅한도액 등을 과도하게 규제하면서 강원랜드 출입자들이 불법도박장으로 향하거나 마카오, 라스베이거스 같은 해외 도박장으로 향하고 있다고 한다(서천범 2006: 16 참조). 최근에 들어 아시아의 국가, 특히 마카오와 필리핀에 미국 라스베이거스의 대규모 카지노 자본이 진출하여 새로운 카지노를 건설하면서 이 지역에서 카지노산업이 빠르게 성장을 하고 있다. 또한 카지노산업들 사이의 경쟁도 치열해져 최고급 게임과 휴양 시설 및 서비스 등을 앞세우며 카지노 고객 유치를 위해 노력을 기울이고 있다. 그러자 한국 사람들도 외국 카지노로 원정 게임을 떠나는데, 이는 라스베이거스를 제치고 세계 제1의 카지노 도시로 급성장하고 있는 마카오를 찾는 한국인 관광객 수에서 잘 드러난다.

강원랜드는 개장하면서 해외 카지노에서 단순히 돈을 기부하는 '봉' 노릇을 해 온 한국인을 불러 모아 외화유출을 막는다는 애국적 목

<표 III-1> 마카오를 찾는 한국인 추이

	2002	2003	2004	2005	2006
한국인수	50,447	38,281	65,631	120,739	162,709
증감률(%)	4.5	- 24.1	71.4	83.9	34.7

출처: 매일경제(2007. 2. 12.)

표를 내세웠다. 그리고 개장 초기에는 이 목적을 어느 정도 달성하는 듯하였다. 그러나 아이러니하게도 강원랜드가 성장할수록 필리핀, 마카오 등지의 카지노로 원정을 떠나는 사람들이 2004년을 전후로 급속하게 늘고 있다. 과거에는 해외 카지노 원정 관광 자체를 생각해보지 못했던 많은 사람들이 강원랜드 카지노에서 배운 기술을 실험하러 해외 카지노로 원정을 떠나는 것이다. 미국 라스베이거스는 비자수속과 비용 등으로 제약이 많지만, 마카오·홍콩·필리핀 등은 지리적으로 가깝고 통관에 어려움이 없어 강원랜드에 가는 것보다 쉽게 길을 떠난다.

카지노 여러 개가 있는 이곳들에서는 강원랜드에서와 같은 홀대도 없고, 게임자들은 '마바리'나 '양아치'가 아니라 VIP가 된다. 돈이 없어서 해외로 못 나가지, 돈만 있으면 언제라도 달려가고 싶고 또 그렇게 달려간다. 비싼 수업료를 지불하고 강원랜드에서 카지노를 배운 사람들은 국경을 넘나들며 실감나게 세계의 카지노 자본주의에 통합되고 있는 것이다. 이처럼 강원랜드는 세계화의 기수(旗手)로 해외 카지노로 가는 '카지노 교육장'과 '중개인' 노릇을 톡톡히 하고 있다.

그런데 강원랜드는 악질기업이라는 비판을 받지만 절대 호황과 엄청난 이익을 남기고 있다는 점이 아이러니하다. 이것의 근본 원인은 강원랜드가 내국인 출입이 가능한 유일한 카지노로서 독점적 지위를 누리는 데서 찾을 수 있다. 그렇지만 강원랜드에는 독점적 지위를 이용한 자기 잇속 챙기식 기업운영의 문제를 넘어 좀 더 근본적인 문제가 내재되어 있다. 강원랜드는 석탄합리화사업단 및 폐광지역의 시·군 등 정부가 51%를 출자한 '공기업'이자 49%의 일반 주주를 위해 수익을 내야 하는 '사기업'이라는 점이다.

이러한 딜레마는 강원랜드 자체에 내재된 태생적인 문제로, 강원랜드의 기업 윤리 측면을 벗어나서 반드시 한국 사회가 성찰해야 할 부분이다. 우선 지역발전이라는 공공 이익이 애초의 목적이었고, 또한 공기업으로서 공익에 기여해야 하는 것과 달리, 강원랜드 카지노는 소수의 막대한 사적(私的) 이익을 위해 불특정 다수를 낙오자로 만들어 수익을 올리고 있다. 이 점이 강원랜드에 대한 원성의 시작이자 문제의 출발점이다. 또한 이로 말미암아 강원랜드도 게임장과 도박장을 오가며 정체성의 혼란을 겪고 있는지 모른다. 이 점은 한 카지노 노숙자의 다음 이야기를 통해 유추해볼 수 있다.

여기가 어떤 곳이라는 걸, 정확하게 도박장이라는 걸 인식시켜 줘야 하는데, 게임장이 아니라 도박장인데, 강원랜드에서는 여기는 도박장이 아니라고 한다. 여기서 좀 잃고 그러면 직원이 "아저씨 도박중독센타 가보세요", 게임중독센타라고 안 해요, 그래서 "나 도박하러 온 게 아니다" 그럼. "아저씨 도박이에요, 게임 아니에요." 자기 입으로 도박이라고 하면서도 대외적으로 도박이라고 안 해요, 무너졌을 때는 도박이라고 하고, 따면 "아저씨 게임 잘하시네요", 직원들이 그래요, "도박 잘 하시네요" 안해요. 여기 카지노 입적하는 순간에, 지고 들어가요, 입장료하고 다 때려보면 35만 원씩 다 지고 들어가요, 1년에 몇 천억 매출을 하는데, 삼성보다 더 매출이 좋아요, 직원만 3천 명 넘는데, 청소하는 아줌마들이 팁이 얼만데, 하루 25억은 더 벌어요, 하루 매출이 20억 버는 데가 어디 있어요?(남, 30대 초반, 포항, 선명찜질방, 2005. 8. 16.)

모든 도박은 게임과 연관성이 높으며 언제나 오락과 놀이의 영역에 속해 있다. 인간은 놀이하는 사람, 즉 호모 루덴스(homo ludens)라는 점을 받아들인다면, 도박은 인간의 본성과 깊이 맞닿아 있다고 할 수 있다. 따라서 근본적으로 놀이와 도박의 경계는 명확할 수가 없다. 그렇지만 놀이는 그렇게 위험하지도 자극적이지도 않을 수 있는데, 놀이에 내기와 금전적인 모험이 결합되어 도박이 되면 상황은 달라진다(이홍표 2002: 34 참조).

바로 금전이 개입되어 있는 강원랜드 카지노는 놀이와 게임을 넘어 도박의 영역에 들어서도 한참을 들어섰다. 그렇게 수없이 많은 사람들을 도박장으로 불러들여 패가망신을 시켰다. 그렇지만 공기업이라는 이유 때문인지 강원랜드는 게임장과 도박장 그리고 '도박 같은 게임'과 '게임 같은 도박' 사이에서 줄타기를 하고 있다. 즉 강원랜드는 도박의 위험성을 예방하기 위해 출입일수 제한, 베팅액 제한 등 '게임장'이 되기 위해 노력하고 있다고 말한다. 이 점은 게임테이블의 플로어 퍼슨이자 강원랜드 노동조합의 임원인 한 직원의 이야기에서 잘 드러난다.

4시간이라는, 어떻게 보면 짧을 수도 있겠지만, 타 카지노 4시간 휴장하는 곳이 없어요. 외국인 카지노 같은 경우에는 24시간 풀이에요. 사람이 정신적으로 결함을 느끼게끔 카지노에는 시계도 없고 거울도 없고, 이런 몇 가지가 정해진 게 있거든요, 창문도 없고. 근데 오히려 저희는 시간도 다 보이게 하고, 엄청 큰 시계를 갖다놨단 말이에요. "이제 집에 가십시오." 오히려 저희는 제재를 많이 하는 편이거든요. 손님이 베팅을 너무 많이 하면 뭐, 쉽게 말해 아래층 같은 경우엔 두 군데 베팅을 할 수가 없어요. 만약에 한 손님이 두 군데를 하면, 그것도 제제를 해요. 만약에 이게 사기업이나 외국인 카지노 같으면 오히려 좋아하죠. 그것을 유도하고 그렇게 해야 손님의 승부욕을 자꾸 불타오르게 하고 나중엔 베팅 자체도 크게 만들어 버린다는 거. 근데 우리는 계속적으로 그것을 줄이고. 제일 처음에 오픈을 했을 그때는 금액이 100(만 원)이였고, 또 칩 자체도 500만 원짜리도 있었구요. 너무 저거 되는 거 아니냐? 그래 가지고 줄여서 30짜리가 제일 작은 거였고, 50이 보통이였구요. 여기 메인으로 오면서 50짜리를 아예 없애버리고, 30이 아래층에선 제일 높고, 그리고 10만 원짜리 테이블이 있는 거에요. 도박성향을 키우고 있는 게 아니라 오히려 억제를 시키고 있는 부분이기 때문에 노숙자 부분에선 해결책이 나오지 않는 그런 좀. 오히려 저희 회사 측에선 서비스를 해주려고 하는 건데 그게 오히려 노숙자를 양성한다 뭐 그런 식으로 생각을 해버리면 그건 어쩔 수 없는(남, 40대 중반, 강원랜드, 2005. 7. 19.).

앞에서 말했던 것처럼, 강원랜드는 시계를 설치하는 등 내부 환경에 변화를 주고, 최고베팅 액수를 점차 낮추고, 출입시간과 일수를 제한하는 등 각가지 정책들을 동원하며 도박장이 아니라 공기업이 운영하는 '건전한 게임장', 정확하게 말하면 강원도가 처음 카지노 건립 계획을 세우면서 기대했던 "국민 여가 선용 공간"(강원도 1998: 82)이 되기 위해 최선을 다하고 있다고 항변한다. 즉 강원랜드는 도박 중독자 양산에 따른 사회적 비판에 대하여 어느 정도 윤리적 정당성을 획득하려고 노력한다. 그러나 이러한 강원랜드의 규제 일변도 정책은 도박 중독의 원인을 매일 이곳을 드나들며 무분별하게 베팅을 하는 출입자에게 돌리는 측면이 강하다. 본인이 알아서 출입과 베팅을 잘 조절하라고 말이다! 이 정책이 도박 중독을 예방하는 데 효과를 발휘하고 있는지는 의문이다. 무엇보다 강원랜드는 '우리는 도박장이 아니다'라고 목청 높여 외치며, 이를 위해 여러 정책들을 쏟아내지만 그것 또한 빛 좋은 개살구이다. 이 점은 지역 주민의 출입 제한의 경우에서도 잘 드러난다.

강원랜드는 지역주민 가운데 도박 중독자가 늘어나는 등 지역사회의 문제제기가 증가하면서, 2002년 10월부터 폐광지역 주민들에 대한 출입을 한 달에 한 번(두 번째 주 화요일)으로 제한하였다. 그렇지만 이 조치는 큰 의미가 없었다. 일부 주민들은 자신의 주소를 타지로 옮기고 매일 카지노를 드나들었다. 그리고 굳이 주소를 옮기지 않더라도 카지노를 출입하는 데 큰 문제는 없었다. 카지노에서 신분조회는 입장권을 구입할 때만 한다. 그런데 입장권만 있으면 하루 내내 카지노 출입이 자유롭다. 따라서 주민들은 다른 사람이 구입한 입장권을 사서 당당하게 출입할 수 있다. 물론 때로는 이런 수고도 할 필요가 없다. 내가 만났던 이른바 '사북의 지도층'이라고 일컬어지는 사람들 가운데 일부는 그냥 놀이삼아 거의 매일 카지노에 드나든다고 말하였다. 나는 처음 그들의 말을 자신의 '권력'을 은근히 자랑하기 위한 하나의 허풍이라고 생각하였다. 그러나 건전한 게임장이 아닌 도박장 강원랜드를 출입하는 데에는 '힘깨나 쓰는 사람'이냐 일반주민이냐는 크게 중요하지 않았다. 물론 모든 주민들이 출입제한과 상관없이 자유롭게 카지노를 출입하였다고 말할 수는 없지만 출입제한조치가 잘 지켜지지 않았음에는 틀림없다. 이 점은 2005년 6월 10일에 발생한 이른바 '잭팟사건'[30]의 사례(《강원일보》 2005. 6. 15.)에서 잘 보인다.

---

30) http://www.kwnews.co.kr/sub/search/default.asp?p=강원랜드

‘카지노 출입이 제한된 사람이 6,000여만 원의 잭팟을 터트렸을 경우 강원랜드는 돈을 지급해야 할까, 말아야 할까’ 강원랜드가 잭팟 당첨금 6,000여만 원의 지급을 놓고 폐광지역 주민 서모(46) 씨와 법정다툼까지 벌일 것으로 보여 귀추가 주목되고 있다. 사건의 발단은 지난달 10일. 서 씨는 이날 오후 3시께 카지노 프로그래시브 슬롯머신에서 100원짜리 동전 3개를 넣고 6,164만 9,240원이라는 대박을 터트렸다. 하지만 서 씨의 행운은 당첨금 지급이 보류되면서 물거품이 될 위기에 놓였다. 당첨금에 대한 과세 과정에서 서 씨가 평일 카지노 출입이 금지된 폐광지역 주민이라는 사실이 밝혀졌기 때문이다. 강원랜드는 폐광지역 주민들의 경우 도박중독 예방을 위해 영업장 출입을 한 달에 한 번만 입장을 허용하고 있으며 약관상에는 이 준칙을 위반하고 게임을 하다 당첨이 되면 당첨금 지급을 거절할 수 있다고 규정하고 있다. 강원랜드는 이를 근거로 당첨금 지급을 거절했으나 서 씨는 “그동안 17차례나 출입하는 동안 한 번도 제지를 받지 않았다”며 “소송을 제기해서라도 잭팟 당첨금을 받겠다”고 반발하고 있다. 강원랜드 관계자는 “출입과정에서 서 씨의 주민등록증 주소지를 제대로 확인하지 않은 잘못은 회사 측에 있지만 폐광지역 주민보호를 위한 카지노업 약관에 따라 당첨금 지급은 현실적으로 어렵다”고 말했다.

위 사례에서 보듯이, 서 씨는 아무런 제재를 받지 않고 자유롭게 카지노를 드나들었다. 이런 행운(?)은 서 씨에게만 국한되었을까? 결코 그렇지 않았을 것이다. 오히려 주민의 출입제한조치가 주민들을 보호하기 위한 것이 아니라 강원랜드의 안전장치 구실을 하고 있다. “폐광지역 주민보호를 위한 카지노업 약관에 따라 당첨금 지급은 현실적으로 어렵다”는 말이 도대체 무슨 말인가? 주민들은 대박을 터뜨려도 탈

자격도 없는데, 그동안 피와 살 같은 생돈만 날린 꼴이다. 자신이 만든 약관을 어기며 주민들을 출입시킨 강원랜드의 죄는 누가 어떻게 책임을 질 것인가? 그로 말미암아 주민들이 무의미하게 잃은 돈은 어떻게 보상할 것인가? 그냥 입장권 판매 담당 직원의 단순한 실수일 뿐이라고 말한다.

또한 주민들의 출입제한 조치 외에 강원랜드는 2004년 10월부터 모든 카지노 출입자의 출입일 수를 한 달에 20일로 제한하였다. 이 조치가 누구를 대상으로 하고 있는지는 명확하다. 한 달에 20일 동안 일터 또는 가정처럼 카지노에 드나들 수 있는 사람은 카지노 노숙자일 가능성이 매우 높다. 곧 이 조치는 이미 다 털리고 가진 것도 없는데 카지노의 물만 흐리고 있는 카지노 노숙자를 정리하기 위한 것이라고 볼 수밖에 없다. 그런데 주민출입제한 조치의 허술한 운영에 비추어 볼 때 이 규정이 잘 지켜질 것인가도 의문이지만, 무엇보다 이 규정 때문에 카지노 노숙자들이 이곳을 최소 10일 동안이라도 떠나 있을까? 그렇지 않을 것이다.

"10일은 이 언저리에서 살죠. 삶의 터를 왜 떠납니까? 못 떠나죠"(남, 아리랑찜질방 사장, 2005. 7. 18.)라는 말처럼, 떠나고 싶어도 떠날 수가 없는 이들은 계속 강원랜드 주변을 맴돌 것이다. 또한 이곳을 떠난다고 해도 이들이 도박장을 떠나는 것은 아닐 것이다. 오히려 이미 도박에 찌든 사람들은 사설도박, 카지노바, 성인오락실 등 다른 사행사업체의 주변을 맴돌 것이다. 결국 이 조치는 모든 것을 탕진하고 카지노에 의지해서 삶을 유지하고 있는 카지노 노숙자로부터 일터와 삶의 공간을 빼앗고자 하는 잔혹한 행위인 것이다. 카지노 노숙자들이 이런 강원랜드를 보고 '건전한 게임장'이 되기 위해 열심히 노력한다고 말할 수 있겠는가?

　그러나 강원랜드가 '진정한 게임장'이 되고 싶어도 지금의 상황에서는 절대 게임장이 될 수 없다. 폐광지역 활성화라는 역사적 사명을 띠고 태어난 탄생의 비밀을 들먹이지 않더라도 배당금 한 푼이라도 받고자 투자한 49%의 일반주주 때문에 게임장이 되고 싶어도 마음대로 할 수 없다고 말한다. 강원랜드는 폐광지역 개발기금, 관광기금, 주주 배당금 등을 벌어야 한다. 강원랜드는 놀이공원 같은 게임장이 아니라, 돈 놓고 돈 먹는 냉혹한 도박장이 될 수밖에 없다.

　그럼에도 강원랜드는 정부가 출자한 이상 드러내놓고 도박산업만을 추구할 수 없어서 가족중심 종합리조트 등의 외피를 덮어쓴다. 강원랜드는 골프장, 스키장을 개장하며 카지노 중심의 사업장에서 종합리조트 사업장으로 변모하고자 노력하고 있다. 강원랜드는 "행운과 함께 행복을 즐겨요. 온가족이 함께 즐기기에 이보다 더 좋은 곳은 없습니다. 가족형 종합휴양지 강원랜드"(강원랜드 홈페이지)라고 동네방네 홍보를 하고 있다. 그러나 지금 강원랜드가 가족형 종합휴양지로 변화한다는 것을 말 그대로 믿는 사람이 얼마나 될까? 오히려 '카지노 왕국 강원랜드'가 강원랜드가 추구하는 훨씬 더 자연스러운 미래인지 모른다. 이 점은 다음 사람의 이야기에서 충분히 유추해 볼 수 있다.

　스키장 개장 안 합니까? 골프장 개장하고 이게 뭐 돈 벌자고 하는 게 아니다. 자! 스키 타러 오는 아이들 서너 시간 타고는 호텔에 돌아 올 것 아닙니까? 자동으로 카지노 가게 돼 있어요. 골프 치는 사람도 마찬가지다. 그렇게 자꾸 새로운 인원을 채워가지. 그게 다 강원랜드의 손님끌기 전략이라. 인자는 도박에 중독된 사람들의 돈은 한계가 있잖아. 새로운 고객을 창출하는 기라. 왜 이렇게 여기다 골프장 생겨야 되고 스키장 왜 지야 되냐? 그라고 서울서부터 오는 도로 8차로 뚫었잖아. 왜 강원랜드서 도로공사에 돈을 대주겠노? 사회적으로 보면은 강원랜드에서 돈 벌어 가지고 지역주민들 위해 도로 넓혀준다고 좋지. 뒤에 숨은 꿍꿍이는 따로 있잖아. 이거 되면 서울에서 2시간 걸려, 새로운 고객층 들어온다. 지금은 도박을 약간은 좋아해도 건전한 상식 가진 직장인들은 오기 어렵거든. 2시간 거리니까 충분히 올 수 있어(이호철, 남, 50대 중반, 서울, 아리랑찜질방, 2005. 7. 19.).

2006년 12월 8일 하이원 스키장이 개장하면서 카지노 노숙자들이 말하는 일들이 현실화할 가능성이 커지고 있다. 하이원 스키장을 찾는 관광객이 늘어나면서 강원랜드를 찾는 연말 성수기 전체 고객이 전년 4만 9,565명에서 2006년 12만 3,377명으로 149%나 증가했으며, 그 가운데 외국인도 46% 증가한 1,212명으로 집계됐다. 이와 함께 12월 30일 카지노 하루 입장객이 1만 846명을 기록, 1년 6개월 만에 최고기록을 경신했다. 강원랜드는 2005년 카지노 4만 3,926명, 테마파크 5,639명에서 2006년 카지노 6만 9,342명, 스키장 4만 2,673명, 테마파크 1만 1,362명으로 고객층이 다양화하면서 카지노 고객 비중이 86%에서 56%로 하락, 강원랜드가 명실공히 종합리조트로서의 위상을 갖춰가고 있다고 환영하였다. 물론 강원랜드가 카지노 고객 비중이 낮아지고 있다는 점을 강조하는 것은 허울 좋은 수사(修辭)에 지나지 않는다. 스키장, 골프장 등 다른 레저시설은 카지노를 위해 존재할 뿐이다.

이에 연말 성수기에 사람들이 몰려들면서 시설부족으로 고객들의 불편과 불만이 늘어나고 있다는 이유로 강원랜드 관계자는 "전략적인 마케팅을 추진해도 시설이 부족하기 때문에, 애써서 유치한 관광객들이 안락하고 편한한 분위기에서 카지노 게임을 즐길 수 있도록 카지노

영업장 환경개선과 시설 확충이 시급하다"고 밝혔다고 한다(강원랜드 홈페이지, 보도자료 2007. 2. 16.). 강원랜드가 환영하는 것은 카지노 사업의 중심에서 벗어나 종합리조트로 변화하고 있다는 점이 아니라, 오히려 카지노로 사람들이 몰려들고 있다는 점이다. 강원랜드의 최대 관심사는 오직 몰려드는 사람들을 어떻게 하면 카지노에서 '게임을 즐기고 갈' 수 있도록 할 것인가이다.

따라서 카지노 고객의 비중이 하락한다고 도박 중독자가 양산될 가능성이 낮아지는 것은 아니다. 카지노 고객의 비중이 하락하는 것은 전혀 의미가 없다. 오히려 메인카지노 하루 수용인원을 훨씬 초과하여 입장하는 절대적 입장객 수가 증가하고 있으며, 더욱더 많은 카지노 노숙자가 양산될 가능성도 커지고 있다는 점이다. 이 개연성은 강원랜드의 〈최소화방안연구〉(2003: 63)에서도 잘 드러난다. 카지노의 경우, 다른 사행산업에 비해 가족단위 방문객과 여성이용객의 비율이 높았지만, 카지노를 레저로 인식하고 즐기려는 건전 도박자의 비율은 이용객의 9.8%에 지나지 않았다.

결국 골프장과 스키장 등 레저를 위해 방문한 사람들이 여기까지 왔는데, 어찌 그 유명한 강원랜드 카지노를 가보지 않고 배겨낼 수 있겠는가? 가족끼리 오순도순 카지노 구경만 하다가 카지노장을 나올 사람이 얼마나 있을까? 속된 말로 입장료는 건져야 할 것이 아닌가? 게다가 강원랜드가 제공하는 '행운'을 거절할 아무런 이유가 없지 않는가? 이렇게 100원, 500원 잭팟에 넣어보고 카지노의 현란한 불빛에 빨려 들어간다. 그리고 아쉬움을 뒤로 하고 가족과 함께 가정과 일터로 돌아간다. 그런데 행운이 가득한 카지노의 잔상이 나를 유혹한다. 일부 사람은 가족 몰래 혼자서 카지노를 찾아간다. 그리고 어떤 이는 이곳을 떠나지 못할 것이다. 이 점은 지금까지 보여준 강원랜드 카지노의 역사가 증명하고 있지 않은가?

강원랜드에 대한 이러한 비판은 합법적 도박장 설립을 허가한 정부에 대한 비판으로 곧바로 연결이 된다. 정확하게 말하면 도박장 강원랜드를 가능케 한 정부가 문제라는 것이다. 이 점은 다음의 이야기에서 잘 드러난다.

뭐하는 사람들이에요? 도대체 폐광촌 살리기 위해서 취지는 좋잖아. 이게 오락 아니 도박이라는 게 문제에요. 어떻게 오락이 될 수 있어요? 돈이 왔다갔다 하는데. 한 번 올라가보세요. 한 번에 30만 원까지 베팅할 수 있다는 거예요. 10번 넣으면 300(만 원)이에요. 그럼 오락으로 하려면 다 10만 원이하로 정하고, 100만 원 이상한다고 하면 규제를 하면 패가망신은 안 되겠죠. 그렇지만 30단위로 하면 그걸 한 사람당 30만 원을 넣을 수 있어요. 앵벌이와 같이 어영부영하다가 두 구녁, 세 구녁, 네 구녁, 네 구녁이면 120을 간다 말이야, 한 번에. 그게 도박 아니면 뭐예요? 허가 난 도박, 큰 하우스. 취지목적과 달리 강원도민이 먼저 죽을 거야! 폐광촌 살린다고 해서 설립목적이, 오히려 죽이는 거야. 여기서 자살하고 그런 사람이 수도 없어. 왜 그런 건 (언론) 보도가 한 번도 안 되냐 이거야. 국회의원들은 다 뭐하는 사람이냐? 어떤 쪼끄만 일이 있으면 파헤치고 추리고 그러면서, 이런 거 하나는 왜 못하냐 이거야? 얼마나 더 사람이 죽어가고 비참해져 가야지 되는 건지 모르겠어. 이거 정부가 잘못된 거 아냐? 나 같은 사람이 비일비재하게 엄청나게 많다는 거야. 지금 정문을 닫아놓고 물어보세요. 도박하는 사람들이 얼마나 많냐고? 이게 국가적인 차원에서 조치를 취해야지. 힘들어. 우리가 신(神)이 아니고서야 어떻게 자기 마음을 다스릴 수 있어? 안 한다고 해도 해지고. 그리고 이건 현금으로 하는 게 아니니까, 칩이니까 돈 무서운 줄 몰라. 돈 백만 원을 다 가려면 .

아마 못할 거야. 칩이잖아, 칩. 돈 같지도 않으니까 그냥 막 질러 대는 거야. 정부에 있는 사람들이 강력한 제재를 취했으면 좋겠어요. 그것은 정부가 얼마나 돈이 필요한지는 몰라도 국민을 위해서 정치를 하는 거 아니에요? 매일 도박 같은 걸루 국민을 죽이는 일은 아니에요(박현옥, 53세, 서울, 사북거주, 2005. 2. 18.).

정부는 고사(枯死) 직전에 놓인 폐광촌을 살리기 위해 도박판을 열었다. 카지노에서 돈을 벌어 폐광지역을 활성화하겠다는 고귀하고 야무진 생각을 가지고 말이다. 그리고 어떤 조그만 일에는 시시콜콜한 것까지도 파헤치며 목청을 높이는 말 많은 언론과 국회의원들도 정부의 고귀한 생각에 동조를 하여 입을 다물었다.

이렇게 정부는 정부 자신이 포기한 폐광촌의 지역개발을 위해 불특정 소수에게 개발비용을 전가하였다. 불특정 소수 국민들은 폐광지를 개발하겠다는 정부의 고귀한(?) 정책에 호응하여 '허가 난 도박, 큰 하우스'를 찾았다. 한 번 오고 두 번 오다보니, 자신의 삶은 어느새 카지노에 저당 잡혔고, 자신은 카지노 노숙자가 되어 강원랜드 주위를 맴돌고 있는 것이다. 결국 강원랜드가 탄광촌의 희망으로 자리 잡아 폐광지역 시·군, 나아가 전국 지방자치단체들이 강원랜드 카지노를 통해 지역의 미래를 꿈꾸고 있는 동안, 강원랜드는 수없이 많은 카지노 노숙자를 만들어내며 그들을 인생막장으로 내몰고 있다.

그럼에도 카지노 노숙자들은 여전히 정부는 현재의 상황을 호전시킬 수 있는, 즉 도박을 금지하여 자신과 같은 도박 중독자가 생기는 것을 막을 수 있는 유일한 주체라고 생각한다. 나아가 카지노 노숙자들은 자신들과 같은 도박 중독자와 카지노 노숙자를 더 이상 양산하지 않기 위해서는 지금이라도 정부가 카지노를 폐지하고 제대로 국민을 위한 정치를 해달라고 애원한다. 그러나 소귀에 경 읽기다. 오히려 강원랜드 카지노의 쏠쏠한 맛에 단단히 중독된 정부는 여유롭게 요행(僥倖)을 바라며 우직스럽게 베팅을 하고 있다.

강원랜드 아니 '대—박민국랜드'

폐광지역 경제 활성화와 지역개발을 위해 대안으로 등장한 강원랜드 카지노는 우연의 산물이었다. 그러나 이 우연은 단순히 불확실성에 따른 것만은 아니었다. 오히려 우연이라는 이름 아래 이를 가능하게 한 것은 손쉽게 "주민투쟁을 무마할 특별한 대안"(공추위 2007: 78)을 찾고자 하는 정부의 계산된 정치적 고려였다. 이 점은 폐특법 제정 및 지역개발계획에 참여하였던 강원도청 공무원의 다음 이야기에서 잘 드러난다.

처음 만들 때 카지노를 만드는 것이었지, 강원랜드를 만드는 것이 아니었어요. (…) 게다가 공공으로 해야겠다는 생각에 51%를 정부 출자를 했는데, 동원, 삼탄 등에서도 카지노 생각했는데 경영권이 없으니까 포기했어요. 공공사업이 카지노만 하면 되겠느냐 해서 가족단위 휴양지로 나아가기 위해 골프장을 시작한 거죠. 카지노 계획시에 스키장, 골프장은 생각만 있었지, 구체적인 계획은 없었죠. 언제 실현될지는 모른 거죠. 그런데 카지노가 되서 재원이 마련되니까 스키장, 골프장을 만들게 된 거죠. 1996년도에 카지노는 없었고, 1998년 변경하면서 입지가 선정되어 카지노가 들어갔을 것입니다. 1998년도에 카지노를 중심으로 종합계획을 수립하기 시작해요. 1998년도에 종합계획 그림을 그려놓고 있는

데, IMF가 터져서 민자(民資)유치가 안 되니까, 법 만들고 2년이 지났는데 아무것도 안 되어 지역주민들도 들썩 들썩하니까 (강원도)지사 입장에서 개발을 해야 하니까, 스몰카지노를 제안했어요. 스몰은 계획상에 없어요. 처음 계획상에는 개발기금을 이익금의 70%(정확하게는 75%)로 시작으로 해서 그 다음에는 60%로 해서 점차 10%까지 떨어지는 계획을 만들었는데, 이를 지사가 선택을 한 것으로 스몰카지노를 주는 대신에 이익금을 10%로 한 것이에요. 저는 강원랜드가 됐던 카지노가 됐던 지역개발의 기폭제로 생각했어요. 공공에서 선투자로 할 수 있고, 그에 따라서 민자가 들어올 수 있고, 탄광지역에 관심을 가져달라고 생각이 있었어요. 그런데 강원랜드 개발 계획이 탄광지역 개발 계획 전체로 생각하고 있다는 것이 아쉽다는 점이죠. 카지노 할 때 잘 될까 생각했지만, 안 되지는 않을 것이라고 생각했습니다. 국내 카지노가 외국인 출입이지만 실제로는 대부분이 내국인이잖아요. 제가 조사해보니까 우리나라 사람의 도박성향과 내국인이라 (강원랜드가) 될 것이라고 생각했어요. 문광부가 출입자에 대한 자료를 갖고 있거든요. 문광부도 아마 될 것이라고 알았을 거예요. 그러니까 (석탄산업합리화)사업단도 천억(정확하게는 360억 원)을 투자했죠(박영호, 남, 강원도청, 2004. 3. 10.).

이처럼, 폐광지역의 카지노는 2002년 개장을 목표로 하였다. 그러나 IMF 등을 거치면서 다른 대체산업들의 유치가 실패하게 되고 이를 해결하고자 등장한 것이 스몰카지노이었다. "이 스몰카지노 사업은 1998년 말 강원도지사와 폐광지역 도의원들인 성희직, 손석암 의원 등이 사적으로 만나 폐광지역 대책을 논의하면서 제안되었다. 카지노가 사회적 부작용을 동반하는 극약처방인 만큼 이를 최소화하기 위한 검증절차가 필요하다는 인식에서 시범적으로 카지노를 운영해보자는 발상이었다고 한다”(사북청년회의소 2001: 239). 그러나 “시범적으로 카지노를 운영해보자는” 것은 허울 좋은 하나의 명분이었다는 점은 앞의 사례에서도 잘 드러난다. 오히려 긴 시간 동안 표류하고 있는 지역개발 부진에 따른 부담과 정치적 위기를 벗어나기 위한 지자체와 단체장, 나아가 정부의 도박이었던 것이다.

사실 스몰카지노뿐만 아니라 카지노 사업 자체가 정부의 도박이었다. 특히 폐광지역을 살리려고 수없이 많은 계획들을 세웠지만 재원 마련에는 어느 누구도 선뜻 나서지 않았다. 아닌 말로 정부도 포기한 폐광촌인데, ‘특례의 땅’을 만들어 온갖 혜택을 다 준다고 한들 어떤 기업이 선뜻 투자하겠는가? 그러다 정부는 폐광지역의 개발을 은근슬쩍 카지노사업에게 넘기는 도박을 감행하였다. 정부의 도박성은 카지노 도입 당시에 공추위의 간부였던 사람의 이야기에서 잘 드러난다.

처음에는 카지노에 대한 생각이 없었다. 투쟁(1995년 3·3투쟁)을 해서 5개 항의 합의를 봤다. 탄광의 대체산업 등의 의견이 있었다. 무슨 대체 산업인가에 대한 구체적 명시가 없었다. (…) 정부에서 너들 하고 싶은 거 말해라. 스쳐가는 얘기로 정부에서 너덜 그러면 카지노 한번 해봐라 해서 운이 터진 것이다. 내국인 들어갈 수 있는 곳으로 해라, 외국인 카지노는 13개 정도 된다, 여기에다 사람들 유입시킬 수 있는 것은 그것밖에 없다고 했다. 앞에서 그렇게 떠들어대고 주장했던 사람도 사실은 카지노가 이런 곳인 줄 몰랐다. 지도부에서 그래도 외국물 좀 먹었던 사람하고 정부쪽에서 너네들 카지노 되면 대박 터진다, 카지노가 황금알을 낳는 거위라고 많이들 말하니, 그렇다고 주민들에게 알려야 했다. 당시에는 지역이 워낙 절박하니 다른 대안이 없었다(윤철성, 남, 40대 후반, 2005. 7. 16.).

정부는 카지노 산업을 통해 폐광지역의 미래를 베팅하였다. 폐광지역의 청사진 가족형 레저공간, 테마공원, 골프장, 스키장 등은 모두 '카지노' 산업을 희석화하기 위한 물타기용 명분이었다. 하긴 도박을 서슬이 퍼렇게 금지해 온 정부가 얼굴 내놓고 카지노만을 한다는 것은 '쪽' 팔리는 일이었을 것이다. 그러나 폐광지역을 어떻게 활성화할 것인가에 대한 뚜렷한 비전을 갖고 있지 않았던 정부의 속마음은 오직 카지노에 있었다.

이러한 정부의 무대책은 아무런 대안도 없이 폐광만을 일삼은 석탄산업 합리화사업이 이미 증명하고 있으며, 또한 강원랜드 설립자본금 모집에서도 잘 드러난다. 정부는 폐광촌을 살리면서도 카지노에 대한 부작용 문제를 최소하기 위한 대책으로 공공법인에서 투자를 계획하였으나 IMF 경제위기에 따라 관광공사 등에서 투자를 포기하였다. 이처럼 국가의 경제위기 속에서 정부도 손을 놓고 있는 사이, 폐광지역 경기는 더욱더 침체되어 갔다. 폐특법이 제정된 뒤 3년이 지났지만 눈에 띄는 성과는 하나도 없고 주민들의 불만은 높아져 갔다.

지역경제의 침체를 더 이상 방치할 경우 돌이킬 수 없는 문제가 발생할 수 있다는 우려가 커지면서 정부는 지역 안정, 경제 회생, 카지노경영 노하우 축적 등의 이유를 내세워 스몰카지노를 개장하게 되었다. 이 과정에서 정부의 관광공사 등이 투자를 포기하였기 때문에, 부족한 자본금은 1999년 7월에 주식 공모(주당 1만 8,500원, 총 490억 원(49%))를 통하여 마련되었다(김시겸 2003: 33 참조). 결국 공공부문의 투자에 따른 폐광지역 개발정책은 국가의 경제위기라는 핑계 아래 민간부문에 슬쩍 넘겨졌다. 따라서 정부는 폐광지역 개발보다는 이익 배당과 주가 상승에만 관심이 있는 소액주주들의 투자를 유인하고자 폐광기금의 납부율을 강원랜드 이익금의 75%에서 10%로 인하하였다.

물론 카지노 계획마저 무산되어서는 안 된다는 절박한 위기감을 가지고 있었던 주민들도 폐광기금 납부율 인하에 토를 달지 않았다. 당시에 납부율이 매출액의 10%냐 75%냐는 큰 관심사가 되지 못했다. 한마디로 주민은 카지노에 대해서 잘 알지 못했고, 오직 카지노 사업을 성사시키는 것이 우선이었다. 문제는 석탄산업 합리화사업에서 하나의 정책이 지역사회에 얼마나 큰 영향을 미치게 되는 가를 똑똑히 보아왔고, 그것 때문에 골머리를 썩고 있던 산업자원부 나아가 정부가 여전히 카지노 산업이 폐광지역에 어떤 파장을 몰고 올 것인가에 대하여 진지하게 고민하지 않았다는 점이다. 하긴 카지노로 말미암아 문제가 발생하면 그때 가서 고민하면 되지 않겠는가. 정부는 지금까지 해 온 것처럼 단기처방으로 일관하였다.

이 상황에서 지역문제는 장기적 안목과 정책 차원이 아니라 정치적 맥락에서 고려되었다. 앞뒤 재고 계산할 겨를도 없고, 오직 시끄럽고 귀찮은 이 순간을 무마하고 넘어가는 것이 최고 관심사였다. 이럴 땐 베팅이 최고였다. 대박이면 좋고, 아니면 그만이 아닌가? 그래도 중앙과 지방정부가 폐광지역 개발을 위해 뭔가를 했다는 가시적인 전시효과만으로도 손해 볼 것이 없었다.

정부의 베팅은 운 좋게 엄청난 대박을 터트렸다. 그리고 강원랜드가 중앙정부를 대신하여 폐광촌의 미래를 짊어졌다. 폐광지역 경제를 살리기 위해 강원랜드는 악질기업이라는 소리를 들어가며 악착같이 돈을 벌었다.

강원랜드가 돈이 무지하게 급한 입장이거든. 여기 지금 38번 국도 있지요? 태백까지 연결될 거. 강원랜드에서 개별적으로 8천억(원)을 지원했잖아요, 건설교통부에다가. 지금 골프장 건립, 스키장 건립, 카지노 진입로 공사, 애들이 돈 쓸 곳이 천청만청이라고. 그럼 이 재원이 어디에서 나옵니까? 카지노에서 막 쭉쭉 빨아야지. 뿌려줄 여가가 없는 거야. 이 공사가 끝나야 재원이 여유가 있기 때문에 그때 가야 조금씩 풀겠지. 지금에는 카지노 가면 거의 다 박살난다. 돈 쓸 데가 워낙 많으니까. 그렇다고 해서 정부에서 카지노 돈 잃는다고 돈 도와줍니까? 그런 카지노 같으면 없애야지요. 월급 줘야지, 직원이 3,300명입니다. 한 달에 봉급이 70억 원인가 나간대요. 그 재원이 어디서 나옵니까?(이영수, 남, 50대 중반, 서울, 아리랑찜질방, 2005. 7. 20.)

중앙정부 처지에서는 모든 것이 순조롭게 풀렸다. 카지노가 가져온 긍정적 또는 부정적 영향이나 폐광촌의 지역개발 방안과 관련된 모든 칭찬과 비난도 자연스럽게 강원랜드의 몫이 되었다. 반면에 중앙정부는 그냥 팔짱을 끼고 앉아서 카지노 산업의 대박을 즐길 수 있게 되었다. 이른바 폐광지역을 넘어 모든 국민을 위한 공익사업을 해야 한다는 명목으로 엄청난 돈을 가져가고 있다. 손대지 않고 코 푸는 꼴인 것이다. 이 점은 중앙정부가 강원랜드에서 가져가는 기금과 국세의 규모에서 잘 드러난다.

강원랜드가 폐광지역의 발전을 위해 설립되었음에도 카지노에서 발생하는 재정수입은 중앙정부가 거의 독점하고 있다. 전체 국세와 지방세를 비교해볼 때, 지방세는 국세의 30%를 넘지 못하고 있다. 구체적으로 세금과 기금으로 나누어 살펴보면 국세와 지방세의 불균형은 더욱 심각하다. 세금 측면에서 볼 때 중앙정부에 유입되는 제세금이 약 90%를 차지한 반면 지방자치단체를 위한 세금은 약 10%에 지나지 않는다. 또한 기금 측면에서도 중앙정부, 정확히 말하면 문화관

<표 III-2> 강원랜드의 정부재정수입 기여액 (단위: 백만 원, %)

구분	매출액 (A)	국세			지방세			비중 (D/C)	합계(B)	비중 (B/A)
		제세*	관광기금	소계(C)	제세**	폐광기금	소계(D)			
2001	462,020	116,353	44,777	161,130	11,723	35,751#	47,474	29.5	208,604	45.2
2002	476,061	98,689	46,313	145,002	11,061	31,490	42,551	29.3	187,553	39.4
2003	677,131	119,777	64,959	184,736	18,117	32,901	51,018	27.6	235,754	34.8
2004	764,113	129,265	73,137	202,402	14,906	39,110	54,016	26.7	256,418	33.6
2005	846,962	137,251	80,479	217,730	16,511	45,080	61,591	28.3	279,321	33.0
2006	869,496	119,962	79,669	199,631	14,251	71,874	86,125	43.1	285,757	32.9

출처: 서천범(2007: 53) 참조하여 재구성.
* 국세: 법인세, 소득세, 특별소비세, 교육세, 부가가치세, 농어촌특별세 등
** 지방세: 주민세, 사업소세, 종합토지세, 재산세, 지방교육세, 공동시설세, 취득세, 등록세 등
#지역협력기금 4,000백만 원 포함

광부의 관광진흥 개발기금은 폐광지역 개발기금보다 2배 정도 많다. 2005년 강원랜드가 납부한 관광기금은 847억 원인 것과 달리 지방재정으로 납부한 폐광기금[31]은 450억 원이었다. 관광진흥법에 따라 관광기금[32]은 카지노업 총매출액의 10%인 것과 달리폐광기금은 카지노업 법인세 차감 전 이익금의 10%이었다.

따라서 폐광개발기금은 매출액을 기준으로 하는 관광기금보다 액

31) "폐광기금은 그나마 전국 8개 폐광 지역 시·군에 배분된다. 강원도와 도내 정선군·태백시·삼척시·영월군뿐 아니라 경북 문경·충남 보령·전남 화순 등도 기금을 나눠 갖는다. 카지노가 세워진 정선군이 지원받은 2003년 폐광기금은 47억 원으로 전체 기금의 14.31%에 그쳤다"(《경향신문》 2006. 1. 30.).
32) 카지노 사업자는 관광진흥법 제 29조에 의거 총매출액의 100분의 10 범위 안에서 관광진흥 개발기금을 납부한다. 구체적인 징수비율은 다음과 같다.

매출액(전년도)구분	카지노사업자납부금징수비율
총매출액이 10억 원 이하 시	총매출액(전년도)의 1/100
총매출액이 10~100억 원	1천만 원+총매출액 중 10억 원 초과금액의 5/100
총매출액이100억 원 초과 시	4억6천만 원+총매출액 중100억 원 초과금액의 10/100

수가 적을 수밖에 없었다. 폐광 지역의 경제를 살리고자 강원랜드를 지어 놓고도 중앙 정부가 3배 가까이 많은 금액을 가져가고 있는 것이다. 무엇보다 폐광지역개발을 위한 재원을 마련하려는 목적에 충실하고자 중앙과 지방의 재정불균형을 바로잡자는 지역주민의 목소리가 높지만, 정부는 "우리는 카지노 이익금의 10%만 지역에서 사용한다는 것을 알고 주식을 샀다. 그런데 주식회사의 이익금을 주주들의 동의 없이 멋대로 가져가는 법이 어디 있는냐?"(성희직 2002: 208)고 따지는 소액주주의 반대를 들먹이며 폐광기금 납부률 인상에 소극적이었다.

그런데 아닌 말로 정부 자신들의 몫은 그대로 놔둔 채, 수천 명에 이르는 주주들의 호주머니만을 털려고 하는 정부 정책에 어느 누군들 호응할 수 있겠는가? 이렇게 시간을 끌다가 2006년에 들어서야 폐광기금의 납부기준을 이익금의 20%로 인상하였다. 그럼에도 지방세는 여전히 국세의 43.1%에 지나지 않는다. 한국의 역대 정부가 1960년대 이후 사행산업을 합법화하면서 해왔던 것처럼, 거의 매년 납세자의 날이면 국세 1,000억 원탑을 수상해 온 강원랜드는 조세 저항 없이 국가 재정을 확충하는 구실을 충실히 하고 있는 것이다. 즉 강원랜드는 강원도 폐광지역이 아니라 베팅의 귀재, 도박공화국 정부를 위한 '대－박민국랜드'인 것이다. 나아가 정부는 강원랜드뿐만 아니라 전국을 도박장화하고 있다.

2. 도박공화국
'전국이 도박의 바다'

정부가 '인생역전'을 내세워 은연중 도박을 권하는 사이
서민들은 도박 광풍에 휘말리고 있다. 경마, 경륜, 경정, 카지노, 복권 등
정부가 주도하는 5대 사행사업에 한 해 10조 원이 넘는 돈이
몰리다 보니 '대한민국은 도박공화국'인 셈이다
— 《국민일보》 쿠키뉴스, 2006. 8. 27.[33]

강원랜드 따라 배우기

폐광촌은 정부의 무책임하고 무대책적인 지역 활성화정책의 산물
인 카지노 도박에 따라 이끌리게 되었고, 한 순간에 탄광촌은 카지노
도시로 재탄생되었다. 더욱이 화려한 카지노 불빛은 사북·고한 지역
에 한정되지 않고 전국으로 확산되어 전국 방방곡곡을 도박장으로 만
들고 있다. 오늘날 카지노는 도박의 대명사가 아니라 21세기 굴뚝 없
는 문화산업 시대의 효자로 각광을 받고 있다. 나아가 외국인 전용 카
지노 산업을 발전시키는 일은 현재 한국 경제가 당면한 위기 상황을
타개하기 위해 가장 직접적이고 다대한 효과를 불러올 수 있는 방안
가운데 하나라고 주장하기도 한다(조용장 2004: 16).

이러한 주장은 일반적으로 카지노 산업이 미치는 경제적 파급효과

---

33) http://blog.naver.com/khy021/60027983082

가 매우 크다는 점(조용장 2004: 17~18, 정두연 2006: 127~130)에 바탕
을 두고 있는데, 그 효과는 다음과 같다. 첫째, 일정한 시설만 갖추면
연중무휴로 영업할 수 있는 순수한 인적 서비스업인 카지노 산업은 타
산업에 견주어 탁월한 고용창출 효과를 가지고 있다. 외래 관광객 10
명이 입국하면 1개의 새로운 일자리가 만들어지는데, 외국인 전용 카
지노 1개면 대략 1천~1천 500명의 신규 일자리를 창출한다고 한다.
둘째, 카지노 산업은 외화가득 효과가 대단히 뛰어난 산업이다. 카지
노 산업의 외화가득률은 자그마치 93.7%로 반도체(39.3%), TV(60.0%),
자동차(79.5%) 등과 견주어 볼 때 월등히 높다. 또한 수출대체효과도
상당히 크다고 한다. 외래 관광객 1명이 카지노를 이용할 경우, 반도
체 76개, 컬러 TV 4대를 수출한 효과가 있다고 한다. 셋째, 카지노 산
업은 고부가가치산업으로서 단순 도박이 아니라 항공·숙박·음식·쇼
핑 등 타 산업으로 파급효과가 대단히 큰 환경친화적 무공해 산업이
다. 넷째, 카지노 산업은 한정된 관광자원을 대체할 수 있는 훌륭한 대
체 관광산업이자, 강원랜드의 예에서 보듯이 낙후된 도시를 활성화
할 수 있는 지역개발 효과가 매우 뛰어나다.

　이런 이유에 바탕을 두고 "구멍가게 수준인 한국 카지노산업"(매일
경제 2007. 2. 12.)에서 과감하게 탈피하여 한국경제의 어려움을 극복
할 수 있는 "21세기형 국가전략산업"(조용장 2004: 49)으로 육성하여
야 한다는 주장이 늘어나고 있다. 특히 사회문제를 일으키고 있는 강
원랜드에 견주어 내국인 출입이 엄격하게 통제되는 외국인, 특히 중
국인을 대상으로 하는 외국인 전용카지노는 사회적 문제를 일으킬 염
려도 없이 한국경제 어려움을 극복할 수 있는 비책이자 한줄기 빛이
될 수 있다고 한다.

　이런 외침에 호응이라도 하듯, 정부는 2005년 외국관광객을 유치한

다는 명목으로 공기업인 한국관광공사를 신규카지노 영업자로 선정하여 외국인 전용 카지노 사업에서도 '국영(國營) 카지노 시대'를 열었다. 한국관광공사가 카지노 영업장 임대업체를 선정하는 과정에서 발생한 수많은 의혹들을 뒤로하고 정부는 "카지노에서 발생하는 이익금을 공익목적 사업의 재원으로 사용토록 한다는 논리만을 내세우며" (손봉숙 2007: 62) 국내·외 카지노 사업 나아가 사행산업의 절대강자가 되는 것에 열을 내고 있을 뿐이다. 이 모든 것은 정부에게 '대박'을 맞게 해 준 강원랜드 카지노의 경험에서 비롯되고 있다.

특히 강원랜드는 폐광촌을 넘어 한국 근대화 과정에서 이른바 낙후된 모든 지역의 대표적인 발전모델로 자리 잡아가고 있다. 다른 지역의 자치단체들은 강원랜드 카지노를 지역개발 모델로 벤치마킹하여 서로 사행산업을 지역에 유치하려고 경쟁을 하고 있다. 이런 경향은 강원랜드 한 직원의 다음 이야기에서 잘 드러난다.

> 저는 지금 강원랜드를 없애자는 것에는 동의를 할 수 없는데, 그러면 폐광지역 주민들은 어떻게 합니까? 일하는데! 뭔가 강원랜드라는 회사가 어떤 특수 지역에 대체 산업으로서의 모델로는 잘못된 모델링이 되었다는 것은 확실해요. 제 생각에 너무 장사가 잘되다 보니까, 하다못해 다른 지자체에서 공장은 지을 생각 안하고 도박장만 만들려고 한다는 거죠. 지금 강원랜드를 보고 다 따라 하는 거예요. 전에는 민속 소싸움을 했지만 이제는 소에다가도 마권 하듯이 우권해가지고 민속놀이도 아니고 전통성을 상실하고, 어쨌든 간에 모든 것을 도박에 붙이는 거 아닙니까? 진돗개, 개싸움까지 한다고 하는 그거 그렇잖아요. 개 경주, 하우스 카지노를 보더니 모든 것이 카지노식으로 계속 양산되고 있는 거죠. 지자체에서 강원랜드가 돈이 되니 다 그런 식으로만 하려고 하죠. 그래서

우리가 잘못된 모델이 되었다는 거죠.

강원도 폐광지역에 내국인 카지노가 설립이 가능하게 된 것은 오직 폐특법의 특례조항 때문이었다. 따라서 폐특법 유효기간이 만료되는 2006년에 폐특법 연장을 원하는 사북·고한 지역과 카지노 설립을 원하는 다른 지역 간의 갈등이 만만치 않았다. 이 모든 것은 지방자치단체들이 강원랜드 카지노의 성공에 자극을 받아 사행산업으로 '손쉽고 안전하게' 지역개발을 하고자 하는 데서 비롯되었다. 따라서 폐특법에 의해서만 생존이 가능한 강원도 폐광지역은 정부가 제주도, 영종도, 금강산, 전남 등 다른 지역에 카지노를 확대·허용하는 것을 결사반대하였다.

이와 달리 다른 지역들은 폐특법 시효가 완료되고 자신들의 지역에서도 내국인 카지노 설립이 허가되기만을 손꼽아 기다렸다. 그러나 폐특법이 2015년까지 연장되면서 다른 지역이 단시일 안에 내국인 출입 카지노를 설립할 수 있는 가능성은 멀어졌다. 그러자 전국의 지자체들은 대안으로 기존의 지역 축제 등을 적극적으로 사행사업화하며 전국을 도박장으로 만들고 있다. 예로 정부는 2002년 '전통 소싸움 경기에 관한 법률'을 제정해 소싸움도 돈 걸고 내기를 할 수 있도록 허용했다. 경북 청도, 경남 진주·의령, 전북 정읍 등 전국 10여 개 지자체는 '민속소싸움'의 세계적인 관광상품화, 축산발전 도모, 지역경제 활성화 및 지역발전 도모를 목적으로 소싸움장을 개장하였다. 민속놀이라는 이름 아래 진행되는 소싸움이 지방재정 확충을 위한 효자 노릇을 하면서, 다른 지자체들도 소싸움 외에 투견, 투계 등을 유치하기 위해 노력하고 있다. 한 카지노 노숙자는 이런 현실을 다음과 같이 표현하였다.

우리나라는 카지노가 문제가 아니라 지금 서울 시내고 지방 어디고 성인오락실이 장난이 아니야. 지금 썩어서 냄새가 나 냄새가. 봐라! 경륜, 경마, 모터사이클까지 이번에 태백에 되었잖아. 조만간에 상장될 것 같아. 아주 일주일 내내 도박이다(정수동, 남, 50대 초반, 수원, 아리랑찜질방, 2005. 7. 19.).

일주일 동안 경정장(수·목)—경륜장(금·토·일)—경마장(토·일)을 순회하고, 때로는 바람을 쐬러 강원랜드 원정을 다녀오고, 그리고 시간이 날 때마다 주변에 즐비한 성인오락실을 드나들며 밤낮을 가리지 않고 매일 매일 도박을 즐긴다. 그것도 모자라 정부와 지자체는 게임 종목을 다양화하고 시간 이용을 더욱 효율적으로 도박에 투자할 수 있도록 새로운 종목을 개발하는 데 수고를 마다하지 않고 있다. 돈 놓고 돈 먹는 게임에 굳이 형식과 내용을 따질 필요가 없다는 것이다. 지자체에게 사행산업은 황금 알을 낳는 산업이자 지역개발을 위한 '마법의 손'이다. 내 땅에 '돈'이 흐른다면 지역이 어떻게 되든 상관이 없다. 강원랜드 카지노가 사북·고한 지역에 심각한 사회문제를 일으키고 있는 것을 보면서도 각 지방자치단체들은 사행산업이 낳는 부작용에 대해서는 그냥 눈을 감는다. 아니 보이지 않는다. 그 부작용마저도 장점으로 보인다. 오히려 사행산업은 오락도 하면서 운이 좋으면 큰돈까지 벌 수 있는 최고의 레저산업이라고 선전을 한다. 강원랜드 카지노는 뭐라고 하여도 폐광촌의 희망이자, 나아가 한국의 근대화 과정에서 낙후된 모든 '저발전 지역(?)'의 개발을 위한 만병통치약이자 희망이다. 아니 이 땅 모든 지역의 희망이다. 전국이 사행산업을 위한 '특례의 땅'이 되고자 한다.

사행산업의 전성시대

해방이후 한국에서 도박이 합법적으로 사회제도에 도입된 것은 1960년대 중반에서 후반에 걸친 기간이다. 5.16 쿠데타로 정권을 잡은 박정희 정부는 경제개발을 지상최대의 목표로 설정하였고 국가 주도의 경제개발에 박차를 가하였다. 이를 위해 국가는 막대한 돈이 필요했으며, 이런 상황에서 합법적인 도박은 별다른 조세저항이 없이 재정규모를 확대할 수 있는 방안으로 받아들여졌다(이태원·김석준 1999: 187).

1962년 한국마사회법이 제정되고 1964년 대통령배 경마가 개최되면서 경마[34]는 국가적 사업으로 상징성을 획득하며 국가주도 사행산업의 시작을 알렸다. 1967년에 인천 올림포스 호텔에 첫 카지노가 개장했다. 그리고 2년 뒤에는 주택복권이 등장하며 본격적인 복권시대[35]가 열렸다. 당시만 해도 주택복권은 일확천금을 노리는 수단보다는 집 없는 서민들을 위한 복(福)의 이미지가 강했다(정두연 2006: 67).

1960년 중반 이후 합법적 사행산업은 대체적으로 경마, 외국인 출입 카지노, 복권 등 기존의 사행산업 안에서 꾸준히 확장되었다. 이 시기에 정부는 정당성 위기 속에서 권위주의적이고 보수적인 정책기조를 유지하였고, 도박에 대한 부정적 여론에 밀려 새로운 도박의 확산을 자제하였다. 또한 도박은 일부 몰지각하고 비도덕적인 사람들의

---

34) 경마가 시작된 것은 식민지 시절인 1922년 '조선경마구락부' 설립 인가부터이다.

35) 복권은 1947년 12월 대한 올림픽 위원회가 해방 이후 처음으로 열리는 제16회 런던 올림픽 참가경비를 마련하기 위해 '올림픽 후원권'을 발행한 것을 시발점으로 '후생복표'(1949년), '애국복권'(1956년), '산업박람회복권'(1962년) 등이 한시적으로 발행되었다.

범법행위로만 여겨졌다.

1990년대에 들어서면서 기존의 합법적 도박뿐만 아니라 새로운 유형의 도박도 합세하여 합법적 사행산업은 급속한 양적·질적 팽창을 거듭하였다.36) 예로 1991년 '경륜·경정 법안'이 국회를 통과된 뒤 1994년 10월 경륜, 2002년 6월 경정이 차례로 출범하였다. 특히 2003년 로또복권이 발행되면서 복권에서도 도박성이 강해졌다. 1970년 이후 외국인전용으로 운영되던 카지노도 2000년 폐광지역 활성화 방안으로 강원랜드 카지노가 설립되면서 내국인에게도 개방됐다. 특히 2000년도에 들어 정부와 각급 지방자치단체는 경제활성화와 일자리 창출, 그리고 외래 관광객 유치 등을 이유로 다양한 사행성 산업들을 합법화하면서 성장세가 두드러지기 시작하였다. 각 사행산업별로 현황을 살펴보면 다음과 같다.

경마는 한국에서 가장 오래된 사행산업이다. 현재 경마는 1989년에 건설된 과천 경마장을 비롯한 제주·부산·경남의 3개 경마공원과, 33개소 장외발매소(수도권 26개소, 지방 7개소)에서 이루어지고 있다. 특히 경마 입장객 수와 매출액 점유율에서 경마공원보다는 장외발매소 편중현상을 보여주고 있다. 2000년대에는 장외지점 매출액이 총매출액의 약 70%(2000년 68.6%, 2001년 70.6%, 2002년 71.0%, 2003년

---

36) 한국에서 1960년대부터 전개된 도박 합법화의 단계는 다음과 같이 구분될 수 있다. 국가주도 경제개발이 본격적으로 이루어지기 시작한 1960년대 중반에서 후반에 이르는 기간은 합법적 도박의 도입기, 기존의 합법적 도박을 가능한 범위에서 확대하는 1970년대에서 1980년대 초에 이르는 시기는 합법적 도박의 연장기, '경제자유화정책'에 따라 합법적 도박의 확대정책이 행해진 제5공화국(1982~1988)은 합법적 도박의 성장기, 제5공화국의 기조를 일정부분 계승한 노태우정권(1988~1992)은 합법적 도박의 팽창기, 그리고 세계화를 표방한 김영삼 정권은 합법적 도박의 융성기 등이다(이태원·김석준, 1999: 185~192).

70.0%, 2004년 69.7%), 장외지점 입장객수가 총 입장객의 약 80%(2000년 75.7%, 2001년 78.2%, 2002년 82.5%, 2003년 83.1%, 2004년 80.5%)를 차지하고 있다. 이는 경마사업이 본장을 중심으로 한 건전한 레저산업이 아니라 베팅을 중심으로 하는 사행사업으로 자리 잡아 가고 있음을 잘 보여준다. 현재 농림부와 마사회는 지역주민들의 반발을 무시하며 장외발매소 수를 더 늘리고자 노력하고 있다.

경륜은 1994년 10월 15일 서울 올림픽공원 안의 잠실 경륜장에서 시작되었다. 2007년 현재에는 국민체육진흥공단 소속으로 광명경륜장(잠실경륜장을 대체하여 2006년 2월 개장, 18개 장외매점), 창원시 소속의 창원경륜장(2000년 12월 개장, 1개 장외매점), 부산광역시 소속의 금정경륜장(2003년 11월 개장, 1개 장외매점)이 있다. 특히 1994년에 개장한 뒤로 경륜 인구가 지속적으로 증가하면서 1997년 수원장외사업소를 시작으로 현재 20개의 장외매점이 운영되고 있다. 그동안 고속성장세를 보여 왔던 경륜의 매출액은 2003년 이후 4년 연속 급감하고 있다. 이것은 내부적으로는 새로운 상품을 출시하지 못했고 외부적으로는 국내경기 침체와 바다이야기 등 불법사행성 게임장의 확산(서천범 2007: 107)에 따른 것이라고 한다. 경륜도 경마와 마찬가지로 매출액 점유율에서 본장보다는 장외매점에 편중되어 있다. 2001년 뒤부터 장외매점 매출액이 총 매출액의 70%이상(2001년 70%, 2002년 72%, 2003년 72%, 2004년 72%)을 차지하고 있다.

경정은 사행산업으로는 가장 늦은 2002년 6월부터 시작되었다. 경정장은 1988년 서울올림픽 당시 조정경기가 열렸던 미사리 한강 조정 카누 경기장을 개수한 것이다. 현재 경정장은 미사리 경정장과 경륜의 장외매점을 공동으로 활용하고 있는 13개 장외매점이 있다. 경정도 경마·경륜과 마찬가지로 장외매점의 매출액이 본장의 매출액을 웃

돌아 총매출액의 약 70%(2003년 53.1%, 2004년 65.6%, 2005년 77.6%)를 차지하고 있다.

이처럼 사행산업은 양적인 측면에서 뿐만 아니라 수익의 측면에서도 '불황을 모르는 산업'으로 급속한 성장을 하였는데, 이 점은 국내 사행산업의 총베팅액과 입장객 수의 추이에서 잘 보인다.

〈표 III-3〉 국내사행산업의 총베팅액 및 입장객수 추이[37]

		1998	1999	2000	2001	2002	2003	2004	2005	2006
총베팅액 (억 원)	경마	29,500	34,200	46,229	60,163	76,491	61,729	53,303	51,548	53,109
	경륜	3,384	5,956	12,243	20,742	29,134	24,122	20,421	18,705	17,721
	복권	3,209	4,216	5,074	7,063	10,145	42,341	38,190	28,438	25,940
	강원랜드	–	–	2,679	18,156	21,336	27,700	34,000	36,080	36,854*
	경정	–	–	–	–	1,223	3,266	3,379	4,127	3,972
	합계(A)	36,093	44,372	66,225	106,124	138,329	159,158	149,292	138,898	137,596
	증가율	8.4	22.9	49.2	60.2	30.3	15.1	−6.2	−7.0	− 0.9
레저시장규모 (억 원, B)		164,425	192,796	238,272	261,086	300,071	288,292	277,000	295,075	310,057
사행산업비중 (A/B,%)		22.0	23.0	27.8	40.6	46.1	55.2	53.9	47.1	44.4
년간 입장 객수 (만 명)	경마	985.5	1,042.7	1,195.5	1,336.6	1,628.0	1,674.9	1,540.7	1,618.5	1,944.3
	경륜	210.5	340.8	354.4	479.9	552.0	565.1	572.1	545.5	564.4
	강원랜드	–	–	20.9	90.0	91.9	154.8	178.5	188.1	179.4
	경정	–	–	–	–	45.2	121.7	143.3	190.8	196.8
	합계	1,196.0	1,383.5	1,560.8	1,906.5	2,317.1	2,516.5	2,434.7	2,542.9	2,884.9
	증가율(%)	17.6	15.7	12.8	22.1	21.5	8.6	−3.1	4.4	13.4

출처: 손봉숙(2005: 5), 서천범(2007: 9~10).
*《갬블백서2007》에서는 다른 사행산업과 달리 강원랜드 카지노는 총베팅액이 아닌 매출액(고객의 총지출액)이 기록되어 있어 2005년 총베팅액과 비교하여 산출하였다.[38]

---

37) 《갬블백서2007》에서는 기존과는 달리 국내 사행산업이 레저시장규모에서 차지하는 비중을 총베팅액이 아닌 참여고객의 총지출액(총베팅액 − 고객환급금)을 기준으로 하여 분석하고 있다. 또한 강원랜드 카지노는 총베팅액이 아닌 참여고객의 총

2000년까지 20%의 '높은'(?) 증가율을 보이던 사행산업의 규모는 2001년을 기점으로 40~50%대의 '더 높은' 증가를 하며 10조 원대 시장으로 급성장하였고, 레저시장에서 차지하는 비중도 40%에 이르렀다. 이렇게 사행산업 규모가 급속하게 성장한 데에는 주 5일 근무제, 가처분 소득의 증가, 사행심리의 지속적 확산 등이라는 수요 요인(류광훈 2003: 105)도 중요하지만, 무엇보다 정부의 도박합법화와 장려정책에서 일차적 원인을 찾을 수 있다.

더욱이 2000년 10월에 개장한 강원랜드 스몰카지노가 사행사업이 10조 원대 규모의 시장으로 확대되는 데 일등공신 노릇을 하였다. 또한 강원랜드에 자극을 받은 한국마사회와 국민체육진흥공단이 경마·경정·경륜의 장외발매소를 개설하면서 각 사행업체의 총베팅액도 덩달아 증가하였다. 그 뒤로 사행업체들의 확장경쟁이 치열해지면서 사행산업 총베팅액 규모는 2003년에 이르러 최정점에 달했고, 레저시장에서 차지하는 비중도 자그만치 55%에 이르렀다. 한국사회에서 레저

지출로 대체되어 있어 금액자체가 1/4로 축소되었다. 따라서 국내 사행산업이 레저시장에서 차지하는 비중은 40%대에서 10%대로 하락하였다. 그러나 《갬블백서 2007》에서 사행산업의 시장규모는 총베팅액을 기준으로 하고 있어, 이 글에서는 기존 방식 총베팅액을 그대로 받아들여 분석을 하였다.

38) 사행산업 관련분야에 종사하는 사람이 제공한 내부 자료에 따르면, 다른 사행산업의 총베팅액은 동일하였는데, 강원랜드 총베팅액은 《갬블백서2007》에 기재된 내용과 차이가 많았다. 이 자료에서는 강원랜드 총베팅액을 경마경륜처럼 계산했다고 했는데, 강원랜드 총베팅액은 2005년부터 사행산업 가운데 1위를 차지하고 있다. 강원랜드 연도별 총베팅액(단위: 억 원)은 다음과 같다. 2001년 29,284억 원, 2002년 30,284억 원, 2003년 42,852억 원, 2004년 48,387억 원, 2005년 53,548억 원, 2006년 56,146억 원이다. 한마디로 강원랜드의 총베팅액은 요지경인데, 이는 카지노의 사회적 부작용에 대한 비판을 의식하여 상당부분을 축소하여 보고하고 있기 때문인 것으로 추정된다. 이 자료에 따르면 카지노는 2005년 을 기점으로 경마를 제치고 합법적 사행산업의 최강자로 등극했다.

산업은 곧 사행산업이라고 해도 무리가 없을 듯하다. 이 시기의 사행산업은 당시 한반도를 강타하였던 인생역전의 로또복권 사업이 주도하였다.

2004년부터 사업별로 차이는 있지만 전체 사행산업은 점차 정체기로 들어섰다. 2006년 '바다이야기' 사태로 말미암아 불법도박장에 대한 단속이 강화되면서 합법 사행산업의 감소는 둔화되었다. 2006년 합법사행산업의 시장규모는 13조 7,596억 원으로 2005년보다는 0.9%, 2003년보다는 13.5% 감소하였다. 사업별로는 경륜, 복권 등에서 고객 총베팅액은 감소세가 지속되고 있다. 특히 한국 사회에 로또 광풍을 몰고 왔던 로또 등 복권사업의 하향세가 두드러진다. 경마와 경륜은 증가와 감소를 반복하고 있다. 이와 달리 강원랜드 카지노는 지속적으로 증가세를 이어가고 있다.

사행산업이 레저시장에서 차지하는 비중도 2003년 55.2%를 정점으로 점차 내려가고 있다. 그렇지만 여전히 사행산업이 레저시장에서 차지하고 있는 비중은 절대적이라고 할 수 있다. 한국인이 레저를 위해 투자하는 돈의 거의 절반은 사행사업장으로 흘러 들어가고 있다. 이 점은 한국의 주요 사행산업의 연간 입장객 수가 지속적으로 증가하고 있는 데서 확인이 된다. 연간 입장객수는 2004년에 잠시 감소하였지만, 다시 증가세로 돌아서 이제는 3천만 명시대로 접어들고 있다. 이처럼 든든한 인적 인프라를 가진 사행산업은 성장세를 멈추지 않고 있다.

한국레저산업연구소의 해석에 따르면, 2004년 이후 감소세로 전환된 것은 내수 침체가 지속된 데다, 카지노바·성인오락실 등 불법도박장이 넘쳐나면서 게임 참여자들이 불법도박장으로 발길을 돌렸기 때문으로 풀이했다(《연합뉴스》 2006. 1. 5.). '합법적' 사행산업의 매출액

감소는 사행산업이 건전화하거나 축소되었음을 뜻하지 않는다. 오히려 사행산업은 합법과 불법공간을 넘나들며 더욱더 확산되고 있다. 특히 불법사행산업은 합법사행산업을 위협할 정도로 급속하게 팽창하고 있다. 이른바 성인오락실, 게임장, 불법 PC방이 우리의 주택가를 장악해 가고 있다. 이 풍경은 MBC라디오 〈손에 잡히는 경제〉(2005.12. 23.)의 다음 보도에서 잘 그려진다.

한국 사회는 합법 사행산업 외에도 스크린 경마를 하는 성인오락실과 카지노바, 사설도박 등의 불법도박이 크게 번창하고 있다. 스크린 경마, 릴(reel) 게임 등을 하는 성인오락실이 체인화하면서, 전국적으로 1만 3,000여 개소에 달하는 것으로 추산되는데요, 2002년에 비해서 50% 이상 늘어났다. (…) 최근 카지노 바가 급증하면서, 카지노 딜러들의 몸값이 크게 치솟고 있고, 강원랜드 카지노의 딜러들도 올해 들어 130여 명이 카지노 바로 전직했다고 합니다. 정부에서는 성인오락실의 시장규모가 연간 12조 원에 달하는 것으로 추산하는데, 여기에 사설도박, 카지노바 등을 포함하면 그 이상이 된다고 할 수 있다. 불법도박이 성행하면서 정부에서 운영하는 합법적인 사행산업의 매출액이 영향을 받을 정도라고 한다. (불법도박이 성행하는 사회적·경제적 요소가 있을 텐데, 어떤 요인을 들 수 있을까요?) 우선 우리 경제가 침체되어 있기 때문에 사업이 잘 안 되고 있고, 취업도 쉽지 않으면서 '대박'을 노릴 수 있는 불법도박에 많은 사람들이 몰리고 있는 것으로 생각됩니다. 대학생들까지 가세하고 있는 실정입니다. 또 정부에서 운영하는 합법적인 사행산업은 고객환급률이 낮고 매일 베팅을 할 수 없기 때문에 도박 맛을 본 분들이 접근하기 쉬운 동네의 불법도박장에 몰리고 있습니다. 불법도박장은 세금을 내지 않고 고객들에게 더 많은 돈을 배당해주고, 돈을 다 잃을 경우 원금의

10% 내지 20% 정도를 되돌려주면서 고객들을 끌어들이고 있죠.

　2001년 성인오락실이 허가제에서 등록제로 바뀌면서 전국의 성인오락실 수가 급증하였다. 더욱이 정부가 온라인 게임산업 발전이라는 미명 아래 온라인 게임을 감싸주면서 불법 PC방 등이 우리의 일상생활 속으로 더욱더 깊이 침투하게 되었다. 그리고 앞에서 말했듯이, 강원랜드 등 합법적 사행영업장을 통해 도박을 배운 사람들이 강원랜드의 낮은 승률, 제한된 베팅액, 저급한 서비스 등으로 말미암아 불법 사행사업장으로 몰리면서 이들은 호시절을 누리고 있다. 사회 전반적으로 구조조정, 명예퇴직 등 해고의 위협이 도사리고 있는 소용돌이 속에도 카지노 딜러 등 사행산업 관련자들의 몸값은 오히려 치솟으며 '딜러의 전성시대'를 누리고 있다.

　한국 검찰이 파악하고 있는 사행성 게임장과 PC방 실태에 따르면, 2006년 6월 현재 전국에 성인용 게임장(일반게임장＋스크린경마장)이 1만 5,327개소, PC방은 2만 971개소가 등록되어 있다. 검찰은 성인용 게임장의 대부분, PC방 가운데 5,000여 개 업소가 불법 사행성 영업을 하고 있는 것으로 추정하고 있다(손봉숙 2007: 107 참조).

　문화관광부는 2005년 12월 성인용 게임기 1대당 1시간에 9만 원 이상 투입할 수 없고, 당첨 시 지급하는 상품권도 1회 2만 원으로 제한하였다. 그러나 상당수 오락실은 오락기를 불법 개조해 시간당 투입 금액을 올리고, 수백만 원의 상금을 내걸고 편법 영업을 해왔다(서천범 2007: 14). 게임장과 PC방 대부분은 서울과 수도권에 집중되어 있지만, 전국 방방곡곡에 일반게임장 또는 사행성 PC방이 없는 곳이 없다. 전국이 도박장으로 되었고, 불법도박은 몇 년 사이에 합법 사행산업과는 비교할 수 없을 정도로 급성장하였다. 이는 국내게임시장 매출

<표 III-4> 국내게임시장 매출액 현황 (단위: 억 원, %)

년도	구분	온라인게임	모바일게임	비디오게임	PC게임	아케이드게임*	PC방	아케이드게임장**	비디오게임방	합계
2004	규모	10,186	1,617	1,866	534	2,247	16,772	9,351	583	43,156
	점유율	23.6	3.7	4.3	1.2	5.2	38.9	21.7	1.4	100.0
2005	규모	14,397	1,939	2,183	377	9,655	19,923	37,966	358	86,798
	점유율	16.6	2.2	2.5	0.4	11.1	23.0	43.7	0.4	99.9
	성장률	41.3	19.9	17.0	−29.4	329.7	18.8	306	−38.6	101.1
2006	규모	17,768	2,390	1,365	264	7,009	18,647	26,770	276	74,489
	점유율	23.9	3.2	1.8	0.4	9.4	25.0	35.9	0.4	100.0
	성장률	23.4	23.3	−37.5	−30.0	−27.4	−6.4	−29.5	−22.9	−14.2

출처: 한국게임산업진흥원(2006: 2007)
*스크린경마게임 생산매출 제외, 청소년게임, 성인게임 생산 매출 포함.
**스크린경마장 매출 제외, 청소년게임장, 성인게임장 매출 포함.

액 변화에서도 잘 나타난다.

국내게임시장은 2004년도 약 4조에서 2005년 8조 2,318억 원으로 2배 이상 확대되었다. 이 액수는 2005년 합법사행산업의 시장규모 13조 8,898억 원의 약 60%에 도달하였다. 그런데 정부는 연간 12조 원이 성인오락실에 뿌려지는 것으로 추산(서천범 2007: 13)하고 있어 불법과 합법 사행산업 시장규모가 거의 비슷한 수준에 이르렀다고 볼 수 있다.

게임시장별로 살펴보면, 게임산업 가운데 가장 사행성이 강한 아케이드 게임과 아케이드 게임장의 성장이 놀랍다. 2005년은 아케이드 게임의 해라고 할 수 있으며 그 중심에는 '바다이야기'가 있었다. 2005년도 인기게임 현황을 살펴보면, 바다이야기 24.8%, 황금성 16.3%, 야마토 12.9%, 철권 14.7% 등 사행성 게임물이 압도적인 인기를 차지하고 있다(손봉숙 2007: 68). 2006년에 들어 '바다이야기 사태'로 전년도에 견주어 아케이드게임 시장규모가 많이 축소되었다. 검찰,

경찰 등 정부기관들이 수개월에 걸쳐 사행성 게임장을 대대적으로 단속한 결과, 전국 아케이드 게임장의 약 50%가 폐업하였으며, 많은 아케이드게임 개발 및 유통사들이 문을 닫았다(한국게임산업진흥원, 2007). 그렇지만 여전히 아케이드게임 사업이 게임시장에서 차지하는 비중은 압도적이다.

이렇게 불법의 온라인 사행산업장이 활기를 띠면서 합법의 사행산업 시장을 잠식하고 있다. 이에 합법의 사행산업체도 가만히 앉아서 당하고 있지 않겠다고 팔을 걷고 나섰다. 정부도 이들과 맞장구를 치며 앞장서서 사행업체의 스크린 및 인터넷 도박을 합법적으로 장려하고 있다. 예로 경마·경륜·경정에서 장외발매소의 매출액 비중이 높아지자, 정부와 각 지자체 그리고 사행산업체는 본장에 견주어 투자비용은 적은 반면에 수입은 좋은 장외발매소의 추가 설치에만 혈안이 되어 있다. 이들이 '경마의 건전화와 대중화', '가족단위 건전한 오락 공간', '(수상)레저 스포츠 활성화' 등 초기의 허울 좋은 명분마저 버린지 너무 오래다.

경마·경륜·경정 장외지점의 병적도박자 비율은 각각 60%·72.7%·46.5%로 나타났으며, 이는 본장(과천경마장, 잠실경륜장, 미사리 경정장)에 견주어 평균 8% 높은 수준(강원랜드 2003: 106)이라는 연구결과에도 관심이 없다. 정부도 수익성을 높이기 위한 사행산업체의 노력에 찬사를 보내며 적극 호응해준다. '생산성'이 전혀 없고, 오히려 수많은 사람들의 삶과 가정을 파괴하는 데 뛰어난 '생산성'을 보이고 있는데도 '산업'이라고 추켜세우며 지원한다. 누이 좋고 매부 좋고, 좋은 것이 좋은 것이다!

이것도 모자라 불법 도박을 뿌리 뽑고 건전화하겠다고, 아예 "도박기회의 확산을 가져오는 21세기 도박의 수도"(리스 2006: 240)인 인터넷 도박을 합법화하겠다고 한다. 예로 인터넷 로또를 들 수 있다. 복권위원회는 로또복권을 발행한 뒤로 다른 복권, 이른바 전자복권 사업자들의 수익성이 점점 악화되고, 또한 로또 복권의 수익도 감소추세로 돌아서는 현실을 극복하기 위해 인터넷 복권을 발행하여 2006년 7월 1일부터 시행에 들어갔다.

인터넷 로또는 인터넷 로또 홈페이지에 회원가입만 하면 집, 직장 등 어디에서나 인터넷으로 구입이 가능하다. 로또복권이 45개의 숫자 중 6개(확률 814만 분의 1)를 맞혀야 하는 반면, 인터넷 로또는 42개 가운데 6개(530만 분의 1)를 맞히면 되게 하여 당첨률을 높였다. 또한 1등 당첨금이 20억이며, 1인당 하루에 10만 원까지 살 수 있도록 하였다. 인터넷 로또 한 장이 1,000원으로 하루 100장까지 구매가 가능하게 되었다.

이처럼 인터넷 로또는 접근의 용이성, 구매의 편리성, 높아진 당첨 확률로 사람들의 관심을 끌며 더욱더 사행심을 조장할 가능성이 많다. 특히 복권위원회가 〈전자복권 운영 건전화 방안(안)〉이라는 보고서에서 "당첨금 지급률 인상은 전자복권에 대한 국민적 호의도를 증대시키게 되며 부수적으로 불법적 사행시장(성인오락실 등)의 흡수효과가 기대"된다며, 인터넷 로또가 결국은 불법 사행시장보다 높은 배당률로 국민들의 사행심을 조장하고 있음을 시인하고 있다(손봉숙 2007: 16 참조).

정부는 도박이라는 우연의 게임을 앞장서서 실체화하며, 전국을 도박장으로 만들고 있다. 전국 어디에서나 우리는 손쉽게 도박을 접할 수 있다. 아니 내 침실에서도 내 공부방에서도 집안 곳곳에서 도박을 할 수 있다. '전국의 도박장화'도 부족하여 '일상생활 공간도 도박장화'하고 있는 것이다. 결국 이는 2006년 8월, 이른바 '바다이야기' 사태를 일으켰다. "전국이 도박의 바다"라는 《경향신문》의 김용민 만평(2006. 8. 21.)은 한국 사행산업의 실태를 잘 풍자해주고 있다.

정부가 국민을 배려하여 온라인 도박산업을 활성화한 덕분에 우리는 굳이 멀리 차를 타고 강원도 산골, 과천 경마장, 미사리 경정

바다이야기 사태를 풍자한 《경향신문》 만평. ⓒ 김용민

장 등을 찾아갈 필요가 없다. 시내에서 친구를 기다리는 동안, 아니 집 앞 슈퍼에 슬리퍼 신고 담배 사러 갔다가 돌아오는 길에도, '잠시' 들러 '건전한 게임'을 즐길 수 있을 정도로 우리는 언제 어디서나 쉽게 도박장을 찾을 수가 있다. 아니 굳이 수고스럽게 도박장을 찾을 필요도 없이 자연스럽게 내 눈 앞에 존재하고 있다. 이런 상황은 '바다이야기' 사태가 한참 진행 중이었던 2006년 8월 28일에 열린 〈사행성 게임산업 실태 및 대안〉을 위한 긴급 현안 토론회에 증언자로 나선 한 도박 중독자의 이야기(손봉숙 2006b: 55~56)에서 잘 드러난다.

(…) 저는 평범한 개인 사업을 하였으며 여느 사람과 다름없이 공주 같은 두 딸을 가진 나름대로 가치 있는 삶을 살기 위해 노력했던 사람이었습니다. "사람이었습니다"라는 표현은 그러한 것들이 과거가 되어버렸기 때문입니다. 성인오락실에서 사행성게임에 빠져들지 말아야지 수없이 다짐하면서도 너무도 쉽게 찾을 수밖에 없었던 오락과 게임이라는 허울을 뒤집어쓴 그곳에서 매일을 지새게 되는 반복 속에서 정신을 차

렸을 땐, 아니, 정신을 차렸다기보단 도저히 더 이상 게임을 할 수 없을 정도의 상황이 되었을 때는 열심히 일해서 벌었던 모든 돈을 잃고 카드 빚뿐 아니라 주변의 가까운 사람들에게 빚을 지게 되었고 사업은 엉망이 돼버리고 가정은 깨지고 신용불량자로 전락해버렸습니다. 왜 그렇게 무모하게 사행성 게임을 했느냐고 묻는다면 저 역시 처음엔 대다수의 사람들이 그렇듯이 성인오락을 아주 우습게 알고 갔습니다. 평소 잘 알고 지내던 형님이 회식 후 재미있는 성인오락실이 있는데 잘 터져서 손님이 바글바글하다고 가자고 해서 처음 가게 된 오락실에서 과거에 즐겼던 슬롯머신과 같은 스릴과 재미가 있어 하게 된 게 정신을 차릴 수 없는 중독에 빠지게 되었습니다. 카지노에서나 할 수 있을 법한 도박성게임이 동네 어느 곳에나 할 수 있다는 매력이 쉽게 게임에 빠지게 되고, 조금 지나면서 대박을 잡을 수 있다는 환상에 빠질 수밖에 없게 되었고, 거기에 언제라도 즉시 환전해주는 환전소가 오락실 바로 옆에 버티고 있어, 즉시 현금으로 바꿀 수 있는 점이 말이 오락실이지 허가난 도박장이다 보니 빠질 수밖에 없을 뿐 아니라, 돈을 잃으면 잃은 돈을 다시 따기 위해 몸부림치며 헤어나지 못하게 빠져들었던 겁니다. 정부에서 게임산업 육성이라는 명목으로 중독성이 강한 도박게임을 너무도 쉽게 서민들이 이용할 수 있게 만들었는데 (…) 성인오락은 중독성 강한 게임에 마음대로 현금이 오고가는 구조에 여러 가지 불법성을 가지고 있어 중독자와 피해자가 나올 것은 불을 보듯 뻔한 겁니다. (…) 일을 팽겨치고 성인오락에 중독되다 보니 하는 일이 엉망이 되고 (…) 장시간 의자에 쭈그리고 오락기에 집중하고 있다 보니 건강이 몹시 나빠지게 될 뿐 아니라 가정으로 돌아가지 않고 몰입하다보니 결국은 가정도 깨지게 되고 가족들과 떨어져 비참하게 혼자 살고 있습니다. 그렇다면 왜? 누가 그렇게 하라고 했느냐?? 라고 물을 겁니다. 전국 방방곡곡 골목마다 카지노와 경마장 경륜 경정 등 수많은 사행성게임장이 세워졌다면 어떻게 하시겠습니까? 도박에 관심이 없었던 사람이라도 쉽게 접할 것입니다. 그런데 성인오락실은 그게 가능하였기에 결국 '도박민국'이라는 이런 무서운 결과가 오게 된 겁니다. 도박의 범주에 넣지도 않고 죄의식도 없으면서 합법을 가장하여 돈만 있으면 어느 곳에나 있는 성인오락실에 하루 24시간 언제나 한탕을 기대하면서 슬리퍼 끌고 갈 수 있도록 되어있으니까요. 실제 시간이 지나면서 가정주부도 노인들 할 것 없이 모두 눈이 벌개져서 앉아있게 되었습니다. (…)

도박을 규제해야 할 정부가 앞장서서 도박을 합법화하고 그것도 모자라 합법적 도박을 운영하고 있는 모순의 상황에서 도박에 대한 적절한 규제 또는 사행산업에 대한 마스터플랜을 기대할 수 없다. 이런 환경에서 사행산업은 정부의 운영과 규제를 넘어 점차 도박 운영의 사유화로 진입할 가능성이 높아지고 있다. 즉 정부는 규제와 운영의 자기 모순적인 상황을 벗어나 민간에게 사행산업을 사유화시키고 과세의 확대로 재정을 손쉽게 확충하는 정책을 취하는 단계로 나아간다는 것이다(이태원 2001: 49 참조). 바로 한국 정부가 성인오락실, 온라인 게임의 불법도박을 용인하고 합법화하는 현실은 도박을 일상화하고 나아가 사행산업을 사유화하는 과정이라고 할 수 있다.

이처럼 합법적 사행산업의 팽창과 불법 및 온라인 도박 산업의 활성화로 도박장에 접근이 쉬워지면서 그곳을 출입하는 사람들이 급증하고 있다. 특히 1990년대에 들어서면서 한국 경제가 침체되어 사업도 여의치 않고, 일자리는 불안정하고, 취업은 마음같이 되지 않으면서 많은 사람들이 대박을 꿈꾸고 사행 영업장으로 몰리고 있다. 도박의 바다에 빠져 사는 '도박민국'의 국민에게 남녀노소 구별은 의미가 없다. 정말 '전국이 도박의 바다'이고, 우리 모두는 한 그물에 싸인 물고기일 뿐이다. 물론 그 물고기도 다양하고 천차만별이다. 그러나 중요한 것은 우리 모두는 의식적이든 무의식적이든 도박을 자연스럽게 일상화하고 있다는 것이다. 오늘날 어린이들도 손쉽게 도박게임을 일상화하고 있다. 바다이야기와 관련하여 한참 사행산업이 도마 위에 오르던 시기인 2006년 8월 27일, SBS 8시 뉴스에 방영된 내용이다.

〈기자〉 서울의 한 문구점. 아이들이 몰려들어 뭔가에 몰두하고 있습니다. 100원짜리 동전을 넣고 하는 뽑기 게임입니다. 1등 상품은 5천 원짜리 상품권. 원금의 50배입니다. 상품권으로 책이나 문구를 살 수도 있고 인터넷 게임도 할 수 있습니다. (…) 슬롯머신을 흉내 낸 코인 뽑기 게임도 있습니다. 100원짜리 동전을 넣으면 최고 100배에 해당하는 1만 원어치 코인이 쏟아집니다. 코인은 역시 현금이나 다름없습니다. 특히 이런 사행성 뽑기 게임을 들여놓은 문구점들은 대부분 학교 주변에 집중돼 있습니다. 일부 어린이는 이미 중독 상태입니다. (초등학교 4학년 학생 : 공부할 때도 그것만 하고 싶고 공부할 때나 잠자기 전에 뽑기 게임을 아예 집에다 사다 놓고 싶기도 하고……) 문화관광부 고시상 문구점에는 경품을 주는 뽑기 게임기를 설치할 수 없습니다. 단속해야 할 경찰은 인력 부족을 탓합니다. (단속 경찰/서울 동대문경찰서 : 단속이란 게요. 다 많이 깔렸잖아요. 거기 다 투입될 수 없고…… 경찰력이 많아서 1대 1로 붙으면 충분히 해보겠는데……)

이제 도박은 통제나 금지의 대상이 아니라 국민의 여가활용을 위해 지원하고 육성해야 할 레저산업이다. 정부가 레저라고 목 놓아 소리치는 가운데, 전국 아니 집안 방방곡곡은 서서히 도박장이 되어 가고 있다. 아마 새로운 한국의 게임산업을 짊어지고 나가야 할 어린이의 손잡고 '바다(이야기)'로 레저를 떠날 날도 멀지 않았다. '전국이 도박의 바다'이다.

도박이 웃는다!, 청소년이 웃는다?! 그리고 문화가 웃는다?!

모든 시공간이 도박장이 되고, 도박 중독자가 양산되는 현실에 대하여 확실한 대책이 필요하다는 인식도 높아지고 있다. 그렇지만 문제의 심각성은 기금 마련을 명분으로 우리 사회에 한탕주의를 부추기고, 그 환경을 제공하는 "사행산업의 선두에 정부가 있다"(손봉숙 2005: 48 참조)는 점이다. "우연한 이익을 얻고자 요행을 바라는 행위"를 일컫는 사행(射倖)이란 말처럼 정부는 사행사업을 국가재원, 특히 문화·관광기금 마련을 위한 중요한 수단으로 장려하고 활용하고 있다. 이 점은 각 기금에서 사행산업을 통해 조성된 재원이 차지하는 비중에서 잘 드러난다.

정부가 국민체육복지, 청소년 복지, 문화·예술 정책 부문에 긴급하

〈표 III-5〉 기금별 사행산업을 통한 재원 조성의 비중　　　(단위: 억 원)

구분	2004년			2005년		
	수입(A)	사행성사업수입(B)	비율(B/A)	수입(A)	사행성사업수입(B)	비율(B/A)
국민체육진흥기금	2,661	1,319	49.6%	2,364	1,381	58.4%
청소년육성기금	720	582	80.8%	523	348	66.5%
관광진흥개발기금	1,932	1,013	52.4%	2,526	1,111	44.0%
문화예술진흥기금	853	446	52.3%	898	498	55.5%
합계	6,166	3,360	54.5%	6,311	3,338	52.9%

출처: 손봉숙(2007: 8)

게 또는 정례적으로 지출하고 있는 재원의 막대한 규모가 경륜·경정 사업 수입금, 체육진흥 투표권사업 수익금, 복권기금 전입금, 카지노 사업자 부담금 등을 통해 조성되고 있다. 어떻게 보면 정부는 필요한 국가재정을 마련하고자 임시방편적이고 편의적인 방식으로 "조세저항이 거의 없는 합법적 도박"(이태원·김석준 1999: 192)을 활용하고 있는 것이다. 이제까지 한국에서 발행된 수십 종의 복권·마권 등이 그러하고, 폐광지역의 강원랜드 카지노 사업도 마찬가지이다. 다음 표에서 보듯이, 문화관광부의 5대 기금 가운데 4대 기금의 각종 사행성 사업 수익금 의존율이 2004년 54.5%, 2005년 52.9%로 절대적으로 높다.39) 특히 각 기금별로 볼 때 2004년도 청소년 육성기금의 사행성 사업 수입금 의존율은 2004년 80.8%, 2005년 66.5%에 이르고 있다. 그야말로 국민을 상대로 한 도박판에서 번 돈으로 청소년을 육성하겠다는 것이다.

한국 정부는 문화·관광 기금의 부족한(?) 세수를 마련하고자 가장 손쉬운 사행사업을 택하였다. 즉 정부는 사행산업을 건전하게 발전시켜 가족단위의 건전한 오락공간을 제공함과 동시에, 거기에서 얻은 수익으로 청소년을 육성하고, 농어촌과 폐광촌 등 소외된 지역을 개

---

39) 사실 사행성 산업으로부터 벌어들인 재원은 전체 정부예산 측면에서 보면 큰 의미가 없다. 2005년도 정부예산은 일반회계 134조 3,704억 원, 특별회계 60조 4,129억 원, 기금 318조 9,857억 원을 포함하여 합계가 513조 7,690억 원이다. 2005년도에 카지노, 경마, 경륜·경정 등 사행성 산업으로부터 벌어들인 재원은 국세 3,497억 원, 지방세 1조 1,965억 원, 기금 등 1조 2,937억 원을 포함하여 2조 8,399억 원이다. 즉 사행성 산업에서 조성된 재원은 전체 정부 예산의 0.55%에 지나지 않는다. 또한 이 가운데 사행성 사업으로 조성된 2005년 기금도 국가 전체 기금 318조 9,857억 원의 0.4%에 지나지 않는다. 그렇지만 문화관광부 사업인 문화·관광분야의 경우 기금 재원의 52.9%로 절반이 사행성 산업에 의존하고 있다(손봉숙 2007: 6, 8~9).

발하고, 문화예술을 지원하겠다는 아주 순수한 청사진을 제시하며 사행산업을 적극적으로 지원하였다. 그런데 어디에 건전한 도박이 존재하는가? 결국 이 청사진은 서민과 중산층을 도박판으로 끌어들여 그들의 얇디얇은 주머니를 털어 번 돈으로 이 땅의 미래 청소년을 육성하고, 국민 체육 및 건강, 문화예술, 관광산업을 진흥시키고, 지역경제를 살려 고용을 창출해보겠다는 것이다. 이것이 바로 우리 문화·관광정책의 현주소이다. 도박판이 웃어야, 이 땅의 청소년이 웃을 수 있고, 문화예술이 웃을 수 있는 것이다.

그러나 이처럼 불특정 다수의 희생에 바탕을 둔 기금형성과 진흥사업들이 성공할 수 있으며, 성공한들 무슨 의미가 있겠는가? 그 성공의 이면에 웅크리고 있는 위험성은 상상을 뛰어넘고 있다. 이 점은 도박중독예방센터 설립초기부터 전문상담원으로 활동해 온 사람의 이야기에서 잘 드러난다.

카지노라던가 '폐특법'에 의해서 세금 걷는 게 쓰여지는 데가 많잖아요. 기금이라고 말하고 또 농림부에서도 그걸 뭐 농민세, 무슨 세다 이런 것을 하잖습니까. 그것 자체가 근본적으로 발상이 잘못됐다고 생각해요. 왜냐면 도박 사업은 물론 순기능과 역기능이 있겠지만, 정부에서는 좋은 일을 한다는 거 아닙니까. 그렇기 때문에 이 사업 자체에 대해서 지속 사업을 할 수밖에 없다는 논리가 되죠. 그렇죠. 그렇지만 정확하게 수치상으로 말씀드리기는 어렵지만 예를 들어 이런 기능으로 순기능이 100원 이라고 하면, 저는 이런 순기능으로 인해 생기는 역기능을 150원 이라고 생각합니다. 결국 장사로 따지게 되면 −50원 이라는 거죠. 근데 이 −50원 이라는 게 그냥 경제적인 수치나 산수라면 괜찮겠지만, 가정·자녀 세대에 영향을 주기 때문에 이런 위정자들이 손쉽게 기금이라던가 이런 것들을 하겠다고 하는 발상이 바뀌지 않으면 이 문제는 근본적으로 (도박중독)센터 하나 생긴다고 해결된다고 생각하지 않아요. 이 사업의 관리 감독을 강화시키면 매출이 줄을 거 아닙니까? 그러면 기금이 축소되고 운영하는 사람에게는 그런 딜레마가 또 있을 거예요. 사업비를 예를 들어서 농촌육성자금으로 1,000억을 해놨는데 할당하는 비중이 줄었다 그러면 이쪽에서 어떻게 감독을 강화하겠습니까? 그렇잖아요. 그러면 또 눈 가리고 아웅 식이 되잖아요. 그런 어떤 구조 속에서 얼마만큼 근본적인 대책이 되겠는가? 저는 사실 이런 건(감독 강화) 아니라고 봐요. 지금 같은 장외발매소라든가 다 없애야 됩니다. 그냥 가서 말 뛰는 거 보고 얼마까지는 이런 것 하면 모르겠지만 스크린 경마 이런 것에서 오락이 뭐 그리고 무슨. 저는 그래요. 10(만 원)베팅, 30베팅 그게 무슨 오락이예요. 이거는 국가적 차원에서 생각이 틀렸다는 게 우리가 넓게 보면 개인적 책임과 사회적 책임으로 볼 수 있지만 지금 보면 시스템이 중독자를 양성하고 국가적으로 중독자를 양성하고 있는, 다 만들어 놓고 그리고 거기서 중독이 되면 그 책임은 전적으로 개인 책임으로 돌리는 지금 시스템이 그렇게 되어 있잖아요? 그 뭐라고 해야 되나? 경마장이나 카지노 가서 10베팅, 30베팅에 중독되지 말라고 하면 말이 안 되거든요.

도박공화국의 국민들은 시스템에 따라 재산과 가정의 행복 그리고 사회관계망까지 베팅하고 있다. 정부는 도박으로 파괴되고 황폐화된 가정과 사회를 풍요롭게 하기 위해 문화예술을 진흥하고, 청소년을 육성한다. 물론 '이렇게 좋은 일'(?)을 위한 기금을 마련하기 위해서는 사행산업을 더욱 육성해야 한다고 말한다. 언어도단이다. 그럴싸한 논리에 그럴싸한 증빙서류를 첨부하여 자신들의 주장에 힘을 싣는다. 사행산업으로 얻어지는 세금·기금과 사용처 등은 어떻게 보면 쉽게 계량할 수 있기 때문에, 이 알량한 수치를 들먹이며 관광진흥·농촌개발·청소년 육성·문화예술진흥 등 좋은 일을 한다고 들먹거린다. 그러나 사행산업으로 말미암아 도박 중독자, 그들의 가족과 친구 등이 겪는 고통과 슬픔은 쉽게 계량할 수 없을 뿐만 아니라 개별화되어 있다는 이유로 살짝 무시해버린다. 눈에 보이고 양으로 측정할 수 있는 것만을 좇는 데 익숙한 정부는 사행산업 육성으로 말미암아 무엇을 잃어버리고, 그 잃어버린 것이 얼마나 소중하고 중요한 것인지를 모른다. 아니 알면서도 모르는 척 한다. 아니면 오직 기금밖에 눈에 보이지 않는 그들은 정말 모르는지도 모른다.

이 순간에도 이 땅의 미래인 한 청소년이 도박에 빠진 부모형제 때문에 가정의 파탄에 이르러 미래에 대한 꿈을 접고 있다. 그런데 정부는 사행산업을 통해 모은 기금으로 그 청소년을 육성하겠다고 한다. 상처받은 그 청소년의 꿈을 다시 일으켜 세우기 위해 우리는 사행산업을 통해 얻는 것보다 훨씬 많은 것을 투자해야 할 것이다. 그런데 미래의 꿈은 점점 멀어져가고 있기만 하다. 아니 마치 그 미래의 꿈은 도박에 있는 것처럼, 우리 국민의 몸과 마음을 베팅하는 몸으로 치환하기 위해 점점 더 이 땅을 베팅하는 사회로 만들어 가고 있다.

베팅기계: 올인의 일상화

도박공화국의 국민은 어떻게 살아야 하는 것일까? 내가 살아가는 곳곳마다 "이번에는 당신의 차례입니다", "인생역전", "입주권 매매" 등 수없이 많은 광고들을 만난다. 한때 로또 판매점에 길게 늘어선 시민들의 모습은 일상이 되기도 하였다. 2003년 2월초 1등 이월횟수가 3

회까지 이른 제10회의 총 1등 당첨금은 무려 836억 원에 이르렀다.

한반도 전체가 들썩거렸다. 모든 국민이 며칠 동안 고민하고 상의하여 조합한 숫자가 적힌 종이쪽지를 들고 로또 판매점 앞에 길게 늘어섰다. 그리고 로또 용지를 받아들고는 정성을 다해 조합된 숫자에 검은 칠을 했다. 혹시 부정이라도 탈까 봐 말도 삼갔다. 그리고 대박의 꿈을 꾸었다. 로또는 열풍을 넘어 광풍이 되었다. 내 주변의 누군가가 정말 로또 대박을 맞았다.[40] 그리고 로또는 인생역전의 종교가 되었다. 이 로또광풍은 1990년대부터 불어 닥친 세계화의 열풍과 IMF 등 한국사회의 불확실성을 잘 보여주고 있다. 이 점은 도박중독예방센터의 한 상담원의 이야기에서 잘 드러난다.

경마나 경정, 카지노 같은 경우에 외국에도 정착을 하는데 예를 들어 카지노가 캐나다에 정착하는 데 20년 걸렸다고 하거든요. 우리나라만큼은 심하지 않았지만 처음에 문제가 많았대요. 그런 것들이 초창기에 오는 문제일 수도 있겠지만, 제가 볼 때는 우리나라 국민 성향이 도박이나 노름을 좋아하는 결국은 빨리 빨리잖아요. 빨리빨리 문화가 빨리 승부 보고 기다리지 않아도 되고 땄다 안 땄다를 바로 순간적으로 알 수 있고, 바로 손쉽게 돈을 벌 수도 있고 빨리 순간적으로 노력 거의 없이. 그러니깐 사회적인 고용이라던가, 불안정하고 경제가 불안정 하고 그러니깐, IMF 이후에 더 그런 것 같아요. 제가 보면 도박을 하고 교육이나 상담을

---

40) 로또 19회차(2003년 4월 6일~12일)의 1등 당첨자는 407억 원을 당첨금으로 받았다. 내 직장이 있는 춘천 사람이 그 주인공이었다. 정부는 로또 열풍을 차단하기 위해 2003년 2월부터 1등 당첨금의 이월횟수를 5회에서 2회로 대폭 줄었다. 1등 당첨자 없이 2회로 이월한 후 3회차에서도 당첨자가 나오지 않을 경우, 3회차의 2등 당첨자 들에게 1등 당첨금을 균등 배분키로 하였다. 그런데 20~30억은 대박이 아닌가?

받으러 오시는 분들을 보면 잘 사는 사람들이 없어요. 잘 산다는 게 내가 돈이 많다 없다가 한 가지 기준이 되겠지만. 뭔가 잘 돌아가는 사람들, 직장에서 인정을 좀 받고 직장생활이 튼튼하다던가. 자영업을 하면 수입, 수출이 잘되고 뭐 이런 사람들이 거의 없다는 거예요. 뭔가가 삐거덕거리거나 가정에 불화가 있던지 직장에 자금 압박이 있던지 직장에 스트레스가 심하고 자기가 쫓겨날 위기에 있다든지 그런 압력을 받는다든지 뭔가 사회적 불안정한 요소가 있을 때 도박에 더 탐닉하게 되죠. 저는 그런 요인들이 크다고 봐요. 제가 볼 때 불확실한 것에 모험 리스크를 감당하는 것은 안정적이고 내가 미래를 예측할 수 있는 1년 뒤, 3년 뒤, 5년 뒤를 충분히 예측할 수 있다고 한다면 우리가 그렇게 불확실성에 목을 매지는 않을 거다. 패를 던지지는 않을까라는 거죠. 불확실하니깐. 불안하니깐, 도박에 자꾸 심취를 하는 거죠(노성주, 강원랜드, 2007. 1. 15.).

외환위기 이후 기업의 일상화된 구조조정, 노동계층은 물론이고 중산층에까지 확대된 고용불안, 청년실업, 날로 커지는 빈부격차 등이 더욱더 한탕주의를 부채질한다(김문겸 2004: 251). 더욱이 부동산 폭등 등으로 말미암아 상대적 박탈감이 더욱 커지면서 노동을 통해 의미를 찾는다는 것이 무의미해졌다. 성실하게 일하며 한푼 두푼 모아 일상을 영위하는 노동자가 아니라, 한 방에 인생을 역전시켜버리는 도박자가 되는 것이 오히려 당연시되었다. 이처럼 한국사회의 불확실성과 불투명성은 압축적 근대화가 낳은 '빨리빨리 문화'와 절묘하게 결합하며 도박이 일상화했다. 게다가 정부가 앞장서서 사행산업을 육성하며 한탕주의를 부채질한다. 한탕주의를 전(全) 국민적 행사로 격상시킨 것이 바로 로또이다. 로또는 불확실시대의 '한 방'의 구세주로 등장했고, 로또 열풍은 사행산업 성장의 밑거름이 되어 전국을 도박장화하는 데 일조를 하였다. 그리고 이를 실체화한 것이 강원랜드를 중심으로 한 합법적 사행산업장이었다.

게다가 도박에는 그토록 갈망하던 근대적 자유와 평등이 있었다. 로또·카지노·경마장·경륜장·경정장 등, 이 모든 곳에 대박은 있고 그 대박의 주인이 되는 데에는 신분차별이 없었다. 그러나 이 평등은 평등이 아니었다. 자본주의의 발전은 불평등을 낳았으며, 아니 자본주의 성장 그 자체가 철저하게 불평등에 기반하였다(보드리야르 2002: 60 참조). 즉 자본주의는 불평등을 바탕으로 성장하였던 것이다. 자본주의사회에서는 게임도 시작하기도 전에 이미 끝나버린다. 한국에서 자본주의가 발전하고 세계화가 되면 될수록 유산자와 무산자의 간극은 깊어만 갔다. 한국사회는 80대 20을 넘어 90대 10으로 향해갔다. 그 속에서 경쟁에 뒤쳐진 사람들 일부는 평등을 가장한 도박 속에서 인생역전을 꿈꾸었다. 그러나 인생역전은 이루어지지 않고, 얇은 호주머니만 더욱더 얇아져만 갔다. 그럼에도 도박공화국은 사행산업을 합법적으로 체제화하고 국민들로 하여금 이 체제 속에서 살아가기 위해 철저하게 베팅하는 몸을 가지라고 요구한다. 경마·경정·경륜·카지노·로또 등 도박의 한탕주의는 사행사업에만 머무르지 않고, 한국사회는 모든 것을 올인하는 도박과 투기의 사회, 즉 베팅하는 사회를 향해가고 있는 것이다. 그것을 잘 드러내주는 것이 부동산이다.

우리가 '60년대 봐봐, 우리가 돈을 벌면 집 사려고 돈을 벌잖아. 알뜰히 모아가지고 지금은 누가 집 사려고 돈 모으려고 해? 돈 있으면 남의 셋방 살아도 자가용 타고 여가 생활 즐기고 지 월급 타가지고 평생 모아도 집은 못 사. 서울에는 억(億) 자 안 들어가는 집이 없어, 아무리 쓰러져 가는 집이라도. 그럼 월급 타가지고 집을 살 수 있냐고? 어디 쓰러져 가는 집 하나 재개발 된다 그러면 그걸 잽싸게 사가지고 그걸 팔아먹고 이익을 남기고, 또 그렇지 않으면 아파트 분양권 따 가지고 그렇게 집 만드는 수밖에 없어. 사람을 기회주의자로 만드는 거야. 우리가 '60년대 때처럼 열심히 일해가지고 집 사려고 그러는 정부를 만들어야지 돼. 정부가 그런 일을 해야 돼. 이○○ 봐. 투기, 어 죄송하다고 그러잖아. 있는 놈들이 다 그렇게 하고 있는데. 뭐 내가 없어서 그러는 게 아니라, 사실 생각해 봐. 그렇지 않아? 도박장을 그렇게 많이 만들어 놓고 또 그냥 기회주의자로 만들잖아. 뭐 투기 뿌리 뽑겠다 그게 뿌리 뽑아지냐고? 안 되는 거야. 내가 월급을 200만 원 받는다고 쳐. 몇 억짜리 집 사려면 언제 그걸 모아? (10년 정도, 10년은 넘겠다) 10년이 뭐야? 그건 되지도 않는 거야. 그건 우리가 대개 '60년대처럼 내가 열심히 일하면은 '집 한 채 사자.' 그게 꿈이었었어. 전세 사는 사람들이고 월세 사는 사람들이 지금은 그런 관념이 별로 없어. 집 사려고 그렇게 모으는 사람들이 없다는 얘기야. 벌써 정신부터가, 정부가 정신을 바꿔놔야지 되는 거야. 하긴 요즘에 보면 젊은 나이에 집 샀다고 하는 사람들 다들 막 주식하고 막 이런 식으로 그렇지. 주식에서 투자를 해보고 거기서 또 그거하고 다 도박이잖아, 옛날에 뭐 그런 게 어딨어?(박현옥, 53세, 서울, 사북거주, 2005. 3. 4.)

2003년 최대 유행어가 로또라면, 2005년 최대 유행어 가운데 하나는 '판교 로또'이다. 즉 판교 로또는 판교신도시에 지어질 아파트 분양 청약 경쟁률이 로또복권의 담청확률에 견줄 정도가 되었다는 데에서 생긴 신조어이다.41) 판교 1차 청약경쟁률은 최고 2,073대 1까지 되었다고 한다. 그렇지만 이 용어는 단순히 높은 경쟁률에 빗대어 생긴 것

---

41) http://news.naver.com/news/read.php.

이라기보다는 한국사회에서 부동산이 지닌 투기성에서 말미암은 것이라고 할 수 있다.

최고 2,073대 1의 청약경쟁률을 뚫은 판교신도시 아파트 당첨자 9,428명의 명단이 4일 발표됐다. 당첨자들은 '판교 로또'의 행운을 차지했다며 하루 종일 자축하는 분위기였다. 분양업체와 한국경제신문 등 각 언론사에는 이른 아침부터 당첨 여부를 확인해달라는 인터넷 및 전화문의가 폭주해 홈페이지가 다운되는 소동이 빚어지기도 했다(한국경제신문 2006. 5. 5.).

판교 신도시는 역시 서민들에겐 그림의 떡이 되어가고 있다. 예상을 뛰어 넘어 높게 책정된 판교 아파트 분양가를 보면, 아파트 가격 재상승의 빌미를 제공했을 뿐만 아니라 서민들의 가슴을 설레이게 했던 '판교 로또' 희망은 한낱 한여름 밤의 꿈으로 끝날 공산이 높다. 좀 더 자세히 들여다보면 판교 신도시엔 부자들만 입주하라는 신호를 보낸 것이 아닌가 하는 의구심이 들기도 한다. (…) 분양조건도 서민주거지원이라는 정책목표와는 거리가 멀다. 국민주택 이하 규모가 평당 1,200만 원이었고 임대주택도 수억 원에 이르러 당첨이 되고도 포기하는 경우가 생기더니 중대형은 그보다 훨씬 비싸게 책정됨으로써 서민들로서는 감당하기 어렵게 되었다(내일신문 2006. 8. 24.).

정부와 지방자치단체의 정책은 부동산정책밖에 없었다는 자조 섞인 비판에도 부동산 가격은 천정부지로 올라 국민들의 상대적 박탈감을 키워왔다. 정부는 부동산 투기세력을 잡겠다고 호언했지만, 오히려 투기세력을 키웠고 아니 자신이 투기를 즐기는 가장 '큰손'이었다.

정부의 널뛰기 정책은 판교 1차와 2차 분양에서 진가를 발휘하여 아파트 가격을 올리는 데 큰 몫을 하였다. 내 집 마련은 요원한 꿈이다. 아니 나, 가족 그리고 이웃이 더불어 살 수 있는 집을 생각한 순간부터 이 사람은 도박민국의 낙오자이다.

자본주의 발전과정에서 토지가 자연과 분리되어 상품이 되었듯이, 집을 통해 땅과 소통하던 인간과 땅의 관계도 철저하게 분리되었다. 인간은 자신이 발을 딛고 서 있는 땅에 자리잡으며, 그를 둘러싼 자연 그리고 다른 사람들과 더불어 사회, 이른바 '고향'을 형성하였다. 저 산은 그냥 산이 아니고 우리 마을을 지켜 온 수호 산이자 우리의 어린 시절을 함께한 추억의 산이기도 하다. 즉 자연은 우리 자신들의 삶이자 내면의 토대였다. 그러나 자본주의 발전과 더불어 우리는 오랫동안 살아왔던 땅, 자연, 마을, 공동체적 관계 등으로부터 강제로 그리고 어느 순간부터는 자발적으로 결별당하며 고향을 잃어버렸다. 즉 땅과 자연으로부터 이탈된 우리는 자신의 내적 자율성을 상실하였다. 내면을 잃어버린 존재가 그 공허함을 메우기 위해서는 부, 권력, 명예 등 외적인 것에 가치를 부여하고 편집증적으로 그 외적인 것을 추구한다 (강수돌 2007: 61 참조).

이제 땅은 대지의 어머니가 아니고, 집은 집이 아니다. 이제 땅은 철저하게 자본에 실질적으로 포섭이 되어 화폐가치를 실현해야 한다. 땅은 정직하다며 땀 흘려 농사짓는 것처럼 어리석은 일도 없다. 그보다는 그 땅에 개발바람이 불고, 그 부동산 경기에 힘입어 졸부가 되는 행운이 훨씬 더 바람직해 보인다. 그렇게 땅과 우리는 개발중독 환자가 된다. 대한민국 전체가 개발공화국이 되어 신도시, 혁신도시, 기업도시, 지역개발, 국가경쟁력 강화 등의 이름 아래 삽질을 해댄다. 또 그렇게 실향민을 양산한다. 오늘날 화폐화되지 않고 자본에 포섭되지 않는 것이 없다. 우리 일상생활 공간을 포함한 모든 것은 등질화되고 화폐량으로 환원되어 양적체계로 흡수된다. 모든 것이 상품이고, 가치를 실현하기 위해 끊임없이 교환되어야 한다. 그 땅에 뿌리 내린 삶과 문화는 의미를 상실하였다. 돌아가고픈 '나의 살던 고향'은 호랑이 담배피던 시절의 유물이다. 오직 집이 아닌 아파트로 대표 되는 상품만이 존재할 뿐이다. '아파트공화국'(줄레조 2007), 대한민국에서 아파트가 삶의 공간이 아닌지가 오래되었다. 오히려 아파트는 가장 믿을 만한 재테크 상품이고 투기의 대상일 뿐이다. 아파트=돈이다. 이제 '내 집 이웃'보다는 '내 집의 시세'만이 내 관심의 전부이다. 내 집 앞에 즐비한 부동산사무실을 지나면서 내 집의 시세를 알아보고, 그리고 대박이 터질 것 같은 집, 투자처, 솔직히 말해 투기처를 고민해 본다. 물론 어느 누구도 그것을 투기이고 도박이라고 말하지 않는다. 단지 아파트를 사는 것이 재산을 불리는 가장 안전하고 좋은 재테크 방법이다.[42] 따라서 자연스럽게 우리 모두는 내가 살고 있는 아파트보다 더 좋은(?) 새 아파트, 이른바 서울 강남지역＋아파트단지의 주민이 되고자 한다. 그러나 베팅을 해 볼 밑천이 없는 소시민에게 그저 꿈일 뿐이다.

아파트 투기판은 평등하지 않다. 오히려 한국에서 아파트는 가진 자와 못 가진 자의 차이를 확대재생산하며 사회적 불평등을 극대화하고 있다. 한국형 발전모델의 압축적 표상인 아파트단지는 권위주의 산업화와 구조와 특성, 여기서 비롯된 계층적 차별구조와 획일화된

---

42) 서울의 아파트단지를 통해 한국사회를 연구한 줄레조(2007: 142 참조)에 따르면 "장씨를 제외하고 인터뷰 대상자 중 누구도 부동산 투기를 하지는 않았다. 하지만 아파트를 구입하는 것이 재산을 불리는 가장 좋은 방법이라는 사실을 모두들 강조해서 말했다"고 한다.

문화양식을 가장 잘 보여주는 사례이자 그 산물이라 할 수 있다(줄레조 2007: 102, 148). 아파트 가격=계층이다. 하층의 소시민들은 (재)개발로 끊임없이 삶의 공간으로부터 배제되고 있다. 정말 '로또'가 아니면 역전이 불가능한 불평등이 고착화되고 있다. 아파트 한 채를 잘 사기만 하면 일 년 연봉을 가만히 앉아서 하루아침에도 벌 수 있는데, 누가 일을 하겠는가? 인생역전을 위해 우리는 무엇인가에 베팅하고 투기를 하여야 한다.

서울 광화문 광장 부근의 대형 전광판에는 "'당신도 32억의 주인공이 될 수 있다'는 로또 복권의 광고가 반짝이고, 지하철에선 출퇴근길에 마주치는 '인생역전' 또는 '이번에는 당신의 차례입니다'라는 거대한 문구는 시민들에게 당신은 인생의 패자라고 선언하면서, 하루하루 착실하게 살아서는 아무런 희망이 없으니 로또를 사라고 정부가 앞장서서 부추기는 현실"(손봉숙 2005: 12~13 참조)인데, 베팅을 하지 않는다면 오히려 이상하지 않겠는가? 이렇게 우리는 모르는 사이에 이미 베팅하는 기계가 되어 매일 매일 투기와 도박을 일상화하며 살고 있다. 물론 그것이 도박이고 투기인줄 모른다.

센터 안에서 중독자들을 비교해봤을 때 시작이 어디서부터였는지. 경마, 주식, 복권, 전부 이런 국가에서 운영하는 것에서 불법도박까지 한 가지만 하는 사람은 거의 없어요. 근데 자기는 "카지노 이거 하나만 합니다." 이런 사람들을 보면 주식을 심하게 하는데 그건 도박이 아닌 걸로 알고 있는 거예요. 그걸 모르는 거죠. 카지노에서 잃는 사람들, 뭐 주식에서 2·3억 날렸다 이런 사람들은 아무것도 아니에요. 20·30억 날린 사람들도 많거든요. 그때 그거는 도박이 아닌 거고, 요것만 도박이다 이렇게 생각하는 경우가 많거든요. 그래서 본인들의 인식에 문제가 있어요. 만

> 약에 명절에 재미삼아 하는 것들 그 이상의 것들을 하는데 그건 도박이
> 아니라고 생각하는 사람들이 많죠(노성주, 강원랜드, 2007. 1. 15.).

주식은 경마·카지노 등과는 달리 투기성 또는 중독성이 적으며, 나아가 사행산업이 아닌 것으로 인식하는 경향이 많다. 즉 주식은 투기(投機)가 아니라 기업이 원활하게 생산 활동을 하도록 자본을 마련해 주는 투자(投資)인 것이다. 그러나 주식은 기본적으로 우연에 기댄 투기성 놀이, 즉 기업의 생산 활동과는 직접적인 관계없이 돈 놓고 돈 먹는 도박의 한 종류일 뿐이다. 한국사회에서 자본주의가 고도화할수록 화폐자체가 상품이 되어 돈이 돈을 지시하게 되었다. 도박, 주식투자 등에서 보이는 것처럼 노동을 통해 돈을 버는 것이 아니라, 돈 자체의 조직, 즉 돈놀이를 통해 이윤을 남기려는 행위가 팽배해진다(이정우 1999: 293). 특히 한국사회에서 주식은 부동산을 대체하는 재테크 수단으로 기능하는 측면이 강하고 '증권대박', '20·30대 코스닥 갑부' 등 인생역전을 위한 대박의 한 수단일 뿐이다. 이 점은 "우리나라의 옵션시장 규모는 세계 1위, 선물시장은 4위라는 통계와 함께 국내의 개인주식투자자의 25% 정도가 중독군으로 분류된다는 연구결과"(경희의료원 반건호 2000; 유캔센터 2007: 38 재인용)에서도 잘 드러난다. 다만 주식이 우리 일상생활에 제도적으로 편입되어 있기 때문에 그것을 잘 인식하지 못할 뿐이다.

이처럼 우리는 보르헤스(Borges)가 《바빌론의 복권》에서 그린 신화(神話) 사회인 바빌론에 살고 있는지 모른다. 바빌론에서 복권은 다른 모든 제도를 삼켜버렸고, 정의와 법률과 경제를 우연의 지배에 종속시켰다. 6일마다 열리는 신성한 추첨이 그 기간에 시민들이 살아갈 생활의 방향을 결정하고, 복권이 모든 사회 기관에 침투해 있어서 재

수 없는 복권을 가진 사람들은 감옥에 가거나 벌금을 내고 행운의 복권을 가진 사람은 승진을 하거나 다른 보상을 받을 수 있었다. 사회의 기본 구조를 결정하는 것은 더 이상 경제적 이성이 아니라 우연 그 자체였다. 따라서 바빌론은 무한한 우연의 게임에 다름 아니었다(리스 2006: 182~183 참조). 한국 사회는 바빌론처럼 실체화된 우연의 사회가 되어가고 있으며, 이곳에서 우리가 도박을 기꺼이 수용하고 행하는 베팅하는 몸, 즉 베팅기계로 하루하루를 생활하는 것은 그리 놀라운 일이 아니다. 인생역전만이 우리의 살 길이다. 우리도 카지노 노숙자 그리고 도박 중독자와 별반 차이가 없이 이제까지 살아 온 우리의 삶을 부정해야만 살 수 있다. 그래서 우리는 알 수 없는, 오지 않는 미래를 향해 오늘도 베팅을 한다. 그러나 인생역전의 길은 멀기만 하고, 일상을 빼앗겨버린 하루하루는 힘들기만 하다.

제4장

도박중독:
이 땅에서 도박 중독자가 된다는 것은?

1. 대박과 쪽박의 사이에서

나는 도박자였다.
나는 그것(폐부를 파고드는 것 같은 강렬한 흥분)을
바로 그 순간에 느꼈다.
나는 머리에서 발끝까지 떨고 있었고,
내 머리는 욱신욱신 쑤셨다.
– 도스토예프스키, 〈도박자〉 가운데서

도박: '쪽박'의 지름길

도박(賭博, gambling)[43]이란 주사위·골패·마작·화투·트럼프 따위를 써서 돈이나 재물을 걸고 서로 따먹기를 다투는 행위로, 보통 노름이라고 일컫는다. 예부터 "도박을 상습적으로 하다가는 패가망신하기 십상이다", "노름에 미쳐나면 여편네도 팔아 먹는다"는 말처럼, 노름에 빠지면 가산을 탕진하는 것은 물론이고 자신의 부인을 팔 정도로 노름의 밑천을 마련하고자 수단과 방법을 가리지 않는다고 한다. 도박은 전통적으로 심각한 사회적 문제와 죄를 유발하는 해악으로 여겨져 왔다. 이처럼 도박은 우리의 일상생활의 경계선을 넘나들었다. 한국 정부가 1990년대 들어 본격적으로 도박을 사회제도로 편입시키면서 점차 도박은 사행 또는 게임산업이라는 합법적 지위를 획득하게 되

---

43) 원래는 점(占)의 하나로서 교령(交靈)과 밀접한 관계가 있었음.

〈표 Ⅳ-1〉 사행산업의 고객 총지출액 및 1인당 하루 평균 지출액 추이

구분		1998	1999	2000	2001	2002	2003	2004	2005	2006
고객총 지출액* (억 원)	경마	8,466	9,752	13,193	17,310	21,832	17,680	15,340	14,908	15,348
	경륜	914	1,787	3,673	6,223	9,000	7,237	5,962	5,612	5,316
	복권	1,605	2,108	2,537	3,532	5,073	21,171	17,298	14,219	12,970
	강원랜드	–	–	884	4,539	4,694	6,642	7,500	8,300	8,478
	경정	–	–	–	–	367	980	1,013	1,238	1,192
	합계	10,985	13,647	20,287	31,604	40,966	53,710	47,113	44,277	43,304
	증가율(%)	10.0	24.2	48.6	55.8	29.6	31.1	– 12.3	– 6.0	– 2.2
1인당하 루평균 지출액* **(천원)	경마	85.9	93.5	110.2	129.6	134.3	105.7	99.6	92.1	78.9
	경륜	43.4	52.4	103.7	129.7	158.3	128.3	104.2	102.9	94.2
	강원랜드	–	–	422.4	504.4	510.9	429.1	420.2	441.1	472.6
	경정	–	–	–	–	80.6	80.5	70.7	64.9	60.6
	합계	129.3	145.9	636.3	763.7	884.1	743.6	694.7	701.0	706.3
	증가율(%)	–	12.8	336.1	20.0	15.8	– 15.9	– 6.6	0.9	0.8

출처: 서천범(2007: 10)

* 총지출액이란 총베팅액에서 고객환급금을 뺀 금액으로 기업측면에서 보면 순매출액이다.

** 1인당 하루 평균 지출액= 총지출액 ÷ 연간 이용객수

었다. 현재 한국에서 합법화한 도박은 복권·경마·경륜·경정·카지노 등인데, 카지노 노숙자들은 그 어떤 도박보다도 카지노가 가장 위험한 도박이라고 말한다. 카지노 도박의 위험성은 카지노와 다른 사행산업 사이의 1인당 하루평균 지출액 비교에서도 잘 드러난다.

강원랜드 카지노의 고객총지출액 규모는 경마와 복권과 같은 다른 사행산업에 견주면 절반 정도이다. 따라서 사행산업전체의 고객총지출액 규모는 카지노보다는 경마와 복권 사업의 영향을 많이 받는 편이다. 특히 고객총지출액은 2003년에 5조 3천억 원에 이르렀는데, 이는 '로또 광풍'으로 대변되는 복권사업에 따른 것이었다. 그렇지만 1인당 하루평균 지출액 규모에 있어서 강원랜드 카지노가 차지하는 비중이 매우 높다. 카지노에서 개인이 하루 평균 지출하는 액수는 경마·경정·경륜 등에 견주어 약 5배 정도가 많다. 복권을 제외한 합법화된 사

행산업장에 출입하는 각 입장객이 하루 평균 지출하는 금액은 강원랜드 스몰카지노가 개장된 2000년을 기점으로 급속하게 증가하였다. 특히 2002년은 합법적 사행산업의 전성기라고 할 수 있다. 경마의 고객 1인당 하루 평균지출액은 2002년 13만 4천 원을 정점으로 점차 하락하여 2006년에는 7만 9천 원에 지나지 않는다. 경륜의 경우도 2002년 15만 8천 원까지 올라갔다가 점차 감소하여 2006년 9만 4천 원까지 내려갔다. 그러나 강원랜드의 고객 1인당 하루 평균지출액은 2002년에 51만 원이었고, 그 뒤로 감소하였지만 40만 원대를 유지하고 있다. 게다가 다른 사행산업에서 1인당 하루 평균지출액은 점차 감소하고 있는 반면에 강원랜드 카지노의 경우에는 2004년 42만 원까지 하락하였다가 다시 증가하여 2006년 47만 원에 이르고 있다.[44] 이처럼 카지노가 다른 사행산업에 견주어 1인당 하루 평균지출액이 높은 것은 기본적으로 게임을 할 수 있는 절대적 시간이 다른 사행산업보다 길기 때문일 것이다. 게임을 하는 절대시간이 길기 때문에 그만큼 베팅 횟수가 많고, 하루에 많은 금액을 베팅할 수 있어 돈을 일순간에 잃을 가능성이 많다고 하겠다. 그에 비례하여 자극 빈도가 높아 도박 중독에 빠져들 확률이 높다는 이야기가 된다. 따라서 카지노 노숙자들은 "예전에 도박의 끝은 경마였는데, 지금은 카지노"라고 말한다.

그런데 카지노 노숙자들은 도박의 폐해를 너무도 잘 알고 있음에도 자신의 모든 것을 빼앗아가고, 항상 이방인으로 남겨져 있는 이곳을 왜 떠나지 못하는 것일까? 도대체 도박이 무엇이기에 그들은 이렇게

---

44) 카지노 이용객의 월평균 소비금액은 391.6만 원으로 타 사행산업 이용객(경마 104.8만 원, 경륜 97.9만 원, 경정 72.5만 원)에 비해 훨씬 높으며, 하루 최대 소비금액도 578.7만 원으로 경마 76.4만 원, 경륜 45.1만 원, 경정 48.4만 원과는 비교가 안 될 정도로 높다(한국문화관광정책연구원 2006a: 81~82참조).

도박에 집착하는 것일까?

　무엇보다 카지노 도박장에는 자신의 삶을 '한 방'에 바꿀 수 있는, 즉 '인생역전'의 대박이 있다. 우리가 살고 있는 자본주의 체제는 화폐를 통해 모든 것이 동질화한 세계로, 속된 말로 이 세상에서는 돈만 있으면 안 되는 것이 없다. 즉 부(富)가 가장 중요한 사회적 성공의 척도가 되어버린 자본주의 세상에서 "화폐는 상품들이 욕망하는 오직 하나의 대상이요, 욕망의 유일한 기표이다"(이진경 2006: 130). 따라서 카지노 출입자들은 카지노에서 얻을 일확천금으로 자신이 갖고자 하는 모든 것을 얻는 '행복한' 꿈을 꾼다. 게다가 '불평등한' 현실과는 달리 카지노에는 누구에게나 '평등한' 대박의 기회가 있다는 것이다. 리스(2006: 189)가 말한 것처럼, "우연의 게임이 가진 독특한 매력의 한 가지는 절대적인 민주주의다. 우연은 기술의 효능을 무력화할 뿐만 아니라 선천적, 후천적을 불문하고 모든 차이, 즉 개인적 자질, 인내심, 노력 또는 교육에 기초한 모든 차이를 무효로 만든다." 따라서 누군가에게 있었던 대박의 기회가 언젠가는 나에게도 실현이 될 것이라고 믿으며 도박에 끊임없이 집착한다.

　그렇지만 대박의 기회는 그리 평등하지 않다. 대박이 실현되기도 전에 대부분은 밑천을 탕진하고 쪽박을 찬다. 이제 대박이 문제가 아니다. 오히려 어떻게 하면 쪽박의 상황을 벗어날 수 있을 것인가에 온몸과 마음이 집중된다. 자신이 이제까지 잃어버린 "본전만이라도 찾을 수만 있다면" 그 본전을 위해 게임기 앞을 떠나지 못한다. 그러나 '노름은 본전에 망한다'는 옛말처럼 그 싸움의 결과는 정해져 있다. 단지 자신은 '노름은 도깨비 살림'이란 속담에 기대어 자신은 대박과 쪽박 사이에서 헤매고 있을 뿐이다. 사실 카지노 도박자가 맞서 싸우는 상대는 다른 사람이 아니라 게임을 단순하게 반복하는 도박기계이다.

만물의 영장인 자신이 '말이 없는 저 단순한 기계'에 철저하게 농락당했다는 것이 도저히 용납되지 않는다. 잃어버린 자존심을 되찾기 위해 게임기를 상대로 전투에 돌입한다.

대박을 꿈꾸는 대부분의 사람은 '단순한' 게임기를 공부하여 원리를 알아내 게임을 통제할 수 있다면 쉽게 돈을 딸 것이라고 믿는다. 이를 위해 게임자들은 자신이 게임을 할 때마다 게임의 결과를 기록한 게임지, 관련 서적 등을 통해 게임을 열심히 분석하고 연구한다. 특히 강원랜드 카지노장에 들어가 보면, 바카라·다이사이 등의 게임테이블에서 매 게임의 결과를 출목지라는 종이에 열심히 기록하는 사람들을 종종 볼 수 있다. 이들은 기본적으로 게임에는 어떤 패턴이 있다고 믿으며, 시시때때로 기록한 것을 분석한다. 이러면서 게임시스템을 완전히 정복한 것은 아닐지라도 운을 떠나 게임기를 정복할 수 있다는 신념, 즉 게임을 통제할 수 있다는 환상(illusion of control)을 갖게 된다. 이른바 게임시스템이 점점 눈에 들어오며 자신만의 노하우를 갖게 된 것이다. 그리고 이를 실험하기 위해 베팅 밑천만 생기면 카지노로 달려간다. 이 점은 찜질방에서 만난 사람의 이야기에서 잘 드러난다.

카지노의 대부분 사람들이 돈을 따는 거 보다는 잃는 게 자연의 법칙이고 진리라고 생각합니다. 왜 그러냐? 우리가 초등학교부터 대학교까지 16년을 공부해가지고 사회에 첫발을 내딛어 가지고 월급 얼마 받습니까? 한 200~300(만 원) 받죠? 16년을 갈고 닦고 공부해가지고 200~300을 겨우 받는데 카지노 공부는 단 일 년도 안하고, 한 달도 안하고, 그냥 들이대 가지고 하루에 수백(만 원)씩 따 먹을라 그러면 따지냐고, 당연히 안 따지는 거지. 멋모르고 돈만 들고 와가지고 질러가지고 돈을 따겠다고 생각하는 사람이 잘못된 거지. 이것도 학문인데. 내가 카지노를 이길 수 있는 학문을 충분히 연구해가지고 붙어야지. 공부 하나도 안 하고 바로 그냥 사회 가 가지고 몇 백만 원 받겠다는 소리랑 똑같은 거지. 바카라 하고 다이사이가 그림을 같이 그립니다. 같은데 플레이어가 나올지 뱅커가 나올지는 하늘에 있는 바카라 신(神)만 알지, 딜러도 모르고, 나도 모르고. 카드 뒷장 까뒤집기 전까진 아무도 몰라. 그러니까 그 그림은 한마디로 말해서 아무도 예측할 수 없는 거여서 바카라는 그림 그려 봐야 말짱 헛거라고. 그러나 다이사이는 파동원리에 의해서 미리 조작된 그림이 내려오는 거거든. 진짜에요. 다이사이 주사위 밑에 자석이 달린 파동원리에 의해 섞이는 거라고. 그러니까 미리 요번에는 소(小)다, 요번에는 대(大)다, 요번에는 홀이다, 요번에는 짝이다, 미리 정해진 그림이, 다만 사람들 가시적으로 눈에 보이게끔 주사위가 다다다닥 뛸 뿐이지. 그렇기 때문에 요번에는 대를 줄 것이냐 소를 줄 것이냐, 그 프로그램을 개발한 사람의 두뇌를 읽어 가면은 예측이 가능한 거라고. 이건 인위적인 그림이라고 자연적인 그림이 아니라고. (…) 내가 그것을 조금은 꿰고 있어. 다이사이는 야바위입니다. 글자 그대로 야바위가 뭡니까? 눈속임 아닙니까? 요번에 뭐 나올지 정해진 프로그램이라니까. 그 프로그램을 만든 놈이 중국 놈인데, 삼만 가지 프로그램을 개발해가지고 전 세계 카지노에 배급을 했다하고 본인이. 삼만 가지이기 때문에 삼만 가지를 다 섭렵을 하려면 카지노를 삼만 번 가야 되는데 백년을 가야해. 그러니까 우린 죽을 때까지 똑같은 그림은 못 만나 보지만 비슷한 유형의 그림은 계속 접해 볼 수 있는 거라고. (중국에 찾아가 그 사람을 사부로 모시면) 안 돼지. 그놈아도 모른다. (…) 개발 해 놓고도 다음에 뭐가 나올지 몰라.(이영수, 남, 50대 중반, 서울, 아리랑찜질방, 2005. 7. 20.)

위 사례의 이 사장은 대학에서 공학을 전공하였고, 서울 테크노마

트에서 컴퓨터 관련 개인 사업을 하고 있다. 2005년 1월에 친구와 함께 카지노에 와서, 지금까지 약 7천만 원을 잃었다고 한다. 처음 2개월에 7천만 원을 잃고 그 다음부터 크게 돈을 잃지 않았다고 한다. 그런데 "다만 한 가지 원통한 것이 있다면 카지노에 보냈던 시간을 돈버는 데 투자를 못했으니까, 그건 손해"라고 하였다. "적어도 카지노에서 일당은 벌어야 하는데, 그렇지 못했는데 그것은 지금 공부하는 학생"이기 때문이라고 하였다. 그는 카지노에서 돈을 벌려면 게임기의 시스템을 연구하는 데 투자해야 한다고 하였다. 그래서 그는 다이사이 게임을 할 때면 게임결과를 매번 출목지에 기록하고 이것을 모아서 분석한다고 하였다. 인터뷰하기 전날 자신이 공부한 것을 실험하기 위해 서울에서 부인과 함께 당당하게 카지노에 와 게임을 했는데, 200만 원을 잃어버렸다고 하였다. 잃어버린 이유는 게임의 우연성 때문이 아니라 자신이 컨트롤을 못했기 때문이라고 하였다. 자신은 게임기 앞에만 서면 자신이 파악한 게임시스템의 흐름에 따라서 소신껏 베팅을 하지 못하고 소심해져 게임에 진다며 더 많은 경험과 훈련이 필요하다고 하였다.

그런데 이 사장이 시스템을 분석하여 게임을 정복할 날은 오지 않을 것 같다. 이 사장도 그럴 거라고 잘 알고 있었다. 다이사이게임을 개발한 사람도 다음 게임에 무슨 수가 나올 줄 모르는 것을 알아내려면 3만여 가지 그림을 다 기록하고 분석해야 한다. 그러나 그는 평생 동안 다이사이의 모든 그림을 다 볼 수 없을 것이다. 그는 항상 '비슷한' 유형의 그림만을 만날 수밖에 없을 것이고, 게임의 결과는 '같지 않은' 비슷한 그림의 우연성에 따라 좌우될 것이다. 정확하게 말하면 게임결과는 확률의 법칙에 따라 결정되고 확률의 법칙에서 과거는 미래의 결과와 아무 상관이 없다. 따라서 지식이나 기술을 통해 이길 확률을 높이는 것은 불가능하다(리스 2006: 189). 즉 이 사장이 말한 것처럼 다이사이 게임의 승패도 바카라처럼 도저히 예측할 수 없다.

그럼에도 일부 도박자들은 이 사장처럼 자신의 능력과 기술이 게임에 영향을 미칠 수 있다고 믿는다.[45] 어떤 사람들은 한번 '진검승부'로 게임을 해 볼만 한 자신만의 노하우를 터득했다고 큰소리를 치기도 한다. 물론 이들이 진검승부를 하지 못하는 것은 밑천이 없기 때문이다. 달리 말하면 카지노에 유리하도록 철저하게 체계화된 도박기계는 게임가가 진검승부를 하기 전에 이미 그의 밑천을 앗아 가버린다.

결국 게임에 빠져 가진 것을 다 탕진하는 동안 모든 사람들은 '게임박사' 또는 '도박사(賭博師)'가 되지만, 어느 누구도 게임기를 정복하지는 못한다. 그것은 기술만으로 정복할 수 있는 것이 아니기 때문일 것이다. 그래서 특히 테이블게임에서 패배한 원인은 자신의 기술이 부족하기 때문이 아니라 그날의 운수와 나쁜 게임 환경, 좋지 않는 몸 상태 등 다른 측면에서 찾을 수밖에 없다. 대부분 게임자들은 자신만의 기술이 있어 게임에서 승리할 수 있었는데, 그러지 못했다고 말한다. 이렇게 된 것은 노하우에 따라 이기는 게임을 하고 있었는데, 어느

---

45) 도박자 대부분은 객관적으로 볼 때 기술의 요소가 결과에 영향을 줄 수 있는 게임에 참여하고 있을 때, 자신이 게임의 결과를 '조금은' 통제한다고 생각한다. 그러나 어떤 도박자는 자신의 능력에 대한 왜곡된 신념을 더 많이 가지고 있다. 이들은 룰렛, 로또, 슬롯머신 같은 순수한 우연의 게임에서 조차 자신이 결과에 영향을 미칠 수 있다고 생각한다(이인혜 2003: 205). 예로 룰렛에 깊이 빠져든 광적 도박자였던 도스토예프스키는 룰렛에 돈을 잃은 후 동생에게 돈을 보내달라며 쓴 편지에서 이렇게 적고 있다. "나는 룰렛에서 비결을 찾았고 이 비결로 만 프랑을 땄다. 다음날 또 룰렛을 했는데 흥분해 비결을 적용하지 못하는 바람에 금방 돈을 다 잃었다. 저녁에 다시 비결에 따라 룰렛을 했더니 또 삼천 프랑을 쉽게 땄다. 이러니 어찌 내 비결이 맞는다고 믿지 않을 수 있겠나?" 그러나 도스토예프스키는 동생이 보내 준 돈을 모두 잃고 시계까지 전당포에 잡혀야 했다(이홍표 2002: 47~8 참조).

순간 절제력을 잃어버리고, 이른바 "뚜껑이 열려" 자신의 흐름대로 베팅을 하지 못했기 때문이라고 말한다. 결국 격정을 통제하고 평상심을 유지할 수 있다면 게임을 이길 수 있다고 생각한다. 격정을 통제할 수 있는 베팅기계가 되기 위해 '산'에 올라 수행을 한다.[46] 그러나 강원랜드 카지노에 들어서면 평상심을 잊고 강원랜드와 일전(一戰)을 벌이고 있다. 패전의 수는 늘어나기만 하고, 이에 비례하여 평상심을 얻기 보다는 게임을 통제할 수 없는 분노만 쌓여가고 격정의 베팅기계가 된다. 그러다가 이 사장처럼 자신이 승리한 일부 게임을 우연성으로 돌리기보다는 자신의 분석과 연구의 결과라고 생각하며 승리의 흥분감과 스릴에 사로잡힌다. 이제 대박이 바로 내 눈 앞에 다가왔다. 이를 위해 수단과 방법을 가리지 않고 일상으로부터 탈출하여 게임기 앞에 앉는다.

카지노 출입자가 본전을 찾고 대박을 터트리면 도박을 그만 둘까? '절대' 그렇지 않다. 앞의 많은 사례들에서 보듯이, 사람들 대부분이 도박으로 번 돈을 다시 도박으로 잃어버렸다. 게임자들은 오직 돈을 따기 위해서 게임을 한다기보다는 돈을 가지고 게임을 한다는 것이 옳을 것 같다. 결국 도박에 탐닉하는 것은 단순히 경제적인 문제만으로 설명할 수 없다. 도박, 그것은 대박 외에 어떤 것이 있다. 카지노는 대박의 기회 외에 다른 행위에서는 느낄 수 없는 도깨비 같은 힘, 즉 매력이 있다고 말한다. 그 매력이 무엇인지는 고한의 한 식당에서 만난 남성의 이야기에서 잘 드러난다.

---

46) 김진명의 《도박사》라는 소설에서 등장하는 도박사들이 하는 게임도 바카라이다. 여기에서 바카라는 사람이 이길 수 있는 게임이 아니며, 도를 깨달아가는 대상이다.

(따고 잃고 따고 잃고 항상 반복되다 보면 어떤 회의가 들지 않나요?) 이게 뭔가 싶지. 그러면서도 하는 거야. (…) 어떻게 보면 그때 당시에는 중독일 수가 있어. 왜냐하면 거기 빠져있으니깐. 이거 빨리 따야지, 그 다음날 되면 올라가야지, 올라가야지, 계속 반복 되는 거야. 내가 내 생활을 모르는 거야. 저거 미친놈이지. 남의 말도 귀에 안 들어와. (그걸 따도 이게 내 돈이 아니니깐?) 아니, 그런 생각도 안 든다니깐, 내 돈이고 니 돈이고, 그냥 게임에만 미쳐 있는 거야. 중간 중간 돈 계산도 하면서도 그건 잘 모르는 거야. 그거 안에 빠져 있는 거야. 그냥 순간순간 열 받고 또 웃고, 그 안에 기쁨도 환희도 있고 좌절도 있고 막 이래. 게임이라는 게 그래. 그 안에 이 인생이 다 있어. 그게 도박이지. 왜? 도박이라는 건 항상 뭘 거는 거 아니야? 인생을 걸고, 돈을 걸고, 하다보면 심장이, 간이 커졌다 작아졌다. 짜릿짜릿하지. 특히 여자 같은 경우에는 오르가즘 느낀다고 해야 하나. 그런 것도 있어, 쾌락이지, 쾌락, 순간순간. 우리가 보통 삶이 있잖아. 이렇게 반복적으로 살다보면 밋밋하잖아. 근데 도박은 그게 아니야. 게임이라는 게 그래서 재밌는 거 아니야? 꼭 그런 거야. 나도 마찬가지야. 직장생활하면 점심 뭐 먹을까? 뭐 그런 것 만 선택하지. 별로 선택하는 게 없어. 저 여자를 만날까? 이 여자를 만날까? 뭐 그 정도의 수준. 하지만 카지노에 올라가면 맨날 순간순간 그렇게, 매 분마다. 어딜 가야지, 항상 고민. 하루에 한 수백 번 할걸. 간이 콩알만 해졌다가, 어떨 때는 막 몇 백도 따보고. 2층(VIP실)에서는 천만 원도 따보고 그랬는데. 근데 의미가 없는 게, 처음에는 내가 30(만 원)을 할 때는 심장이 뛰다가도, 30 가면 아무 것도 아니야. 그때는 한 백만 원 가야, 아 ~ 한다고. 백만 원도 항상 가다보면 백만 원도 그냥. 뭐 사람이 길들이기 나름이야. 근데 그게 이제 베팅이 높아지면 처음에는 재미있다가도, 그니깐 심성이 그런 거 같아. 인간의 심성이라는 게 항상 보면 뭔가 변화 됐을 때 보면 심장이

뛰는 거지. 그대로 계속 있으면 그대로 인거야. 그러니깐 카지노에 있는 사람들이 그런 맛에 길들여지니깐 못 떠나는 거야. 물론 돈도 있지. 첫째 돈, 그 다음 하는 재미, 딴 데 가면 재미없거든. 거기 가면 뭔가 꼭 살아있는 느낌은 아니지만 살아있는 거 같거든(남, 고한식당, 2005. 8. 16.).

위의 사례처럼 게임자는 게임의 승패 그 자체를 초월했는지도 모른다. 오히려 카지노 도박자들은 도박을 하면서 순간순간 자신의 몸으로 전달되는 자극과 흥분 그리고 해방감에 도취되고 또한 이를 추구하는 경향이 있다. 따라서 이들의 관심사는 돈을 따는 것이 전부가 아니고 게임 속에서 흥분과 해방감을 경험하고자 게임을 지속하는 것이다. 게다가 다이사이게임을 정복하기 위해 열심히 연구하고 있는 이 사장이 게임에서 승리했을 때 느끼는 흥분과 쾌감은 상상을 초월할 것이다. 이는 단순히 돈을 땄기 때문이 아니다. 자신의 기술과 능력을 보여줌으로써 금전적 보상 외에 부인 또는 동료로부터 '게임가' 나아가서는 '도신(賭神)'으로 인정받는 사회적 보상이 뒤따른다.

그런데 문제는 똑같은 베팅액으로 게임이 반복되다보면 면역성이 생겨 순간의 희열과 흥분은 무감각에 빠지게 되며, 다시 그 희열을 느끼기 위해 베팅액을 높이고 더욱더 도박에 집착하게 된다는 점이다. 더욱이 도박자와 게임의 관계가 원거리이고 굳이 육체적으로 관여하지 않는 복권·경마 등과는 달리, 블랙잭·바카라와 같은 카지노 게임과 슬롯머신의 경우에는 도박자가 육체적으로 게임에 관여하고 있고, 최소한 겉으로 보기에는 자기 자신의 행동으로 파생되는 상황에 따라 베팅을 하고 있다. 즉 게임이 진행되기 위해서는 도박자가 카드를 만지거나 주사위를 던지거나 슬롯머신의 버튼을 눌러야하기 때문에, 말 그대로 육체적 참여가 게임의 진행에 필수적이다(리스 2006: 193 참조). 따라서 이른바 "패를 쪼이며" 얻는 스릴과 흥분감은 다른 도박에 비해 훨씬 높다고 할 수 있다. 자극과 흥분을 추구하는 정도가 높을수록 도박에 중독될 가능성이 높다(이태원 2005a: 172)고 한다. 결국 '매력'이라고 말하는 카지노 도박의 자극과 흥분 때문에 게임자는 도박게임에 미치게 되고 게임을 계속하기 위해 게임에 집착한다. 이렇게 일상의 삶으로부터 분리된 채 '또 다른 세계'로 침잠하게 된다. 이 세계에서는 돈·타인·시간의 흐름 등이 망각되고, 오직 희열과 해방감이 있을 뿐이다. 이렇게 현실과 비현실이 반복된다.

그런데 한 개인이 도박으로 일상에서 해방되는 것은 자신뿐만 아니라 자신을 둘러싼 많은 사람들의 희생을 필요로 한다. 도박중독이 미치는 부정적 영향은 카지노 생활 5년 동안 모든 것을 탕진하고 사북의 한 찜질방에서 터줏대감처럼 생활하고 있는 한 사람의 이야기에서도 잘 드러난다.

(카지노에 온 지는) 5년 됐는데 1년 한 6~7개월. 공무원 직장생활보다 더 열심히 다닌 데가 카지노야. 서당개 3년이면 풍월을 읊는다고, 여기 내 손바닥이다. (…) 도박 자체는 뭐냐하면은 일찍 죽으나 늦게 죽으나 말로에는 다 망하는 게 도박이야. 이것도 배우는 거 아이가? 늦게 배워가지고 다 패가망신이 되는 거야. 심지어는 재벌회사에 다닌 놈이 휴가를 왔는데, 그때 구조조정 막 들어갈 때, 휴가 때 돈을 몇 천을 땄어요. (…) 그때 사표를 놓고 나오는 그 순간부터 딱 죽기 시작하는데 6개월 만에 거덜 나버린 거야. 지가 6개월 만에 수억(원)을 해먹고, 인자는 이 놈아는 나쁜 길로 가는 거야. 누나가 잘사니까 거짓말 하고 형님이 잘사니까, 지보다 못사는 사람한테도 사기를 치고, 형제간이니까 형님 몇 달 있다 막아줄게, 돈 급한데 좀 돌려주라고 한 번 정도는 해주는데. 나중에는 전부다 까벌

려서, 동생 집에, 친척 집에, 누나 집에, 조카 집에, 전부다 돈을 가져와 게임을 하는 거야. 끝나는 거 아니냐? 폐인이 되는 거야. (신용)카드라고 하는 거는 다 빼서 불량이 돼버렸지. 마누라는 아들 데리고 나가버렸지. 차라리 마약 중독은 내 몸 하나 망가지면 끝나지만 내 주위에 사람들은 살 거 아니냐 이거야. 그런데 도박은 아니다. 차라리 마약중독을 해라 이거야. 도박중독 되면 니 주위 사람을 다 죽인다 이거야 사기를 당하거든 주위에서. 도박은 절대 하는 게 아니야. 인간의 심리가 니가 생각지도 않은 돈이니까 첫째가 돈이야. 카지노도 마찬가지야. 없는 놈 빨아먹고 나면 차버리는 거, 사람이 얼마나 자존심 다 팔아먹고 집안 다 말아먹고 자식 다 키워놨는데 아빠를 존경스럽게 봤던 게 남보다 더 못하게 만들고 이게 속에 피눈물 나는 거다. 사기 다 당했다고 내가 볼 때. 무슨 말인 줄 알겠나?(박장수, 남, 50대 중반, 대구, 아리랑찜질방, 2005. 7. 19.)

'우연히' 들린 카지노에서 '우연히' 한 게임에서 자신이 전혀 기대하지 않은 '우연한' 돈을 벌고 현실에서 느껴보지 못한 쾌감에 젖어보기도 한다. '초심자의 행운'이라는 그 우연(偶然)은 도박 중독의 세계로 가는 지름길이자 필연(必然)이 되기도 한다. 아닌 말로 몇 달, 몇 년 동안 쉬지 않고 일을 해야 만질 수 있는 돈을 일순간에 벌었다. "열심히 일하면 성공할 것이다"는 말이 무슨 의미가 있겠는가? 일터에 있어도 집에 있어도 마음은 콩 밭에 가 있다. 그렇다고 도박을 금기시하고 도박 중독자를 '중환자' 취급하는 이 사회에서 드러내 놓고 도박장을 다닐 수도 없다. 남들이 알까봐 조심조심 카지노에 드나들며 게임을 한다. 몸과 마음이 피곤해진다. 도박에 빠져들수록 일도 싫고 만사가 귀찮다. 평생 동안 갈고 닦아 온 자신만의 사회적 재능도 점점 파묻혀진다. 집과 일터에 있어도 게임만 눈앞에 아른거린다. 어떻게 하면 빨리 카지노 게임장에 갈 수 있을 것인가가 유일한 관심사이다. 게임장에 가기 위해 회사 일이 밀려서 야근, 특근을 해야 한다며 거짓말을 밥 먹듯이 한다. 특히 우리 사회에서 크게 의심받지 않고 게임장에서 하룻밤의 외유(外遊)를 즐길 수 있는 방법 가운데 하나가 상가(喪家)에 조문(弔問)을 가는 것이다. 따라서 누구의 상가에 간다고 또는 갔다고 둘러대기 위해 주변의 가까운 지인(知人)과 그의 가족을 최소한 한 번쯤은 그들도 모르게 저승으로 떠나보낸다. 이런 지인과의 '거짓 이별'은 도박 중독이 깊어질수록 점차 현실화된다.

게임을 하면 할수록 호주머니는 얇아지고, 이제 게임밑천을 마련하는 것이 문제이다. 게임밑천을 위해 카드 신용대출을 받고, 차 등을 저당 잡힌다. 그리고 이것이 막히면 가족, 친인척, 친구 등에게 손을 벌린다. 이때 친구들은 도박자와 쌓아온 친분관계에 따라 돈을 빌려준다. 그러나 빌려 준 돈은 되돌아올 줄 모른다. 그러면서 가족과 친구들은 이 사람이 도박에 빠진 것을 알게 되고 하나 둘씩 곁을 떠나간다. 이렇게 도박자 자신을 존재하게 했던 사회문화적 관계망은 한 순간에 허물어져 간다. 이를 한 번에 만회하려고 더욱더 도박에 탐닉해보지만 결과는 뻔하다. 이제 산다는 것이 스트레스이고 이는 고스란히 가족, 특히 자식들에게 향한다. 도박자들은 몇 백만 원을 한 순간에 베팅해 날리기도 하지만, 가족들이 쓰는 몇 만 원은 아까워하고 사소한 일에도 짜증을 낸다. 자신이 평생 동안 쌓아온 명예, 신뢰, 존경 그리고 가정의 행복과 미래까지 게임장에서 베팅해 버린 지 너무 오래다. 가족은 도박에 빠진 부모 또는 자식으로부터 받은 고통, 이른바 '가족병(家族病)'을 앓게 된다. 가족병의 심각성은 남편의 도박으로 말미암아 결혼생활 내내 가족병을 안고 살아 온 한 여성의 이야기(광안심 2006: 11~20)에서 잘 드러난다.

(…) 그는 다시 직장을 잃었고, 얼마 동안 준비한 후에 87년 새로운 정부 투자기관에 입사했다. 직장생활도 열심히 해서 승진했고, 나와 아이들, 어머님에 대한 사랑도 살가왔다. 그러나 4년여의 직장생활에서도 돈을 모으지는 못했다. 계속되는 여러 종류의 도박으로 몸과 마음이 다시 황폐해져 갔다. 직장을 그만두고, 친구와 동업으로 자영업을 시작했으나 오래가지 못했다. (…) 그는 열심히 살고자 노력했다. 농장에서 일꾼으로, 하루하루 팔려가는 막노동으로, 구두닦이로, 양어장에서, 양돈장에서, 짜장면 배달로, 회사 외판원으로. (…) 어떤 일을 해도 쉽게 적응했고, 정열적으로 했기 때문에 얼마가지 않아 능력을 인정받았다. 하지만 어떤 일도 오래 하지 못했다. 그때마다 도박으로 인한 고통이 있었는데, 도박 때문에 일을 중단하게 되었는지 아니면 일을 중단하게 되어 도박을 하게 되었는지는 알 수 없다. (…) 이렇게 진행성 질병인 '도박중독'을 1983년 결혼 후 2002년까지 19년 동안 진행시켜 온 것이었다. 점점 진행된 이 병은 가정을 황폐화시켜 갔다. 그는 나의 카드나 돈을 몰래 가져가기도 하기 때문에 늘 지갑을 숨겨야 했다. 어느 날은 지갑을 베개 밑에 숨기고 누워 있는데, 잠든 줄 알고 베개 밑에 손을 넣어 찾고 있었다. '아, 정상이 아니구나' 하는 생각이 들어 마음이 무너져 내렸다. (…) 외박하고 연락이 안 되는 날, 그가 경찰이나 교도소에 있는 날, 또 출근한 아침 직장으로 전화해서 "사고가 생겼다" "급하게 돈 천만 원 부쳐라" "죽겠다. 아이들하고 잘 살아라" 등 겉으로는 아무 일도 없다는 듯이 일했지만 마음은 그야말로 '콩 밭'에 가 있는 날이 많았다. 지금 열아홉 살 된 아들도 같이 힘들게 했다. 물론 제대로 돌보지 못한 부모 탓이지만, 중학교 1학년 때부터 학교를 잘 다니지 않았다. 아들 학교에 수시로 불려가고, 출근했다가 컴퓨터 게임하고 있는 아들을 데리고 학교에 가기도 하고, 학교를 두 번 옮겨가며, 수업일수가 모자라 중학교 졸업도 힘들게 했다. 고등학교도

두 곳을 옮겨 다녔지만 적응이 힘들어 결국 대입 검정고시를 쳐야 했다. 2001년에는 빚쟁이들이 밤낮없이 찾아왔다. 사택에 사는데, 새벽 1시, 3시, 4시 이런 시간에 찾아와 소리를 질러댔다. 주변 직장동료들한테 부끄럽고, 아이들에게도 상처가 될까봐 두려웠다. 전화로도 협박을 했다. 이제는 돈을 해 줄 능력도 없고, 경제적으로도 독립해야겠다는 내게 그는 "함께 죽어야겠다" "가스 줄을 끊어서 함께 죽는 계획을 구체적 했다"는 말을 했다. 이렇게 말하고는 그의 얼굴은 황폐해질 대로 황폐해져 무서웠다. 아이들을 데리고 구역 식구 집에 피신했다. "어떻게 아이들의 안전을 지킬 수 있을까?" 고민했다. 적당히 아빠의 상황을 설명하고 이해를 부탁했다. 한바탕의 소용돌이가 끝나고, 그는 "찾지 마라" "아이들하고 살고 있어라"는 말을 남기고 떠났다. (…) 내 몫의 부채만도 1억 가까이 되었다.

마약, 알콜 등과 같은 "다른 걸로 망가지면 저 혼자 망가지는데, 노름으로 망가지면 사돈에 팔촌까지 망가진다"는 말처럼, 도박 중독자 한 사람으로 말미암아 피해를 보는 사람들은 적어도 10명에서 17명은 된다고 한다. 특히 도박으로 말미암아 가장 큰 고통을 겪는 사람은 다름 아닌 도박 중독자의 가족일 것이다. 일반적으로 가족들이 가족원 중의 누군가가 도박에 빠져있음을 알게 되었을 때에는 이미 도박중독의 상태가 심각한 경우가 많다. 빚은 빚대로 엉켜있고 나아가 직장생활과 사회생활도 엉망이 되어 있다. 도박 중독자의 문제가 그대로 가족에게 전가된다. 가족들이 도박 중독자에게 느끼는 배신감, 수치감도 잠시이다. 가족들은 도박 중독자의 직장생활이 잘못되지나 않을까, 그의 인생이 잘못되지 않을까, 누가 이 사실을 알게 되지는 않을까 등으로 노심초사하며 도박 중독자가 저지른 일의 뒤처리를 소리 소문 없이 한다. 물론 가족들은 도박 중독자의 한 순간의 실수쯤으로 여기고 다시는 그런 실수를 되풀이하지 않을 것이라고 믿는다.

그러나 어찌 도박이 단 한 번으로 끝날 일인가? 눈물로 호소하고 각서를 쓰고 협박을 해도 소용이 없다. 문제는 되풀이되고 더욱더 악화될 뿐이다. 이제 모두가, 도박자 자신의 삶의 안식처이자 최후의 보루였던 가족마저 떠나간다. 도박자들은 그렇게 탈출하고 싶었던 '보통 삶이 밋밋하게' 영위되던 일상 관계 및 공간마저 상실하였다. 그럴수록 잃어버린 모든 것을 '한 방'에 만회하기 위해 더욱더 카지노에 목을 매며 대박의 꿈의 세계로 빠져든다. 그러나 그 꿈도 잠시, 빈손으로 카지노 문 밖을 나서는 순간 폐광산에서 불어오는 석탄 내음과 함께 회한이 밀려온다. 강원랜드 카지노 정문의 울타리에 걸쳐 앉아 담배연기를 길게 뿜어내며 초라한 나를 바라본다. 왜 내가 이렇게 되었지?

한심한 도박꾼: 나, 너 그리고 우리 한국인!

카지노 노숙자 대부분은 게임장을 벗어나면 만감이 교차한다. 카지노 앞에 서 있는 자신의 현재 모습에 환멸을 느끼며, '다시는 오지 말아야지'라는 맹세를 수없이 되뇌며 입술을 꽉 깨물어 본다. 도박으로부터 벗어나기 위해 끊임없이 노력을 한다. 때로는 도박중독예방센터에 가서 상담을 하기도 하고, 나아가 스스로 카지노 출입금지를 신청해보기도 한다. 이는 도박중독예방센터의 출입금지 신청자수의 변화에도 잘 드러난다.

다음 표에서 보듯이, 출입금지 신청자 수가 해가 거듭할수록 급증하고 있으며, 특히 그 가운데 개인 또는 가족 신청자 수가 많다. 도박

〈표 Ⅳ-2〉 한국도박중독예방센터의 연도별 출입금지 신청자 수

년도	출금자수	개인신청	가족신청
2001	165	10	155
2002	366	68	298
2003	436	112	324
2004	782	349	433
2005	1,043	575	468
2006	1,258	676	582

출처 : 사행산업통합감독위원회

자의 의사와 상관없이 가족의 요청에 따라 출입이 금지된다는 것은 무척 '한국적'이라고 할 수 있지만, 기본적으로 도박이 가족생활에 얼마나 큰 영향을 미치고 있는가를 짐작하게 한다. 하여튼 카지노에 출입하는 많은 사람들이 자신 또는 가족의 힘을 이용하여 도박으로부터 벗어나기 위해 노력하고 있음을 알 수 있다. 그렇지만 도박에 흠뻑 '젖어 있는 몸'이 도박의 유혹으로부터 벗어나는 것은 쉽지 않다. 오히려 많은 경우에 강원랜드에 '어쩔 수 없이' 수시로 드나들며 도박과 맺은 질기고 질긴 악연(惡緣)을 이어간다. 이 점은 다음의 사례에서도 잘 드러난다.

여기(찜질방) 와서 이런 꼴로 있어도, 서울에 있을 때 보다는 회의가 적어. 서울에 있으면 돌 거 같애. (…) 집사람이 아침에 8시 50분 되면 나간단 말이야. 집에 나 혼자 있어요. 아파트 12층인데, 이렇게 내려다보면 광장에 분수대를 만들어 놨어. 요즘에 토요일, 일요일에 분수를 뿜어 올린다고, 그걸 바라보고 있으면, 평탄하게 남한테 폐 끼치지 않고 무리하지 않게 60 평생을 살았는데, 답이 왜 이렇게 나와 버렸나? 그런 생각으로 베란다에 앉아서 밑을 내려다보고 담배를 피며 한 한 시간 정도 있으면,

바로 일어나서 거울을 보면 꼭 술 취한 사람 같애, 얼굴이 뻘게져 가지고, 뻘게요, 소주 한 서너 잔 먹은 사람처럼. 그럼 그걸 어떻게 달래보려고 뒤척거리고, 비디오도 빌려다 보고 별의별 짓을 다 해봐도 해소가 안 돼. 작년에 하도 리스크(risk)가 커서 이걸(도박) 좀 안 해보려고 미국을 갔어요. 작년 3월 달에, 그래서 두 달 한 보름 동안 이 친구 저 친구 만나고 돌아다니면서 있다가 왔는데 끊지를 못해. 나도 결단력이 없어서 많이 없었습니다. (…) 이제 나야 뭐 다 살았으니까. 그런다 그러지만, 지금 도박에 지금 젖어들어 가고 있는 사람들을 보면 진짜 안타까워요. 내 경험으로 보면 이건 뭐 배움이나 인격이랑 상관없는 겁니다. 그렇게 초연해질 수가 있는 게 아니잖아요, 돈을 잃고 나니까. 이건 꼭 없애야 될 겁니다. 내 주위에도 참 많아요, 망가진 사람(차성진, 남, 62세, 서울, 2005. 7. 20.).

위 사람은 5년 전 평생 동안 근무한 회사에서 명예퇴직을 하고 집에서 휴식을 취하면서 소일삼아 강원랜드 카지노에 드나들었다가 도박에 빠져 약 5억 원을 잃었다. 현재 서울에 살면서 돈만 생기면 카지노에 온다고 하는데, 인터뷰를 한 날에도 2백만 원을 가지고 와서 거의 다 잃고 새벽 2시경에 찜질방에 쉬러 왔다. 찜질방 정문 앞에 마련된 흡연실에서 담배를 피우다가 나와 이야기를 나누게 되었다. 다른 사람들과 이야기를 하며 열심히 뭔가 받아 적는 나를 유심히 살펴보고는 인터뷰를 마치고 잠을 자러가는 나에게 말을 걸어왔다. 조금만 이야기를 하자고 하여 시작된 대화가 두 시간 이상 지속되었다. "카지노에 와서 거의 1년이 넘도록 이렇게 애길 해본 적이 없다"고 하였다. 이 사람은 도박으로 말미암은 회의, 무력감, 불안감, 공포, 분노 등을 누군가에게 털어놓고 싶었던 것이며, 무엇보다 이를 성심껏 들어주는 상대방이 필요했던 것이다.

이 사람은 아직까지 가족들이 자신이 도박에 빠져있다는 사실을 모르고 있는 것이 다행이라고 생각하며, 지금 당장 해결해야 할 몇 천만 원만 있으면 다시는 카지노에 발을 들여놓지 않을 것이라고 하였다. 바로 당장 해결해야 할 몇 천만 원을 마련하기 위해 이렇게 저렇게 밑천을 만들어 강원랜드로 달려오며, 카지노장에 있는 순간만은 행복하다고 하였다. 그러나 항상 올인이 되었다. 위 사례자는 회한이 밀려오는지, "참으로 나라는 놈은 한심하고 쓸모가 없는 놈"이라는 말을 대화 도중에 수없이 되풀이하였다. 그리고 더 많은 사람들이 망가지기 전에 강원랜드 카지노를 없애야 한다고 강하게 주장하였다.

사실 위 사람처럼 가족이 자신이 도박을 한다는 것을 모르거나, 아직 부부가 이혼하지 않고 같이 살거나, 돌아갈 가족이 있는 카지노 노숙자들은 그렇지 못한 사람과 자신을 비교하며 자신의 처지는 상대적으로 다행스럽고 행복하다고 여긴다. 나아가 자신은 심각한 도박 중독자가 아니라고 단정하고, 언제든지 도박을 통제할 수 있다고 생각한다. 이처럼 카지노 노숙자들도 자신은 한심하고 쓸모없는 놈이지만 자신은 심각한 진행성 '질환'(?)인 도박중독증을 앓고 있다고 인정하는 경우도 매우 드물다. 무엇보다 도박중독은 겉으로 드러나지 않는데 군이 시인해서 좋은 일도 없다. 특히 체면을 중시하고 도박을 사회적으로 죄악시하는 한국 사회에서는 더욱 그렇다. 단도박모임에서 만난 한 사람의 이야기이다.

한국에는 체면문화가 있다. 잘못 이야기하면 낙인이 찍힌다. 한국사회는 알콜중독은 조금은 이해하는 편이다. 도박 중독자라고 하면 수용하는 뉘앙스가 다르다. 가족까지 포함해서 단도박에는 참여하는 사람이 1,000명이 안 된다고 하는데, 이는 사회적으로 참 인정하기 힘든 중독이기 때문에 잘 시인하려 하지 않는다. 알콜중독은 자기 몸 상하는 정도로 끝난다. 그러나 도박은 다르다. 빚을 끌어 써서 관계를 파괴한다. 도박은 정서적 관계, 사회적 관계 다를 파괴한다(의왕백, 남, 약 60세, 2007. 2. 5.).

체면을 중시하고 나아가 도박을 죄악시하는 한국사회에서 나 스스로가 도박 중독자로 낙인을 찍어 타자로부터 부정적 시선을 받을 필요는 없을 것이다. 더욱이 도박 중독자가 자신을 드러내지 않는 한 우리가 도박 중독자를 구별해내는 것은 매우 어렵다. 물론 나 자신이 도박 중독자라고 하여도 일반인과 도박 중독자를 쉽게 구별할 수는 없다. 그런데 사북·고한 등 강원랜드 주변에 머무르고 있다는 점은 도박중독의 경계를 드러내는 것이라고 보인다. 따라서 이곳에서 어슬렁거리고 있다는 것만으로도 그 사람은 도박 중독자로 간주될 개연성이 높다. 즉 그 사람이 주민, 프로겜블러, 카지노 노숙자, 연구자, 강원랜드 직원, 관광객 등인지는 중요하지 않다. 일단 그는 '카지노 노숙자'로 낙인찍히고, 그에게는 '노름꾼', '불쌍한 놈', '인간쓰레기' 등의 부정적 시선이 교차된다.

예로 나는 현지연구차 사북의 한 찜질방에 며칠 동안 머무른 적이 있었다. 그때는 한여름으로 날씨가 무척 무더웠고, 사람들도 도박과 날씨에 지쳐 힘이 빠져 있었다. 이들을 '측은하게 여긴' 나는 사북시내에서 인터뷰를 마치고 돌아오는 길에 중앙시장에서 수박 두 통을 사와 찜질방에 있는 사람들과 수박파티를 열었다. 사람들의 얼굴에 모처럼 웃음이 돌았다. 그리고 내가 조사를 마치고 돌아가고 난 지 한 달 뒤에 강원지역문화연구회 회원들이 조사를 하고자 이 찜질방에 들렀다. 이 때 한 카지노 노숙자가 학생들에게 "너의 선생이 여기에 와서 항상 웃고 다니고 갑자기 수박파티를 하기에 카지노에서 돈을 왕창 잃어버리고 미친 줄 알았다"며 나를 '측은하게 바라보았던' 당시를 회고하였다고 한다. 이처럼 이곳에서 살아가는 다양한 사람들의 시선은 모두 '카지노 노숙자'를 바라보는 시선으로 수렴된다. 또한 이 시선을 통해 카지노 노숙자로부터 자신을 분리해낸다. 이 점은 앞에서 인용한 사례자가 찜질방에 살고 있는 카지노 노숙자를 바라보는 시선에서 잘 드러난다.

왜 김 선생(연구자) 그런 사람들 하고 접촉을 합니까? 아 연구 때문에? 내가 한 가지 인생선배로서 어드바이스 해주고 싶은 거는 초록은 동색이에요. 똥은 똥이야, 똥은 된장이 될 수가 없어. 무슨 얘긴 줄 아시겠습니까? 건방진 얘기가 될 진 몰라도, 여기(찜질방) 있는 사람들 하고 왜 내가 얘기를 안 하냐면, 첫째 무식해. 속된 말로 얘기해서 게임이 안 돼는 거야. VIP룸에서 하루에 2억을 잃었다는 뭐 이런 얘기를 하면은. 그 사람이 얘기를 하는 의중이 뭐냐? 나는 이만큼 돈이 있었고 스케일이 큰 사람이라는 걸 상대방한테 알아달라고 하는 얘기로밖엔 안 들려. 무식한 놈이니까 그런 얘기 하는 거지. 그렇지 않아요? 그런 얘길 할 필요가 없어. 그런 사람들이 까벌려 놓고 보면은 사회생활 했던 커리어는 개똥도 아니야, 장사꾼 나부랭이지. 자기네들이 언제 장·차관·국회의원들하고 해외여행을 해봤겠어? 비즈니스 얘기를 해봤겠어? 난 그런 거 무시해 버린다고. 아무리 내가 니들하고 똑같이 만 원짜리 찜질방에서 오천 원짜리 밥을 먹고 있지만, 니들하고 나하고는 격이 다르다. 난 그 자긍심 하나는 내가 딱 갖고 있지. 내가 저 사람하고 대화를 함으로써 내가 못한 게 뭐 있냐도 봐야 되고. 그렇지 않아요? 삶의 지혜도 얻을 수 있어야 되고. 이런 게 대화의 포인트 아니야? 벤치에 앉아가지고 무슨 5억을 잃었느니 2억을 잃었느니, 사업했다 어떻게 됐다느니 맨 이런 얘기. 그러고 인제 올라 갈 때 보면 뭐 찜질방비 만 원, 식대 오천 원을 못내 가지고. 서울로 가야지 식대가 없고 만 원도 없으면. 난 이해가 잘 안돼요. 그렇잖아? (…) 말이 좀 이상한데, 나쁜 놈들이 많아요. 내가 저 사람한테 덕을 입었단 말이야. 고마워 할 줄 아는 사람이 그게 쪼다가 아니고 그게 정도인 사람이야. 내가 커피를 한 잔 김 선생한테 대접을 했다 300원짜리 커피지만, 아 저 사람이 나한테 커피를 샀구나, 고맙다 맛있게 잘 먹었다라고 느낄 수 있어야 그게 정도란 말이에요. 고마워할 줄 몰라 그런 거를. (…) 아무 소용이 없어. 인간 정으로 그랬는데 아무 소용이 없어. 그 담에 보면, 고맙습니다, 안녕하십니까? 인사도 없어. 에이 호로자식들, 나쁜 놈들이구나. 그래서 우리는 카지노에 딱 올라가면 아는 체하는 사람은 아유 안녕하세요? 그러고 끝이야. (…) 자기나 나나 똑같이 돈도 없고 그러니까. 밥 한 끼 살 수 있어요. 그걸 생활화하고 있는 사람인데, 미안할 줄을 모른단 말이야. 굶거나 말거나, 그럴 때 사람이 냉정해야지. 그런 사람들한테 왜 밥을 사줍니까?(차성진, 남, 62세, 서울, 2005. 7. 20.).

카지노 노숙자도 끊임없이 서로를 분리해낸다. 특히 아직까지 자기 자본을 가지고 카지노를 출입할 수 있는 사람들은 카지노 앵벌이를 하며 살아가는 사람들을 '똥파리', '인생 막장에 간 사람', '인생의 패배자' 등으로 비하하며 자신과 분리를 한다. 이런 시선으로 위 사람은 찜질방 사람들에게 저녁과 술을 사는 연구자에게 이들과 어울리지 말 것을 간곡하게 부탁하였다. 자신과 다른 카지노 노숙자들과 분리하는 데에는 과거 자신의 직업, 재산, 사회관계 등 수많은 요소들이 동원이 된다. 즉 자신의 과거로 카지노 노숙자라는 현실을 재단하는 것이다. 그러나 이 차이는 게임기 앞에서는 아무런 의미가 없다. 카지노 노숙자가 되는 것도 한 순간이다. 누가 먼저 올인을 당했느냐는 단지 시간의 문제일 뿐이다. 올인이 된 순간 오직 카지노 노숙자라는 현재만이 남는다. 과거에 무슨 일을 했던, 얼마나 잘 살았던, 얼마나 권력을 쥐고 있었던, 이 모든 것은 과거의 일이고 현재에는 모두가 앵벌이로 하루하루를 살아가는 똑같은 카지노 노숙자일 뿐이다. 도박은 정말 실감나게 절대 평등을 실현하고 있는 것이다. 그런데 어느 누구도 도박이 만들어낸 절대 평등을 쉽게 받아들일 수 없다. 자존심이 허락하지 않는다. 그러나 카지노 노숙자라는 이 현실을 어찌하랴!

도박을 하는 사람은 기본적으로 한심하고 불쌍하고 믿을 수 없는 자신에 대한 시선을 그대로 다른 도박자에게도 투영하고, 동시에 그들을 상종할 수 없는 인간으로 단정한다. 이 점은 다음의 이야기에서 잘 드러난다.

여기서? 5년, 잘 알고 지내는 사람은 열 명 정도 되지. 인간 대 인간으로 보는 놈들은 없지. 사회 같지 않고, 사회의 권위의식 같은 거, 책임감도 없고. (카지노를 알게 된 것이) 후회되지. 이게 없었으면은 가정하고. 그냥 죄 받은 것이라고 생각해. 돈 잃으면 기분 나쁜 게 아니라 내가 나를 막 쥐어박고 막 죽고 싶어 내 자신이 또라이구나. 컨트롤이 안 돼. 돈을 따도 도망갈 줄 몰라. 더 딸라고 덤벼들고. 마약 중독보다 더 심한 게 도박이야. 딴 날은 잠도 안 와 빨리 올라가고 싶어서. 이건 정말 또라이들 집합장소다(남, 48세, 수원, 선명찜질방, 2005. 3. 5.).

카지노 노숙자가 카지노 노숙자를 바라보는 시선, 카지노 노숙자 자신이 자신을 바라보는 시선들 사이에는 커다란 차이가 없다. 단지 이 시선은 한심하고 믿을 수 없는 또라이 도박꾼 '나'로 수렴되고, 이 시선은 다양한 관계 속에서 수없이 많은 시선으로 분화될 뿐이다. 앞에서 언급한 것처럼, 카지노 노숙자라고 다 똑같은 카지노 노숙자가 아니다. '알거지', '똥파리', '인생 막장까지 간 사람' 등으로 불리며, 상종할 수 없는 사람으로 여긴다. 거꾸로 이는 다른 사람이 자신을 바라보는 그 시각이기도 하다. 결국 서로를 믿을 수 없는 사람이 되는 것이다.

카지노 노숙자들은 서로에 대하여 신뢰를 가질 수 없기 때문인지, 찜질방 등에서 오랫동안 같이 생활을 해도 대부분 사람들의 관계는 인사를 하는 정도에 머무른다. 사우나나 찜질방에 일단 들어 온 사람이라면, '갈 때까지 다 간' 도박 중독자라고 미리 짐작하여 '피곤한' 개인사에 대해서는 가능한 한 서로 물음과 대답을 회피한다. 사실 서로에 대하여 알 필요도 없다. 단지 그들에게 남겨진 대화의 주제는 도박과 관련된 것뿐이고, 또한 이것만이 그 순간 그들의 최대 관심사이기도 하다. 그런데 이 대화도 그리 오래가지 않는다. 이들은 1원이라도 아깝기 때문에 술자리를 같이 하는 경우도 드물고, 도박에 관한 이야기도 매일 반복되는 그렇고 그런 무용담이라 그런지 한 차례의 수다 정도로 끝난다. 자신이 뿌리내리고 있는 사회문화적 관계로부터 유리(遊離)된 채 자신들의 현실 세계인 강원랜드 주변을 맴돌지만, 그 속에서 그들은 철저하게 파편화(破片化)된다. 나아가 그들은 그들 나름대로 서로를 구별 짓고 차이를 드러낸다.

도박하는 사람에 대한 비하와 불신은 강원랜드 카지노 출입자들이 게임하는 풍습에 대한 비판과 더불어 강화된다. 앞에서 이야기한 카드 등을 넣어 슬롯머신를 작동하거나, 테이블게임에서 다른 사람의 행동에 시비를 거는 것 등이다. 이 점은 앵벌이로 생활을 하며 찜질방에서 살고 있는 한 카지노 노숙자의 이야기에서 잘 드러난다.

> 강원랜드가 사실은 카지노가 생긴 차원이 우리나라 사람들 도박 좀 가르치려고 생긴 거래요. 외국에 원채 많이 갖다 주니까. 호구라는 거 아니야, 대한민국 사람이 외국에 나가면. 외국 나가서 기계 같은 것도 자동으로 꽂아 돌리는 사람은 한국사람밖에 없어요, 100프로. 외국에는 그런 사람이 없어요. 즐기니까요. 무식하게 안 한다고. 엔젤(?) 같은 데 가도, 강원랜드 크기에 몇 배 되려나, 그게 제일 크거든요. 강원랜드 한 20배? 건물 하나가 한 20배. 그 다음에는 전체 하나로 묶어서 백억짜리인가 있어요. 지나가면서 집단으로 그거 떠뜨릴려고, 외국인들은 그런 짓 안 한다니까요(남, 40대 후반, 아리랑찜질방, 2005. 7. 20).

강원랜드의 설립목적 가운데 하나는 원정도박으로 말미암은 외화 유출을 방지하는 것이었다. 이제까지 외국 카지노에 출입하며 어렵게 수출하여 번 돈을 베팅 한 번에 다 날리고 있는 큰 손님, 솔직하게 말해 '호구'였던 한국인들을 불러 모으는 것이었다. 그런데 이 목적은 강원랜드가 활성화되면서 교묘하게 한국인의 카지노 게임 수준을 높이는 교육과 연결이 되었다. 하여튼 카드, 이쑤시개, 종이 등을 슬롯머신 버튼에 꽂아 슬롯머신을 자동으로 돌리는 형태는 카지노 출입자뿐만 아니라 카지노 노숙자들도 종종 한국인들의 도박수준을 비하할 때 많이 인용하는 예이다. 사실 이 관행이 강원랜드 카지노가 생기기 전 외국의 카지노에 출입하던 한국인들이 이미 했던 것인지는 알 수 없다. 그렇지만 분명 버튼을 누르는 것도 싫어 카드 등을 꽂아 자동으로 돌리는 것을 게임한다고는 할 수 없다. 이를 통해 게임 과정은 완전히 생략되고, 오직 대박의 순간, 즉 결과만을 위한 도박만이 남아 있다. '건전한 게임장'을 추구하는 강원랜드 처지에서나 돈을 잃어도 멋지게 게임하고 잃었다는 것으로 자존심을 세우는 카지노 노숙자들에게 용납할 수 없는 것이다. 이들은 천박한 도박꾼으로, 저질적인 도박 수준을 가진 한국인의 표본이 되어 비난의 대상이 된다. 이런 게임 관행은 테이블 게임에서도 마찬가지이다.

> 어제 강랜 다녀왔습니다. 회원님들의 얘기를 듣고 가긴 갔지만. 사실 좀 많이 실망했습니다. 가장 큰 이유가 2가지 있습니다. 일단 첫 번째로는 플레이어 자리입니다. 블랙잭 자리 하나 차지하기 정말 힘들더라고요. (…) 두 번째로는 사람들의 마인드입니다. 전부 그런 거는 아니지만 몇몇 사람들이 딜러한테 뭐라고 그러고 테이블 꽝꽝 치고(이건 처음에 정말 놀랐음.) 어떤 사람은 같은 플레이어한테까지 뭐라고 하는지 예들 들어서 왜 카드를 받았냐, 왜 안 받았냐, 왜 찢었냐, 왜 안 찢었냐. 정말 매너 갖춰줬으면 하는 바램이 있습니다. 솔직히 다음 카드는 아무도 모르기 때문이죠. 예를 들어서 딜러가 6을 깔아도 뒤에 숨겨있는 카드가 5일 수도 있지 않습니까. 정말 이해가 안 되는 사람 몇몇 계시더군요(Torrance Gambler, 2006. 8. 8. 다음카페 '백억카지노').

앞에서 이야기했던 것처럼, 블랙잭은 게임의 특성상 7명이 어떻게 호흡을 맞추느냐에 따라 받는 카드가 달라지고, 결국은 승패가 뒤바뀌기도 한다. 그러나 다음 카드가 무엇인지는 어느 누구도 알 수 없기 때문에 카드를 받을 것인가 또는 받지 않을 것인가를 결정하는 것은 철저하게 게임자 개인의 몫이다. 더욱이 내 돈을 가지고 내 마음대로 하겠다는데, 누가 시비를 걸 수 있겠는가? 그럼에도 강원랜드 카지노의 게임테이블에서는 게임자들 사이에서 벌어진 신경전이 싸움으로 폭발하기도 한다. 이런 상황은 위 사례처럼 강원랜드 카지노에 처음 온 사람들, 특히 외국 카지노 출입 경험이 있는 사람들을 매우 당혹스럽게 한다. 이러한 게임 환경에서 강원랜드 카지노 출입자 서로에 대한 불신과 비하가 커지고, 때로는 이것이 한국사회와 한국인 전반으로 연장되기도 한다. 이 점은 다음의 이야기에서 유추해 볼 수 있다.

미국도 서부 쪽에는 도박꾼들이 많아요, 멕시칸이다, 한국 사람이다 많잖아요. 동부 쪽에는 오리지날 미국 사람들이 많다 말이야. 근데 그 사람들이 LA까지 와서 도박을 하려면 7~8시간씩 비행기를 타야 되니까 뉴욕에서 자동차로 한 4시간 반 정도 가는데 애틀랜틱시티라고 도박도시를 하나 만들었다고. 거기 가서 보면 크기는 여기 한 열 배정도 되는데 분위기가 여기하고는 정반대요. (어떻게요?) 지금 우리들은 5백만 원이면 5백만 원, 3백만 원이면 3백만 원, 바꿔가지고 앉아서 도박을 하잖아요. 거기는 열 사람이면 여덟 사람은 부부로 와. 그쪽 동부사람들, 미국사람들은. 그러면 돈으로 동전 칩을 바꿔가지고 바구니에다 넣어서, 와이프가 넣으면 남편이 들고, 이 다이에 가서 한 10불, 저 다이에 가서 한 10불, 그렇게 하고 5백 불이고, 1,000불이고 딱 잃으면, 나 여러 번 유심히 봤다고 좀 배워볼라고, 그냥 바로 차 끌고 가. 또 뭐 송금 받아가지고 막 쇼부 보려고 하는 걸 보질 못했어요. 게임 하다 말고, 부부하고 둘이서, 바닷가에 나가서 음식 먹을 거 다 먹고. 그러다가 돈이 조금 남았으면 와서 조금 더하다 가고 그런 식인데. LA를 가서 보면, 난 한 대여섯 번 직장생활을 할 때 그 뭐 MGM(엠지엠 그랜드 호텔)이다 뭐 큰 데 가서 어울려서 좀 해 봤어요. 분위기가 하늘과 땅 차이야. 여기는 쌍놈들이 노는 데고, 완전 쌍놈들이. 그러니까 나도 한국 사람이면서 우리 한국 민족이 말이죠. 오해는 하시지 마세요. 굉장히 천박스런 민족입니다. 민족 자체가 외국을 돌아다니면서 보면은, 어떻게 표현을 해야 되나, 이렇게 자동차 타고 다니고 문화생활을 즐기고 문명의 이기를 받아들여서 살 만한 레벨이 아니야. 우리나라 정치는 무슨 민주화고 개똥 나발 같은 소리를 하지만. 영원히 앞으로 100년이 지나도 우리나라 정치 여기서 발전이 없어요. 진보가 없어요. 왜 그러냐? 한국 놈들 뇌 구조는 수준이 낮게 돼 있어. 태어날 때부터 미국 놈들은 고고하게 태어났고 우리나라는 천박스럽게 태어났어. 우리 민족 자체가 그냥 보리밥에 20리, 30리, 10키로, 20키로 걸어 다니면서 학교 다니고 이런 식으로 살아야 되는 민족이에요. 저도 학자라는 친구도 많고 박사들도 많고 그러지만. 다 얘기를 해보면 그런 면에서는 굉장히 공감을 해요(차성진, 62세, 서울, 2005. 7. 20.).

세계 최대 카지노 강국인 미국 내에서 사행산업은 각 주(州)에 따라 차이가 있지만 대부분의 주에서 카지노, 복권 등 한 종류 이상의 사행 사업을 허용하고 있다. 특히 10여 개 주에서 합법적으로 운영되는 500여 개소의 상업적 카지노가 서로 경쟁을 벌이고 있다. 미국에서 상업적 카지노의 경쟁체제는 1978년 미국 동부 뉴저지주 애틀랜틱시티에 새로운 카지노타운이 들어서면서 본격화했고, 각 주의 카지노타운마다 서로 다른 카지노 문화를 만들어내고 있다.[47) 위 사람에 따르면, 애틀랜틱시티 카지노는 미국인, 이른바 '교양인'들이 출입하는 도박장이 아닌 진정한 휴양지이다. 반면 상업적 카지노의 대명사로 세계 카지노 산업을 주도하고 있는 라스베이거스는 한국인과 멕시코인 등

---

47) 1980년 중반에 네바다 주 라스베이거스는 애틀랜틱시티 카지노의 영향으로 시(市) 전체가 파산선고를 해야 할 지경까지 몰렸다. 이때 스티브 윈, 커크 코리안, 하워드 슈즈 등을 중심으로 카지노를 가족 중심의 테마파크 형으로 전환하고 윤락과 매춘을 시 외곽지역으로 추방하여 라스베이거스는 새로운 오락형 게임관광도시로 자리매김하였다(야마구찌 2001: 20; 정두연 2006: 57 참조). 뉴저지주 카지노 산업은 사업장 수나 총 매출액에 있어서 네바다주와 비교할 수 없을 정도로 미약하지만, 카지노업체 대비 매출액은 미국 전체에서 가장 높다(한국문화관광정책연구원 2006b: 45 참조).

이른바 '쌍놈'들이 출입하는 저질의 도박장이라는 것이다. 라스베이거스를 모델로 한 강원랜드 카지노도 미국 서부의 수준이다. 현재 한국인은 자동차·카지노 게임 문화 등 문명의 이기(利器)를 향유할 때가 아니라, 허리를 졸라매고 보리밥을 먹으며 일을 하며 문명의 이기를 향유할 수 있는 '교양인'의 문화를 서구로부터 배워야 할 때인 것이다. 이런 한국의 물질적 근대화와 문화적 근대화의 괴리된 모순 사이에 카지노가 자리잡고 있는 것이다.

물론 백인우월주의에 뿌리를 박고 있는 한국사회의 서구중심주의 편향을 숨김없이 드러내는 위 사례자의 의견에 전적으로 동의할 수는 없지만, 이는 카지노 노숙자, 나, 너, 우리 그리고 한국인을 바라보는 시선의 상관성을 보여주고 있다. 카지노마다 독특한 분위기와 문화가 있으며, 강원랜드 카지노의 게임환경과 문화는 출입자, 즉 한국인들의 사회문화·생활양식과도 밀접한 관계가 있음은 틀림없다. 따라서 천박성과 지나친 도박성으로 대표될 수 있는 것으로 평가되는 강원랜드 카지노 문화는 곧바로 한국 사회와 문화의 수준으로 치환되기도 한다. 이렇게 한심한 나, 너 그리고 우리 한국인은 천박한 도박꾼이 될 뿐이다. 결국 카지노 노숙자들은 자연스럽게 자신과 자신이 몸담고 있는 사회문화를 비하하고 불신하며 나아가 부정한다. 이러한 부정의 시선을 생성하는 중심에는 카지노 노숙자와 도박 중독자뿐만 아니라 정부 그리고 우리 자신이 있다.

2. 도박 중독자 바라보기
누가 도박을 하라고 했나요?

카지노 노숙자 또라이들, 사북을 떠나라!

사북에서 같은 하늘을 이고 살아가는 카지노 노숙자들이 긍정적이든 부정적이든 카지노촌 사북의 경제와 사회문화를 구성하는 한 중심축임을 부정할 수는 없다. 특히 카지노 노숙자들이 사북·고한 지역에 있는 식당, 숙박업소 등의 지역경제에 미치는 영향은 매우 크다. 이 점은 사북의 한 주민의 이야기에서 충분히 유추할 수 있다.

　(카지노 노숙자들이 많아지면서 좀 어떻습니까?) 그런 사람들이 많을수록 시내 국밥집이나 이런 장사는 잘되고. 없으면 좀 그렇고. 잘 사시는 분들 같은 경우는 게임하고 들려서 국밥 먹을 일이 뭐 있습니까? 국밥 먹을 일이 없죠. 가끔 시내 들려가지고 다른 사람들한테 사북 고기가 좋다 그러니까, 고기나 좀 드시고 가시는 분들 있고, 대부분 그냥 지나가죠. 노숙자들 그런 사람들이 많기 때문에 실비집 같은 거는 좀 되죠. 왜냐면 식사할 데가 없기 때문에, 시내 고기 집에서도 장사 되는 게 새벽에 오는가 봐요. 여자나 남자나 담배들 다 펴요. 식당 가서 보면, 다 담배 피우고, 맨

> 날 놀음 얘기하고, "그걸 좀 잘했어야 되는데" 그러면서 게임 얘기나 하
> 고. 그런 팀들 오면 좀 식당도 되고 밥 먹고 또 올라가고(최재갑, 남, 47세,
> 사북, 2005. 6. 29.).

이른바 VIP급 카지노 출입자들은 메인카지노 호텔 또는 골프텔 등에 투숙하며 그곳에서 숙식을 해결하는 경향이 많아 지역에 내려오는 경우는 매우 드물다. 따라서 지역의 슈퍼에서 담배 한 갑이라도 사고, 식당에 들러 해장국 한 그릇을 팔아주는 사람들은 다름 아닌 일반영업장 출입자, 특히 카지노 노숙자들이다. 즉 카지노 노숙자들은 강원랜드 카지노가 성장하고 지역경제가 활성화하는 데 일등공신이라고 해도 결코 지나친 말이 아니다. 그러나 위의 사례들에서 어느 정도 추정할 수 있듯이, 카지노 노숙자를 바라보는 지역의 시선은 그리 달갑지 않다. 카지노 노숙자들이 사북지역의 식당, 숙박업소 등의 경기에 미치는 영향은 매우 클지라도 이들의 이름은 분명 오명(汚名)일 수밖에 없다. 오히려 카지노 노숙자, 도박 중독자라는 이름은 고급스러운 것이다. '인간쓰레기', '마귀', '똥파리', '거지' 등 수없이 많은 이름들이 그들을 호명하며 부정적 존재성을 부여한다. 그들과 함께 같은 하늘을 이고 살고 있다는 그 자체만으로도 부끄럽다.

따라서 카지노 노숙자들이 사북지역에 하루를 머물든, 한 달 아니 일 년 이상을 상주하든, 이들은 사북의 한 주민으로 받아들여지지는 않는다. 그들은 말 그대로 '노숙자'일 뿐으로 카지노 노숙자의 삶과 존재는 전혀 인정되지 않고 있다. 이는 지역의 카지노 노숙자가 몇 명이나 살고 있는지에 대한 기본적인 실태파악도 되지 않고 있다는 점에서 잘 드러나고 있다. 나는 카지노 노숙자의 수를 알아보고자 사북읍사무소, 사회단체, 한국도박중독예방센터 등에 문의를 해보았지만, 아

직까지 이들에 대한 어떤 통계조사도 이루어지지 않았다고 하였다. 관계기관에 근무하는 사람들도 단지 카지노 노숙자 수에 대해서는 추정만을 할 뿐이었는데, 이 점은 사북읍사무소에 근무하는 직원의 말에서 잘 드러난다.

> 제가 개인적으로 듣기로도 이쪽에 노숙자가 상당히 많다고 그러잖아요. 그러니까 노숙자 많다 적다 사실 그게 통계 내기가 어려운 분야고, 제가 봤을 때는 그래서 저희 행정관서에서 아까 말씀드렸던 것처럼 행려자 여비가 나가는 거 신분증을 카피하고 자기 신분상 적어서 나가는 돈이니까 실제 정확한 건 그거 밖에 없다고 (할 수 있습니다). (…) 저희가 구체적인 데이터는 안 가지고 있으니까. 근데 또 얘기 들어보면 100명 이상은 안 되는 것 같습니다. 정확한 통계는 강원랜드 그쪽에서 알겠죠.(유종도, 남, 2005. 7. 19.)

이 공무원에 따르면 사북읍사무소, 정선군청 등을 비롯한 일선 행정기관에서 카지노 노숙자의 실태 등을 파악하고자 인구센서스, 설문 등 어떠한 조사도 실행한 적이 없다고 하였다. 다만 2000년 스몰카지노가 개장한 뒤 행려자가 많이 생겨나면서 사북·고한읍사무소는 이들에 대한 대책을 마련해 줄 것을 강원랜드에 요구하였다. 이에 강원랜드는 행려자 귀환지원 예산으로 사북·고한읍사무소에 각각 300만 원을 지원하였다. 이 예산으로 사북읍은 2001년 5월부터 2003년까지 총 134명(2001년 10명, 2002년 32명, 2003년 92명)의 행려자에게 주소지에 따라 1~2만 원 정도의 귀환경비를 지원해주었다. 그러나 2003년에 예산이 다 없어지면서 이 사업은 중단되었다.

이 사업 외에 카지노 노숙자 실태에 대한 어떤 자료도 찾을 수가 없었다. 카지노 노숙자들은 사북읍을 비롯한 행정기관이 관심을 가져야 할 주민도 심지어는 관광객도 아니었다. 사북읍사무소 담당자의 말처럼, 카지노 노숙자에 대한 통계 자료 등과 관련해서는 카지노 노숙자와 가장 밀접한 연관이 있는 강원랜드 도박중독예방센터에 마지막 기대를 걸어보았다. 그러나 도박중독예방센터도 마찬가지로 카지노 노숙자 수 등에 대한 어떤 공식적인 조사 자료는 없었다. 카지노 노숙자는 기본적으로 강원랜드의 관심사가 아니기 때문이었다. 아니 관심은 있었다. 그러나 이것은 도박중독예방센터에 근무하는 직원들의 순수한 궁금증의 일부였지 강원랜드의 책임감 있는 활동은 아니었다. 이 점은 도박중독예방센터 직원의 다음의 인터뷰에서 잘 드러난다.

> 그때 저희가 파악한 게 1,000명이 넘는다고 했어요. 그때 저희가 찜질방, 여인숙 이런데 돌아다니면서. 그게 왜냐면 공식적으로 할 수 있는 방법이 없고, 그래서 찜질방 가서 물어보고 그리고 일주일에 한 번, 3일에 한 번 가서 가는 사람들 대충 숫자를 보고 계속 추이가 있을 수 있으니까요. 그래서 그 분들이나 카지노에 출입하신 분들 출입일수 같은 것 하고 이러다 보니까 최소 1,000명이 나온 거예요.

2004년에 처음으로 도박중독예방센터 상담원 3명이 사북·고한 지역에 있는 찜질방, 여인숙 등을 돌아다니면서 카지노 노숙자 수를 주먹구구식으로 집계하였다. 그런데 당시 월세방, 원룸 등은 접근이 쉽지 않아서 그곳에 거주하는 사람들의 수는 파악할 수 없었다. 이처럼 비공식적인 방법으로 카지노 노숙자 실태 파악을 할 수밖에 없었던 것은 강원랜드가 도박중독이 사회문제가 되어 골치 아픈데, 굳이 도박중독예방센터가 앞장서서 이를 문제화할 필요가 있느냐는 부정적인 사고 때문이었다고 한다. 한마디로 카지노 노숙자가 존재하는 것은 말할 필요도 없고, 그것도 카지노의 성장과 더불어 카지노 노숙자 수가 지속적으로 증가하여 엄청난(?) 수가 이 지역에서 생활하고 있을 텐데, 이를 긁어 부스럼을 만들 필요가 없다는 것이다. 카지노 노숙자 양산의 책임주체인 강원랜드가 이렇게 카지노 노숙자에 대해 무관심으로 일관하는 현실에서 카지노 노숙자가 설 자리는 카지노촌 어디에도 없었다. 따라서 행정관공서 및 사회단체 등에서 마련하는 지역개발계획에서도 이들은 전혀 고려의 대상이 되지 못한다.

일반적으로 카지노 노숙자들은 도박을 하러 와서 돈을 잃고 갈 곳이 없어 눌러 앉은 무능력한 사람들로 지역의 범죄증가, 거주환경 악화 등의 직접적인 원인제공자 또는 필요악으로 여겨진다. 이런 시각은 행정기관, 사회단체, 일반주민 등에서 커다란 차이가 없어 보인다. 그렇지만 그들에 대한 이해와 도박문제로 말미암아 발생할 지역주민과 지역사회의 피해를 최소화하려는 문제의식도 마련되어 있지 않다. 더욱이 카지노 노숙자가 이곳에서 새롭게 삶을 도전할 수 있는 기회는 아예 생각도 할 수 없다. 아직까지 큰 문제가 없었으니, 좋은 것이 좋은 것으로 조용히 해결되길 바랄 뿐이다. 즉 카지노 노숙자가 조용히 이 지역을 떠나주면 되는 것이다. 이 점은 사북 지역사회의 주축인 청년들의 모임인 사북자생단체협의회에서 활동을 하고 있는 한 지역주민의 시각에서 잘 드러난다.

(노숙자를 위해 단체에서 하는 일이 있나요?) 없습니다. 노름하다 당한 놈의 새끼들한테 우리가 뭘 해줘요? 맞잖아, 여기 뭐 하러 와? 쓸데없이 여기 재미로 와서 슬쩍 한 번씩 하고 가면 되는 거지. 직업 삼아 가지고 쫄딱 망해가지고 노숙하는 놈들. 뭐 쫓아내야 된다니까. 동네에서 그

런 놈들 때문에 뭐 범죄가 생긴다니까. 그런 놈들 많을수록 더 나빠진다고 동네가 험해진다고. (그런 사람이 없으면 강원랜드가 안 되지 않습니까?) 뭐요, 되지요. 그런 놈들이 와서 거지 생활하는데 뭘 안 될 일이 뭐가 있습니까? 실질적으로 그런 놈들이 매출에 못하거든요. (올 연초에 몇 분을 만나보니까, 강원랜드에서 억 단위 전 재산을 잃고 갈 곳이 없어서 눌러 앉는 사람들이던데요?) 사회적인 문제는 되죠 그런 부분이. 하다못해 고스톱을 거울하고 쳐도 화투는 모자란다고 그러지 않습니까. 십만 원 잃었어도 천만 원, 일 억 잃었다 그러고. 그런 식으로 얘기를 과장되게 해요. 그런 부분이 실질적으로 몇 억대라고 생각하는 사람들이 많죠. 그게 인제 중독이 되다보니까. 그 금액이 1년 전 금액이 천만 원이었는데 1년 동안 계속 가다보니까 그게 늘어나는 거죠, 지금까지 현 상태로 오게 되는 거에요. (…) 그러니까 또라이 새끼들이야! 전부 다 난 이해가 안 간다니까. 그래서 일조한 게 하나도 없고. 남의 돈 빼 처먹을라고 왔다가 돈 잃어버렸으니까 바보지 뭐 얼렁 가 집구석에 가서 죽던지 살던지(박용철, 40대 후반, 사북자생단체협의회 회원, 2005. 6. 28.).

한마디로 카지노 노숙자들은 남의 돈을 거저 따먹으려고 들어왔다가 오히려 따먹힘을 당한 바보들이다. 어떻게 보면 카지노 노숙자들은 국가 정책의 희생자라기보다는 자기 욕심에 자기가 넘어간 자기욕망의 희생자로 '문제아', '또라이', '무능력자', '미친 놈'인 것이다. 따라서 이들에 대한 측은지심도 하나의 사치에 다름이 아니다. 이제 더 이상 잃을 돈도 없고 빈털터리가 되어 범죄의 온상지처럼 간주되는 지금, 카지노와 지역을 위해 할 수 있는 유일한 일은 이곳을 떠나는 것이다. 그러면 카지노 노숙자 대책이니 뭐니 할 필요도 없이 모든 문제는 간단히 해결되는 것이다. 이런 시각에서 카지노 노숙자와 도박중독

문제는 사회제도나 정책의 문제가 아니라 개인의 문제로 귀결된다. 물론 카지노 노숙자를 부정적으로 바라보는 시각은 사북지역에만 국한된 것이 아니다. 이는 도박 중독자에 대한 정부, 그리고 한국인의 시각과 별반 차이가 없다.

참 좋은 정부: 누가 도박을 하라고 했나요?

2007년 2월 5일 연구자는 도박 중독자들의 자조모임인 한국단도박모임의 한 지역모임에 처음 참석했다. 이때 연구자는 같은 아파트 단지에서 매일 마주치며 살아 온 이웃사람이 한때는 이른바 심각한 도박 중독자였다는 사실에 놀라웠다. 500여 세대가 살고 있는 아파트 단지에서 단도박모임에 자주 참석하는 사람은 이 사람 말고 두 사람이 더 있었다. 결코 이 숫자가 많다고는 할 수 없다. 도리어 전혀 의미가 없다고 무시해도, 굳이 어느 누구도 토를 달지 않을 숫자이다.

물론 도박중독증은 겉으로 쉽게 드러나지 않기 때문에 자신이 말을 하지 않는 한 도박 중독자인지 아닌지를 판별할 수 없을 뿐만 아니라, 도박 중독자 가운데 많은 사람들은 자신이 도박 중독자임을 시인하지 않는다. 이 점을 고려하면 이 아파트 단지 안에는 훨씬 더 많은 도박 중독자들이 있다고 할 수 있다. 그렇지만 숫자의 많고 적음의 문제는 아닐 것이다. 오히려 분명한 것은 이제 한국사회에서 도박중독은 남의 이야기가 아니라, 나의 이웃 때로는 내 자신의 이야기일 수 있다는 점이다.

도박공화국의 '도박의 바다'에서 살고 있는 우리는 게임을 일상적으로 접하고 그렇게 게임과 도박의 경계선에서 흔들거리다가 자신도 모르는 사이에 '도박의 바다'에 빠져들어 그곳에서 헤어나지 못하고 허우적거리며 도박 중독자가 될 수 있다. 그리고 때로는 도박으로 패가망신 한 사람, 도박비용을 마련하고자 강도질을 한 사람, 도박중독으로 말미암아 목숨을 끊은 사람 등 언론지상을 심심치 않게 오르내리는 도박 중독자, 바로 내가 그 주인공이 될 수도 있다. 우리에게 도박은 전혀 낯선 일이 아니라 일상이다.

〈병적도박 실태조사 및 치료프로그램〉에 따르면, 한국의 도박경험자의 비율은 57.2%로, 도박경험율이 80%를 웃도는 호주, 캐나다 등과 비교할 때 매우 낮은 수치이다. 이는 도박에 대하여 부정적 인식이 높으며, 또한 도박이 건전한 레저문화로 자리 잡지 못하고 있기 때문으로 보인다. 그렇지만 한국의 도박중독률은 도박경험률에 견주어 볼 때 매우 높은 것으로 나타났다. 전국의 18세 이상 성인 남녀의 9.28%인 320만 명이 도박으로 말미암은 문제를 겪고 있으며, 그 가운데 3.8%인 약 130만 명이 병적도박자인 것으로 나타났다. 또 같은 통계기법을 사용하여 측정한 미국, 캐나다, 호주 등에 비해 도박중독율이 매우 높은 것으로 나타났다.

다른 나라들은 도박경험률이 높음에도 도박중독 유병률은 약 2% 수준이다. 반면에 한국은 도박경험률이 낮음에도 불구하고 도박중독 유병률은 약 3~4배 높은 것으로 나타났다. 사실 정부가 앞장서서 사행산업의 수익성을 높이고자 장외발매소와 인터넷 도박을 합법화하

〈표 IV-3〉 주요 국가의 도박중독 유병률(有病率)비교　(단위: %)

구분	한국	캐나다	호주	미국
문제도박자	5.5	1.3	1.1	–
병적도박자	3.8	1.3	1.0	1.1
계	9.3	2.6	2.1	1.1

여 권장하고, 성인오락실을 마치 국민 편의시설로 생각하여 국민들이 오락실을 드나드는 데 불편하지 않도록 방방곡곡마다 성인오락실을 허가하는 현실을 감안한다면, 도박중독유병률이 다른 나라보다 높지 않으면 이상할 것이다. 오히려 3~4배 정도만 높다는 것이 의아할 따름이다. 게다가 놀랍게도 한국문화관광정책연구원(2006a)이 행한 "2005년 조사에 따르면, 만 18세 이상 성인 중 문제성 도박자와 병적 도박자는 각각 4.9%, 1.6%로 2002년보다 감소한 것으로 나타났다" (《국민일보》 쿠키뉴스 2006. 8. 27.).[48] 한국인들이 몇 년 사이에 도박보다는 여가활용을 목적으로 사행사업장에 출입하게 되었나보다! 그러나 '전국이 도박의 바다'가 되고 '도박민국'이 된 오늘날 이 통계를 사실 그대로 받아들이는 사람은 아무도 없을 것이다. 오히려 도박중독증을 앓고 있는 사람이 점점 증가하고 있다는 점을 믿어 의심치 않는다. 이 점은 사행산업을 이용하는 사람들의 유병률조사 결과에서 잘 드러난다.

한국의 일반인을 대상으로 한 도박중독 유병률은 시간이 흐르면서 점차 낮아지고 있는 것에 반하여, 사행산업을 이용하는 사람들의 도박중독유병율은 점차 높아지고 있다. 즉 이용객의 1/3에서 2/3가 문제 또는 병적 도박 중독자가 될 위험성에 노출되어 있다. 합법적 사행산

〈표 IV-4〉 사행산업별 이용자 도박중독 유병률 조사 결과 (단위: %)

구분	인코그룹(2003)			김교헌(2004)			문화관광정책연구원(2006a)		
	문제도박	병적도박	계	문제도박	병적도박	계	문제도박	병적도박	계
경마	14.3	21.4	35.7	11.3	22.7	34.0			
경륜	11.1	33.3	44.4	10.2	38.9	49.1	34.4	38.8	73.2
카지노	9.1	18.2	27.3	11.6	27.9	39.5			

---

48) http://blog.naver.com/khy021/60027983082.

업장의 연간 입장객수(표 III-3 참조)가 2006년에 3천만여 명에 이르렀다는 점을 감안한다면 도박 중독자도 지속적으로 증가했다고 할 수 있다. 특히 합법적 사행사업장 외에 인터넷 도박 및 사설도박장이 주택가 곳곳에 침투하면서 전국이 도박장화하고 더욱이 일상생활공간까지도 도박장이 되면서 도박 중독자가 양산될 개연성이 높아졌다고 할 수 있다.

실제로 이상규(2006)에 따르면, 2006년 6월에서 8월 사이에 조사된 전체 불법도박자 243명 가운데 84.4%가 '문제성 이상'의 병적도박문제를 가지고 있으며, '병적 도박자'는 전체 불법도박자의 52.7%를 차지하는 것으로 드러났다.[49] "인터넷 도박자의 경우 오프라인 도박성 게임 이용자들에 비해 상대적으로 젊고 교육수준이 높으며 인터넷 활용도가 높은 전문직 종사자가 많다. 이러한 특성 때문에 기존의 오프라인 도박에는 관심을 갖지 않거나 노출되지 않았던 집단이 인터넷 도박의 고객으로 편입될 가능성이 높아진 것이다. 나아가 현재 인터넷에 익숙한 어린이와 청소년들이 인터넷 도박에 접근할 수 있는 기회도 확대되고 있다"(손봉숙 2007: 115~116 참조).

앞에서 인용한 〈도박중독 척도 개발 및 발병율 조사〉에 따르면, 조사대상 응답자의 절반 이상인 57%가 인터넷을 이용하여 도박성 게임을 경험한 적이 있다고 한다. 결국 사설도박장·게임장·PC방·집 등 언

---

49) 불법도박자들이 합법도박자에 견주어 볼 때 중독정도나 심각성이 유의하게 높으며 다양한 병적도박 문제를 보이고 있다. 더욱이 불법도박과 합법도박을 모두 이용하고 있는 경우, 병적도박 수준·병적도박 상태·도박 심각도·도박 행동 등이 불법·합법 하나만 이용하는 경우보다 모두 높은 상태여서, 불법·합법을 모두 이용하는 도박자의 경우 가장 심각한 병적도박 문제를 갖고 있을 가능성이 높다는 것을 시사한다(이상규 2006: 51).

제 어디에서나 접근이 용이하고, 또한 익명성이 보장되는 인터넷 도박 등의 확산으로 도박 중독자들이 급속하게 증가하고 있다고 할 수 있다. 이 점은 도박중독예방센터 상담원의 다음 이야기에서 충분히 확인이 된다.

'황금성'이라던가, 동네마다 한 블록씩 다 있는데 문만 열면 들어갈 수 있는데 다방보다도 더 많은 데 아닙니까? 그런 데서 접했던 사람들이 그 다음에는 머신이나 빠찡코나 다른 데 이렇게 쉽게 가게 되는 거예요. 전이가 되듯이. 그래서 '바다이야기'가 무섭다는 게 도박의 접근성이라는 게. 예를 들어 강원랜드에 천만 명이 왔다면 한 명이 천만 번씩 온 게 아니라, 사실은 만 명이 천 번을 왔다는 이야기거든요. 그렇지만 여기(성인 오락실 등) 있는 사람들은 천만 명이 왔다고 하면 천만 명이 한 번씩 왔다고 하는 확률이 높다고 하는 거죠. 도대체 저기가 뭔가 어떤 사람들은 횟집인줄 알고 갔다는 사람도 있어요. '바다이야기'이니까, 별의별 사람들이 다 있어요. 강원랜드라고 하면 강원도 산간지방까지 찾아가기는 힘들지만, 강남이면 뭐 이렇다는 거예요. 이러니까 대다수 국민들에게 노출이 되는 거예요. 이렇게 해서 대량의 중독자들을 양산하게 되는 거죠. 지금 이 문제로 인해서 얼마나 많은 문제들이 양산이 될지를 감으로 알 수 있는데 엄청나죠. 이거는 엄청 나죠. (…) 실질적으로 이런 '바다이야기' 같은 것들이요, 중독이 훨씬 잘됩니다. 자극에 대한 빈도가 낮기 때문에 그렇죠. 똑같이 300만 원을 도박으로 잃었다고 하더라도 강원랜드 같은 경우에는 10~20만 원 갖고는 안 가게 되잖아요. 한 번에 가서 300만 원을 잃고 오게 되잖아요. 근데 여기는('바다이야기' 등) 몇 만 원에서 십만 원만 있어도 가죠. 가깝고 그러니깐 똑같이 300만 원을 써도 월 1회 300만 원을 쓰는가 하고, 매 십만 원씩 30번을 가서 300만 원을 쓸 수 있

다는 거죠. 잦은 자극으로 도박의 노출이나 자꾸 잦게 빈도가 높아지고
노출이 되니까 쉽게 중독이 더 되죠. 그러니깐 문제죠. 저희 같은 경우에
지금은 오히려 강원랜드 외에 다른 분(상담신청자)들이 기하급수적으로
많이 늘고 있어요. 성인 오락실. (…) 지금은 오락실이 많아요. 초창기만
해도 오락실에 대한 이야기는 없어요. 없었으니깐. 그러니깐 성인오락
실이라는게 문을 열고 하니까. 경험적으로 6개월 정도 지나니까 성인오
락실에 대한 상담이라던가 그런 것들이 많이 늘었어요. 그전에는 거의
없었는데(노성주, 강원랜드, 2007.1.15.).

게임장은 우리의 일상공간이 되었다. 굳이 큰 밑천이 없고, 달리 시
간을 내지 않더라도 호주머니에 있는 몇 만 원을 가지고 잠시 짬을 내
서 가볍게 게임을 즐긴다. 게다가 다양화하고 풍요로워진 게임과 오
락 환경 속에서 갖가지 종목의 게임을 넘나들며 베팅을 일상화한다.
바로 이러한 쉬운 접근성과 잦은 자극이 점차 자신을 도박중독으로 이
끌어간다. 자신이 게임이 아닌 도박을 하고 있는지도 모르는 상태에
서 도박에 빠져들고, 그렇게 자신은 베팅기계가 되어간다. 그것을 깨
달았을 때에는 평생 동안 모으고 쌓아온 재산, 가정, 인간관계, 그 어
느 것도 남은 것이 없다. 그 누구를 원망하랴!
정부가 사행산업을 합법화하고, 이를 통해 마련한 재원이 증가하는
것에 비례하여 해마다 도박 중독자가 급속히 증가하고 가정파탄이나
신용불량 등 국민들을 피폐하게 하는 사회문제가 심각해지고 있다.
즉 정부가 앞장서서 국민들을 도박장으로 몰고 있다는 사실은 국가 사
행사업장 도박중독예방센터 도박경험 시작 유형 통계현황에서도 잘
드러난다.
다음 표에서 보듯이, 각 사행산업장이 자체 운영하는 중독클리닉센

<표 Ⅳ-5> 각 사행산업장의 중독클리닉센터 내담자들의 도박경험 시작유형

구분	국가사행사업장*		불법도박장**		비고
	건수(명)	비율(%)	건수(명)	비율(%)	
경륜·경정 상담클리닉	621	74	213	26	기간: 2006. 1.~7.
경마 유캔센터	70	69	32	31	기간: 2005. 1.~12.
카지노 도박중독예방센터	441	60	300	40	기간: 2005. 11.~2006. 7.
전체평균	1132	68	545	32	

출처: 손봉숙(2007: 120) 참조하여 재구성.
* 국가사행사업장: 카지노, 경마, 경륜, 경정 등
**불법도박장 : 불법하우스, 성인오락실, 성인PC방 등.

터를 찾은 사람들의 68%는 한국 정부가 합법화한 사행산업 공간에서 처음으로 도박을 접했다고 한다. 다시 말해 합법화한 정부의 사행사업장이 도박 중독자를 양산하는 출발점이자 원인제공자인 것이다.[50] 정부는 도박을 합법적이고 '건전한 게임'처럼 꾸며놓고, 국민들을 불러들여 게임과 도박이라는 불명확한 경계선 위에 세워놓고 있다. 그런데 합법도박장이라고 해서 도박 중독자와 그로 말미암은 가정적, 사회적 부작용이 발생하지 않는 것은 아니다. 정부도 도박이 낳을 부작용을 모르고 있지는 않다. 오히려 합법적 사행장 밖에서 벌어지는 모든 도박행위를 불법으로 단속해 온 정부인데 도박의 폐해를 모를 리가 없다. 그럼에도 합법적 도박장에서 양산되고 있는 도박 중독자에 대해서는 국가차원에서 어떠한 법적, 제도적 예방과 치유 정책을 마련하지 않은 채 무책임한 행동으로 일관해 왔다. 대책을 떠나 정부는

---

50) 도박행동에 참여하는 초기에는 사행성 게임장에 대한 가용성이나 접근성이 높으면 습관적 도박이 발달할 수 있는 위험이 높아지나, 습관적 도박 문제가 발생한 뒤에는 경제적 압력 등으로 말미암아 접근성이나 수용성이 저하되면서 이런 조건들이 스트레스를 유발하고 이 스트레스를 도박으로 풀려는 회피동기를 자극해서, 도박문제를 지속시키는 요인으로 작용할 가능성이 있다(김교헌 2006: 29).

도박 중독자의 "그 실태파악조차 하지 못하고 있다"(손봉숙 2007: 6). 이런 정부의 무책임한 태도는 '바다이야기' 사건이 발생했을 때 정부가 취한 행위에서 잘 드러난다. 이 점은 앞에서 인용한 〈사행성 게임산업 실태 및 대안〉을 위한 긴급현안토론회에 증언자로 나선 한 도박 중독자의 이야기(손봉숙 2006b: 55~56)에서 잘 드러난다.

> (…) 아직도 성인오락실에서 잭팟의 환상에 젖어있는 사람들을 보면 재산탕진, 가정불화, 이혼, 범죄, 자살 기도 등 닥쳐올 그들의 미래인데 하는 안타까운 마음에 이렇게 증언을 하게 되었습니다. 이러한 결과를 잉태한 문화부, 영등위, 게임산업중앙회 등과 뇌물과 로비로 얼룩진 가해의 중심에 서 있는 관계기관 및 관련자들이 실제 사행성피해로 고통을 겪고 있는 피해자들은 제쳐놓은 채, 서로의 책임만을 미루고 있는 듯한 모습을 보면서 중독성이 강한 게임을 시장에 내놓기 전에 엄격한 규정을 적용, 온 국민이 중독자가 되는 걸 검토해야 했으면서도 그렇지 못한 것에 책임지지 않는 모습에 우리는 분노를 느낍니다. 현재에도 오락실업주의 향후 피해와 대책만 논의하고 있지 게임으로 인한 도박중독으로 재산을 탕진하고 가족들이 고통 받는 피해자들에 대한 치유나 후유증에 대해서는 일체 말이 없습니다. 도박중독으로 인한 피해는 최소 중독자 외에 10명의 피해자가 발생한다고 합니다. 가족 모두와 주변인들이 피해를 입게 되기 때문이겠죠. 1만 5천여 오락실업주들의 피해도 피해지만 이 사회 구성원의 대부분인 일반 서민이 한 오락실에서 10명만 잡아도 1백 5십만 명의 피해자가 이미 발생하였고 이 가운데 심각한 상황에 있는 중독자를 위한 어떤 대책도 세워지지 않고 있다는 데에 더 큰 문제성이 있다고 생각합니다.

‘바다이야기’ 사태가 발생했을 때, 정부·언론 그리고 한국사회는 누가 돈세탁을 했고, 누가 상품권과 관련하여 로비를 하였고, 누가 검은 돈과 관련이 있으며 등등 흥미성 위주로 문제에 접근하려 할 뿐이었다. 위 사례자의 말처럼, 정부는 도박 중독자보다는 사행산업의 파트너인 오락실과 상품권 사업자의 생계를 걱정하였다. 또한 “카지노 자본주의 전도사”(원용진 2000: 53)인 언론도 본질은 외면한 채 마녀사냥에만 몰두한다. 어느 누구도 도박에 빠진 ‘정신 나간’ 도박 중독자나 그들의 현실에 대해 관심을 갖지 않았다. 질환과 질병은 모두 역사적·사회적 성격(터너 2002: 335)을 지니고 있으며, 특히 “도박중독으로 인한 피해는 도박자 외에 10명의 피해자가 발생한다”고 할 만큼 도박중독이 일으키는 문제는 개인적이라기보다는 사회적이다. 예로 〈병적도박 실태조사 및 치료프로그램〉에 따르면 전국의 18세 이상 남녀 320만 명이 도박으로 말미암은 문제를 겪고 있으며, 그 가운데 약 130만 명이 병적도박자라고 한다.

사례자의 말을 그대로 대입해보면, 대한민국 국민 1,300만 명에서 3,200만 명이 도박과 관련하여 고민을 하고 있다고 할 수 있다. 그럼에도 대한민국 정부는 도박중독을 중독자의 관점에서 접근하기보다는 사행산업의 측면에서 바라볼 뿐이다. 정부가 도박 중독자에게 관심을 갖지 않는다고 비판하는 사람도 없다. 말 많은 언론도 입을 꼭 다문다. 아니 비판은 있다! 그러나 정부는 그들의 이야기를 들은 척하면서 은근슬쩍 무시해버린다. 사실 도박중독을 사회문제라기보다는 도박 중독자 개인과 가족의 문제로 보는 한국 사회와 한국인들은 도박 중독자에 대한 정부의 무책임과 무대책을 크게 문제 삼지 않는다.

그런데 정부가 손쉬운 돈벌이를 위태롭게 할 도박중독문제를 앞장서서 사회문제화할 필요는 없는 것이다. 도박중독을 바라보는 한국인

〈표 Ⅳ-6〉 도박중독문제 치료주체에 대한 인식 (n=1,000명)

구분	표본수(명)	비율(%)
자기 자신, 가족	642	64.2
정부	212	21.2
사행산업체	108	10.8
민간치료기관	28	2.8
기타	1	1

출처: 강원랜드(2003: 39 재인용).

의 시각은 앞에서 인용한 〈병적도박 실태조사 및 치료프로그램〉의 도박중독문제의 치료주체에 대한 인식에서도 잘 드러난다. 일반적으로 도박중독을 도박에 빠진 그 사람의 개인문제로 치부하는 한국인들은, 도박중독의 치료도 도박 중독자 본인과 그의 가족이 알아서 해야 한다고 생각한다. 한마디로 정신상태가 썩어 남의 것을 날로 먹으려들고 또한 의지가 박약하여 도박중독에 빠져든 당신과 그런 사람을 부모 또는 자식으로 둔 가족들의 잘못이라는 것이다. 어떻게 보면 우리 자신과 이 사회가 도박의 원인제공자인 사행업체와 정부에 대하여 면죄부를 주고 있다. 정부는 주변에 있는 많은 사람들은 도박중독에 빠져들지 않았는데, 너는 왜 건전하게 게임을 하지 못하고 도박 중독에 빠져들었냐고 비웃으며 매우 당당하게 물어본다.

"누가 도박을 하라고 했나요?"

"당신은 왜 열심히 일을 하지 않고, 가족의 행복까지 베팅을 하셨나요?"

이런 풍토 속에서 도박중독의 원인제공자인 정부는 충동을 조절하지 못하고 도박에 빠진 도박 중독자 그들만의 문제로 치부하거나, 모든 책임을 사행업체에게 미루고 있다.

형식적인 도박중독클리닉센터: '건전한 겜블러'가 되세요!

정부 대신 사회적 책임을 떠맡은 사행산업체는 어떻게 도박 중독자들을 다루고 있을까? 결론적으로 말하자면, 사행산업체도 무책임한 정부의 그늘 아래에서 시늉만 내고 있는 정도이다. 이 점은 도박중독 문제를 다루는 전문 클리닉의 현황에서 잘 드러난다. 2007년 11월 현재 전국에 18개 도박중독 클리닉이 있다. 앞에서 살펴 본 강원랜드 부설 도박중독예방센터는 강원랜드 본사(2001년 9월 개소)와 서울 사무소(2004년 6월 개소) 2곳에 상담센터를 두고 있다. 경륜·경정 클리닉센터는 2003년 7월 올림픽 공원 내 국민체력센터에 사무소를 두고 개소하였다. 그 뒤 본부 외에 미사리 경정장, 잠실 경륜장, 당산 장외발매소 등 10개 지점을 두고 있다.

한국마사회는 1998년 경마상담실을 처음 개설하였고, 2000년에는 2개 병원과 위탁진료 시스템을 구축하였다. 2001년 용산센터로 시설을 확장 이전하면서 임상심리전문가 3인, 정신과 자문의 2명으로 치료인력을 보강하였고 분당센터와 용산센터를 확대 개편하여 유캔센터(Ucan Center)라는 이름으로 재개소하였다. 한국마사회는 현재 5개 직영상담센터와 6개 네트워크상담센터(유캔센터와 치료협력이 가능한 기관)를 운영하고 있다. 유캔센터는 다른 클리닉에 견주어 좀 더 앞선 시스템을 구축해가고 있으며, 다른 클리닉센터도 조금씩 조직을 확대하며 클리닉으로서 필요한 기본환경을 갖추어가고 있다. 그렇지만 도박중독클리닉센터는 기본적으로 인적·예산 구성에서 열악성을 면치 못하고 있다. 이는 각 클리닉의 예산 현황에서 잘 보인다.

각 사행산업체의 클리닉센터의 예산은 해마다 증가세를 유지하고 있다. 클리닉센터 가운데 가장 먼저 개설된 유캔센터의 예산은 2004

년부터 매년 34%씩 증가하고 있다. 강원랜드 도박중독예방센터의 경우에도 마찬가지로 예산이 급증하고 있다. 2003년 경우에는 전년도 대비 310% 증가하였다. 2004년 예산은 서울사무소가 개소했음에도 전년도 대비 4% 감소하였다. 그렇지만 그 이후로 지속적으로 증가하고 있는 추세로 2007년도에는 전년도 대비 178% 증가했다. 경륜·경정상담클리닉의 예산은 2004년 뒤로 매년 증가하고 있으며, 특히 2005년에는 전년도 대비 120% 증가하였다. 클리닉의 예산만을 살펴본다면, 각 사행산업체들이 점점 도박 중독자와 출입자들에게 신경을 쓰고 있는 것처럼 보인다.

그런데 각 사행사업체의 총예산액 대비 클리닉센터 예산의 비중을 들여다보면 문제가 180도 달라진다. 클리닉의 예산을 총예산과 비교해본다는 것이 얼마나 무의미한지, 정확히 말하면 감히 클리닉 예산을 총예산액과 비교할 수 있다고 생각하는 것 자체가 불경스럽기까지 하다. 오직 도박중독예방센터만이 2007년이 되어서야 총예산의 1%를 넘어섰다. 그럼에도 도박중독예방센터의 2006년 예산은 강원랜드

〈표 IV-7〉 각 사행업체 총예산 대비 부속클리닉센터 예산현황 (단위: 백만 원, %)

		2002	2003	2004	2005	2006	2007
한국마사회 -유캔센터	총예산(A)	185,530	213,161	251,257	258,532	272,420	285,329
	예산(B)	214	230	456	612	817	1,239
	비율(B/A)	0.12	0.11	0.18	0.23	0.30	0.43
강원랜드 -도박중독예 방센터	총예산(A)	113,832	161,710	220,981	239,519	256,824	255,546
	예산(B)	433	1,346	1,288	1,320	1,920	3,409
	비율(B/A)	0.38	0.83	0.58	0.55	0.74	1.33
경륜·경정 -상담클리닉	총예산(A)	-	352,716	330,858	316,260	291,219	281,310
	예산(B)	-	450	490	1,096	1,366	1,426
	비율(B/A)	-	0.12	0.14	0.34	0.46	0.50

출처: 사행산업통합감독위원회 국회 국정감사 보고자료(2007년)

카지노매장에서 하루 평균 벌어들이는 23억 2천3백만 원에도 못 미치고, 더욱이 정부가 각종 세금과 관광기금으로 걷어간 국세(2006년 1조 996억 3천1백만 원)의 1%도 안 된다. 경마의 유캔센터는 가장 먼저 생긴 클리닉센터임에도 예산은 절대액과 총예산 대비 예산비중에 있어서도 다른 클리닉에 견주어 월등히 낮다. 오랫동안 사행산업의 절대강자이었고, 현재에도 강원랜드 카지노와 더불어 사행산업의 쌍두마차인 "생명과 사랑의 공익기업" 한국마사회가 이용객들에게 얼마나 무관심했는가를 잘 드러내준다. 주말이면 '과천랜드'를 방황하는 횅한 눈빛의 사람들이 그들에게는 보이지 않는다.

물론 다른 중독클리닉센터들의 예산이 유캔센터보다 상대적으로 많다고 해서 이들이 중독자들에게 관심을 기울이고 있다고 말할 수는 없다. 오히려 각 클리닉의 예산사용내역을 살펴보면 클리닉의 역할이 무엇인지 의심스럽기까지 하다.

클리닉센터의 가장 주요한 역할은 도박 중독자를 치료하고 재활을 돕는 일일 것이다. 예산 사용내역을 살펴본다면, 상대적으로 유캔센터가 적은 예산에도 상담치료에 많은 투자를 하고 있다. 이와 달리 도박중독예방센터와 경정·경륜상담클리닉센터는 도박중독의 치료와 재활의 역할을 담당하고 있다고 말할 수는 없다. 도박중독예방센터와 경정·경륜 상담클리닉의 경우 예산의 대부분이 치료 이외의 일에 사용되고 있다. 물론 도박중독예방센터는 클리닉 센터가 해야 할 일 가운데 하나인 도박중독을 예방하는 홍보 등에 중점을 두고 있다고 말할 수 있다. 그러나 그것이 강원랜드 자신이 양산한 도박 중독자의 치료와 재활을 위한 사회적 책임을 소홀히 해도 된다는 것을 의미하지는 않는다. 무엇보다 도박중독예방센터의 1년 예산은 유캔센터의 2배 이상이나 많으면서도 상담치료에 투자하는 액수는 유캔센터의 55%에

<표 Ⅳ-8> 각 클리닉센터 2006년 예산사용내역현황　(단위: 백만 원, %)

구분	유캔센터		도박중독예방센터		경정·경륜상담클리닉	
	사용액	비율	사용액	비율	사용액	비율
상담치료	327	40.0	180	9.4	52	3.8
연구조사비 등	50	6.1	210	10.9	10	0.7
예방홍보	72	8.8	450	23.4	55	4.0
행사비			180	9.4	374	27.4
직원인건비	195	23.9	488	25.4	615	45.0
전문가인건비	127	15.5				
기타인건비	41	5.0				
일반경비 등	5	0.6	208	10.8	260	19.0
기타(이전확대비)			204	10.6		
계	817	99.9	1,716	89.3	1,366	99.9

출처: 사행산업통합감독위원회 국회 국정감사 보고자료(2007년)

지나지 않는다. 또한 자체의 광고홍보비와 비교해도 40%에 불과하다. "최고의 가치를 창출하는 초일류 스포츠 공익기업 국민체육진흥공단"에 소속된 경정·경륜상담클리닉의 경우는 더욱더 심각하여 예산의 대부분이 치료 또는 예방홍보보다는 인건비와 일반경비로 거의 사용되고 있어 클리닉센터라고 말하는 것 자체도 어렵다.

　따라서 사행업체가 운영하는 클리닉은 한마디로 구색 맞추기에 지나지 않는다. 정부와 사행업체에게 있어서 도박 중독자 나아가 이용객은 그냥 돈을 갖다 주는 고마운 손님, 속된 말로 '봉'일 뿐이다. 여기에서 도박중독의 예방과 치료를 위한 무엇인가를 기대한다는 것이 우습다. 이 점은 클리닉의 인적구성에서도 잘 드러난다. 2007년 11월 현재 강원랜드 도박중독예방센터는 고한과 서울 사무소를 포함하여 6명의 전문상담직원이 연 2,900여 건(2006년)에 이르는 상담을 하고 있다. 유캔센터에는 상담치료전문인력 8인, 상담보조인력 2인, 정신과 자문의 2인이 연 2,900건의 상담과 2,800여 건의 치료(2006년)를 담당하고 있다. 경정·경륜상담클리닉은 전문의 1인, 전문상담원 10인, 임상병리사 1인과 간호사 1인이 연 5,000건의 상담(2006년)을 하고 있다. 전문상담원은 대부분이 계약직 또는 일당직으로 신분이 불안정하다. 클리닉센터의 인적자원과 예산자원을 볼 때, 클리닉센터가 현재 할 수 있는 일은 단순 상담 정도만을 겨우 수행할 수 있는 수준이다. 결국 각 클리닉센터는 각 사행산업체가 우리도 도박 중독자들에게 신경을 쓰고 있다고 항변하기 위한 하나의 구색일 뿐이다.

이런 측면은 강원랜드 도박중독예방센터의 위상과 역할에서 잘 보인다. 강원랜드와 정부는 내국인 출입 카지노를 개설하면 도박중독이 심각한 사회문제가 되리라는 점을 충분히 예상하였다. 더욱이 1990년대 후반 폐광지역에 내국인 출입 카지노를 허가하는 것과 관련하여 논란이 뜨거울 때 시민단체 심지어 정부의 문화체육부 등이 카지노 설립에 대하여 반대한 가장 큰 이유도 카지노가 낳을 도박 중독자 양산 등의 사회적 부작용이었다. 카지노가 설립되면 도박 중독자 탄생은 예상된 수순이었다.

그러나 스몰카지노 개장 초기에는 강원랜드와 정부는 도박중독 예방에 대한 어떠한 조직이나 계획을 갖고 있지 않았다. 하긴 폐광지역이 사느냐 죽느냐 나아가 정부와 지방자치단체의 정치적 도박이 성공하느냐 실패하느냐가 걸려있는데 도박 중독자가 중요했겠는가? 그런데 스몰카지노는 대성공을 거두었고, 또한 예상대로 카지노 노숙자 나아가 도박 중독자도 기하급수적으로 증가하며 도박중독이 폐광지역을 넘어 전국적 사회문제가 되었다. 도박중독과 관련된 갖가지 문제가 발생할 때마다 강원랜드는 사후약방문(死後藥方文)처럼 여러 가지 정책들을 만들어냈다. 강원랜드 도박중독예방센터의 탄생자체도 이런 즉흥적 정책의 산물이었다. 강원랜드는 스몰카지노가 개장한 다음해 2001년 9월에 한국도박중독예방·치유센터를 개소하였다. 그리고 시간 흐를수록 상담자들이 크게 늘어 카지노 출입자들에게 중요한 상담소로서 구실을 해왔다.

다음의 표에서 잘 드러나듯이, 도박중독예방센터에서 상담을 하는 사람들이 늘고 있으며, 특히 센터를 직접 방문하여 상담하는 사람들이 급속하게 늘고 있다. 2004년에는 상담자수가 전년도에 견주어 4배 정도 빠르게 증가하였다. 2004년 6월에 도박중독예방센터 서울사무소가 개소함에 따라 상담내방객이 증가하였다. 특히 2004년 도박중독예방센터 상담 내방객 1,600명 가운데 고한사무소를 찾은 사람은 1,326명이었고 서울사무소를 방문한 사람은 274명이었다. 그러나 2005년 상담 내방객 2,098명 중 고한사무소의 방문자는 1,147명, 서울사무소의 방문자는 951명으로, 고한 사무소의 방문객은 줄어든 것과 달리 서울 사무소의 방문객은 3배 이상으로 증가하였다.

그러나 고한사무소를 방문한 사람에 국한한다면, 2003년 423명에

〈표 IV-9〉 한국도박중독예방센터 연간 상담 및 치료 현황   (단위: 명)

구분	상담현황					치료현황				
	전화	내방	현장	사이버	계	자체치료	연계의뢰		기타	계
							전문 병원	단도박회 등		
2001	96	10	–	–	106	22	2	80	2	106
2002	146	209	7	–	362	240	24	98	–	362
2003	181	242	–	–	423	336	17	70	–	423
2004	319	969	306	6	1,600	1,443	19	122	16	1,600
2005	540	1,318	230	10	2,098	1,997	26	66	9	2,098
2006	466	2,446	–	–	2,912	2,842	53	13	4	2,912

출처: 사행산업통합감독위원회 국회 국정감사 보고자료(2007년)

서 2004년 1,326명으로 빠르게 증가한 것은 무엇보다도 도박 중독자가 그만큼 증가하고 있다는 점에서 이유를 찾을 수 있을 것이다. 도박중독예방센터의 상담원에 따르면, 이런 현상은 강원랜드 카지노뿐만 아니라 화상경마장, 경정·경륜장을 경쟁적으로 유치해 온 다른 사행산업에도 마찬가지라고 한다. 그러나 상담자 수는 급증하고 있는 반면에 전문상담원은 수가 적어 효율적인 상담이 이루어지지 못하고 수박 겉핥기 수준에 머무르고 있다. 이런 상황에서 도박중독예방센터가 예방교육을 넘어 도박중독을 치유하는 치료센터로서의 구실을 할 수 있을 것이라고 기대하는 것은 어불성설일 것이다. 도박중독예방센터의 상담원도 이 점을 인정하고 있다.

치료란 부분은 아까도 말씀드렸다시피 3회나 6회 가지고는 어려운 거고. 저희가 돈을 받아서 아니면 거기에 대한 최소한의 서비스를 제공해야 되잖아요. 정신병원에서 보호자와 병원에서 동의를 얻어 계약하잖아요. 그러면 구속력이 생기니까, 격리를 시킬 수 있고 그런데 저희들은 그런 권리나 그런 것들이 없으니까 전혀 실행할 수 없고, 저희들은 거울역할을 하고 피드백을 주고. 다시 게임에 들어갔을 때 옛날에 상담할 때 나타나는 문제들 조절상의 문제라든지 징후들이 나타나면 거기에 대한 경각심을 나타나는 경우에 출입정지를 시킨다든지. 출입정지 같은 경우에도 가족출입정지를 3번 시키면 영구출입정지가 되요. 본인출입정지는 2번이면 영구출입정지가 되고 그런 제도가 있어요. 그렇게 되면 돈을 딸 수 있다는 비합리적인 환상이 깨지고 나면 본인들이 조절해야죠. 구속력이나 그런 건 없으니까. (…) 여기서 상담은 3번, 6번이 기본이니까. 대부분 빨리 끝내고 게임하러 가고 싶으니까 그것만 끝나면 안 오죠(오철민, 강원랜드, 2005. 2. 18.).

사행사업이 합법화됨으로써 이제 도박은 범법행위로 법의 처벌을 받는 영역에서 벗어났다. 즉 도박자는 법적으로 처벌을 받고 또는 도덕적으로 비난을 받아야 할 대상이라기보다는 점차 진행성 질환을 앓고 있는 병자로써 간주되는 경향이다. 도박중독증은 "1980년 정신장애진단요람 3판(DSM-Ⅲ)에 충동통제장애로 분류, 병적 도박으로 명명됨으로써 공식적인 질병으로 채택되었다"(이홍표 2002: 59-60).[51] 결코 도박중독은 개인의 잘못된 습관이나 반도덕적 행위가 아니며 심각한 질병이다. 도박중독을 병리적 차원에서 접근하는 것은 현대적 추세이다. 따라서 도박중독클리닉센터의 중요 업무의 한 축은 체계적인 의료시스템을 갖추고 도박 중독자를 지속적으로 치료하는 데 있다고 할 수 있다.

그렇지만 자체 치료시스템을 구축하고 있지 못한 도박중독예방센터는 치료업무를 강북삼성병원, 국립정신병원(서울), 안드레아병원(경기도 이천) 등과 단도박모임 등에 위임을 하고 있다. 도박중독예방센터는 치료를 원하는 사람에게 매월 200만 원 정도, 최대 6개월까지 병원비를 지원해주고 있는데, 이를 이용하는 사람은 매우 적다. 결국 도박중독예방센터 6명의 상담원이 할 수 있는 자체치료는 카지노를 재출입하기 위해서 의무적으로 받아야만 하는 상담이 전부이다. 카지노 출입자들은 객장 내에서 규정을 어겼거나 또는 여러 이유로 3개월, 6개월, 영구출입정지 처분을 받을 수가 있다.

---

51) 현재의 정신장애진단요람 4판(DSM-Ⅳ-TR)에서는 DSM-Ⅲ의 오류를 수정하여 도박중독증을 지속적으로 반복되는 부적응적인 도박행동으로 정의하고 있다(이홍표 2002: 60 참조). 즉 병적도박이란 부적응적 파괴행동이며 개인, 가족 및 직장에서의 수행에 손상을 주는 행위로써, 도박에 대한 충동을 억제하는 데 지속적으로 실패하는 진행적이고 만성적인 장애를 말한다(김영훈·이영호 2006: 698).

3개월 또는 6개월 출입정지 처분을 받은 사람이 다시 카지노에 출입하기 위해서는 의무적으로 도박중독예방센터에서 3~6회에 걸쳐 '돈을 딸 수 있다는 비합리적인 환상을 깨는' 교육과 상담을 받아야 한다. 이 교육과 상담은 대박의 환상을 깨우치고 카지노로부터 벗어나기 위한 것이 아니라 다시 카지노로 돌아와 건전한 게임을 하기 위한 것이다. 물론 교육을 받고도 건전한 게임을 하지 못하고 도박에 빠지면, 그 책임은 본인의 몫이다. 강원랜드는 도박중독예방센터를 통해 도박 중독자들을 '건전한 갬블러'로 거듭나게 하면서 자신은 '건전한 게임장'이 되고자 한다. 그러나 그 교육이 얼마나 무의미한지는 사북의 한 찜질방 업주의 이야기에서 잘 드러난다.

출입정지는 시간이 되면 풀려요. 강원랜드에서 정해 놓은 규칙에 따라서 움직이는 거 같애요. 물론 교육은 그 사람들한테 아무런 의미가 없죠. 왜냐하면 손을 잘라도 한다고 하는 도박인데. 도박중독센터에 가서 몇 시간 교육을 받는다고 해서 뭐 그 사람들한테 큰 중요한 의미를 띠는 건 아니겠죠? (…) 제로상태인 사람한테, "도박병 치료하시고 잘 사십시오" 하면은 그 사람은 뭘 해먹고 살아야 잘 살겠어요? 그건 잘못된 해결책이죠. (…) 카지노를 떠나지는 않는데, 카지노 아닌 일을 하고 싶어 하는 사람들이 많아요. 우리 집 운전사 같은 경우도 마찬가지에요. 매일 와서 운전시켜 달라고 해요. 이제 카지노는 도저히 자신이 없고 그냥 봉급 받는 생활을 하고 싶은데, 카지노는 떠나지 싫지 않고 일 좀 시켜주세요, 저한테 그런다구요. 카지노를 떠나지 않으면서 이곳에서 생활하면서 자기 병을 고칠 수 있는 그런 환경을 만들어주는 것도 상당히 필요하죠. 카지노 때문에 배린 사람들이거든요(남, 40대 초반, 아리랑찜질방 사장, 2005. 7. 18.).

도박중독예방센터는 출입정지 당한 사람들의 재교육뿐만 아니라, 특히 카지노에 대한 예방교육을 하며 나름대로 최선을 다하고 있다고 말한다. 그렇지만 그것은 한마디로 시늉만을 내고 있는 것에 지나지 않는다. 아닌 말로 '손을 자르면 발가락으로 하는' 도박을 3~6회의 형식적인 교육으로 통제할 수 있다면, 아마 이 세상에는 '도박중독'이라는 용어조차도 존재하지 않을 것이다. 그럼에도 도박중독예방센터는 도박중독은 잘못된 습관이므로 개인의 의지로 교정될 수 있는 것인 양 도박 중독자들을 끊임없이 시험에 들게 하고 있다. 상담 몇 번과 예방교육을 받고 '이미 도박에 젖은 몸'을 다스리며 당당하게 게임장을 걸어 나오는 시험을 이겨내야 도박중독을 벗어나고 있는 것처럼 말이다.

이런 현실에서 도박중독예방센터 또는 강원랜드에게 이곳에서 자신과 가족의 행복과 미래를 베팅해버린 도박 중독자가 재활할 수 있는 물적 토대에 대한 지원을 기대하는 것은 꿈일 수밖에 없다. 오직 강원랜드가 생각할 수 있는 물적 지원은 도박 중독자를 아무도 환영하지 않는 가정으로 돌려보내는 여비 정도를 지원해주는 것이 전부일 것이다. 얼마나 현명한 방법인가!

도박중독예방센터를 비롯한 각 사행업체들의 도박중독클리닉센터가 무의미한 교육과 상담에 머무를 수밖에 없는 것은 해당 사행사업체의 부설기관으로 설립된 클리닉센터라는 종속적 구조에서 일차적인 원인을 찾을 수 있다. 예로 도박중독예방센터의 활동은 항상 모기업인 강원랜드의 이익이 우선이며, 도박 중독자의 예방과 치유는 부차적인 문제인 것이다. 도박중독예방센터는 카지노 게임을 위해 존재할 뿐 도박 중독자에 대해서는 애써 눈을 감으려 하며, 나아가 그 존재를 인정하려 하지 않는다. 이 점은 강원랜드 직원의 다음 이야기에서 잘 나타난다.

(강원랜드 출입자 중 도박 중독자 비율에 관한) 그런 통계자료들은 있긴 있는데, 그런 부분들을 실제 자발적으로 공개를 못해요. 저희가 전에 강원대 이태원 선생님 때문에 난리가 난 일이 있었지 않았습니까? 난리가 났었죠. 강원랜드에선 아주 예민했죠. 저희들이 방송국이나 이런 곳에서 인터뷰 요청하면 안 합니다. 그 백그라운드를 설명해 드려야 할 것 같고. 이태원 선생님이 엄청나게 도박 중독자들이 많다고 때려버렸지 않았습니까? 49%인가, 그 퍼센트가 방송을 탔잖습니까? 난리 나버린 거예요. 아마 이태원 선생님 이야기만 들어도, 강원랜드에서는 아직도 (2005년 2월 현재) 노(no)일 거예요. 그런 분위기입니다. 아직도 가시지 않았어요, 현재 사장 입장에서는. 만약에 방송국이든 어떤 형태이던 간에 저희에게 인터뷰가 들어오면 홍보부로 다 돌려보내요. 그곳에서 질문의 형식이나 양식을 받고, 강원랜드와 직접적인 그런 것이 아닌 것만 응하고, 센터가 관련되더라도 전부 그런 식으로 되기 때문에. 저희들이 독립이 안 되어있는 상태이죠. 센터가 독자적인 활동을 해야 하는데, 그런 것이 안 되어있기 때문에, 자료라든지 그런 것을 공개하는 것이 쉽지 않습니다. 그랬다가 나중에, 소위 만약 이태원 선생님이 설문하러 오셨을 때도 다른 루트를 통해서 비서실로 가서 이렇게 했기에 망정이지. 만약 센터에서 나갔다 그랬다면, 센터의 사람들은 모두 모가지 날아갔을 것예요 막말로. 그 정도로 예민한 문제입니다.

연구자가 참여한 〈강원도 광산지역의 사회변동에 관한 연구〉 프로젝트 책임연구자였던 강원대학교 이태원은 2004년 1월 31일부터 3일 동안 강원랜드의 허가를 받아 강원랜드 1층 카지노 입구에서 출입자들을 대상으로 설문조사를 하였다. 그 결과(표 Ⅱ-4)는 문제도박 28.5%, 병적도박 47.8%로 나타났다. 이태원은 이 결과를 그 해 5월 강원대학교에서 개최된 연구중간보고 학술대회에서 발표하였다. 이 발표장에는 여러 명의 강원랜드 관계자들이 참석하였고, 또한 강원도 언론에서 일부 내용들이 소개되었다. 몇 달 뒤 그 결과물이 다시 한 언론에서 다루어졌다. 이것이 새삼스럽게 문제가 되었다.

당시 강원랜드 사장은 이 언론보도에 대하여 노여움을 표하고, 이 연구에 도움을 준 직원들을 징계하겠다고 하였다. 물론 이태원의 현장 설문조사는 사장의 재가를 받아 이루어졌다. 그런데 연구결과 도박 중독자의 비율이 높게 나왔고, 이것이 언론에 오르내리는 것에 대해 강원랜드, 특히 사장이 과민반응을 보였던 것이다. 사실 병적도박자 비율이 거의 50%에 이르는 것은 이태원의 연구가 유일무이한 것은 아니다. 예로 강원랜드 스몰카지노가 개장한 뒤로 지속적으로 증가하는 도박 중독자 등 카지노로 발생한 사회문제의 현황을 파악하고, 그에 대한 방안을 마련하고자 한국문화관광정책연구원에 의뢰하였다. 그 결과물인 〈도박중독 등 사회적 부작용 최소화 방안연구〉는 (주)강원랜드라는 이름을 걸고 2003년 11월에 발간되었다. 이 보고서에 요약·정리된 〈병적도박실태조사 및 치료프로그램〉(인코그룹 2003)에 따르면, 설문 대상자였던 강원랜드 카지노 이용객 173명 가운데 위험성 도박자 25명(14.5%), 병적도박자 107명(61.8%)으로 나타났다. 도박문제가 있는 출입자의 비율은 76.3%로 동일하지만, 병적도박자만을 고려한다면 오히려 이태원의 연구 결과는 강원랜드가 환영할 만한 것이었다. 즉 가족휴양레저공간으로 거듭나고자 하는 강원랜드의 각고의 노력으로 카지노 출입자도 건전한 게임을 하며 여가를 활용하고 있어 점차 병적도박자 비율이 낮아지고 있다고 동네방네 홍보할 일이었다.

그러나 강원랜드는 카지노가 만들어내고 있는 부정적 영향이 언론

에 오르내리는 것 자체가 강원랜드에 전혀 도움이 되지 않는다는 '이
상한' 이유로 알레르기 반응을 보였던 것이다. 이런 현실에서 강원랜
드가 자신들이 양산한 카지노 노숙자와 도박 중독자의 현황과 현실에
대하여 진솔하게 접근하는 것을 기대할 수 있겠는가? '강원랜드 부설
한국도박중독예방·치유센터'의 역할이 무엇인지는 자명하다. 결국
도박중독예방센터는 도박장이 아니라 게임장을 말로만 부르짖는 강
원랜드의 허명을 위해 존재할 뿐이다. 이런 비판과 더불어 도박 중독
자의 급증에 따라 도박중독예방센터를 독립법인화해야 한다는 주장
들이 많았고, 강원랜드도 그런 계획을 수없이 수립하였다. 특히 2005
년 12월 카지노 출입자 두 명이 강원랜드에서 연속적으로 자살을 하
면서 강원랜드는 도박중독예방센터를 독립법인화 하겠다는 계획을
내놓았다. 다음은 당시 《강원일보》(2005. 12. 28)에 보도된 내용이다.

강원랜드가 도박중독센터를 독립법인화하는 등 강도 높은 도박중독
예방대책을 시행한다. 강원랜드는 28일 "최근 잇따라 발생한 카지노 고
객 자살 사망사건과 관련, 도박중독 피해에 대한 부작용을 통감하며 대
책안을 수립했다"고 밝혔다. 도박중독 대책안은 우선 도박중독센터를
독립 법인화해 현재 전문상담원을 3명에서 10명 이내로 대폭 늘려 상담
기능을 강화하기로 했다. 또 도박중독센터 치료비를 본인에 한해 150만
원 지급하던 것을 가족까지 확대하여 200만 원까지 지원하고 휴장 시간
동안 휴식과 함께 도박상담을 유도할 수 있는 휴게공간을 확보하기로
했다. 장기체류나 상습출입자에 대한 출입관리 대책으로 20일씩 2개월
연속 출입한 고객은 병원 치료를 유도하고, 20일씩 3개월 연속 출입한 고
객은 가족에게 통보해 카지노 출입금지 및 귀가여비를 지급하기로 했
다. 사채업자나 사채이용자에 대한 출입금지제도도 대폭 강화된다. 사

채업자 및 종사자는 영구 출입제한하고 고객이 전당포에 차량을 저당하거나 카지노 주변에서 사채를 이용했을 때, 우선적으로 3~6개월 간 출입정지를 시킨 후 재발 시 영구적으로 카지노 출입을 할 수 없게 할 방침이다.

그러나 이 글을 쓰고 있는 지금도 도박중독예방센터는 독립법인이 되지 않았고, 여전히 6명의 상담원이 일하고 있는 강원랜드의 부속기관일 뿐이었다. 단지 출입자에 대한 규제만 강화되었다. 이런 현실은 경륜·경정상담클리닉이나 유캔센터에서도 마찬가지이다. 이처럼 구조적 한계 속에서 각 도박클리닉도 제 역할을 하는 것이 쉽지 않고, 각 클리닉 사이의 연계는 꿈을 꿀 수도 없다. 각 도박클리닉이 지니고 있는 한계점은 도박중독센터 상담원의 이야기에서 잘 드러난다.

(각 클리닉간 연계활동은 잘되는지요?) 잘은 안 되고요. 경륜·경정이나 유캔센터하고는 가끔씩 왕래도 하고 상담하는 치료자 모임 이런 것들도 만들어서 운영을 좀 하자 그런 이야기들이 오가고 있어요. 조금 안 되더라고요. (왜 그런가요?) 일차적으로 저는 독립되어 있지 못해서 그런 것 같아요. 예를 들면 저희 같은 경우에는 사장직속 기구이지만 그전에는 기획조정실 소속, 카지노 관리팀이라던가, 뭐 관리하는 소속부서가 있지 않습니까. 다 마찬가지라는 거죠. 마사회도 그런 식인 거죠. 만약 저희가 공동연구라도 하고 싶다 이러면, 예를 들면 회사의 예산이라든가 이런 게 만약에 저희가 독립된 기구로 독립성이 보장되어 집행이라든가 결제가 치료 전문가들에게 이루어진다면 저희들끼리 합의가 되면 그냥 바로 프로젝트해서 갈 수도 있는 것 같아요. 그런데 이게 벌써 각자의 기구라던가 이런 게 있잖아요. 그 사업 예산이라던가 등등이 상이하

게 틀리고 이쪽에서 결제 라인이라던가. 이런 것들이 있다 보면 그게 각자 이중 삼중이 되잖아요. 저는 그게 독립이 안 되어 있어서 그렇다 이렇게 보여요.

2007년 7월부터 '사행산업통합감독위원회법'(이하 사통법)이 발효·실행된다고 한다. 이 법은 "사행산업으로 인한 부작용을 최소화하고 사행산업이 건전한 여가 및 레저산업으로 발전해 나가도록 함으로써 국민의 복지증진에 이바지함을 목적으로 한다"(제1조). 이를 위해 사행산업 업종간의 통합, 총량조정, 사행산업에 따른 중독의 예방과 치유 등을 전담하는 중독예방·치유센터를 설치하여 운영하는 등 사행산업의 통합적인 관리·감독 및 건전화를 위한 종합계획을 수립·시행하고자 국무총리 소속 하에 사행산업통합감독위원회를 설치하는 것이다. 따라서 각 사행산업별로 이루어지고 있는 도박중독 예방클리닉센터가 독립적으로 활동할 수 있는 가능성이 높아지고 있다. 그러나 정부 산하에 통합 클리닉센터를 개설하는 것이 도박중독 문제를 해결하는 완결점은 아니다. 오히려 문제의 심각성은 다른 곳에 있다. 이 점은 도박중독예방센터 상담원의 이야기에서 잘 드러난다.

물론 중독이 된 사람들을 치료하게 하고 치료를 받게 하고 재활을 해주고 이렇게 하는 것들은 꼭 필요한 것들이지만 그전에 사실 문제발생 원인은 이만큼 만들어 놓고 문제의 중독자들은 생길 수밖에 없는 시스템을 만들어 놓고 그럼 그 사람들이 다 구제가 되냐는 거예요. 만약에 시스템이 갖춰진다고 하더라도, 아니지 않습니까, 그중에서도 극히 일부 사람들이 재활을 하고 극복들을 할 수 있는 거죠. 시스템에 그럼 나머지 예를 들면 10명의 중독자가 생겼다면 그중에 30%만 중독에서 복귀가 되

었다면, 나머지 70%는 어떻게 한다는 거예요. 치유센터 만들고 재활한
다고 그 과정이 다 됩니까. 이런 것들은 근본적인 것이 해결되지 않으면
국립 치유센터가 생기고 뭘 하고 이런 저기가 있다고 하더라도 중독자
는 양상이 될 것이고, 지금보다는 훨씬 낫겠다 그러겠지만 그래도 근본
적인 것은 발상이라든가 아까 말했던 그런 것들이 바뀌어야 되요. 위정
자들이 바뀌어야 되요. 그게 안 된다고 하면 뭐?

　도박중독은 한 개인의 질병이 아니라 이 땅 대한민국이 앓고 있는
사회적 질병이다. 정부가 도박 중독자를 쉴새없이 양산하며 도박민국
을 만들고 있는 원인제공자이며, 나아가서는 정부 자신이 심각한 병
적 도박 중독자이다. 분명 사행산업체에 대한 정부의 지도 및 감독이
통합적으로 이루어지지 못해서 또는 사행산업체가 건전하지 못해서
도박중독, 한탕주의 등 사회적 부작용이 발생하고 '국민의 복리증진
에 이바지'하지 못한 것이 아니다. 오히려 도박 중독자가 급속하게 증
가하고 있는 것은 사행산업을 활성화하고 이를 장려하는 정부의 사행
산업 정책의 구조적 문제이다.

　한마디로 도박중독 문제를 해결하기 위해서는 정부 자신을 도박중
독으로 이끌고 있는 사행산업 시스템을 근본적으로 바꾸어야 한다.
단지 사행산업을 관리감독하고, 도박 중독자의 재활을 위한 통합 클
리닉센터를 개설하는 것이 문제가 아니다. 물론 그 어느 것 하나도 제
대로 된 것이 없어 심각성은 더하지만 말이다. 지역개발, 공공기금 마
련을 금과옥조처럼 읊조리는 정부가 합법화된 시스템을 바꾸기를 기
대하는 것은 꿈에도 생각할 수 없다. '사통법'이 실행되면 곧 성과가
있을 것이라고 말한다. 그러나 사통법이 실행된다고 하여도 어떤 변
화가 있을 것이라고 기대하는 것은 성급한 판단일 것 같다. 이미 사통

법의 제1조(목적)는 자신의 한계를 잘 드러내고 있다. 즉 이제까지 정부 정책이 그래왔듯이 여전히 사통법도 비교적 사회적 저항이 적은 조세징수에 맛이 들려 여전히 사행산업을 '건전한 여가 및 레저산업으로 발전'시키고자 하는 '허망한 꿈'에 방점을 찍고 있다. 그리고 이제까지 도박이 야기한 모든 폐해는 정부 자신이 합법적으로 시스템화 한 사행산업이 건전하지 못해서 발생한 문제인 것처럼 호도하고 있다.

연구자가 보기에 사통법의 위력과 실효성을 이야기하기 전에 정부의 1년 예산의 0.55%에 지나지 않는, 사행산업을 통해 마련하고자 하는 특별기금액을 일반회계로 전환하는 것부터 실천해야 한다. 〈표 Ⅲ-5〉에서 보이는 것처럼, 2005년 문화관광부의 문화관광분야 기금의 52.9%가 사행산업에 의존하고 있다. 그렇지만 손봉숙(2007: 6, 8~9 참조)이 밝히고 있듯이 사행산업으로부터 벌어들인 재원은 정부의 전체예산 측면에서 보면 새발의 피[鳥足之血]에 지나지 않는다. 즉 2005년 사행산업에서 걷어들인 재원은 정부의 총예산의 0.55%, 또한 이 가운데 사행산업으로 조성된 2005년 기금도 정부 전체 기금의 0.4%에 지나지 않았다. 정부의 1년 전체 예산이 약 500~600조 원에 이르는 오늘날에 2~3조의 재원을 얻기 위해 수많은 사람들을 인생막장으로 내몰고 있는 것이다. 한마디로 국민의 눈에 피눈물을 흘리게 하면서 모은 돈으로 '국민을 위해'(?) 무엇인가를 하려고 하는 생각부터 고쳐야 한다.

이런 상황에서 도박 중독자가 눈에 들어오겠는가? 정부와 사행산업체는 건전한 사행산업 발전을 위한다는 명분을 내세우며 도박 중독자에 대해서는 형식적인 수준에서 접근하고 있다. 즉 도박중독의 원인 제공자인 정부가 책임을 가지고 도박의 예방과 치유를 위한 법적, 제도적 장치를 마련하기보다는 돈 들어가고 골치 아픈 일인 도박중독문제가 큰 사회문제가 되지 않고 조용하게 넘어가기만을 바라고 있다. 큰 사회문제가 될 때 대책을 마련해도 늦지 않는다는 것이다. 이 점은 강원랜드 직원의 이야기를 통해 충분히 유추해볼 수 있다.

> (알콜중독은 국가에서 관리하는데, 왜 도박은 그렇지 않죠?) 국가에서 질병이라고 아직 받아들이지 않는 거죠. 일단은 보건복지부 상이나 정신과적인 진단 기준에 있어서는 충동조절장애라는 진단명이 나옵니다. 도박 중독자가 병원에 의뢰되고 정신과에서 소개서를 써줄 때 충동조절장애라는 진단명을 씁니다. DSM-4(정신장애진단요람 4판)라는 것에 의해서 진단을 받게 되죠. 거기에서 중독이라는 것은 알코올이든 도박이든 똑같이 충동조절장애라는 진단이 나오죠. 그렇지만 아직까지 우리나라에서는 도박중독, (도박이) 합법적인 사업이 되면서 접근성이 좋아지고 합법적이니까요, 발병률은 늘어나고 사회적인 경각심은 늘어나고, 안티-카지노(anti-casino) 그런 모임들이 생기고, 그런 과정들을 통해 (법 등이) 생기는 건데. 조금 더 가야 보건복지부에서 인식을 하는 건데, 인정이 돼야 법이 만들어지니까. (법이 만들어지기) 직전(直前)이라고 볼 수 있죠(오철민, 강원랜드, 2005. 2. 18.).

이 사람의 말이 곧 정부를 대변하는 것은 아니지만, 지금까지 정부가 행한 일련의 정책을 볼 때 정부와 위 사례자의 생각에는 별반 차이가 없을 것 같다. 도박중독의 문제가 크게 심각하지도 않은데, 굳이 정부가 미리 도박중독을 사회적 질병으로 인정하고 사회문제화할 필요가 없다는 것이다. 카지노가 합법화하면서 도박 중독자가 늘어나 사회적 부작용이 심각해지고 카지노에 반대하는 사회단체들이 들고 일어날 때, 법 제정 등의 행동을 해도 충분하다는 것이다. 자살과 바다이야기 사태 등 합법·불법 사행산업으로 말미암은 사회적 부작용이 심각해지면서 '사통법'이 만들어진 것처럼 말이다. 기본적으로 정부는 아직까지 도박중독을 사회적 질병으로 인정하고 싶지 않은 것이다. 아니 정부가 도박중독증이 질병임을 인정하더라도 사회적 질환이 아니라 도박충동을 못 이겨 '건전한 겜블러'가 되지 못한 개인의 문제로 축소하고자 한다. 조금 양보하더라도 도박중독은 도박 중독자를 통제하지 못한 가족 그리고 도박성을 규제하지 못한 사행사업체의 잘못이지 사행사업을 통한 돈벌이에 혈안이 되어 국민의 삶을 베팅한 원인제공자 정부의 잘못은 아니라는 것이다.

이에 정부는 이 땅에서 진정한 겜블러가 되려고 노력해야 할 사람은 자신임에도 사행산업체의 도박중독 클리닉센터들을 내세워 도박에 찌든 사람들에게 계속 건전한 겜블러가 되라고 당당하게 외치고 있다. 이런 사행업체와 정부의 이율배반적인 행위는 도박과 도박 중독자를 부정적으로 바라보는 한국인들의 일반정서 속에서 너무도 쉽게 자행되고 있다. 그 소용돌이 속에 수많은 개인은 무능력자, 무절제한 사람, 사기꾼, 카지노 노숙자, 도박 중독자 등의 오명을 쓴 채 희생이 되고 있다. 이 모든 부정으로부터 벗어나는 것은 도박 중독자 자신의 몫이다.

3. 한국 단도박 친목모임
중독은 중독으로 푼다

한국에서 정부와 사행업체를 대신하여 도박중독문제에 대하여 관심을 가지고 큰 구실을 한 것은 도박 중독자들의 모임인 한국 단도박 친목모임이다. 이 모임은 "도박으로 인한 서로의 공통 문제를 해결하고 다른 사람들도 도박 문제에서 회복하도록 돕기 위하여 각자의 경험과 힘 그리고 희망을 나누는 남성과 여성의 친목모임"(한국 단도박 친목모임 2005: 6)으로, 1984년에 한국에서 사목활동을 하던 '백(白) 신부'라고 불리는 미국인 화이트(Paul White) 신부가 시작하였다.

화이트 신부는 자신이 도박 중독자로 1979년 7월 22일 미국 네브라스카 주 오마하에 있는 단도박모임에 처음 참가하여 도박을 끊기 위한 노력을 시작하였다. 그는 한국에 돌아와서 미국 단도박모임에서 얻은 자료들을 1984년 2월 24일 김병길(도박자 아님) 씨와 공동으로 연구·번역했고, 1984년 6월 11일자《중앙일보》가 한국 최초로 단도박모임 소개기사를 실었다. 신문기사를 보고 찾아 온 3명의 협심자(協心者, 단도박모임 참여자를 협심자라고 부른다)와 함께 1984년 6월 13일 부천시 심곡동 천주교 성당에서 첫 모임을 갖게 된 것이 한국 단도박모임의 효시였다. 국내 최초 도박중독 클리닉센터인 한국마사회의 유캔센터가 1998년 9월에 개설된 점을 고려한다면, 정부와 사행업체는 도박중독에 대하여 얼마나 무관심했는가를 잘 드러내준다. 오히려 도박중독에 대한 사회적 책임이 정부와 사행업체 자신에게 있는지도 모르고 있었다는 것이 정확한 표현일 것이다. 이런 상황에서 도박 중독자들은 도박중독으로부터 벗어나기 위한 새로운 길을 스스로 개척하기 시작했다.

단도박모임은 심곡동 첫 모임 뒤로 사당동모임(서울) 등 지역모임으로 분화되었다. 그리고 전국 각지에서 비행기를 타면서까지 서울 단도박모임에 참석하던 협심자들의 노력으로 광주, 대구, 안동 등에 모임이 형성되면서 단도박모임은 전국적인 모임으로 확산되었다. 단도박모임은 현재(2007년 2월 5일) 43개 지역모임이 있는데, 단도박모임과는 별도로 각 지역에는 한국단도박 가족친목모임(이하 가족모임)도 함께 형성되어 수많은 도박 중독자들뿐만 아니라 가족들에게 새 삶을 열어주고 있다. 전국 단도박모임에는 가족까지 포함해 약 천 명이 참여하고 있다.

단도박모임은 철저하게 외부 후원을 거부하고 협심자와 가족들만의 힘으로 도박중독을 극복하고자 한다. 즉 다른 클리닉센터와 달리 도박 중독자 자신들이 치료의 대상이자 주체이다. 이 모임은 화이트 신부가 그랬던 것처럼 삶의 벼랑 끝에 선 도박 중독자 자신이 도박중독으로부터 벗어나기 위한 절규의 산물이다. 그런데 이 절규는 공포와 절망의 절규가 아니라 뭔가 이 상황을 바꿔보고자 하는 희망의 절규이다(홀로웨이 2002: 17 참조). 이 희망은 사행업체와 정부 나아가 한국 사회가 무시하고 죄인 취급하였던 도박 중독자 자신으로부터 비롯되고 있었다. 이 점은 다음의 협심자의 이야기에서 잘 드러난다.

처음에는 내가 할 말을 협심자들이 다 이야기해주는 것 같았습니다. 내 자신이 노름을 25년 했으니, 내 작은 아들이 태어날 때부터 했는데, 그 놈이 26살입니다. 1년 365일 도박에 빠져 살았습니다. 경마장에 안 가는 날은 포카 판으로 카지노로 갔습니다. 내가 제일 노름에 빠져 있는 줄 알았는데, 내가 와서 보니 GA 협심자들 이야기를 들어보면 나의 경력은 아무 것도 아니다는 생각을 하게 됩니다. 여기 나온 지 4개월이 되었습니다. 처음 상계동 모임에 갔는데, 백일잔치를 하더라고요. 백일잔치 하신 분이 참 대단하시구나. 부럽더라고요. 나는 한 달만, 아니 일주일만이라도(도박하지 않고 지나)갔으면 좋겠다는 생각을 했습니다. 거의 매일 했으니까요. 그런데 여기 저기 모임에 참여하면서 일주일이 금방 가더라고요. 스타빌딩 38층(실제 37층)인가 도박중독센터에 병원비 보조를 받으려고 갔습니다. 약 130만 원 받아보려고 창피한 모든 이야기 다 했습니다. 그때 병원에 있었으니까요. 한 달만 기다려보십시오 하더라고요. 저는 중곡동 김경빈 박사가 하는 정신과 병원에 있었거든요. 그런데 연락이 안 와요. 그래서 다시 찾아갔습니다. 연락을 해주어야 할 것이 아니냐? 제가 강원랜드 카지노에 한 5년 간 많이 가져다 줬어요. 38층 이곳에 비싼 세를 주면서 도대체 하는 일이 뭐냐 따졌습니다. 지금도 연락도 없습니다. 자기들이 지정한 성 바오로 병원은 지원을 해주는데, 개인병원은 지정이 없는 거예요. 아주 약아빠져서 지금도 화가 많이 나요. 가족상황이니 뭐니 정말 말하기 힘든 것을 다 이야기 했어요. 그러면 이래저래해서 안 된다고 말은 해야 하는 거 아니겠습니까? 자기들 사업에 이용해 먹으려고만 해요. 진짜 나쁜 사람들이에요. 카지노 때문에 많은 사람들이 다 망가졌어요. 도박한 내가 잘못한 것이지만, 그래도 전화 한 통이라도 해주어야 한 것 아니에요?(도곡최, 50대 후반, 서울, 2007. 2. 12.)

이 사람은 상계동 단도박지역모임에 처음 참여한 2006년 10월 25일부터 연구자와 인터뷰를 했던 2007년 2월 12일 현재까지 도박장에 출입하지 않았으며, 단도박 백일기념파티를 지난 1월에 상계동 지역모임에서 했다고 하였다. 이제 도박을 끊을 수 있는 희망이 보인다고 하였다. 이 모임에 나오는 사람들은 중독은 중독으로 푼다고 말한다. 즉 단도박 모임에 참여하는 사람은 일주일에 두세 번 단도박 지역모임을 돌아다니면서 동변상련의 협심자들의 도움을 받아 '모임중독'을 통해 '도박중독'으로부터 벗어나고자 한다. 물론 이것은 쉬운 일이 아니다. 단도박모임에 나오면서도 끊임없이 도박중독은 재발한다. 이는 단도박모임의 협심자의 다음 사례(진접임 2006: 57)에서 잘 드러난다.

> 모임을 알게 된 지도 10년이 넘었지만, 그러나 도박을 안 한 지는 이제 겨우 1년 반 정도가 되어간다. 지난 10년 동안 100일 잔치를 네 번을 하고 도박을 최장으로 안 한 기간은 11개월 정도였다.

'이미 도박에 젖은 몸'으로 자신에게 체화(體化)된 도박중독으로부터 자유로워진다는 것은 결코 쉬운 일이 아니다. 나는 단도박모임에 몇 달 동안 참석하면서 협심자가 도박이 재발하였다고 고백하는 것을 수없이 들었다. 나는 한 단도박 지역모임에서 위 사례의 사람을 직접 만났다. 그는 주로 경륜과 전자도박을 하였는데, 1993년 10월 11일에 단도박모임에 처음 참여하였다고 하였다. 그 뒤에도 지속적으로 도박이 재발하였으며, 최근에는 2007년 1월 14일에 대리운전을 하다가 잠시 차를 세워놓고 전자도박을 했다고 하였다. 그는 도박으로부터 벗어나기 위해 두 곳의 단도박지역모임에 참여하고, 교회에 가서 새벽기도도 열심히 하고 있다고 하였다.

이 경우처럼 아무리 오랜 시간 동안 치료를 하더라도 도박중독으로부터 완전히 벗어나는 것은 참으로 기대하기 어렵다. 어떻게 보면, 도박에 젖어 때로는 자신의 의지와 상관없이 자연스럽게 도박장을 찾고 호흡하는 몸은 이성이 절제할 수 있는 영역을 넘어버린 지 오래다. 따라서 도박에 젖은 몸에 대한 일방적 해체와 절대적인 절제를 통해 도박중독으로부터 벗어나는 것을 쉽게 기대할 수가 없다. 한마디로 도박 중독자의 일상은 바로 도박에 젖은 몸이 지배하는 일상인데, 갑작스럽게 그 몸에게 도박으로부터 철저하게 벗어난 몸처럼 행동하라는 것과 마찬가지이다. 그러나 그것은 신이 아닌 이상 실현불가능한 일일 것이다. 신이라도 불가능할지 모른다. 오히려 지금은 도박에 젖은 몸의 일상에 대하여 귀 기울여 보는 것이 필요한지 모르며, 바로 이 지점에서 단도박모임의 '치료'(?)가 시작된다. 단도박모임의 치료는 의학 또는 심리학 등의 이른바 '과학적 치료 방식'이 아니다. 굳이 '과학적'이라는 용어를 빌린다면 치료방식이라고 할 수 있는 것이 없을 수도 있으며, 나아가 단도박모임은 클리닉센터라고 말할 수도 없다. 이 점은 다음의 이야기를 통해 충분히 유추해 볼 수 있다.

> 전문 클리닉에서는 주입식으로 하는 것이고 우리는 생활 그 자체이니까. 차이가 많은 것이죠. 주입식은 머리에 안 들어와요. 하루 이틀 (여기에) 나와서 하다보니까 생활화되니까. 그래서 좋다는 것이죠. 여기에 나오면 직업 나이 모든 것이 다 중요하지 않고 허심탄회하게 말하고 편하게 지내는 것이죠(성내이, 남, 50대 중반, 서울, 단도박모임, 2007. 2. 12.).

(사행산업체의) 업에 영향을 미치기 때문에 도박중독센터는 직접 단도박에 연락할 수 있도록 가르쳐주지 않습니다. 병원이나 센터들이 우

리 자조모임을 마치 자신들의 하위단위로 생각합니다. 위원회 등에 같이 가면 그 놈들은 데이터, 뭐다 이상한 소리만 합니다. 저는 할 말이 없어요. 그 애들이 다 해보고 안 되면 우리 자조모임을 소개해줘요(풍납정, 남, 50대 후반, 서울, 단도박모임, 2007. 2. 12.).

현대에 들어서면서 도덕적·윤리적으로 지탄의 대상이었던 도박은 질병이라는 의학적 차원에서 다루어지기 시작하였다. 노동의 훈육을 통해 근대적 주체를 만들고자 했던 근대인 프로젝트처럼, 도박중독 클리닉센터는 과학적이고 체계적인 예방과 의학적 치료를 통해 도박 중독자를 정상인으로 만들고자 한다. 여기에서 도박 중독자는 항상 치료와 훈육의 대상이고 객체일 뿐이다. 물론 그 치료와 훈육의 주체는 의사, 심리상담사 등이다. 훈육 주체가 도박 중독자일 수도 있지만, 치료를 하는 순간만은 훈육의 주체는 사회적으로 건강하고 완전한 정상인이고, 그들은 도박 중독자가 추구해야 할 정상성의 기준을 제시한다. 따라서 훈육의 주체와 객체, 정상(인)과 비정상(인)은 철저하게 이분법적으로 분리되며 그 수직적 경계를 넘어설 수 없다.

이와 달리 단도박모임에서 도박중독증을 치료하는 방법은 특별한 것이 없고, 그냥 일상생활을 함께 공유하는 것이다. 단도박모임에서 정상인–비정상인의 이분적인 경계는 의미가 없다. 한마디로 단도박모임에서 도박중독의 치료에는 과학이니 체계적이니 하는 말이 끼어들 여지도 없다. 정확하게 말한다면, 비정상인인 사람이 자신들의 병을 치료한다고 하니 얼마나 비과학적이고 비체계적이고 비합리적인가? 따라서 도박중독예방센터 등 공식적인 치료권력은 단도박모임을 자신의 하위단위 정도로 놓고, 그들의 치료방식을 평가절하 하는 경향이 있다. 그러나 협심자들은 단도박모임은 전문 클리닉보다는 훨씬 더 손쉽게 접근할 수 있으며 치료도 더 효과적이라고 한다. 오히려 전문 도박중독클리닉 또는 병원의 약물치료 등을 통해서는 진행성 질환인 도박중독을 절대 치료할 수 없다고 주장한다. 물론 단도박모임이 전문클리닉보다 우월하다고 단정할 수 없다.

그런데 어떻게 보면 단도박모임의 협심자들은 기존의 이분법적, 억압적, 수직적 치료·의료 권력을 해체하고 있다. 그들은 굳이 치료 권력을 장악하려고 하지 않는다. 다만 치료권력이 쉽게 무시해버린 도박중독자 자신들의 '일상생활'을 통해 자신의 도박중독증을 치료하고자 하며, 이는 전혀 다르고 새로운 치료권력을 형성한다. 단도박모임은 "저는 도박 중독자임을 시인합니다"라고 자신의 도박중독성을 타인 앞에서 시인하고, 나를 타인에게 여는 것으로부터 시작한다.

여기에 단도박모임이 도박중독으로부터 벗어날 수 있는 내적 상생성(相生性)이 존재한다. 자신이 도박 중독자임을 시인하는 순간부터 나와 너는 도박 중독자 자신, 즉 우리로 수렴하며 상호 내적 동질성을 획득한다. 도박에 찌든 나의 모습이 타인의 모습이고, 다른 사람의 삶이 나의 삶이기도 하다. 단도박모임은 모든 도박 중독자에게 열려있다. 이곳에서 도박 중독자는 치료와 교정의 대상이 아닌 새로운 관계를 형성하는 상생의 주체이다.

단도박모임의 진행과정은 단순하다. 처음 사회자가 단모박모임의 취지를 낭독하고 모임을 시작한다. 그런 뒤 협심자는 다음과 같은 5단계 요령에 맞춰 자기소개를 한다. "1. 저는 ○○동에 사는 ○○○입니다. 2. 저는 도박 중독자임을 시인합니다. 3. 도박을 했던 종류는 ○○입니다. 4. 단도박모임에 처음 참석한 날짜는 0000년 00월 00일이고, 도박을 마지막으로 한 날은 0000년 00월 00입니다. 5. 지난 일주일 동안 ○○○○하게 생활했습니다."

여기에서 중요한 것은 자신이 도박 중독자임을 시인하는 것이다. 자기소개가 끝난 뒤 협심자들은 책자 공부를 한다. 책은 《단도박모임》이라는 소책자와 《하루를 위하여》라는 대책자로 나뉜다. 소책자는 단도박의 목적, 제12단계 회복프로그램, 일치프로그램, 도박중독과 단도박친목모임, 단도박친목모임과 가족친목모임과의 관계, 도박성을 판별하기 위한 20가지 질문 등으로 이루어져 있는데, 이 내용은 매주 반복하여 돌아가며 읽는다. 전체를 다 읽으면 시간이 많이 걸리기 때문에 각 장의 항을 선택적으로 읽는 편이다. 대책자는 각 365일간 매일 매일 생각할 내용을 담고 있어 지난 일주일에 해당하는 날의 내용을 함께 읽는다. 이 내용은 일년 단위로 반복된다고 할 수 있다.

책자 공부가 끝나면 일주일 동안 있었던 생활을 3~5분 동안 이야기한다. 소견발표는 모임의 가장 중요한 시간으로 이때 협심자들은 현재 자신들이 겪고 있는 물질적·정신적 문제들을 허심탄회하게 털어놓는다. 소견발표가 끝난 뒤 간단한 공지 등이 있고 공식적인 모임은 끝난다. 모임은 약 2시간 동안 진행된다. 도박 중독자들이 모임을 갖는 동안 다른 방에서는 별도로 가족모임이 이루어진다. 모임이 끝난 뒤 각 모임별로 저녁을 같이 먹고 술 한 잔도 하는 뒤풀이가 이루어진다. 뒤풀이 비용은 참여자가 똑같이 분담한다. 특별한 일, 특히 협심자가 단(斷) 도박을 한 지 백 일이나, 1주년, 2주년이 되는 날에는 두 모임이 각자 공식적인 공부를 한 뒤 함께 모여 간소한 잔치를 벌인다. 기념잔치는 당사자와 가족의 소감 발표, 그리고 동료의 축하가 전하는 말이 전부이다. 기념잔치는 한편으로 일정기간 도박으로부터 벗어난 것을 축하하는 기쁜 자리이기도 하지만, 다른 한편으로 지난 세월 동안 도박중독으로 말미암아 본인과 특히 가족들이 겪은 고초에 대한 소회를 발표하면서 발표자들이 복에 받친 울음을 쏟아내는 무거운(?) 자리가 되기도 한다.

이처럼 단도박모임이 도박중독을 치료하기 위해 하는 일은 함께 정해진 교재를 읽고, 도박 중독자 자신과 가족이 도박중독으로부터 벗어나기 위해 겪는 정신적·물질적·사회문화적 고민들을 털어놓고 공유하는 것이다. 연구자는 이 모임에 참석하면서 지난 일주일 동안 자신의 생활을 반추하고 반성하는 계기가 되었다. 단도박모임에서 이루어지는 모든 대화의 내용은 바로 우리들이 일상생활에서 접하고 고민하는 직장생활, 가족관계, 친구관계, 사회생활 등이었다. 단지 차이가 있다면, 대화의 많은 부분이 자신의 도박행위와 연결되어 있다는 점뿐이었다. 자기소견 발표 시간에서 가장 많이 언급되는 것은 지난 세월 동안 자신의 도박행위로 말미암아 '가족병'을 경험한 가족의 고통을 어떻게 치유하고, 그들과의 관계를 개선하느냐였다. 사실 우리는 도박이 아니더라도 이런 저런 일로 가족관계 때문에 얼마나 많은 고민을 하며 사는가? 단도박모임의 힘은 바로 여기에 있었다. 바로 일상생활을 하며 부딪치는 문제를 가지고 함께 이야기하며 서로의 사회문화적, 정서적 의지처가 된다는 것이다. 그래서 그들은 서로의 마음을 모으는 '협심자(協心者)'인 것이다.

협심자들은 모임을 통해 도박에 빠지면서 황폐화되고 파괴된 가족 및 사회문화적 일상관계를 단순히 회복하는 것에 그치지 않고, 협심자·가족 등의 삶이 살아 숨 쉬는 새로운 일상의 공간으로 창조하려고 한다. 사실 도박으로 잃어버린 것은 단순히 재산이 아니라 가족을 비롯한 사회문화적 관계였다. 특히 도박이 가족들의 삶에 얼마나 많은 영향을 미치며 도박중독을 벗어나기 위해 가족들의 역할이 얼마나 중요한지는 단도박 J지역모임을 만드는 데 산파역할을 한 사람의 이야기에서 잘 드러난다.

가족모임은 초연(超然)을 가르친다. 도박 중독자의 가족도 가족병이 있다. 조급증과 안달증이고 추궁하는 병이다. 남편이 도박을 하면 빨리 끊게 하려고 조급해하고 안달해 한다. 그리고 도박을 하는 남편을 추궁한다. 이것으로부터 벗어나야 한다. 그 가족병은 가족 자신들이 고쳐야 한다. 남편이 도박 빚을 지고 조급하게 돈을 갚아야 한다고 추궁하면 가족들은 추궁에 못 이겨 빚을 갚아준다. 물론 각서도 받고, 일부는 혈서도 쓴다. 그러나 이렇게 해서는 도박을 절대 이겨내지 못한다. 각서를 수백 장 쓰면 뭐하냐? 내가 아는 사람은 각서만 백여 장을 썼다고 한다. 도박 빚은 본인 벌어서 갚도록 해야 한다. 안 갚아주는 것이 성공할 확률이 높다. 빚이 없으니 다시 꽁지돈 얻어서 도박을 다시 하는 것이다. 우리는 도박하면서 쉽게 말해서 잘 놀았다. 그런데 가족들의 불안과 스트레스가 얼마였겠어요? 그 불안과 스트레스가 자식들에게 그대로 전달이 된다. 아이들에게 철두철미하게 박혀있다. 정말 심각하다. 우리 애가 지금 대학교 3학년인데, 지금도 다 기억을 한다. 아마 이 모임에 올 때 아이가 초2인가 그랬는데, 아직도 이 모임에 오는 것을 매우 좋아한다. 이 모임에 오기 전에는 맨날 엄마와 싸우고 늦게 집에 들어와 졸던 아빠가 이 모임에 나오면서 달라졌으니까. 이 모임에 아이와 엄마랑 같이 왔는데, 지금도 좋아한다(잠실오, 남, 50대 후반, 서울, 단도박모임, 2007. 2. 5.).

화투와 포카 도박에 빠져 가족해체의 위기까지 갔던 이 사람은 1994년 10월 13일에 단도박 사당동 모임에 참여하면서 도박에서 벗어나기 시작했다고 한다. 물론 마지막으로 도박을 했던 1998년 8월 9일까지 여러 번 재발도 했다. 그러나 자신이 도박 중독자임을 직장동료, 가족, 친인척, 친구 등에게 알리고 그들의 도움을 받아 도박에서 벗어날 수 있었다고 하였다. 무엇보다 자신의 도박행위로 가장 고통을 받은 사람도 가족이었고, 자신이 도박을 벗어나는 데 가장 중요한 역할을 한 사람도 가족이었다. 이 사람은 지금도 매주 부인과 함께 단도박모임에 참석하고 있었다.

도박자들은 도박에 빠지면서 자신의 재산뿐만 아니라 가족, 친구 등 자신이 평생 동안 형성한 사회적 관계에 기대어 돈을 빌리고 그리고 이를 베팅하였다. 도박을 통해 종국적으로 잃어버린 것은 자신을 존재하게 했던 사회문화적 관계망, 즉 자신이 그렇게 벗어나고 싶었던 답답하고 무미건조한 일상이었다. 특히 가족원의 도박으로 말미암아 직접적으로 심각한 가족병을 앓았던 가족의 해체는 도박 중독자들에게는 가장 큰 상실로 다가온다. 결국 도박 중독자들은 도박을 통해 밋밋하게 되풀이는 보통 삶의 일상이 얼마나 소중한 가를 배운다. 따라서 도박을 끊는 과정에서도 도박 중독자들이 가장 크게 고민하는 것은 어떻게 가족관계 및 일상을 회복할 것인가이다. 그렇지만 예전의 가족관계 및 일상은 쉽게 회복되지 않으며 회복할 수도 없다.

그런데 단도박모임에 나오게 되면서 도박 중독자들은 새로운 관계 맺기에 기초한 가정 및 일상생활 공간을 창조하는 연습을 한다. 또한 단도박모임을 통해 도박 중독자들은 서로가 서로의 정서적·사회적 의지처가 되며, 이 과정에서 협심자 및 가족은 어느새 '단도박 모임의 중독자'가 된다. 즉 이 땅의 비정상인 도박 중독자들은 단도박모임이라는 새로운 사회관계를 통해 정상인이 된다. 도박 중독자들은 "생활의 모든 영역으로 침투하고 있는 자본과 화폐의 권력에 맞서 모든 것을 자본에 포섭되지 않는 삶의 가능성을, 차이가 숨 쉴 수 있는 공간"(이진경 2006: 289), 즉 '단도박모임'을 창조하고 있다. 단도박모임의 협심자들은 자본으로 동일화하고 동질화한 '도박민국'에서 도박중독에서 벗어나 새로운 사회적 관계망의 미래를 열어가고 있다.

제5장

몸의 한국현대사:
찌들은 몸에서 베팅하는 몸으로

한국사회는 해방 이후 60여 년 동안에 엄청난 격동의 세월을 인내해 왔다. 바로 그 격동의 한국사의 한 가운데에 탄광촌 사북이 있었다고 해도 지나친 말은 아닐 것이다. 한국 사회와 경제에 따라 부침을 같이 했던 사북·고한의 모습은 고한성당의 신부의 이야기에서 잘 드러난다.

1960·1970년대 산업화가 되면서 이 동네에 가까운 경북 쪽 봉화라든지 산촌이 먼저 많이 붕괴되잖아요. 화전이라든지. 그러면서 이쪽으로 많이 전입자들이 들어오기 시작했구요. 소위 농촌에서 육체적인 노동이라 하는 것은 자본주의 초기단계에서 전형적으로 드러나는 노동형태니까. 마치 서구에서 농촌에서 도시로 유리되는 것과 똑같이 마찬가지로 여기에 살다가 안산(경기도)으로 집단이주를 하게 되는데, 그 과정이 이제 전근대적인 맹아적인 자본주의 형태에서 조금 더 발달된 자본주의로 편입되려고 도시로 이주를 하지만 본격적인 도시 내의 편입이 되지 못하고 주변부로 또 머물게 되구요. 주변부로 머물다가 다시 거기서 이쪽으로 역이주하는 사람들도 있거든요. 카지노가 생기면서요, 꽤 여럿 있습니다. 다시 일자리가 여기에 있으니까요. 그래서 안산으로 가는 버스

가 있다고 하는 자체가 농촌에서 탄광으로, 탄광에서 자본주의가 점점 발달된 도시, 그것도 서울로 편입되지 못하고 서울 주변부, 주변부에서도 또 주변부 성남 이런 쪽. 한국 사회의 주변부 인생들이 이 자본주의 체제에서 어떻게 살아가는 가가 아주 지도로 딱 그려지는 것 같더라구요. 저희가 해마다 영화 캠프를 하거든요. (…) 앞으로 10년 동안 학생들을 중심으로 내년엔 지역＋이주를 하려고 해요. 여기 있는 아이들은 다 다른 데서 살다가 온 아이들이잖아요. 그래서 아버지가 어디서 이사를 왔고 여기 아이들은 또 다른 데로 이사 가구요. 또 강원랜드에 있는 사람들은 다른 곳에서 이사 오고, 이주가 이 동네에 큰 주제 중에 하나인 거 같아서 내년에는 지역＋이주를 하려고 하는데, 어쨌든 이주라고 하는 문제가 (지역의) 제일 큰 문제입니다. 노숙자도 사실 이주잖아요. 아주 정착하고 정주하는 건 아니지만은 어쩔 수 없이 여기 정주하게 되고요. 자본 때문에(이우갑, 남, 39세, 2005. 2. 18.).

하비(Harvey 2001: 48)가 말했듯이 "자본의 축적은 항상 근원적으로 지리적인 문제이다. 지리적 확장, 공간 재조직화, 그리고 지리적 불균등 발전에 내재되어 있는 자본축적의 가능성 없이는 자본주의는 하나의 정치·경제 체계로서의 기능을 오래 전에 멈추었을 것이다." 한국 사회는 1960년대에 들어 빠르게 농경사회에서 도시산업사회로 전환하는 근대화를 본격화하면서, 서울로 대표되는 도시＋산업단지를 중심으로 전국토를 재배치해 왔다. 탄광촌도 경제개발프로젝트 안에서 핵심 에너지원의 공간으로 자리매김되며 탄생하였다. 다시 말하면 탄광촌은 한국 자본주의가 자본축적을 실현하기 위해 자본을 공간화하는 과정의 산물이라고 할 수 있다.

그런데 문제는 자본의 공간화가 석탄산업 합리화사업에 따른 탄광촌의 폐광촌화에서 보이는 것처럼, 그 공간의 장기지속을 보장하지는 않는다는 점이다. 특히 사북 나아가 강원 탄광지역의 공간은 자연발 생적으로 형성된 지역사회라기보다는 외부로부터 만들어졌다가 외부 의 힘에 말미암아 해체되는 자본주의 지역공간의 전형을 보여준다(박 형신 2005: 82). 결국 탄광촌-폐광촌-관광촌으로 이어지는 사북에는 한국 근대화의 어제와 오늘이 응축되어 있으며, 또한 내일도 여기에 있다. 아울러 탄광촌에는 한국자본주의 발전과정에서 근대화의 물결 에 합류하려고 끊임없이 이주하며 주변부 인생을 살아 온 일반 국민들 의 삶과 애환이 녹아있다.

사실 새로운 공간의 출현은 필연적으로 신체의 길들이기를 수반한 다. 즉 사람들은 새로운 공간에서 새롭게 길들여지며, 이에 따라 전에 없던 육체적 취향, 특징, 능력들을 가지게 되면서 새로운 인간형태로 바뀌어 간다. 나아가 새로운 공간의 출현은 신체 길들이기에 따른 권 력의 생산과 통제와 또 권력에 대한 저항문제를 안고 있다(강내희 2002: 9 참조). 이처럼 공간은 우리 자신의 몸과 밀접한 관련을 갖고 있 다. 탄광촌에서 관광촌으로 변화하고 있는 사북 사회와 삶을 대비적 으로 잘 보여주고 있는 것이 진폐증과 도박중독증이다. 나아가 이 몸 은 탄광촌과 관광촌이라는 새로운 공간을 창출한 한국사회의 역사 적·정치경제적·사회문화적 권력의 속성을 잘 드러낸다.

몸은 생물학적으로 주어진 자연의 영역에 속하며, 인간의 의식과 문화 및 역사와는 무관한 자율적이고 객관적인 실체로 인식되어, 개 인의 개별적인 몸 내부에 주요 관심을 집중하였던 의학이나 생물학의 연구대상이 되었다(김은실 2003: 202 참조). 그러나 생물학적 몸은 결 코 순수하고 '자연적'인 형식이 아니며 항상 역사적·정치적으로 형성 되고 그것의 의미가 '새겨져 있는' 형태로 우리에게 오는 것이다(보르도 2003: 350). 물론 우리의 몸에 '새겨져 있는' 세계는 우리의 몸과 분리되어 몸에 부과되는 객관적 구조가 아니라, 우리 몸에 의해 구성된 것이다. 즉 몸은 환경·사회·문화의 교차점에 있는 것으로 "땅이 인간의 에토스라면, 몸은 정신의 에토스"(정회열 1999: 193)이다. 몸은 자연과 인간에 대한 정치적, 사회문화적 구조와 이념을 드러내는 것으로 사회문화적 맥락에서 이해되지 않고서는 몸을 통해 드러나는 각각의 행위들과 의미들을 이해할 수 없다.

나아가 몸은 그 사회의 생태적 건강과 밀접한 관계가 있다. 즉 탄광 시절의 산물인 진폐증과 카지노 산업의 산물인 도박중독증은 우리가 살고 있는 한국사회의 생태적 건강의 척도인 것이다. 몸은 사회를 상징하는 가장 강력한 메타포이기 때문에 질병이 사회의 구조적 위기를 나타내는 가장 강력한 메타포라는 점은 결코 놀라운 사실이 아니다(터너 2002: 242). 우리는 이 몸을 통해 무엇을 읽어낼 수 있을까?

1. 진폐증
수탈된 대지와 '찌들은'[52] 몸

그로부터 17년 세월이 흘렀다.
광부에서 진폐증 환자로 이름이 바뀐 사람들
여전히 가슴엔 절망뿐이란다 분노뿐이란다
"우리는 산업폐기물이 아니다!"
어제의 산업전사들 절규를 아무도 들어주지 않는다.
− 성희직, 〈또다시 혈서를 쓰며〉 가운데서

　　1960년대 이후 한국의 미래는 경제성장을 통한 근대화에 있었다. 이는 "정부 주도의 성장전략과 권위주의적 정치체제"(최영기 외 2001, 유범상 외 2002: 4 재인용)로 특징지워지는, 이른바 '개발모델'[53]로 표출되었다. 이 모델은 한강의 기적이라는 압축성장 신화를 만들어냈다. 일제 식민지와 한국전쟁이 낳은 참혹한 현실과 혼란 속에 등장한 박정희 정부는 '우리도 한번 잘 살아보세'를 모토로 국가와 국민을 조련하

---

52) '찌들은'은 '찌든'이 올바른 표현이나, 2005년 3월 당시 사북읍 거리에 걸려있던 "탄가루에 찌들은 몸 동원은 보상하라"라는 플래카드의 내용이 광부와 주민들의 심정을 잘 표현하는 것 같아 '찌들은'라는 표현을 쓴다.

53) 최영기(2001)에 따르면, 개발모델은 "시장의 경쟁질서 확립에만 참여한다는 자유주의 국가라기보다는 직접 자원배분에 개입함으로써 시장을 지배하고 대체하는 경성국가·개발국가"를 특징으로 한다. 그는 "한국형 개발모델이 1961년 박정희 정부 이후 1997년 경제위기까지 지속되었고 1987년 이후 6월 항쟁과 민주화 이행 이후 해체되기 시작했다"고 평가하고 있다(유범상 외 2002: 4).

기 시작하였다. 군사정권의 정당성을 확증하기 위한 핵심 사업이었던 경제개발은 가능한 한 조속히 달성될 필요가 있었다.

경제개발은 점차 박정희 정부의 신화가 되었다. 그리하여 생산성과 효율성은 점차 공적 영역은 물론이고 사적 영역에서도 1차적 가치로 자리 잡게 되었다(박재환 2004: 44). 성장우선주의의 경제개발주의는 경제영역을 넘어 사회전체로 확산되어 사회전반을 재편성하며, 한국 근대사회를 규정하는 보편적 이념이자 사고체계가 되었다. 그 결과 개인도, 사회도, 정치도, 국가도 모두 개발이란 가치를 중심으로 모든 것을 바라보고 판단하는 인식과 실천적 지향성을 갖게 되었다(조명래 2005: 46 참조).

수탈된 대지: 근대 개발주의

자연은 단순히 인간과 자연의 관계를 넘어 자연을 둘러싼 인간과 인간의 관계를 반영한 것으로, 철저하게 사회문화적 관계의 산물이다. 석탄을 둘러싼 그 시대의 정치경제적, 사회문화적 체계 및 관념은 탄광개발 행위를 통해서 자연에 투영되었던 것으로, 자연은 한국의 경제개발과 근대화 시기의 사회적 관계 및 자연에 대한 담론 등의 단면들을 드러내고 있는 것이다. 석탄산업은 한강의 기적을 이룩한 에너지원으로 성장제일주의의 경제개발 의지와 전략이 그대로 관철되는 영역 가운데 하나였다. 경제성장 제일주의 논리로 무장한 탄광개발은 자연을 대상화하고 착취하였다. 이 점은 1975년도에 입사하여 동원탄좌가 문을 닫을 때까지 개발부에서 탄맥을 찾는 일을 했던 사람의 다음 이야기에서도 충분히 드러난다.

'70년대에 탄광이 개발되면서 법적인 근거보다는 에너지 자원의 측면, 석탄을 캐야 하는 절박함이 우선이었죠. 워낙 석탄을 캐기 위한 절박함 때문에 굴진을 위한 도면도 없어요. 지질층을 보면 U자형의 탄층을 형성하고 있는데, 국도 38번 좌편 지역은 개미집처럼 다 파먹었어요. 극단적으로 이야기하면 강원랜드가 위치한 지역의 밑의 층은 비어있다고 할 수 있죠. 해빙기에 가서 보시면 도로가 붕괴되고 장마철에서도 볼 수 있어요. 100미터 단위로 빔을 박고 공사를 한 것이라고도 해도 천천히 가라앉고 있어요. 어떻게 될지 모르겠습니다(이길석, 남, 동원탄좌, 2004. 3. 4.).

국내의 다른 탄전처럼 단층과 습곡이 반복되어 복잡한 지질구조를 가지고 있는 사북지역 탄층은 메인카지노가 있는 백운산과 지장산에서 직전리 방향으로 뻗어있는 U자형 구조로 거의 대칭적인 분포를 보이고 있다. 탄광개발은 탄맥이 좋은 백운산과 지장산을 중심으로 이루어졌다. 사북지역에서 석탄산업이 시작되던 초기에 소규모 영세한 탄광업자들은 지하가 아닌 노천에서 채탄을 하였고, 채굴이 끝나면 곧 광구를 닫아버리고 다른 곳으로 이동하였다. 이 당시에 탄맥을 발견하는 것 자체가 하나의 도박이었다. 이렇게 단순하게 자연을 직접적으로 착취하고 방치하는 개발방식은 동원탄좌와 같은 대단위 탄좌가 주도하는 지하채굴로 전환하였어도 변함이 없었다. 오직 경제성장 시기에 탄광촌의 최고 모토는 석탄 한 톨이라도 더 캐는 것이었다. 따라서 굴진 지도도 없이 오직 탄만을 쫓아다니며 자연을 파헤쳤다. 때로는 갱구가 무너져 광부들의 생명을 앗아가기도 하였다. 석탄 앞에서는 광부들의 안전도 중요하지 않았다. 단지 석탄을 품고 있다는 죄만으로 사북의 대지는 철저하게 수탈당하였다.

석탄은 탄광촌 사북의 존재 이유이었던 것처럼 사북이라는 지역과 일상의 공간을 철저하게 석탄 생산에 종속시켰다. 석탄은 시공간의 구성자였다. 탄광촌 사북의 시공간적 특징과 나아가 한국자본주의의 속성을 잘 보여주는 것이 사택촌이다. 사북은 협곡에 자리잡고 있어 기본적으로 주거 공간은 매우 제한되어 있다. 그러나 탄광의 개발로 인구는 기하급수적으로 증가하였고, 이들의 거주공간을 확보하는 것이 급선무였다. 주택사정은 1980년대 중후반까지도 크게 변화가 없었다. 한 광부의 아내의 이야기를 통해 탄광촌의 주택사정을 유추해 볼 수 있다.

> 처음에 이곳에 이사 왔을 때는 방이 없어서 세를 못 얻어들 정도였다. 어디 빈 곳이라도 있으면 합판이라도 때려 박아서 있을 곳을 마련하는 처지였다. 한 16년 정도 전이다. 없는 사람들은 이사 와서 설움도 많이 받았다. 아이들 있거나 부모 있는 집은 세를 주지 않으려고 하였다(여, 50대 후반, 중화요리점 주인, 2004. 2. 3.).

탄광개발 시기에 광부와 주민들은 활용 가능한 공간을 최대한 이용하여 살았다. 초기에 광부들의 주택은 광산 근처에 흩어져 불규칙한 형태로 나타났다. 그러다가 1966년 사북역 앞의 사택촌이 생기면서 집단적으로 나타나기 시작하였다. 이후 1970년대 들어서면서 1973년과 1978년에 중앙사택과 새마을사택을 비롯하여 오늘날 강원랜드가 있는 지장산사택이 건립되었다. 지장산사택의 경우 집단적인 성격을 띠고 있으나 산의 중턱에 형성됨으로써 계단 모양으로 토지를 이용하고 있으며, 규칙적인 형태는 아니었다. 그러나 새마을사택과 중앙사택은 다세대를 수용할 수 있는 사택을 일률적으로 축조하여 격자상의 구획 위에 규칙적인 장옥의 형태를 갖추었다(정암 1989: 14~15). 사택은 대개 6~7평 크기에 슬레이트 지붕으로, 방 2개와 현관 겸 주방이 있었고, 보통 4~6호가 한 동씩 연립되어 있었다. 게다가 방음·방습은 말할 필요도 없었고, 상하수도·화장실 등 기본적인 주거시설도 갖추고 있지 않았다. 사택의 주거환경이 어떠했는지는 동원탄좌 광부의 이야기에서 어느 정도 유추해볼 수 있다.

> 부부 싸움을 하면 한 동 전체가 다 안다. 방귀 뀌면 주변이 다 알았다. 삼탄사택은 1주택 2가구다. 동원사택에서 살다가 삼탄사택 보면 거긴 빌라다. 동탄은 돼지 우리식이다. 사택 자체가 근로자를 아주 낮게 취급한 것이다. 지장산사택은 산으로 사방이 막혀 있어서 살기가 어려웠다. 규모는 크고 조건은 나빴다(손정식, 남, 50대 후반, 2004. 2. 4.).

'집단수용소'와 다름이 없었던 사택은 빠른 시일 안에 최소 공간에 많은 노동자를 수용하고자 하는 탄광자본의 이해의 산물로 당시 심각한 주거문제를 해소하는 데 큰 구실을 담당하였다. 물론 외부사회로부터 분리되고 경계지어진 사택은 내부적인 동질성을 강화하여, 이른바 "사택공동체"(박철한 2001)를 형성하였다는 점을 무시할 수는 없다. 즉 사택의 우물과 빨래터를 중심으로 한 일상의 의사소통체계는 계급적 일체감과 정체성을 형성하여, 1980년 사북항쟁 때 투쟁의 원동력으로 작동하기도 하였다. 그러나 "비용최소화의 건축학적 공간"(박철한 2001: 40)인 사택은 경제성장우선주의, 불평등한 노사관계, 분절화하고 왜곡된 고용구조 및 노동시장이 공간화한 곳이었다.

사택은 회사관리와 광부 사이뿐만 아니라 광부와 광부 사이에서도 위계적이고 배제적 관계를 보여주었다. 당시 사택에 들어가는 것은 쉽지 않았고, 사택에 거주한다는 것은 하나의 혜택이요 특권이었다고 한다. 사택이라는 공간의 구획화를 통하여 탄광자본가는 "공간을 장악하고 통제할 수 있었으며, 이는 그 공간 안에서 노동자들의 행동과 사고를 장악하고 통제할 기초를 제공하였다"(이진경 2001: 192). 한편으로 사택에 거주하는 광부, 특히 모광의 광부들은 일반 주민 및 하청업체의 광부들과 자신을 분리하며, 지배적 국가 또는 자본의 이데올로기를 일상적으로 내재화하며 점차 산업역군 또는 산업전사로 포섭되어갔다. 개발 이데올로기의 공간화는 사택에만 국한된 것이 아니라 주민들의 일상의 영역으로까지 확대되었다. 즉 개발을 위해 자연뿐만 아니라 사북이라는 일상적 공간도 희생되었다.

광부는 두개의 하늘을 이고 산다는 말처럼 일상의 하늘은 막장의 하늘과 다름이 없었다. 즉 검은 하늘·땅·하천은 사북 지역의 첫 인상이자 얼굴이었던 것이다. 특히 사북읍 중심가의 위쪽에 있는 동탄의 저탄장에서 날아오는 분진은 다른 탄광지역에 견주어 사북을 더욱더 시커멓게 물들였다. 이 점은 다음의 이야기에서 잘 표현된다.

> 사북으로 온 지 20년 넘었어. 고향은 평창인데 강릉에서 살다가 89년에 사북으로 왔어. 사북에 처음 들어왔을 때 느낌은 진짜~ 광산촌이다. 온 천지가 새까맣데. 강릉에도 탄광이 있었지만 이래 새까맣진 않았었거든. 그때는 탄가루 엄청 날렸고, 마누라 없인 살아도 장화 없이 못 산다고 했어(박철원, 남, 45세, 동원탄좌 광부, 2004. 2. 2.).

사북의 주민들도 광부의 막장처럼 석탄 분진으로 검게 변한 하늘을 이고 살았다. 분명 사북이라는 공간은 당시의 사람들이 구성하고 만들었다. 하지만 다른 한편으로 광부뿐만 아니라 탄광촌을 찾아 온 사람들에게 탄광촌은 이미 주어지고, 정확하게 말하면 그들이 선택하게 된 환경임에 틀림없었다. 즉 검은 땅·하늘은 환경의 문제가 아니라 자신들에게 주어진 삶의 일상적 환경으로 자신들이 살아가야 할 생태적 적소(ecological niche)였다. 따라서 이들에게는 이 생태적 적소에 어떻게 적응하며 생활해 나갈 것인가가 중요할 뿐이었다. 이런 측면에서 볼 때, 생존의 토대인 탄광이 야기하는 주거·교육·환경 문제에 대하여 어떤 이의를 제기한다는 것은 결코 쉬운 일이 아니었을 것이다. 탄광 개발이 한창이던 때, 경제개발이라는 절체절명의 시대사명 앞에서 자연파괴와 환경문제는 부차적이고 사치스러운 것이었을 것이다. 오히려 개발이라는 이름 아래 산림을 훼손하고 환경을 파괴하였지만, 이것이 미래에 자신들의 삶을 위협하리라고 생각하지 않았고, 더욱이 살기 위해서 참고 견뎌야 하는 것으로 여겼다. 동원탄좌, 광부, 주민들이 환경에 대한 담론은 크게 차이가 없었다. 아니 존재하였다. 그러나 그 차이를 드러낼 수는 없었고, 오히려 '시커먼 나'는 자연스러운 것이자 탄광 사람 그 자체였다. 이 점은 평생 동원아파트 입구에서 구멍가게를 해 온 주민의 이야기에서 잘 드러난다.

> 광산 사람은 현찰 별로 없어. 99%가 다 외상이야. 옛날엔 사북 시내, 한참 뭐 '80년도 이후에 잘 돌아갈 때도 시커먼 사람들은, 아직 목욕탕 안 짓고 이럴 땐, 얼굴이 시커멓고 옷 시커멓고 이런 사람들은 다 외상 막 줬어(김신자, 여, 65세, 사북, 2005. 2. 16.).

탄광촌 사람들은 탄광과의 관계 안에서만 자신의 정체성을 세울 수 있었다. 이렇게 주민들의 일상 속에 있는 '시커먼 공간'은 또한 주민들의 삶과 신체를 조직화하였다. 공간은 삶의 방식을 조직하는 초험적 형식이자 경험의 지반(이진경 2002: 163 참조)이었기 때문에 탄광지역에 사는 어린 학생들이 땅, 하늘 그리고 하천을 검은 색으로 그리는 것은 당연한 현상이었을 것이다. 일반적으로 시커먼 또는 검은 땅·하늘·하천은 단순히 탄광촌의 자연환경을 상징하는 것을 넘어 경제개발시기의 정치·경제적, 사회·문화적 관계들을 표현하는 메타포인 것이다. "노다지를 다른 곳으로 다 캐가서 빈껍데기만 남았다"는 한 광부의 말처럼, 경제 성장이라는 조국의 장밋빛 미래를 위해 탄광촌의 자연은 자원 그 자체로 철저히 파헤쳐졌고 또 그렇게 방치되었다. 사북 사람들의 삶은 경제성장의 에너지, 석탄과의 관계 속에서만 의미를 지니는 공간을 만들고 재생산하였으며, 또한 이 공간에서 탄광촌 사람들의 삶과 육체도 구성되었다.

찌들은 몸: 근대사회의 개발병

자연을 대상화하고 착취하였던 한국 근대화의 경제성장 제일주의 논리는 가감 없이 국민에 대한 시각으로 이어졌다. 경제개발 시기에 한국인 모두는 '일하면서 싸우고 싸우면서 일하는' 산업전사가 되었다.[54] 경제성장이라는 이름 아래 개인의 욕망·행복·인권·정치적 자유 등은 무시되고, 이 모든 것은 먹고 살만해졌을 때 생각해볼 수 있는 것

---

54) 한국인의 이 '전사기질'은 어디서 비롯된 걸까? 결론을 미리 말하자면, 한편으론 동양식 문명화과정이 식민주의에 의해 단절된 결과이고, 더 결정적으로는 한국전쟁의 참혹한 경험, 그리고 산업화 시대 군사주의 문화의 잔재. 특히 산업화 시대의 한국인들은 '반공전사'와 '산업전사', 즉 싸우면서 건설하는 두 겹의 전사가 아니었던가(진중권 2007: 85).

으로 유보되었다.[55] 소비마저도 경제성장에 방해가 된다고 생각하여 통제할 것이 요구되었다. 대망(大望)의 미래가 올 것이라고 믿으며 무조건 성실히 일하는 일벌레, 일중독자가 되었다(강수돌 2007: 8 참조). 오직 산업전사가 되는 것만이 이 땅에서 살아갈 수 있는 유일한 생존 방법이었다. 이런 현실은 1995년 2월 27일에 있었던 지역살리기 공동추진위원회 개회사(송계효 2003: 225)에서 잘 드러난다.

(…) 우리는 그 당시 미친 사람처럼 물불 가리지 않고 열심히 무연탄을 캐야만 했습니다. 한 달에 하루만 겨우 쉬고 개미처럼 일을 했습니다. 왜 그랬습니까? 국가 기간산업의 에너지를 공급하기 위해 그렇게 했고, 국민 대중의 연료공급을 위해 그래야만 했습니다. 우리 탄광촌의 수고 때문에 헐벗었던 온 산천이 푸른 산으로 변했습니다. 그러나 그때 그 주역들은 지금 어떤 모습으로 있습니까? 그 분들이 바로 여러분의 형제자매요 아버지 어머니이십니다. 바로 내일의 여러분 모습이기도 합니다. 이 자리에 참석하신 동지 여러분! 가족 여러분! 작게는 손가락 잘리고 다리가 잘리고 머리가 터지는 고통도 겪었습니다. 크게는 허리가 부러지고 석탄 더미에 깔려 유명을 달리한 이가 그 얼마입니까? 설령 성한 몸으로 살아남았다 해도 그들의 모습은 어떻습니까? 가깝게는 정선병원, 장성병원, 동원보건원의 진폐 병상에서 혹은 집에서 숨 쉴 수 없는 고통 속에 투병생활을 하고 있습니다. 멀게는 각지에서 혐오직종에서 일하고 있습니다. 바로 지난날의 그 주역들 혹은 그들의 아들과 딸들이 오늘 탄광의

---

55) "델리상(Delissen, 1994: 139)은 한국의 현대화는 대부분 '두 가지 국민도박', 즉 저축과 자녀교육이라는 도박에 기초한다고 지적한 바 있다. 자녀들에게 양질의 교육을 시키는 것이 사회계층의 상승 이동을 돕는 성공 열쇠 중 하나였다는 것이다"(줄레조 2007: 131).

> 이 절박한 우리들의 절규를 보고, 외침을 보고, 호소를 보고 무슨 생각을 하겠습니까? 누구를 원망하겠습니까? 여러분! 제가 드리는 답이 옳다면 "옳소"하고 큰소리로 답해주시기 바랍니다. 제가 답을 드리겠습니다. "정부의 잘못입니다!" 맞습니까? (…)

산업화가 본격화하면서 노동활동에 둔감한 사람들을 어떻게 산업노동에서 필요한 노동자로 만드느냐가 중요했다. '근대인'을 만드는 것은 합리적이고 이성적인 방식으로 이루어지기보다는 매우 폭력적이고 잔인한 방법으로 이루어졌다. 즉 미셸 푸코가 《감시와 처벌》에서 갈파했듯이, 서구의 근대화는 토론과 대화로 정신을 설득하는 관념론적 과정이 아니라, 감시와 체벌의 채찍으로 신체를 길들이는 유물론적 과정이었다는 것이다(진중권 2007: 19 참조). 한국의 근대화 과정에서 탄광노동자들도 감시와 체벌의 채찍 속에 탄생하였다. 농민들은 근대화 과정에서 소외되고 황폐화된 농촌을 떠나며 강제적으로 토지로부터 분리되었다. 그리고 이들은 '살기 위해' 인생의 막장 탄광에서 자신에게 유일하게 남겨진 몸뚱아리로 노동을 해야 하는 노동기계가 되었다. 미친 사람처럼 물불을 가리지 않고 열심히 일하는 일중독자가 되었다.[56]

그렇게 이 땅의 사람들은 노동을 통해 '근대적 인간'으로 길러졌다. 그렇지만 노동자는 인격자 또는 사회문화적 존재라기보다는 노동력 상품의 담지자(擔持者)로 여겨졌고, 그들의 삶은 끊임없이 통제되고

---

56) 일중독이란 자본주의사회에서 폭력의 체계적 경험과 내면적 자율성의 결핍에 따라 생기는 두려움을 회피하기 위한 '자기방어' 수단으로 등장한 것이다(강수돌, 2007: 55).

희생되었던 것이다. 근대화의 과정에서 자연이 석탄으로 대상화되었듯이 노동자도 단순히 노동기계로 대상화되었다. 개발 초기, 특히 1970·1980년대의 개발 시기에 광산노동자들은 산업전사, 산업역군이라고 일컬어졌고, 광산노동자들도 "우리는 산업역군 보람에 산다"며 자신들에게 '전사'와 '역군'의 정체성을 부여하였다.

그러나 이는 허울뿐이었다. 산업역군·전사라는 허명보다는 오히려 칠흑 같은 갱구 안에서 일하는 '막장인생', '인간두더지'라는 비하적인 언명이 광부들의 위치를 잘 표현해 주기도 하였다. 자본은 노동하는 신체를 억제하고 손상시키며 파괴하였다. 노동자는 한 톨의 석탄이라도 더 캐내고자 자연의 심부까지 파고 들어갔으며, 이는 모르는 사이에 노동자 자신들에게 체화되어 산업역군이라는 허명 아래 자기 몸의 심부까지 황폐하게 만들었다. 따라서 개발 모델이 자연에 심각한 자연 파괴의 문제를 남겼듯, 노동자에게도 별반 차이가 없는 그에 상응하는 진폐증[57]을 남겨두었다.

진폐증은 방진 마스크조차도 없는 열악한 작업환경에서 일을 해야 했던 1960·1970년대 석탄산업 호황기의 산물로, 당시 탄광에서 10년

---

[57] 진폐증은 한국에서 처음으로 발견되어 보고된 직업병으로 1954년 강원도 소재 대한석탄공사 부속 장성의료원이 석탄공사 소속 광원들에게 실시한 건강 조사에서 보고되었다. 진폐증은 미세한 가루가 폐에 들어가 폐 세포에 달라붙음으로써 폐를 굳게 만드는 불치의 병으로 분진이 날리는 곳에서 장기간 호흡하게 되면 누구나 걸릴 수 있는 가장 규모가 큰 산업재해 관련 질병이다. 한국에서 최근 주물주조업, 용접 관련 조선업과 기계기구 제조업, 석재 채굴 및 가공업, 연탄제조업, 건설업, 요업 등에서 진폐증의 발생이 뚜렷이 증가하고 있기는 하지만, 진폐환자의 70%가 광산 노동자로서 진폐의 역사는 광산의 역사라고 해도 지나치지 않는다. 진폐증은 막장에서 일한 노동자뿐만 아니라 "심지어는 길거리에서 뛰어 놀던 어린아이가 진폐증에 걸린 예가 있다"(광산선교위원회·태백지역인권위원회 1988: 73)고 한다.

일하면 절반 이상이 진폐증에 걸렸다고 한다(성희직 1997: 617 참조). 1980년대에 들어오면서 정부가 마스크를 착용하라고 강제하기 시작하였고, 정기검진을 실시하면서 광산광부들이 진폐증에 대해 알게 되었지만, 여전히 광부들의 건강은 경제성장위주의 정책에서 부차적인 것이었다.

많은 광부들이 진폐증에 노출되어 있었다. 특히 작업환경이 열악한 하청업체들에서는 여전히 마스크를 사용하기 힘들었고, 마스크란 거의 사치품에 가까웠다고 한다. 광산은 "그 자체가 발전의 목적이 아니라, 발전을 위한 수단으로 간주되었다. 즉 탄광이 개발되는 지역은 산속으로 멀고, 저발전·저인구 지역이며, 광산개발은 국가 전체에 이익을 주는 것이라고 생각된 반면에 환경파괴와 희생은 상대적으로 소수에게 있는 것이라고 생각하였다"(Johnston & Jorgensen 1994: 88). 따라서 자연과 노동자의 재생산은 철저하게 생산에 종속되었다. 유범상(2002: 4~5 참조)이 지적한 것처럼, "성장위주의 개발독재의 정치경제시스템과 불평등한 권력관계에 기반한 사회적 관계(노사관계)는 진폐증을 발생시킬 수밖에 없는 환경을 만들었고, 이것은 경제성장에 올인하고 있던 당시의 '시대적 합리성'을 반영하고 있었다고 보인다. 이처럼 진폐증은 사회구조가 만들어낸 역사적 산물이었고, 개발모델 시대적 병리현상이었다." 한국의 경제는 석탄을 먹으며 성장을 해왔고, 그 석탄은 노동자를 먹으며 생산되었던 것이다(Nash 1979: X 참조). 세계를 놀라게 한 눈부신 한국의 경제성장은 한강이 일으킨 '기적'의 산물이 아니라 바로 탄광노동자와 같은 노동자들의 희생이 만든 결과물이었다.

그런데 한국사회에서 진폐증과 진폐환자를 다루는 방식은 매우 형식적이었다. 진폐증이 발견된 지 30년 만에 '진폐의 예방과 진폐근로자의 보호 등에 관한 법률'(1984. 12. 31, 이하 진폐법)이 제정되었다. 사실 지난 30년 동안 진폐증도 치료방법이 없고 소모성 질환으로 사망한다는 심각성을 문제로 인식하기보다는 애써 눈감았다. 진폐증을 예방하기 위해 할 수 있는 것은 폐 속에 쌓인 탄가루를 씻어내고자 돼지 삼겹살에 소주 한 잔을 하는 것뿐이었다. 이처럼 탄광의 열악한 작업환경은 커다란 개선 없이 1980년 사북항쟁을 맞이하였다.

진폐법은 "진폐 예방과 분진작업에 종사하는 근로자에 대한 건강관리를 강화하고 진폐에 걸린 근로자 및 그 유족에 대한 위로금 지급에 관한 사항을 정함으로써 근로자의 건강 보호와 복지 증진에 이바지함을 목적"(진폐법 1조)으로 제정되었지만, 여전히 진폐 환자에게 접근하는 방식은 선택적이고 편의적이다. "노동부의 자료에 따르면 전국 진폐환자의 수는 1만 6,709명이며, 그 중 입원 요양 중인 진폐노동자는 2,825명"(유범상 외 2002: I)이고, 나머지는 집에서 치료를 한다.

진폐환자는 크게 두 유형, 즉 요양 중인 진폐환자와 재가(在家) 진폐환자로 분류된다. 진폐법이 인정하는 합병증[58] 때문에 병원에 요양 중인 진폐노동자는 의료적 혜택뿐만 아니라 휴업급여, 문화 활동비 등을 지원 받고 있다. 이와 달리 진폐급수는 받았으나 비활동성 진폐 또는 진폐법이 인정하고 있는 합병증이 없어서 입원이 되지 않는 재가 진폐노동자는 휴업급여는 말할 필요도 없고 의료혜택조차도 거의 못 받고 있다. 이들은 진폐증 때문에 생긴 신체적 고통, 광산노동의 후유증과 노인성 장애 등 다양한 질병 상태에 있으며, 또한 노동능력을 잃

---

58) 병원 요양이 가능한 합병증은 다음의 9 가지이다 : 활동성 폐결핵, 흉막염, 기관지염, 기관지 확장증, 기흉(氣胸), 폐기종, 폐성심, 원발성(原發性) 폐암, 비정형(非定型) 미코박테리아 감염.

어 빈곤상태에 있음에도 아무런 지원을 받지 못한 채 방치되어 있다. 따라서 재가 진폐환자들은 결핵균을 사서 먹어서라도 병원에서 요양 생활을 하길 원한다고 한다.

이처럼 재가진폐환자를 다루는 방식은 합리화라는 이름 아래 석탄 개발이 낳은 환경문제, 광산촌 사회를 방기하였던 것과 별반 다름이 없어 보인다. 정부가 석탄산업 합리화사업으로 광산촌과 주민들을 어떻게 다루었는가는 동원탄좌의 노동운동가 출신으로 주민운동을 하고 있는 사람의 이야기에서 충분히 짐작할 수 있다.

> 석탄합리화 사업단은 두 임무가 있는데, 광해 복구하는 것과 대체산업 육성하는 것이다. 대부분의 폐광복구가 겉만 번지르하다. 독일이나 일본에서는 50년 계획을 잡고 접근하여 매년 한두 개씩 없애면서 피해를 최소화한다. 그런데 우리나라는 몇 백 개를 한 번에 없애버렸다. 5년 사이에 300개를 날려버렸다. 통계수치로는 구조조정이 잘된 것 같지만 거기에 사는 사람이나 환경에 대한 고민이 전혀 없었다. (사북인구가) 많을 때는 6만까지 되었는데, 현재는 작년까지 7천 명이 좀 안 된다. 떠나간 사람들의 대부분이 광부와 그들 가족이었고, 그 중의 상당수는 도시 빈민화, 노숙자가 되거나 가정파탄이 된 경우도 많다. 정부의 합리화사업이라는 것이 대책이 없었다. 폐광을 시키면 실직된 사람에게 재취업을 할 수 있는 통로를 마련해줘야 되는데 그런 대책이 전혀 없었다(김진일, 남, 41세, 동원대체산업촉구위원회 기획실장, 2003. 1. 15.).

탄광촌에 투영된 정부와 탄광자본가의 논리는 노동력의 일시적 수용을 위한 공간화에 초점이 맞추어졌고, 지속적인 삶의 터전을 창출하는 것은 아니었다. 따라서 경제성장 엔진이라는 석탄산업의 구실이 끝나자 탄광촌은 급속하게 쇠퇴하였다. 한 광부의 표현처럼, "탄광자본가도, 정부도 이곳에 아무 것도 재투자를 안 했고, 주민들도 그렇게 길들여졌다." 특히 정부는 석탄산업 합리화사업이라는 일종의 구조조정을 통해 노동에 대한 자본의 책임을 국가가 대신 떠맡아 동원과 같은 탄광자본이 이탈하는 것을 자유롭게 해주었다. 이 경우 노동자에게 협상의 대상은 탄광기업이 아니라 국가로, 물리력을 동반한 국가권력으로부터 노동자가 실질적으로 얻어낼 수 있는 것은 약간의 보조금과 대체산업유치를 통한 일자리 보장이라는 공허한 약속이었다(정헌주 2005: 75 참조). '산업전사' 광부들에 대한 보상은 광부들을 개별화해 평균으로 분배된 금액만을 주는 것에 그쳤고, 광부들이 가진 최소한의 생존권도 보장하지 못했다.

이런 상황에서 광부들이 탄광공동체를 형성하며 쌓아 온 사회문화적 관계, 즉 사회문화권(社會文化權)이 고려되지 못한 것은 당연한 것이었다(강원지역문화연구회 2004: 223, 229 참조). 아무런 보상도 받지 못하고 실직을 당해야 했던 영세업체의 광부에 견주어 보상이라도 받는 것을 다행스럽게 생각하며 광부들은 일자리를 찾아 안산 등 다른 지역으로 뿔뿔이 흩어졌다. 결국 조국 근대화의 역사적 사명을 띠고 질주했던 산업역군들은 너무도 쉽게 배제·방치되었고, 일부는 진폐증이라는 회복될 수 없는 병을 안고 폐광과 함께 기억 속으로 잊혀져가고만 있다. 그리고 그 망각 너머에 화려한 마법의 성, 강원랜드가 있다. 그곳에서 어쩔 수없이 노동기계가 되어 조국 근대화를 이끌던 광부를 대신한 사람들이 이제는 베팅기계가 되어 삶을 베팅하며 폐광지역 개발을 추동하고 있다.

2. 도박중독증
지속가능한 개발과 베팅하는 몸

한국사회는 1990년대에 들어 1980년대와 엄청난 단절을 드러내며 매우 빠른 변화를 경험하였다. 이른바 문민정부의 등장으로 절차적 민주화가 이루어지면서 권위주의적이고 사대주의적 관행이 크게 약화되고, 1인당 국민소득 1만 달러 시대에 접어들어 대중소비사회가 시작되면서 사회 전반에서 억압되었던 욕망이 다층적으로 쏟아지기 시작했다(심광현 2005: 153). 즉 권위주의적 정부 주도의 압축적 근대화 과정에서 오직 '노동'만을 위해 철저하게 억압되었던 다양한 욕구들이 터져나오기 시작하였다. 단순히 먹고 사는 근대화의 생존권 범위를 넘어서 삶의 질과 관련된 환경권, 문화권 등 다양한 요구들이 사회적 이슈가 되는 욕망하는 사회로 변화하였다. 후기산업사회로 접어든 한국사회에서 서비스 산업의 성장, 구조조정, 실업, 조기퇴직, 여가 기회와 관련된 생활양식 등의 변화는 전통적인 산업노동의 성격과 구성에 근본적인 변동을 불러왔고, 이런 변동은 여가와 소비를 재구성했다. 이런 변화의 소용돌이 속에 사행산업 카지노가 21세기를 이끌어나갈 대표적인 친환경적 청정산업으로 각광을 받게 되었다. 카지노,

즉 사행산업은 1990년대 그 뒤로 한국 사회가 경험하고 "전근대/근대/탈근대라는 비동시성의 동시성의 특징"(심광현 2003: 91)[59]을 잘 드러내주고 있다.

지속가능한 개발: 인공자연 만들기

석탄산업의 사양화에 따라 탄광들이 하나둘씩 문을 닫으면서 개발독재 시대에 간과되었던 환경문제들이 탄광촌의 주요 이슈로 등장하였다. 한편으로 석탄산업 합리화가 빠르게 이루어지면서 폐광들은 정리하지 않은 상태로 방치되었다. 이것은 상수원 및 토지의 중금속 오염, 농작물 피해, 산림훼손, 산사태 등의 문제를 일으켰다. 즉 개발우선주의가 낳은 환경파괴가 폐광 뒤에도 지역주민들의 삶을 위협하는 최대 장애물로 등장하였다. 다른 한편으로 폐광지역 주민들의 생존권 확보와 경제 활성화라는 명목 아래 강원랜드 카지노의 설립과 개발이 이루어지면서 여전히 환경파괴가 자행되고 있다.

특히 강원랜드는 테마파크, 스키장, 골프장 등 다양한 레저시설이 주(主)가 되고 카지노가 부(副)가 되는 관광휴양도시의 미래를 외치며,

---

59) 한국사회가 서구로부터 과학기술과 산업자본주의를 도입해 경제제도와 소비생활의 측면에서 상당한 정도로 근대화가 이루어졌음을 부정할 수는 없다. 하지만 21세기에 접어들었음에도 여전히 전근대적인 정당체계(지역정당제) / 정당구조(사당체제)와 재벌체제가 지배적인 우리 사회의 정치경제적인 현실과 전근대적 가부장제와 연고주의가 만연한 일상생활의 구조를 놓고 볼 때 근대화 프로젝트는 여전히 '미완'의 상태에 놓여 있다는 사실 역시 부정할 수 없다. 이렇게 보면 우리 사회는 전근대/근대/탈근대가 서로를 제약하면서 발목을 붙잡고 있는 양상을 보이고 있다(심광현 2003: 91).

다양한 레저시설을 위해 폐광촌의 산야를 파헤치고 있다. 폐광에 따른 환경문제는 심각하게 인식되면서도 카지노와 관광레저타운 설립 과정에서 생기는 환경문제는 어느 정도 생존과 개발을 위해서 어쩔 수 없이 짊어져야 할 굴레로 생각하는 이중적 경향이 나타나고 있다. 강원랜드가 개발에서 소외된 폐광지역 주민들이 지역개발 대책을 요구하는 투쟁에서 얻은 산물이었던 것처럼, 결코 개발열풍은 폐광지역을 그대로 놓아두지 않았다. 실제로 탄광을 개발하던 시절처럼 강원랜드 주변은 난개발로 몸살을 앓고 있다. 이 점은 강원랜드 한 직원의 다음의 이야기에서 유추해볼 수 있다.

> NGO(환경단체)는 우리가 환경 파괴한다고 얘기하는데, 오히려 우리가 환경 복원했다고 할 수 있죠. 그 사람들은 개발을 위해 나무 한 주를 베고 두 주를 심는데도 사업성을 위해 환경 파괴하는 것 아니냐고 그런 시각으로 보는 것이죠. 특별법에 따르면 이 지역은 산림법, 환경법과 상관없이 개발을 가능하게 해 준 것이에요. 스키장은 국유지가 50% 넘으면 안 되는데 이 지역은 그것과 상관없이 개발할 수 있는 거죠. 탄을 캘 때는 환경의 중요성을 인식하지도 않았죠. 눈만 뜨면 산이 좋으니까. 일부 지역에 탄이 굴러다녀도 우리 생활에 영향을 주리라고 생각도 안 했고, 개발을 위해 땅속에 있는 에너지원 탄을 한 톨이라도 더 캐야 했다. 그러나 리조트는 휴식공간을 찾는 것이에요. 환경친화적인 복원이에요. 접근 차원이 다릅니다. NGO 그 사람들의 시각은 탄을 캐다가 문을 닫아버려 방치하면 재해를 일으킬 수도 있는 파괴된 지역만 복구를 하면 되지라고 생각한다. 그런데 우리는 개발을 위해 일부 지역은 복구를 하고 개발을 위해 일정 면적이 있어야 하니까 파괴되지 않았던 지역도 파괴할 수가 있지 않겠습니까? 대표적인 케이스가 스키장이다. 장사를 위해

전망대가 3개가 필요하다. 그러면 환경단체들은 전망대 하나면 될 것을 단순히 장사를 위해서 필요 없는 것을 위해 국유림을 파괴하고 있는 것 아니냐고 한다. 그런 시각에서 보면 엄청난 범법자가가 되어버리죠. 사업성을 위해서 한 철만 볼 수 없고 사계절을 위해 필요하고, 주민들도 먹고살기 위해서는 사람들이 와야 되고(이규철, 남, 지역개발과, 2004. 3. 3.).

폐광지역 경제활성화의 열쇠를 쥐고 있는 강원랜드는 석탄개발시기의 동탄 등 탄광업체들을 능가하는 자연이용에 대한 법적 독점권을 가지고 사북을 비롯한 폐광지역을 개발하고 있다. 화절령 레저타운, 강원하이랜드 관광레저타운, 백운밸리조성사업 등으로 모든 지역에서 개발붐이 거세게 일고 있다. 이 지역이 궁극적으로는 고원관광도시를 표방하고 있음에도 난개발로 녹지가 크게 훼손되고 있다.

게다가 문제는 정부가 폐특법이라는 특별법으로 난개발을 지원하고 있다는 점이다. 현실적으로 해발 500m 이상의 고원지대에 있는 폐광지역은 대부분이 녹지등급 8등급 이상인 국유림으로, 산림법과 환경보존법에 따라 스키장·골프장·수렵장·콘도 등의 리조트 개발이 원칙적으로 불가능하다. 그러나 폐특법 제11조 관광진흥법 적용의 특례에 따라 내국인 카지노 설립을 허가한 것처럼, 정부는 녹지보전지역 개발의 특례(제8조), 환경영향평가의 특례(제9조), 산림법 적용의 특례(제10조)를 통해 기꺼이 폐광지역을 활성화(?)하고자 삶의 터전인 지역의 자연과 환경이 희생되는 것을 용인하였다.

강원랜드 등의 개발이 일으킨 환경문제는 녹색연합 등과 같은 환경운동단체에 의해 사회적 이슈가 되기도 하였다. 그렇지만 이들의 문제제기는 폐광이 일으킨 심각한 생존권 위기 앞에서 큰 힘을 발휘하지 못했다. 오히려 이는 환경부·산림청 등의 관리·감독부처와 '특별법공화국' 정부가 인정한 개발에 대한 할 일 없는 환경단체들의 괜한 트집으로 간주되었다. 이렇게 생존이라는 이름 아래 생존권과 자연환경권은 분리되며, 개발시대와 다름없이 개발객체에 지나지 않는 자연과 환경은 철저하게 개발의 희생양이 되고 있다.

게다가 생존을 위한 개발논리는 강원랜드, 특히 스몰카지노와 메인카지노의 개발이 보여준 외형적 변화와 맞물리면서 오히려 근대적 개발주의를 강화하고 있다. 그 변화의 핵심은 환경복원과 보존을 생각하는 개발, 이른바 '지속가능한 개발'로 압축될 수 있다. 앞의 사례에서 보듯이, 강원랜드는 탄광촌 시절 산업역군들이 누비며 석탄을 캐고 남겨진 텅 빈 공간 위에 설립되었다. 강원랜드가 골프장, 스키장 등을 만들고자 국유림 등을 파괴하지만, 탄광개발처럼 일방적으로 파괴하지는 않는다. 그리고 때로는 탄광개발로 폐허가 되었던 자연을 복원한다. 이 점은 한 지역주민운동가의 다음 이야기에서 잘 드러난다.

> 스몰카지노는 폐광지에 세워졌다. 박심리 지역은 완전히 개판이었다. 형편없는 지역이었다. 그런데 도로가 나고 주변에 석축을 쌓고 부토를 하여 스몰카지노를 세웠다. 지금은 골프장을 만들고 있다. 이는 극적인 대비가 된다. 하나는 파괴하는 개발이었다면, 하나는 복구하는 개발이다. 본 카지노가 위치한 옹구마을도 마찬가지이다. 카지노 건설을 보면서 사람들은 환경파괴라기보다는 그 정도면 괜찮겠다고 생각한다(원종호, 남, 40대 중반, 태백, 광산지역주민협의회 전문위원, 2003. 11. 19.).

이처럼 카지노는 탄광개발의 과정에서 훼손되어 '개판'이 된 자연과 지역을 '복원'하였다. 탄광개발 속에서 철저하게 황폐화하고 버려진 폐석지에서도 푸른 나무가 자라고 물이 흐르고 그리고 생명이 뛰논

다. '파괴하는 개발'이 아닌 '복구하는 개발'이 강원랜드 카지노 시대에 자연과 인간을 다루는 방식이다. 즉 개발을 하되 보전과 미래를 생각하는 개발, 이른바 '신개발주의'(조명래 2005)라고 할 수 있다. 신개발주의는 진폐증을 낳은 독재적 개발주의가 1990년대 이후 한국사회의 변화 속에서 새롭게 포장된 형태로 전개된 것이다. 그러나 복구하는 개발, 지속가능한 개발 등의 개념에서 보이는 것처럼 궁극적인 목표는 개발이다. 보전·복구·친환경·지속가능한·녹색 등은 개발을 위한 그럴듯한 수식어일 뿐이다. 즉 지속가능한 개발에서도 진폐증의 시절과 마찬가지로 여전히 자연은 삶의 원천이 아니라 개발의 대상일 뿐이다.

오히려 신개발주의에서는 자본의 논리를 자연으로까지 확장하여 자연을 고부가가치의 상품으로 만든다. 자본과 정부는 상품이 될 수 있는 자연의 개발과 복원에는 열성을 다한다. 이렇게 하여 강원랜드의 골프장과 스키장이 탄생하였고, 이 상품을 소비할 수 있는 소수에게 자연을 누릴 수 있는 특권화한 기회를 제공한다. 그렇지만 상품의 가치가 없는 자연에 대해서는 크게 관심을 두지 않는다. 예로 폐광이 일으킨 상수원과 토지의 중금속 오염, 농작물 피해 등의 문제를 해결하려는 노력은 더디기만 하다. 물론 이 부분의 환경문제는 소수보다는 다수의 일반 국민들의 삶과 직접적인 연관을 맺고 있다. 이렇게 신개발주의 시대에서는 자연의 상품화를 거쳐 사회적 불평등을 생태적 불평등으로 확대하는 결과를 야기하고 있다.

나아가 신개발주의 사고에서 더 무서운 것은 인간은 자연도 복원할 수 있을 정도로 모든 것을 통제할 수 있다는 인간중심의 신화를 더욱더 강화한다는 점이다. 이 특징을 잘 보여주는 것이 골프텔(스몰카지노장)과 메인카지노 건물이다.

앞에서 말한 것처럼, 골프텔과 메인카지노는 탄광개발 당시 석탄을 캐기 위해 철저하게 파헤쳐진 텅 빈 공간 위에 세워졌다. 석탄산업 합리화라는 이름아래 복원되지 않고 그냥 내팽개치듯 버려졌던 이 공간은 숨쉴 겨를도 없이 카지노의 터가 되었다. 결국 이 텅 빈 공간은 하나도 달라지지 않았다. 따라서 장마철 등에 비가 많이 오면 주변에 균열이 생긴다고 한다. 그럼에도 그곳에는 위대한 현대 토목 기술의 상징인 빔에 의해서만 지탱되고 있는 마법의 성이 턱하니 자리를 잡고 있다. 이 텅 빈 공간이 '강원랜드'를 통해 새로운 발전을 꿈꾸는 사북의 미래마저 위태롭게 하고 있음에도, 마법의 성에 가리어 아무 것도 보이지 않는다.

결국 카지노 시대의 개발은 자연을 복원하기보다는 여전히 자연을 남용하고 더 나아가 자연을 은폐하고 때로는 방기한다. 사실 카지노 산업에서 자연은 관조의 대상이지 생산과 소통의 대상이 아니다. 카지노 게임장의 내부는 현실이 아닌 비현실의 세계이고, 무시간의 세계로 자연의 시간이 침입할 수 없도록 철저하게 '자연의 빛'을 차단한다. 즉 그곳에는 '인공의 빛'만이 존재한다. 비자연의 세계인 것이다. '자연이 부재한 자연'을 지향하는 카지노의 자연관은 도박 중독자의 몸으로 그대로 체화된다. 즉 도박 중독자가 일순간에 베팅하여 상실해버린 자신의 사회문화적 관계의 부재와 연결된다.

베팅하는 몸: 근대적 주체의 완성(?)과 몸의 반란

1990년대 들어 '싸우면서 건설하는' 전사의 시대는 점점 힘을 잃어가고 고도의 소비문화로 특징지어지는 욕망의 사회가 도래하였다. 이제 정부는 이제까지 성장의 신화에 억눌려있던 욕망을 마음껏 발산하며 즐겨보라고 한다. 이제는 "노세 노세 젊어서 노세, 늙어지면 못 노느나니"의 풍악소리가 전국을 강타하며, 허리끈 졸라매고 일만 하는 생산기계가 아니라 자본주의에 걸맞게 소비하라고 채찍질 한다. 즉 한편으로 열심히 일하고 다른 한편으로 열심히 구매하고 소비하는 인간형이 욕망의 사회에 가장 적합한 인간상으로 설정된다. 따라서 가정, 학교, 군대, 직장, 언론 등 모든 삶의 공간에서 근면 성실한 인간을 가장 훌륭한 인간으로 칭송함과 동시에 광고와 유행에 민감한 소비자로 살도록 체계적으로 교육한다(강수돌 2007: 53~54).

이와 더불어 욕망을 확장·생산하고 나아가 다양한 욕망들을 상품화한다. 바로 그 중심에 사행산업이 있다. 일하고 절약해야 하는 경제개발시기에 허망한 대박의 꿈에 빠져 돈과 시간을 낭비하는 도박은 사회적으로나 개인적으로나 용납될 수 없는 범죄 가운데 하나였다. 그런데 그 도박이 놀이산업, 게임산업, 청정산업, 관광산업 등으로 상업화하고 장려되었다. 이 점은 다음 사람의 이야기에서 잘 드러난다.

우리가 생각해봐 '60년대 도둑질하면 왜 도둑질했어? 먹고살려고 도둑질 했어, '70~'80년대는 왜 도둑질 했어, 뭐 할려고? 유흥비 마련, 그러니까 '60년대랑 '70년대랑 차이가 그만큼 나는 거야. '60년대나 돈이 생기면 배불리 먹으려 그랬고, '70~'80년대는 돈이 생기면 좋은 데 가서 술 먹고 흥청망청. 근데 이제 '90년대 들어오면서부터 돈이 생기면 술 먹는 것도 싫고 배불리 먹는 것도 싫고, 정신스포츠. 그게 정신적으로 그게 바로 이 사업이야. 이게 정신적으로 그러니까 도박이 흥행할 수밖에 없어. 술 마시고 이러는 것도 몸 생각해서 많이 안 마셔 지금은. 그러니까 레포츠라던가, 요즘에는 사람들이 돈이 생기면 가족단위로 몰려가고 다 그렇지, 우리가 옛날처럼 우리가 뭐 '70년대 이럴 때처럼 진탕 먹고 이런 건 없잖아 별로. 그러면 돈이라는 게 어디로가? 돈은 다 이런 쪽으로 들어가게 돼 있어. 그러니까 정부에서도 경마장, 도박하는 데 아니야? 경륜장도 도박장이야. 또 경정 배, 그것도 도박이야. 카지노 이거 지금 다 도박이야. 지금 이런 거 정부에서 다 만들어내 가지고 어쩌자는 얘기냐 이거야?(박현옥, 53세, 서울, 사북거주, 2005. 3. 4.).

정부는 전국 방방곡곡에 도박장, 이른바 레포츠장을 만들어 일에 지친 심신을 쉬라고 말한다. 정말 멋진 문민의 정부, 국민의 정부, 참여의 정부이다. 이제 '산업전사'들이 폐광 위에 우뚝 선 카지노에 몰려들어 금과옥조 같은 일을 팽개치고 삶을 베팅하며 '도박전사'가 되어가고 있다. 도대체 무슨 일이 일어난 것일까? 이제 정말 허리를 질끈 졸아매고 먹을 것 못 먹어가며 일하면서 그렇게 고대하던 대망의 그 시절이 온 것인가?

한국인들은 풍요롭고 안정된 내일을 위해 오늘의 모든 욕망을 억제하며 전사가 되어 일하고 또 일하였다. 그러나 약속된 미래는 오지 않았다. 오히려 몸은 썩어들어 갔고, 성장과 안정된 미래의 신화마저 흔들리기 시작하였다. 특히 외환위기 이후 기업의 일상화한 구조조정 속에서 노동계층은 물론이고 중산층에까지 고용 불안에 시달려야 했다. 일벌레, 노동기계로 훈육된 사람들이 갑자기 일자리를 잃었다. 일자리를 잃는다는 것은 단순히 소득원의 상실 그 자체로만 그치는 것이 아니라, 자신의 정체성을 일에서 찾았던 노동전사들의 자기정체성 상실을 의미하였다.

모든 것이 불확실해졌다. 직장뿐만 아니라 가정, 사회와 국가 등 모든 영역에서 불확실성과 우연이 좌우하는 시대가 되었다. 이 불확실성은 사행산업과 결합하면서 새로운 동력을 얻게 되었다. 하이데 (2004: 253)가 지적하고 있듯이, "자본주의 체제는 중독을(중독 행위를) 조장할 뿐만 아니라 중독자체를 '먹고 산다'. 나아가 자본주의 체제 자체가 본질적으로 중독의 체계이다. 중독체계로서 자본은 욕망을 만들어 내고 재생산한다." 자본은 끊임없이 회전해야, 그것도 빨리 빨리 돌아가며 자신의 몸집을 확대재생산해야만 살아남을 수 있다. 한국사회에서 무한정으로 확대재생산하고자 하는 자본은 돈이 돈을 낳고 돈이 돈을 찾아 베팅하는 카지노 자본주의, 이른바 사행산업을 통해 자신의 욕망을 실현하게 되었다.

게다가 정부가 지역개발과 경제활성화, 공익사업 등을 이유로 사행산업을 앞장서 지휘하며, 노동자 나아가 국민에게 놀고 즐기면서 인생역전을 위한 대박에 베팅하라고 손짓하고 부추긴다. 이렇게 자본은 개인의 욕망을 상품화한다. 나아가 사행사업장에서 '게임'을 '게임'으로 즐기며 '도박'에 빠지지 않도록 자기 통제를 할 줄 아는 진정한 합리적 근대인간이 되라고 한다. 사실 자신의 모든 것을 걸 수 있다는 것은 얼마나 짜릿한가? 한 방의 베팅으로 인생역전의 대박을 거머쥘 수 있다는 것은 최소비용으로 최대 효용을 얻고자 하는 경제적 합리성의 최고점일 것이다. 나아가 올인의 문화는 개인권의 최대이고 극이다. 이 땅의 모든 '국민'들은 베팅기계가 된다. 어떻게 보면 도박은 근대가 그렇게 추구한 개인적 주체행위의 결정체이다. 즉 경제합리적 주체의 완성이다.

진폐증은 일중독과 노동기계의 산물이라면, 도박중독은 베팅기계·욕망기계의 산물이다. 물론 한국에서 도박중독은 근대화 프로젝트의 연장선상에 있다. 압축된 근대화 과정에서 우리는 근대화가 유발한 구조적 모순을 그대로 우리들의 몸으로 체화되어 있었다. 압축된 근대성은 직접적으로 탄광광부의 진폐증으로 드러나기도 했지만, 다른 한편으로 도박중독증으로 드러났다. 즉 도박중독증은 한국의 압축적 근대화가 낳은 경제우선주의와 물질주의의 또 다른 얼굴이다.

탄광촌은 한국자본주의 시원적 축적의 산물로 근대적 주체인 노동자를 만들었고, 이들은 노동을 통해 인간으로 훈육되었고 그렇게 주체가 되었다. 말이 주체이지, 그들은 노동력을 팔 수밖에 없었고, 자신의 삶을 자본에 담보 잡힐 수밖에 없었다. 정확하게 말하면 노동자의 노동은 더 이상 자신의 노동이 아니었으며, 오히려 타인을 위한 노동기계이자 노동도구였다. 그리고 담보 잡힌 주체가 된 대가는 일중독이고 진폐증이었다. 도박은 담보 잡힌 주체들의 반란이다. '내 인생은 나의 것'이라고 자신이 진정한 주체임을 온 세상에 외친다. 그리고 철저하게 자유롭게 자신을 올인한다. 얼마나 열망하던 근대적 주체의 완성인가!?

그러나 진폐증과 일중독증을 앓아가면서까지 혹독한 훈육을 통해 완성되었다고 생각한 금욕적 주체는 게임장에 들어선 순간 철저하게 농락당한다. 올인을 통해 경제합리적 주체가 완성되는 순간, 이 이성적 주체는 완전히 해체된다. 이성적 주체는 불안하고 불확실한 현실과 일상으로부터 탈주하기 위해 오지 않는 우연의 미래에 베팅을 한다. 근대사회에서 몸은 이성의 지시에 따라 조종되는 단순하고 하찮은 기계로 간주되고 배제된다. 즉 근대는 몸을 배제한 채 정신적, 이성적 주체에 바탕을 둔 불완전한 체계이다.

그런데 도박에 중독이 되는 순간 이성은 그 단순한 기계, 몸을 통제할 수가 없다. 올인은 근대적 주체의 완성이 아니라 노동을 거쳐 훈육된 근대적 주체를 철저하게 우롱한다. 도박중독은 근대가 그렇게 열망해왔던 이성적 주체에 대한 억눌린 감정과 몸의 반란이다. 멀쩡해

보이던 아니 멀쩡한 몸이 말을 듣지 않는다. 노동기계에서 베팅기계로 훈육된 몸은 이성적 주체의 통제로부터 벗어나 삶의 모든 것을 극한으로 몰고 간다. 몸이 베팅을 주도하면서, 이제 베팅의 대상은 단순한 '돈', 물질적 자산 또는 절대적 자유인 '나'를 넘어선다. 몸은 자신이 존재하고 살아갈 수 있도록 하는 사회문화적 관계의 일상을 베팅한다.

도박 중독자는 '나'를 베팅하는 것이 아니라 '우리'를 베팅하는 것이다. 결국 소외된 '나'만이 홀로 남아 개별화하고 파편화한다. 리스(2006: 282)는 "창조적인 활동 대신 끝없이 돈의 순환만 만들어내는 도박은 실질적으로 아무 것도 생산하지 않는다"고 말한다. 그렇지만 도박은 욕망하는 베팅기계를 생산해낸다. 매일 도박민국의 '마법의 성'에서 수많은 사람들이 초점을 잃고 걸어 나온다. 도박 중독자들이 도박장을 벗어나며 느끼는 회환의 시작과 끝은 바로 자신이 베팅해버린 가족, 친인척, 친구 등 사회적 관계를 잃어버리게 될지 모른다는 아니 잃어버렸다는 두려움에서 비롯된다. 그 두려움을 떨쳐버리기 위해서 더욱더 한 방을 위한 베팅에 목을 맨다. 우리의 몸은 그렇게 벗어나고 싶었던 무미건조한 일상을 베팅하는 것을 통해 자유로워지는 것이 아니라 고향을 상실하고 '비현실'의 노예상태로 전락하며 끊임없이 베팅을 한다.

이렇게 도박은 탄광촌 나아가 도박민국의 사람들의 삶과 사회문화를 또 다시 파괴한다. 카지노 사업에 기댄 정부의 무대책적이고 무책임한 폐광지역 개발정책은 수많은 국민들을 도박 중독자로 만들고 있다. 탄광촌 나아가 한국의 경제가 석탄을 먹으며 성장했고 그 석탄은 노동자를 먹으며 생산되었던 것처럼, 폐광촌 나아가 도박민국은 카지노 또는 도박(투기)을 통해 성장했고 그 카지노는 카지노 노숙자를 먹으며 성장하고 있다. 한국사회가 절망으로 절규한다.

맺으며
희망의 절규

1

절망은 희망을 잉태한다. 인간은 절대적 존재를 넘어 사회문화적 존재이다. 즉 인간은 '이다'의 절대적 존재가 아니라 '되기'의 사이〔人＋間〕의 존재로 자연 및 다른 사람들과의 관계맺기를 거쳐 인간이 된다. 인간은 타자와 맺은 관계 속에 태어나서 관계 속에 살다가 관계 속에서 죽고, 또 그렇게 관계 속을 순환한다. 타자와 공존하는 그 관계의 바탕이 되는 공간이 바로 일상이다. 한 개인의 욕망과 신체는 자신을 둘러싼 사회문화적 관계, 즉 중층적이고 복잡하게 엮인 일상을 거쳐 굴절되고 실현된다.

대박의 욕망과 베팅하는 몸은 역사적·사회문화적인 것으로 한국사회의 한 단면, 이른바 베팅하는 사회의 현재를 보여준다. 도박중독 환자인 한국사회가 도박중독으로부터 벗어나는 것은 개별화하고 파편화한 절대 이성의 주체가 아니라 몸의 주체가 서 있는 일상공간의 혁명을 요구한다. 도박 중독자와 비도박 중독자, 정상과 비정상 등의 차이를 내재화하며 차별을 일삼던 배제의 권력이 바탕을 두고 있는 일상 공간을 과감하게 해체해야 한다.

이는 결코 쉬운 일이 아니다. 그렇지만 결단코 포기할 수는 없는 일이다. 아무리 지배적인 권력일지라도 그 권력에 저항하여 새로운 형태의 주체를 형성하며 변화를 일으킬 수 있는 새로운 맥락을 만들어낼 틈새는 있다. 이것의 시작은 배제의 권력에서 철저하게 무시되었던 카지노 노숙자, 도박 중독자 나아가 소수자의 삶과 일상에 관심을 갖는 것으로부터 비롯된다. 물론 이들은 발언할 수 없었고, 발언한들 어느 누구도 그들의 목소리에 귀기울여주지 않았다. 그럼에도 이 땅에서 소외되고 배제된 도박 중독자들은, 단도박모임에서 보듯이, 서로에게 의지하며 베팅하는 한국사회에서 새로운 관계맺기를 거쳐 가족·사회문화적 관계의 공간을 창출해내고 있다. 베팅하는 몸은 일상의 관계를 단순히 회복하고 회귀하는 것이 아니라 차이가 인정되고 공존할 수 있는 새로운 일상의 공간을 창조한다. 이는 그들만의 공간이 아니다. 우리 모두는 그들이 될 수 있고, 나아가 우리는 그들이 되어야 한다. 우리는 새로운 관계맺기를 거쳐 변화를 잉태한다. 권력을 장악하지 않고 베팅하는 자신의 삶과 세상을 바꾸는 혁명을 꿈꾼다. 희망의 절규이다.

2

2007년 7월 29일부터 '사행산업통합감독위원회법', 이른바 사통법이 시행되면서 사행산업은 새로운 전기를 맞이하고 있다. 물론 사통법이 어떤 획기적인 변화를 일으킬 것인지는 아무도 점칠 수 없다. 그럼에도 이제까지 아무런 제약도 받지 않고 절대적 자유를 만끽하던 각 사행사업장들은 사통법이라는 제동장치에 대한 대책마련에 고심하고 있으며, 특히 폐광지역이라는 특수성 속에서 탄생한 강원랜드도 예외는 아니다. 강원랜드와 폐광지역의 4개 시·군은 다른 사행산업과 달리 폐광지역 경제활성화라는 설립목적을 감안해 강원랜드 카지노에 대한 사통법의 적용을 폐특법 종료시점인 2015년까지 유보하는 '특례사항'을 삽입해 줄 것을 정부에 건의하였다. 강원랜드의 2단계 발전계획과 관련하여 날카롭게 대립하던 지역들이 사통법으로부터 '폐광지역의 유일한 희망의 불씨'인 강원랜드를 구해내고자 또 다시 한 목소리를 냈다.

폐광지역 주민들은 2단계 개발사업이 진행되고 있는 시기에 총량제 등 같은 규제일변도의 사통법을 적용할 때에는 강원랜드의 매출급감에 따른 고용불안정과 지역경기 침체, 나아가 강원랜드 수익에 바탕을 둔 지역개발사업은 전면 중단되어 석탄산업 합리화정책에 버금가는 폐광지역의 경제적 피폐가 우려된다고 강조하였다. 따라서 폐특법을 모태로 폐광지역 경제회생이라는 역사적 소명을 갖고 태어난 강원랜드 카지노는 사행산업의 범주에서 논하기보다는 폐특법이 준 우선적 지위를 존중하여 사통법의 일괄적 기준을 적용하는 것에서 제외되어야 한다는 것이었다. 강원랜드는 계속 '특례의 땅'이기를 원한다. 그러나 강원랜드는 바램과는 달리 사통법의 관리·감독을 받게 되었다. 물론 농촌과 마필사업 육성 그리고 국민체육진흥을 외치며 특례의 땅이 되기를 원했던 경마와 경정·경륜도 똑같은 처지에 처하였다.

이러한 과정을 겪으면서 사통법으로부터 특례의 땅이 되길 원하는 강원랜드를 비롯한 사행업체 나아가 폐광지역의 주민들은 사행업체가 낳은 심각한 문제를 무시하고 자신들의 이익만을 추구하는 나쁜(?) 사람들이 되었다. 이와 달리 정부는 도박의 문제점을 최소화하고자 노력하는 좋은(?) 규제자가 된 것처럼 보인다. 그러나 누워서 침 뱉기이다. 중앙정부나 자치단체가 게임레저와 관광산업 육성, 국민체육진흥, 축산농가 육성, 폐광지역경제활성화, 세수증대, 공익기금마련 등을 외치며 경마·경정·경륜·카지노 등의 사행사업을 장려하며 한국사회를 베팅하는 사회로 만들어 왔다. 그리고 이제는 그것도 모자라 전통문화산업의 육성이라는 이름 아래 소싸움, 개싸움, 닭싸움 등을 발굴 육성하고 있다.

이렇게 정부는 앞장서서 도박장을 합법적으로 허가하고 운영하여 남녀노소를 가리지 않고 누구나 언제 어디서든 도박에 접근하기 쉬운 도박민국을 만들었다. 무엇보다 '특례의 땅'의 화려한 불빛 뒤에서 대박의 결과물을 마음껏 누렸다. 이 과정에서 수많은 사람들이 도박 중독자라는 오명을 쓴 채 희생되었고, 지금 이 순간에도 희생되고 있다. 또한 폐광지역 사회와 주민의 삶도 도박중독, 한탕주의, 범죄증가, 생활환경 악화 등으로 황폐화하고 있다. 결과적으로 카지노 사업에 기댄 정부의 무책임하고 무대책적인 폐광지역 개발정책은 탄광촌 사람들의 삶과 사회문화를 파괴하고 있다. 이런 상황에서 어느 누가 정부가 주도하는 사통법에서 희망만을 볼 수 있겠는가?

바로 정부 자신이 가장 심각하고 위험한 도박중독증 환자가 된 것이다. 진정 사통법으로 감독하고 통제해야 할 대상은 강원랜드를 비롯한 사행산업체가 아닌 그들의 실제적 주인인 '정부' 그 자신이다. 사통법의 시작은 정부 자신이 도박에 단단히 맛이 들린 병적도박 중독자임을 시인하는 것으로부터 비롯되어야 한다. 정부가 단도박모임으로부터 겸허하게 배워야 한다. 단도박모임의 협심자들이 도박 중독자임을 시인함으로써 변화를 위한 서로의 마음을 모으는 것처럼, 정부도 사통법을 이야기하기 전에 자신이 도박중독임을 시인하고 정부의 대리인인 사행업체 나아가 주민, 카지노 노숙자, 도박 중독자 등의 마음을 모으는 자세를 보여야 한다.

탄광촌에서 카지노촌으로 변화했지만, 폐광지역은 여전히 중앙의 지방, 중심부의 주변부로 자리매김되고 있다. 서울을 향해 끊임없이 확장되고 있는 38번 국도처럼 카지노촌 사북의 외부의존성은 더욱더 강화되고 있다. 따라서 다른 지역에 내국인 출입 카지노가 설립되는 등 외부환경의 변화에 따라 언제든지 카지노촌에 제2의 석탄산업 합리화사업과 같은 지역 황폐화의 광풍이 몰아칠 가능성은 커지고 있다.

이를 잘 알고 있기에 지역사회와 주민들은 타 지역의 내국인 출입 카지노 설립, 사통법 적용 등에 대하여 격렬하게 반대하고 있는 것이다. 어떻게 보면 오늘날 강원랜드의 성공은 지역을 살리고자 강원랜드를 지켜 온 지역주민의 오랜 투쟁에서 말미암은 것이라고 해도 지나친 말은 아니다. 그러나 언제까지나 이런 상황을 유지할 수는 없다. 이제 사행산업에 단단히 맛이 들린 정부가 사행산업으로 지역개발을 하겠다는 '기발한' 생각을 버리고 처음부터 다시 시작하여야 한다.

폐광지역 주민은 스스로 석탄산업 합리화사업의 과정에서 국내 최초라고 하는 태백시민주식회사, 정선주민주식회사 등과 같은 시민주식회사를 만들어 지역경제를 회생하고자 노력하였다. 이런 노력들은 지역자본의 부족, 제도적·법률적 제약 등으로 말미암아 결실을 맺지 못하고, 결국 강원랜드의 등장과 함께 묻혀버리고 말았다. 그러나 지금부터라도 다시금 이런 노력들이 새롭게 태동할 수 있는 공간이 될 수 있도록 정부가 노력해야 한다. 이럴 때 폐광지역은 한국사회의 새로운 희망의 공간이 될 수 있다.

〈표 Ⅵ-1〉 폐광지역 사회와 강원랜드와 관련된 주요 사건 연표

년도	내용
1962. 9	사북 동원탄좌 설립
1966	예미-고한 사이 고한선 개통
1973	사북리와 고한리를 사북읍으로 통합 승격
1980. 4	사북광산노동자대투쟁
1985	고한리 사북읍에서 분리, 고한읍으로 승격
1987. 4	석탄산업합리화사업단 설립
1994. 3	태백고원관광레저시민주식회사(태백하이랜드) 설립
1994. 7	정선고원관광레저개발주민주식회사(정선그린랜드) 설립
1994. 12	고한·사북 살리기 공동추진위원회 결성
1995. 3	3·3 합의(특별법 제정 등 5개 사항 합의)
1995. 12	'폐광지역개발지원에 관한 특별법'(폐특법) 제정공포
1996. 4	'폐광지역개발촉진지구' 지정고시(건설교통부)
1996. 8	'폐광지역진흥지구' 지정고시(통상산업부)
1997. 2	'탄광지역개발촉진지구개발계획' 지정고시(강원도)
1998. 8	카지노사업 대상지역 지정(고한읍 백운산지구 200만 평)
1998. 6	(주) 강원랜드 설립(공공부문 510억 원)
1998. 12	개발계획 변경승인 및 사업시행자 지정승인
1999. 7	민간부문 주식공모 완료(자본금 1,000억 원)
1999. 9	스몰카지노 호텔 건축 착공
2000. 8.	강원남부주민주식회사 설립
2000. 8	스몰카지노 준공 및 메인카지노 호텔 착공
2000. 10	스몰카지노 호텔 개장
2001. 9	한국도박중독예방·치유센터 개설-(주)강원랜드 부설
2001. 10	강원랜드 코스닥시장 등록
2002. 4	도박중독예방센터 문제성 도박자 치료비 지원 개시
2002. 5	한경비지니스 선정 2001년도 3,100대기업 가운데 44위 랭크
2003. 4	강원랜드 호텔 & 카지노 및 테마파크 개장
2003. 9	증권거래소 상장
2004. 3	카지노 객장 안 시계 설치
2004. 7	도박중독예방·치유센터 서울상담소 개소
2004. 10	강원랜드 카지노 방문객 500만 명 돌파
2004. 10	동원탄좌 폐광
2005. 3	폐광지역개발지원에관한특별법 개정(2015. 12. 31까지 시효 연장)
2005. 7	강원랜드 하이원골프장 공식개장
2005. 8	한국도박중독예방·치유센터 확장 이전
2006. 3	습관성 카지노 출입고객 출입일수 제한 실시
2006. 6	광해방지사업단 설립
2006. 12	강원랜드 하이원스키장, 콘도 개장
2007. 11	강원랜드 2007년 사회공헌기업대상 지역경제발전부문 대상 수상

참고문헌

강내희, 2002(1995), 《공간, 육체, 권력 - 낯선 거리의 일상》, 문화과학사.

강수돌, 2007, 《일중독 벗어나기: 현대 사회의 일중독과 해결 방안 연구》, 메이데이.

강원개발연구원, 1996, 〈탄광지역살리기대책연구〉.

강원도, 1998, 〈탄광지역개발촉진지구 개발계획〉.

______, 2005, 〈탄광지역 2단계 종합개발계획〉.

강원랜드, 2003, 〈도박중독 등 사회적 부작용 최소화 방안연구〉, (주)강원랜드.

강원지역문화연구회(금혜진·김수미·이금숙·정성희·최성미·현미선), 2004, 〈강원도 사북의 석탄산업 합리화과정의 보상 체계를 통해서 본 광부의 인권: 사회문화권으로서의 인권개념 형성을 위한 전망〉, 《2004년 우수논문 및 인권논문 수상집》, 국가인권위원회, pp. 179~230.

고한·사북·남면 지역살리기 공동추진 위원회, 2007, 〈3·3투쟁 12주년 특별기획: 고한, 사북, 남면 지역 주민운동 백서〉.

광산선교위원회·태백지역인권위원회, 1988, 《88광산민중현실》.

광안심, 2006, 〈사랑인줄 알고〉, GA가족모임회지 《둥지》 27호, pp. 11~20.

김교헌, 2004, 〈도박중독 척도 개발 및 발병률 조사〉, 한국마사회연구용역보고서.

______, 2006, 〈습관성 도박에 기여하는 개인적·심리적 요인의 조사 종합보고서〉, 한국마사회연구용역보고서.

김기중, 2003, 〈범바위문화 2호 발간을 축하하며〉, 사북자생단체협의회, 《범바위문화》2호, p. 10.

김대진, 2006, 〈삼척탄전의 광업발달연구〉, 태백석탄박물관 편, 《탄광촌의 정체성과 문화》, pp. 227~270.

김문겸, 2004, 〈키덜트·사주카페·로또〉, 박재환/일상성·일상생활연구회, 《현대 한국 사회의 일상문화 코드」, 한울아카데미, pp. 235~254.

김세건, 2003, 〈'찌들은 몸': 탄광개발과 환경문제〉, 이태원 외, 《폐광촌과 카지노: 강원폐광지역사회변동연구(1)》, 일신사, pp. 286~321.

______, 2005, 〈'베팅하는 몸': 카지노 노숙자들의 삶〉, 이태원 외, 《카지노와 폐광촌: 강원폐광지역사회변동연구(2)》, 일신사, pp. 194~249.

김시겸, 2003, 〈강원랜드카지노가 폐광지역개발에 미치는 영향 및 발전방안〉, 강원대학교 정보과학대학원 석사학위논문.

김영훈·이영호, 2006, 〈병적 도박자의 단도박에 영향을 미치는 심리적 요인〉, 한국심리학회, 《한국심리학회지: 임상》25(3), pp.697~710.

김 완, 2007a, 《카지노 앵벌이의 하루 1》, 토파즈.

______, 2007b, 《카지노 앵벌이의 하루 2》, 토파즈.

김용환·김재동, 1996, 〈석탄산업의 생태와 역사: 태백지역을 중심으로〉, 한국문화인류학회, 《한국문화인류학》 29(1), pp. 193~244.

김은실, 2003, 〈몸을 통해 문화를 본다〉, 한경구 외, 《처음 만나는 문화인류학》, 일조각, pp. 197~213.

김진명, 2004, 《도박사 1·2》, 대산.

김창완, 2003, 〈90년대 사북·고한 지역의 주민운동〉, 사북자생단체협의
　　　회, 《범바위문화》2, pp. 59~68.

노대명, 2006, 〈노숙자의 유형, 발생경로 그리고 정부정책〉, 최장집 편,
　　　《위기의 노동: 한국 민주주의의 취약한 사회경제적 기반》, 후마
　　　니타스, pp. 224~253.

류광훈, 2003, 〈도박중독 실태와 법·제도적 최소화 방안〉, 한국도박중독
　　　센터 개설2주년 기념심포지엄, 《한국사회의 도박문제: 특성 및
　　　대처방안》, pp.103~136.

문화관광부, 2006, 〈관광동향에 관한 연차보고서〉.

박재환, 2004, 〈현대 한국인의 생활원리〉, 박재환, 일상성·일상생활연구
　　　회, 《현대한국 사회의 일상문화 코드》, 한울아카데미, pp. 13~67.

박철한, 2001, 〈사북항쟁연구: 일상·공간·저항〉, 서강대학교 정치외교학
　　　과 석사학위 논문.

박형신, 2005, 〈폐광지역의 지역정치와 갈등구조: 석탄산업 합리화사업
　　　에서 카지노건립까지〉, 이태원 편, 《폐광촌과 카지노: 강원폐광
　　　지역사회변동연구(1)》, 일신사, pp. 78~113.

사북자생단체협의회, 1991, 《범바위문화》 1권.

______, 2003, 《범바위문화》 2권.

사북청년회의소 편, 2001, 《탄광촌의 삶과 애환: 사북·고한 역사연구》 도
　　　서출판 선인.

사행산업통합감독위원회 〈사행산업 정책방향 및 도박중독 예방 심포지
　　　엄〉 발표집.

서천범, 2006, 〈2005년 사행산업현황분석〉, 한국레저산업연구소.

______, 2007, 〈겜블백서 2007〉, 한국레저산업연구소.

석탄합리화사업단, 1990, 《한국석탄산업사》, 석탄합리화사업단.

성희직, 1997, 〈탄광지역 노동운동의 시대적 변화〉, 강원사회연구회 편,

《강원사회의 이해》, 한울, pp. 614~628.

______, 2002, 《세상사는 이야기》, 대희.

손봉숙, 2005, 〈국가 사행산업의 실태와 개선방안: 사행산업의 선두에 '국가'가 있다〉, 국회문화관광위원회 정책보고서 1.

______, 2007, 〈국가 사행산업의 실태와 개선방안(증보판)─사행산업은 도박이다!〉, 국회문화관광위원회 정책보고서 11.

송계효, 2003, 《강원랜드 카지노와 주민기업 탄생이야기》, 깊은솔.

심광현, 2003, 《문화사회와 문화정치》, 문화과학사.

______, 2005, 《프랙탈》, 현실문화연구.

심재한, 2005, 〈지역위기에 따른 탄광지역 주민운동의 형성과 분화: 강원도 정선군 사북·고한 지역을 중심으로〉, 강원대학교 문화인류학과 석사학위논문.

안준희, 2000, 〈'노숙자'의 정체성과 적응전략: 인지인류학적 접근〉, 서울대 비교문화연구소, 《비교문화연구》 6(2), pp. 221~266.

야마구찌 피터(Yamaguchi Peter), 2001, 《라스베이거스 & 카지노의 모든 것》, 행림출판.

연미영, 2005, 〈카지노 접근성과 청소년의 도박행동 및 정신건강〉, 이태원 편, 《카지노: 강원폐광지역사회변동연구(1)》, 일신사, pp. 233~253.

원기준, 2004, 〈폐광카지노를 둘러싼 지역갈등 해소방안〉, 경희대 관광대학원 호텔관광경영학과 석사학위논문.

______, 2005, 〈폐광지역개발지원특별법제정과 주민운동〉, 이태원 편, 《폐광촌과 카지노: 강원폐광지역사회변동연구(1)》, 일신사, pp. 114~140.

원용진, 2000, 〈언론: 카지노 자본주의의 전도사〉, 한국언론학회, 《저널리즘비평》 30호, pp. 50~54.

유범상·김영란·윤조덕·정호근·임영·박정란, 2002, 〈진폐근로자 재활프

로그램 개발: 질병의 치료와 빈곤의 해결〉, 한국노동연구원.

유캔센터, 2007, 〈유캔센터 업무현황〉.

이상규, 2006, 〈합법적 도박과 불법 도박의 실태비교 종합보고서〉, 한국마사회연구용역보고서.

이선향, 2005, 〈폐광지역 지역엘리트 형성의 정치적 역동성〉, 이태원 외, 《폐광촌과 카지노: 강원폐광지역사회변동연구(1)》, 일신사, pp. 141~165.

이선희, 1997, 〈폐광에 따른 지역위기와 지역운동의 성격연구: 태백 시민주식회사를 중심으로〉, 서울대학교 인류학과 석사학위 논문.

이영분·김유순, 2002, "도박성 게임 이용자와 가족관계적 특성", 한국도박중독센터 편, 〈한국사회의 도박문제: 진단과 대책〉, 한국도박중독센터 개설 1주년 기념 심포지엄, pp. 37~82.

이인혜, 2005a, 〈카지노 게임의 심리학〉, 이태원 외, 《폐광촌과 카지노: 강원폐광지역사회변동연구(1)》, 일신사, pp. 201~232.

______, 2005b, 〈카지노 유치지역 주민의 도박참여 및 도박중독 실태와 삶의 만족도: 강원도 폐광지역을 중심으로〉, 《한국심리학회지: 사회문제》11(4), pp. 67~82.

______, 2006, 〈카지노와 지역주민의 삶〉, 이태원 외, 《카지노와 폐광촌: 강원폐광지역사회변동연구(2)》, 일신사, pp. 283~302.

이정우, 1999, 《인간의 얼굴: 탈주와 회귀 사이에서》, 민음사.

이진경, 2001, 《맑스주의와 근대성: 주체 생산의 역사이론을 위하여》, 문화과학사.

______, 2002, 《근대적 시공간의 탄생》, 푸른숲.

______, 2006, 《미-래의 맑스주의》, 그린비.

이진오, 2007, "토론요지", 사행산업통합감독위원회 〈사행산업 정책방향 및 도박중독 예방 심포지엄〉 발표집, pp. 26~34.

이충기, 2003, 〈강원랜드 개장으로 인한 강원남부 폐광지역 경제활성화 평가〉, 강원도: (주) 강원랜드.

______·이봉구·안범용, 2002, "강원랜드 카지노 이용객의 유형별 특성 비교: 문제성 도박자 대 여가활동 추구자 비율산출 및 추구편익분석", 한국도박중독센터 편, 〈한국사회의 도박문제: 진단과 대책〉, 한국도박중독센터 개설 1주년 기념 심포지엄, pp. 93~131.

이태원, 2001, 〈도박의 합법화: 하나의 대안인가 아니면 환상인가?〉, 강원대학교 사회과학연구소, 《사회과학연구》 40집, pp. 49~73.

______, 2003, 〈합법적 도박행위: 확산, 이론, 그리고 경험적 검증에 관한 검토〉, 강원대학교 사회과학연구소, 《사회과학연구》 42집, pp. 106~132.

______, 2005a, 〈카지노 출입자의 도박중독 및 실태〉, 이태원 외, 《폐광촌과 카지노: 강원폐광지역사회변동연구(1)》, 일신사, pp. 169~200.

______, 2005b, 〈카지노가 지역주민의 범죄증감에 대한 지각에 미치는 영향〉, 강원대학교 사회과학연구소, 《사회과학연구》 44집, pp. 27~48.

______, 2006, 〈카지노 도박과 지역사회 범죄〉, 이태원 외, 《카지노와 폐광촌: 강원폐광지역사회변동연구(2)》, 일신사, pp. 253~282.

______·김석준, 1999, 〈도박의 정치경제학: 한국사회의 도박합법화와 도박문제의 확산에 관한 비판적 접근〉, 한국사회사학회, 《사회와 역사》 통권 56집, pp. 179~214.

이홍표, 2002, 《도박의 심리》, 학지사.

______·이상규·이재갑·김한우·김태우, 2007, 《습관성도박의 이론과 실제》, 학지사.

인코그룹, 2003, 〈병적도박 실태조사 및 치료프로그램〉, 한국마사회·국민체육진흥공단 연구용역보고서.

장호찬·정성철·홍성권, 2005, 〈갬블링 중독정도에 따른 카지노 방문객 집단 특성에 대한 차이분석-강원랜드 카지노를 중심으로〉, 《관광·레저연구》 17(2), pp. 25~43.

전주익, 2003, 〈동원과 석탄 그리고 사북〉, 사북자생단체협의회, 《범바위문화》 2, pp. 19~31.

정두연, 2006, 《카지노 산업과 게임의 이해》, 한울.

정성호, 2006, 〈폐광지역의 개발현황과 과제〉, 이태원 외, 《카지노와 폐광촌: 강원폐광지역사회변동연구(2)》, 일신사, pp. 321~340.

정 암, 1989, 〈사북지역의 광산취락에 관한 연구〉, 동국대학교 지리학과 석사학위 논문.

정헌주, 2005, 〈탄광노동자계급의 성장과 쇠퇴〉, 이태원 외, 《폐광촌과 카지노: 강원폐광지역사회변동연구(1)》, 일신사, pp. 43~77.

정화열, 1999, 《몸의 정치》, 민음사.

조명래, 2005, 〈욕망과 자연의 상품화와 신개발주의〉, 조명래 외, 《신개발주의를 멈춰라》, 환경과 생명, pp43~61.

조용장, 2004, 《카지노 코리아: 한국 카지노 산업 긴급보고서》, 반디미디어.

줄레조, 발레리(Gelézeau, Valérie) 저, 길혜연 역, 2007, 《아파트 공화국》, 후마니타스.

진접임, 2006, 〈이성과 감정에 대하여〉, GA회지 《빛을 향하여》 27호, pp. 53~58.

한건수, 2006, 〈생애사를 통해 본 탄광촌 주민의 삶〉, 이태원 외, 《카지노와 폐광촌: 강원폐광지역사회변동연구(2)》, 일신사, pp. 137~162

한국게임산업진흥원, 2006, 〈2005 게임백서〉.

______, 2007, 〈2006 게임백서〉.

한국도박중독센터 편, 2002, 〈한국사회의 도박문제: 진단과 대책〉, 한국도

박중독센터 개설 1주년 기념 심포지엄

한국도박중독예방·치유센터, 2005, 〈2005 도박중독 예방홍보를 위한 현상공모 수기 당선 작품집〉.

한국문화관광정책연구원, 2006a, 〈사행산업 이용실태 조사분석 연구〉, 문화관광부.

______, 2006b, 〈세계 주요국가 사행산업정책 사례연구〉, 문화관광부.

한범수·조광익, 1997, 〈폐광지역 카지노 설치 및 운영에 관한 연구〉, 한국관광연구원.

한인수, 1989(1983), 〈강원도의 산천과 날씨와 생물: 높고 깊은 땅〉, 《한국의 발견: 한반도와 한국사람, 강원도》, 뿌리깊은 나무, pp. 20~35.

황인오, 2000, 〈사북사태 진상보고서〉, 정선지역발전연구소 편, 《1980년 4월 사북: 사북사건 자료집》, 사북, pp. 25-55.

Bryan S. Turner, 임인숙 역, 2002, 《몸과 사회》, 몸과 마음.

Holger Heide, 강수돌 외 역, 2004, 《노동사회에서 벗어나기》, 박종철출판사.

Baudrillard Jean, 이상률 역, 2002, 《소비의 사회: 그 신화와 구조(La Societe de consommation ses mythes ses structures)》, 문예출판사.

Bordo Susan, 박오복 역, 2003, 《참을 수 없는 몸의 무거움(Unbearable Weight), 또 하나의 문화.

Harvery David, 최병두 외 역, 2001, 《희망의 공간(Spaces of Hope)》, 한울.

Holloway John, 조정환 외 역, 2002, 《권력으로 세상을 바꿀 수 있는가(Change the World Without Taking Power)》, 갈무리.

Johnston Barbara & Jorgenson, 1994. "Mineral Development, Environmental Degradation, and Human Rights: The Ok Tedi Mine, Papua New Guinea", in Barbara Johnston(eds.), *Who Pays the Price?*, Washington D.C.: Island Press, pp. 86~98.

Johnston Barbara, 1994. "Introduction", in Barbara Johnston(eds.), *Who Pays the Price?*, Washington D.C.: Island Press, pp. 3~6.

Nash June, 1979, *We Eat the Mines and the Mines Eat Us: Dependency and Exploitation in Bolivian Tin Mines,* New York: Columbia University Press.

Reith Gerda, 김영선 역, 2006,《도박: 로마제국에서 라스베이거스까지 우연과 확률 그리고 기회의 역사(The Age of Chance: Gambling in Western Culture)》, 꿈엔들.

인터넷 사이트

강원랜드 http://www.kangwonland.com/

강원랜드 한국도박중독예방·치유센터 http://www.gamblerclinic.or.kr/

광해방지사업단(구 석탄산업합리화사업단) http://www.mireco.or.kr

국민체육진흥공단 경륜운영본부 http://www.cyclerace.or.kr/

국민체육진흥공단 경정·경륜클리닉 http://www.c-mclinic.or.kr/

국민체육진흥공단 경정운영본부 http://www.motorboat-race.or.kr/

백억카지노(겜블러 노하우 토론) http://cafe.daum.net/icasino

사북읍 홈페이지 http://sb.jeongseon.go.kr/

정선군 홈페이지 http://www.jeongseon.go.kr/

태백석탄박물관 홈페이지 http://coalmuseum.or.kr/

한국게임산업진흥원 http://www.kogia.or.kr/

한국마사회 유캔센터 http://www.ucancenter.or.kr/

한국마사회 http://company.kra.co.kr/

한국문화관광정책연구원 http://www.kcti.re.kr/